...humb Würtenberg, gelegen...

Damach Teinach

Saurbronen: Lust: 8. Öhlmühl.   10. Gefängnüß
der Trinckhauß.   9. Mahlmühl.   11. Steingruben

Jutta Rebmann
Die Prinzessin
Der Weg der Antonia von Württemberg
im Dreißigjährigen Krieg

Jutta Rebmann (Signatur)

Jutta Rebmann

Die Prinzessin

Der Weg der Antonia von Württemberg
im Dreißigjährigen Krieg

Biographischer Roman

Stieglitz Verlag
D-75415 Mühlacker
A-8952 Irdning/Steiermark

Schutzumschlag:
Volker Riedel, Knittlingen

Titelbild:
Ausschnitt aus der „Lehrtafel der Prinzessin Antonia",
Bad Teinach

ISBN 3-7987-0342-6

© Stieglitz Verlag
D-75415 Mühlacker
A-8952 Irdning/Steiermark
1998

Druck: Karl Elser Druck GmbH, Mühlacker

Inhalt

1

Leonberg 1624

Die flirrende Hitze der vergangenen Tage hatte sich in der
Nacht in einem heftigen Gewitter entladen. Sturmböen waren über das Schloß hinweggefegt, hatten an Fenstern und
Toren gerüttelt und die Pomeranzenbäumchen und andere
Kübelpflanzen wie Spielzeug durcheinandergewirbelt. Kaum
einer der Schloßbewohner hatte schlafen können, jeder hatte
angsterfüllt in die Nacht hinausgespäht; aber vom gefürchte-
ten Hagelschlag war Leonberg verschont geblieben. Als das
Unwetter schon stundenweit von der Stadt entfernt war,
schien die Luft immer noch von Gewitterblitzen und
Donnergrollen zu vibrieren. Erst am frühen Morgen, als die
Sonne die dünner werdende Wolkendecke durchbrochen
hatte, begann sich die Spannung der Nacht zu lösen. Es
klarte auf, der Tag versprach schön und warm zu werden.

Antonia, nach dem Tode ihrer Schwester Henriette mit elf
Jahren ältestes Kind des regierenden Herzogs, stand am offenen Fenster ihres Zimmers. Gedankenverloren blickte sie in
den Garten hinunter. Wie hatte sie sich auf Leonberg und vor
allem auf den Garten gefreut! Gleich nachher würde sie hin-
unterlaufen an ihren Lieblingsplatz, dorthin, wo die dop-
pelläufige Treppe zur Lustgrotte führte. In diesen Garten
mußte man hineinsehen. Das war es, was ihn von dem viel
größeren Lustgarten in Stuttgart unterschied. Dort mußte
man die Weite, die außerhalb des Gartens lag, von der Empore des Lusthauses aus genießen. Antonia war sich plötzlich
ganz sicher, der Garten der Großmutter in seiner einzigartigen Vollkommenheit barg ein Geheimnis. Oder war die
Vollkommenheit sein Geheimnis? Eines Tages, dessen war
sich die kleine Herzogin gewiß, würde sie hinter dies Geheimnis kommen.

In den letzten schrecklichen Wochen in Stuttgart, nach der
Beerdigung des Brüderchens, hatte Antonia sich immer wieder selbst Mut gemacht: In Leonberg würde alles wieder gut
werden. Die seltsame Abwesenheit der Mutter, die Zerstreut-

heit der Tante, die Nervosität des Vaters, das alles würde sich einfach auflösen. Die vielen Boten von den fremden Höfen würden den Vater nicht mehr aufregen, besonders auf die Kuriere aus Wien konnte Antonia gut verzichten. Im Gegensatz zu ihrem ein Jahr jüngeren Bruder Eberhard fand sie es überhaupt nicht faszinierend, daß ihr Vater zwischen dem Reich und dem „Winterkönig" von Böhmen, dem abgesetzten Kurfürsten von der Pfalz, vermitteln sollte. Aber jetzt wußte sie es besser: Gar nichts hatte sich geändert. Genau wie in Stuttgart kamen und gingen die Boten. Die Mutter schrieb Briefe und Botschaften an den Vater und an ihre Familie am Berliner Hof. Für Antonia hatte niemand so recht Zeit.

Die beiden altersmäßig nächsten Geschwister von Antonia, die Brüder Eberhard und Friedrich, waren in Stuttgart geblieben. Die drei Jüngsten der Familie, der siebenjährige Ulrich und die fünf- und vierjährigen Schwestern Anna Johanna und Sibylla, waren zwar mit ihren „Kindskammern" auch in Leonberg, aber sie führten mit den Kinderfrauen ihr eigenes Leben, in das die elfjährige Antonia sich weder einfügen wollte noch konnte. Anders als in Stuttgart hatte die kleine Herzogin hier kaum Ansprechpartner, niemand schien sich um sie zu sorgen. Oft verschwand sie für Stunden in der Bibliothek der Großmutter und las, was ihr gerade in die Finger kam. Genau wie ihre verstorbene Großmutter Sibylla schien sie ein Faible für Leichenpredigten zu haben, wie ihre Tante Anna schon des öfteren kopfschüttelnd festgestellt hatte. Am liebsten aber besah sie die wunderbar kolorierten Pflanzenbücher. Antonia half auch gerne den Gärtnern, band Rosen auf, sammelte die Samen und lernte so spielend, die vielen Blumen und Heilkräuter mit ihren Eigenarten und Besonderheiten auseinanderzuhalten und zu pflegen.

Sie hatte sich angewöhnt, morgens mit den Mägden in der Küche zu frühstücken. Auf ihrem Weg dorthin war sie heute in aller Herrgottsfrühe bereits mit einem Eilkurier aus Stuttgart zusammengestoßen. Triefend vor Nässe, mit kotbespritzten Stulpenstiefeln, so hatte er sporenklirrend in der Halle gestanden und dem Hofmeister einen Brief des Herzogs übergeben. „Ihro Fürstliche Gnaden warten auf Antwort", hatte er schnarrend hervorgestoßen. Auf die Frage, was denn so Außerordentliches in der Residenz passiert sei, hatte er nur eine wegwerfende Handbewegung gemacht.

Es war, als hätte der Tod des kleinen Eberthal im Januar 1624 alle Freude am Stuttgarter Hof ausgelöscht. Sogar die vom Vater so geliebte Hofkapelle schien angewiesen zu sein, möglichst traurige und getragene Weisen zu spielen. Überhaupt Eberthal, was für ein merkwürdiger Name. Nur schwer hatten sich seine Geschwister daran gewöhnen können. Eberhard hatte die Nase gerümpft: Eigentlich käme so einer im Hause Württemberg gar nicht vor. Das wisse er bestimmt, sein Präzeptor habe es gesagt. Als der Vater das gehört hatte, war er fuchsteufelswild geworden. Natürlich käme Eberthal in der Familiengeschichte vor. Er habe sie mitbegründet. Ein Held sei er gewesen. Und vertrauenswürdig, so vertrauenswürdig, daß ihn Karl der Große, der Stifter des Reiches, zu seinem Erbschenk gemacht habe. Seine Tochter, Hildegard mit Namen, habe er ihm zur Frau gegeben. Und in Beutelsbach hätten sie gemeinsam ein Geschlecht gegründet, nämlich das württembergische Grafengeschlecht, das Haus Württemberg. Und so einen, tapfer, entschlossen und vertrauenswürdig, bräuchte man auch heute wieder, einen Helden eben, der die verzwickten Zeitläufe entwirren könnte.

Doch nach nicht einmal vier Monaten war Eberthal in einem Eichensarg in die Gruft in der Stiftskirche hinuntergetragen worden. Müde hatte Herzog Johann Friedrich in sein Tagebuch eingetragen: *„Den 9. hat sich Je länger Je ärger mit meinem Sohn angelaßen, biß er entlich Mittag Vmb Zwelff Vhren gestorben Vndt auch Zehen Wochen vndt zwey Tag alt worden. Deß Seele nuhmer In Abrahambs schoß Vfgenommen sein wirdt."* Jetzt ruhte das Brüderchen schon länger, als es gelebt hatte, in seinem Eichensarg.

Langsam ging Antonia hinüber in das Gemach, in dem einst Herzogin Sibylla gelebt und gearbeitet hatte. Bei der Teilung des Erbes hatte Johann Friedrich Silbergeschirr und Möbel der Mutter erhalten, er hatte die Geschwister ausgezahlt und dafür gesorgt, daß hier in Leonberg auch zehn Jahre nach ihrem Tod noch alles so gelassen wurde, als wäre die

Herzogin nur eben verreist. Zart strich Antonia über die silbernen Einlegearbeiten des Ebenholzschreibtisches. Hier hatte die Großmutter gesessen, hatte mit ihrer Stiefmutter, der Herzogin Eleonore am Kasseler Hof korrespondiert, mit den verheirateten Töchtern und den abwesenden Söhnen. In dem schwarzen Sessel drüben am Fenster hatte sie gelesen und sich Notizen über die Bepflanzung des Gartens gemacht. Hierher hatte sie die Hofapothekerin bestellt und mit ihr die Arzneien besprochen. Von der Altane aus hatte sie die Arbeiten im Garten überblicken können.

Wie immer, wenn sie in Leonberg war, zog es Antonia zum Dockenkasten der Herzogin in der großen Halle des Schlosses. Die Puppen hinter den gläsernen Schranktüren waren allesamt nach der Mode von 1610 gekleidet. Damals waren sie hochmodern gewesen, heute wirkten sie altmodisch und schon ein wenig verstaubt. Wenn Antonias Tante Anna Zeit hatte, dann öffnete sie die Türen des sonst strikt verschlossenen Schrankes für die Nichte, sie durfte dann die Stoffe betasten und den Puppen auch schon mal die Hand geben. Kühle Holzhände waren es, eigens für die Puppen der Herzogin geschnitzt. Lachend hatte die Tante erzählt, daß Leonberger Honoratioren bereits zu Lebzeiten der Herzogin gewisse Ähnlichkeiten mit Bürgerinnen und Bürgern der Stadt entdeckt haben wollten. Aber sie könne sich nicht vorstellen, daß ihre Mutter das beabsichtigt habe. Das wäre dann wirklich zufällig so geworden.

Vom Schrank mit den lebensgroßen Puppen war es nicht weit bis zum Bild der Herzogin. Sooft Antonia das Gemälde betrachtete, fühlte sie ein geheimes Einverständnis zwischen sich und der Großmutter. Das leichte Lächeln um den Mund Sibyllas schien sich dann zu verstärken. Die Augen wirkten plötzlich ganz lebendig, sie waren dunkel wie die der Enkelin. Antonias Haar war eine Spur blonder als das der Herzogin, das konnte man allerdings auf dem Bild nicht erkennen, meinte Tante Anna.

In früheren Jahren hatte sich Antonia mehr für den wunderschönen, sorgfältig gefältelten Spitzenkragen der Großmutter interessiert als für ihr Aussehen, das hatte sich mit dem letzten Jahr geändert. Die kleine Herzogin konnte nicht genug hören vom Glanz des Stuttgarter Hofes zu Zeiten ihrer Großeltern, von den Festen, den Turnieren, den großen Ritterspielen. Mit leuchtenden Augen ließ sie sich die Roben der Damen beschreiben. Herzogin Anna, die damals selber noch ein Kind gewesen war, erzählte begeistert von diesen glücklichen Zeiten. Die Großmutter mit ihrem feinen Lächeln und den großen Gesten war so richtig nach dem Geschmack der Enkelin. Auch daß sie als Säugling – viel zu früh geboren – nur hatte überleben können, weil ihre Amme den Einfall hatte, das winzige Geschöpf in einen immer wieder erwärmten, hohlen Ziegelstein zu betten, beflügelte die Phantasie des sensiblen Kindes. Jahrelang war Sibylla von Anhalt zu klein und zu zart für ihr Alter gewesen, und doch hatte sich der Großvater in sie verliebt. An fast allen Höfen Europas war er gewesen, und in Bernburg an der Saale hatte er dann seine Braut gefunden.

Als ältestes Kind war Johann Friedrich, der jetzt regierende Herzog und Antonias Vater, zur Welt gekommen. Nicht in Stuttgart, sondern in Mömpelgard. Auch das war wieder aufregend und phantastisch. Nach dem ersten Sohn waren noch vierzehn Kinder wie die Orgelpfeifen geboren worden. Antonias Augen leuchteten, wenn der Vater mit einer Handbewegung, die alles zu umfassen schien, „wir sambtlichen" sagte und damit alle seine Brüder und Schwestern meinte. Zu Antonias Lieblingen unter den Geschwistern ihres Vaters gehörten seine Schwestern Barbara und Anna. Der allerliebste von allen war ihr aber Magnus gewesen, jener Bruder des Vaters, der vor zwei Jahren in der Schlacht bei Wimpfen gefallen war. Wenn Antonia an ihn dachte, kamen ihr immer noch die Tränen. So schön war er gewesen, daß man eine Gänsehaut bekam, wenn man ihn nur ansah. Als ihre Mutter ihr gesagt hatte, daß der Onkel aus Venedig zurückkäme, um seinen Dienst in der Union der protestantischen Fürsten anzutreten, hatte sich Antonia nur dunkel an den 1594 geborenen jüngsten Bruder des Vaters erinnern können. Aber dann war er auf seinem Apfelschimmel die Freitreppe im Stuttgarter Schloß heraufgeritten. Kaum hatte er die Nichte erblickt, die sich schüchtern im Hintergrund hielt, hatte er dem Reitknecht die Zügel des

Pferdes zugeworfen und war vor dem Kind auf die Knie gefallen und hatte „die schönste aller Damen" gebeten, mit ihm
einen Huldigungsritt durch die Hauptstadt zu unternehmen.

Antonia vergaß ganz, daß sie sich eigentlich vor Pferden
fürchtete, und hatte zugelassen, daß der Onkel sie auf sein
Pferd setzte. Vorsichtig führte er Roß und Reiterin in den
Schloßhof. Mit Antonia vor sich im Sattel ritt er gemächlich
im Schritt durch die Straßen der Residenz. Die Leute blieben
stehen und jubelten dem schönen jungen Herzog und seiner
kindlichen Begleiterin zu. Nach allen Seiten grüßend, flüsterte Magnus seiner ängstlich auf den Pferdekopf starrenden
„Dame" zu: „Wink ein wenig, Antonella, das freut die Leute,
sie warten doch darauf!" Zögernd war das Kind der Aufforderung nachgekommen und hatte Magnus zuliebe ihre Schüchternheit überwunden. Bei der Rückkehr ins Schloß hob er
Antonia wie eine sehr zerbrechliche Kostbarkeit aus dem Sattel und stellte sie vorsichtig vor dem Vater auf die Beine. Mit
großartiger Grandezza hatte er verkündet: „Wenn ich einmal
heirate, dann diese da, heute schon verspreche ich ihr Herz
und Hand."

Herzog Johann Friedrich hatte gutmütig gelacht und gemeint, es wäre schon gut, wenn sich endlich eine Hausherrin
für das Schloß Neuenbürg im Schwarzwald finden würde,
aber diese da – er zeigte auf sein Töchterchen – sei nun wirklich zu jung. Von diesem Tage an hatte Magnus das Herz seiner Nichte erobert. Herzogin Anna, die die Wirkung ihres
Bruders auf das weibliche Geschlecht kannte, hatte die Augen zum Himmel gedreht und einen ahnungsvollen Blick
mit ihrem Bruder Johann Friedrich getauscht. Wie unser Vater, mochte das heißen. Und hatte nicht selbst die Mutter,
Sibylla von Anhalt, die unendlich unter den Affären und
Liebschaften Herzog Friedrichs I. gelitten hatte, ihrem jüngsten Sohn Magnus viel mehr durchgehen lassen als allen anderen Söhnen? Ihrer kleinen Nichte schenkte Anna am nächsten Morgen ein Miniaturbildnis des Bruders, es hatte sich
im Ebenholz-Schreibtisch ihrer Mutter in Leonberg in einem
Geheimfächlein gefunden.

Die schüchterne kleine Herzogin, immer ein wenig im
Schatten ihrer robusteren Schwester Henriette stehend, lebte in

Schloß Leonberg und Pomeranzengarten

der Gegenwart des flotten Onkels sichtbar auf. Und auch Magnus fand Gefallen an seiner „Antonella", wie er sie zur Erinnerung an seine in Venedig verbrachte Zeit nannte. Das änderte sich an dem Tag, als Herzog Johann Friedrich die Familie seines Bruders Julius Friedrich zu einem Hoffest nach Stuttgart einlud. Im fürstbrüderlichen Vergleich hatte Julius Friedrich Schloß Weiltingen als Sitz zugewiesen bekommen. Dort lebte er mit seiner Frau Anna Sabina und den beiden Kindern Roderich und Julia Felicitas. Anders als die Kinder Johann Friedrichs war der Weiltinger Nachwuchs ungeheuer umtriebig. Besonders die kleine, kaum zweijährige Julia Felicitas entpuppte sich als draufgängerische Pferdefreundin. Mehr als einmal entwischte sie in den Marstall und krabbelte zwischen den Hufen der Pferde herum. Die dunkellockige Schönheit fiel auch Herzog Magnus auf. Zudem hatte sie den Reiz des Neuen, und ihre Courage gefiel dem seit kurzem in baden-durlachischen Diensten stehenden Offizier ungeheuer. Als er von einem Ausritt heimkehrte, streckte sie ihm so begeistert die Ärmchen entgegen, daß er sich einfach im Sattel vorbeugte, die Kleine vor sich in den Sattel setzte und mit ihr einige Runden in der Reitbahn drehte. Das sah Antonia aber schon nicht mehr. Weinend saß sie zusammengekauert in einer dunklen Ecke neben der Schloßkapelle. Als sie am Abend ihr Versteck wieder verließ, war Magnus bereits nach Durlach abgereist.

Es dauerte nicht einmal zwei Monate, da brachte man Herzog Magnus heim. Bei Nacht und mit dumpfem Trommelwirbel. Den schönen Körper zerschossen und zerstochen, so verunstaltet, daß selbst sein eigener Diener ihn nur an einem Muttermal identifizieren konnte. Zahllose Legenden und Geschichten rankten sich bald um den Tod des jungen Helden, der der Liebling des Volkes war. Er sei es, so flüsterte man hinter vorgehaltener Hand, der die Ehre Württembergs gerettet habe. Denn Tilly, der kaiserliche Feldherr und General der Liga, hatte nach seinem Sieg über den Markgrafen Baden-Durlach und über den Grafen Mansfeld gehöhnt: Niemals wäre ihm das gelungen, wenn die Württemberger in den Kampf eingegriffen hätten.

Herzog Johann Friedrich, schwer getroffen vom Verlust des Bruders und auch von den Vorwürfen, die ihm nicht nur die engere Familie, sondern auch politische Freunde machten, notierte in sein Tagebuch: *„Den Ersten May ist meines Brudern Magni Cörper Vmb drei Vhren Morgenß herein in das Schloß gefhürt worden, Vndt die Leich in daß Gewölb gethan. Vmb Syben Vhren bin ich in das Gewölbe gangen Vndt den Leichnamb besichtiget, welcher in dem Kopff Syben Wunden Vndt zween schöß gehat, die Lincke Handt halb in Zwey gehawen, Vndt ein Wunden in dem Lincken Arm, in der Rechten Handt ist Jme der kleine (Finger) Herunder gewesen, hat also Zwelff wunden Empfangen Vndt Also Ritterlich Vmb sein leben gefochten, Vndt gestorben, welches woll zu bedawren wegen seiner Jugendt gewesen."*

Für die Zeit der Hoftrauer hatte man die herzoglichen Kinder nach Ehningen gebracht. Dorthin, auf die Untere Burg, die ihr von Herzog Johann Friedrich als Sitz zugedacht war, kam nach der Beerdigung auch Herzogin Anna gemeinsam mit ihrer Schwägerin Barbara Sophia. Erbprinz Eberhard war von glühender Bewunderung für den Onkel durchdrungen, während Antonia blaß und gefaßt alles über die Beerdigung wissen wollte. Anna, selbst voll Trauer über den Tod dieses Bruders, mit dem zusammen sie am meisten unter den unerfreulichen letzten Ehejahren der Eltern gelitten hatte, nahm sich viel Zeit für die Nichte. Antonia weinte: „Warum mußte er auch in den Krieg ziehen, warum, der Vater hat das nicht gewollt. Hätte er doch geheiratet und wäre nach Neuenbürg gezogen, wie der Vater es wollte!"

Trotz ihres Kummers mußte Anna lachen. Sie drückte die Nichte kurz an sich. „Aber er hatte doch eine große Liebe." Zögernd sah sie das Kind an. Antonia war zwar noch jung, aber verständig für ihr Alter und nicht dumm. Aus einer Lade ihres Schreibtisches zog Anna eine dicke braune Ledermappe: „Schau, ich werde dir etwas vorlesen, ein Gedicht vom Weckherlin, du kennst ja schon andere, aber jetzt hör zu:

Klag. Für einen jungen Helden.
Ade glück, Hoffnung, frewd und muht,
Ade alles was kan erlaben:
Nichts dan unglück, verzweiflung, wuht,
Nichts dan klag und laid will ich haben.
Einmahl mein hertz allein auf lieb,

Einmahl mein hertz auf krieg bestehet:
Lieb aber ist für mich stehts trüb,
Laider der krieg auch nicht fortgehet.
Ach! Amor und Mars was hab ich
Allein Euch vor andern geehret?
Da doch noch Ewer keiner mich
Danckbar des sigs noch solds gewehret!
Glück ohn Unglück hat keine ehr,
Gefahr und müh zieren die Tugent:
Also begehrt ich auch nicht mehr,
Als sorg und dienst in meiner Jugent.
Mit der Lieb nu führ ich den streit,
Meine Trew solt des sigs geniessen:
Aber für eine so schöne beut,
Ach! muß ich mein leben einbüssen!
Ist es dan aller Götter will,
In allem mir zu widerstreben:
Reiß aus, meine sehl, ich halte still,
Reiß aus, laß leib und lieb ohn leben.
Aber, was thut in mir der schmertz,
Ach schatz! wollt ihr mich nicht entlaiden?
Mein gaist und leib, mein sehl und hertz
Mögen Auß Gunst Noch Ungern Schaiden."

Herzogin Anna zog die Nichte neben sich an den Tisch. Sie zeigte ihr, wie die Zeilenanfänge, von unten nach oben gelesen, den Namen „Maria Magdalena" ergaben und die Wortanfänge der letzten Zeile den Namen „Magnus" bildeten.

Ungläubig hatte Antonia zur Tante aufgesehen. Sie verstand das nicht. Dann hätte Magnus also in Neuenbürg leben können? Mit seiner Frau? Anna schüttelte den Kopf: „Nein, wir wissen es nicht, aber das Mädchen war keine Fürstentochter. Vielleicht ein besonders schönes Bürgermädchen?" Lächelnd fügte sie hinzu: „Kein anderer Bruder ist von deinem Vater soviel an den Fürstenhöfen herumgereicht worden wie Magnus, aber keine Prinzessin hat ihm gefallen. Außer dir natürlich!" Sie gab der Nichte einen Nasenstüber: „Aber du warst ja wirklich noch viel zu jung…"

Außerdem, aber das behielt sie für sich, hatte die winzige

Schloßhaltung in Neuenbürg im Schwarzwald den Bruder nicht gerade zu Begeisterungsstürmen hingerissen. Anna hatte da Erfahrung. Selbst sie, die das Landleben liebte, kam selten genug nach Ehningen, obwohl sie hier schon mehr als einmal Bauernkinder aus der Taufe gehoben hatte. Diese Schlösser lagen einfach zu einsam, zu weit weg vom unterhaltenden Stuttgarter Hof mit seinen Festen und Abwechslungen. Auf der anderen Seite konnte sie ihren Bruder Johann Friedrich verstehen. Es galt, eine immer größer werdende Familie zu unterhalten. Und die Mittel dafür wurden vom Landtag immer weiter beschnitten. Der Krieg kostete viel Geld, für die schönen Seiten des Lebens blieb nichts mehr übrig. Vielleicht konnte sie den Bruder aber doch noch einmal bitten, wenigstens Heinrich Schickhardt, seinen Hofbaumeister, einmal hierher nach Ehningen zu schicken. Die alte Burg war wirklich zu unmodern, um sich auf Dauer darin einzurichten. Energisch schob sie ihre Gedanken beiseite und wandte sich an die Nichte: „Sei nicht traurig, vielleicht war Magnus mit seinem Bestallungsbrief zum Kriegsobersten der protestantischen Union vor Jahresfrist glücklicher als mit einer Prinzessin in dem für ihn langweiligen Neuenbürg." Sie drückte Antonia an sich. „Ich war dabei, als er im Januar seinen Bestallungsbrief zum Obristen über tausend Pferde erhielt! Das war eine Freude, das hättest du erleben sollen."

Seitdem hatte Antonia immer wieder über den Schlachtentod ihres Lieblingsonkels und das in Ehningen Gehörte nachdenken müssen. Wäre es nicht für jemanden, der Bücher so liebte wie er, schöner gewesen, in Neuenbürg zu leben und zu lesen, als Offizier zu sein in einem fremden Heer? Und das noch ohne Billigung des regierenden Herzogs! Hatte der Vater nicht noch am Morgen der Schlacht einen Trompeter nach Wimpfen geschickt, den Bruder zurückzuholen? Der hatte den Brief zwar gelesen, aber er wollte und konnte seine Kameraden nicht im Stich lassen. Es wäre gegen seine Ehre gewesen. Antonia seufzte. Es war schwierig, das zu verstehen. Der Vater habe, so sagte die Mutter, aus Verantwortung für das Land gehandelt. Württemberg sei in diesem Krieg neutral und müsse es bleiben. Man dürfe nicht aus Eigennutz die Sicherheit des Landes aufs Spiel setzen. Wohin das führe, habe man beim Schicksal des Kurfürsten von der Pfalz gesehen. Er sei geächtet und verfemt, sein Land verwüstet und in fremden Händen. Genauso werde es mit dem Land Baden gehen. Antonia hatte das begriffen. Wie sollte sie aber verstehen, was sie erst in den letzten Tagen im Garten aufgeschnappt hatte, als sie frische Blumen holen wollte. Müde hatte sich der alte Gärtner den Schweiß von der Stirn gewischt und zu seinem Jungen gesagt: „Es ist schon was Eigenes mit den hohen Herren. Aber dem Himmel sei Dank für Herzog Magnus. Er allein hat doch mit seinem Tod unsere Ehre gerettet. Er hat für seinen Glauben und für uns alle gekämpft. Und wer etwas anderes sagt, der hat nicht viel begriffen vom neuen Glauben."

Noch befand sich die Bibliothek der Herzogin Sibylla an ihrem alten Platz. Wenn Johann Jakob Gabelkover, der Archivar des Herzogs, der auch für die Bibliothek zuständig war, damit fertig war, die fast achthundert Bücher von Herzog Magnus zu katalogisieren und zu archivieren, dann würden auch die Bücher der Großmutter nach Stuttgart gebracht werden. Staunend hatte Antonia die unglaublich schönen Bücherschätze aus Neuenbürg betrachtet. Jedes einzelne Buch ein Kunstwerk, eingebunden in rotes Leder, versehen mit goldenen Schmuckleisten und allesamt mit vergoldetem Schnitt, legten sie Zeugnis ab für den guten Geschmack und das Schönheitsbewußtsein ihres auf so tragische Weise ums Leben gekommenen Besitzers. Gemessen an dieser bibliophilen Prachtentfaltung wirkte die Bibliothek der Großmutter fast bescheiden. Aber Antonia wußte, so prachtvolle Pflanzenbücher wie sie hatte sonst niemand in der Familie gesammelt. Ehrfürchtig legte sie ihr Lieblingsbuch auf den großen Tisch in der Bibliothek. Während sie sich einen der schwarzen Sessel zurechtrückte, wurde ihr Blick magisch angezogen von einem Papier. Es schien eines dieser Flugblätter zu sein, die jetzt immer wieder auftauchten. Das Bild zeigte eine noch junge, abgehärmte und gebückte Frau.

Antonia erkannte in ihr unschwer die Pfalzgräfin bei Rhein, Böhmens Winterkönigin, Elisabeth Stuart. Die stolze Fürstin, Tochter des englischen Königs, war in eine Kittelschürze gehüllt, so wie sie die Bettelweiber trugen. An den Zipfeln der Schürze hingen zwei Lumpenkinder mit Holzlöffeln in der Hand. Ein drittes Kind, vielleicht der kleine Prinz Karl Ludwig, saß auf der Erde und klaubte mit bloßen Fingern Milchbrei aus einer abgestoßenen irdenen Schüssel. Alle Kinder waren barfuß, die Haare verfilzt, die Kleider zerrissen. Mühsam begann Antonia den Text zu entziffern. Da stand:

Hört zu, ihr frommen Biederleut,
Zu dieser neuen Narrenzeit
Was sich hat zugetragen.
Laßt euch ein' arme Bettlerschar
Ihr Leid und Elend klagen.
Soll'n wir euch sagen, wer wir seind?

Nein, das brauchte man Antonia nicht zu sagen, sie überflog den Text, ihre Augen blieben erst wieder an den letzten beiden Versen hängen:

Wir hetten zuvor Stadt und Land,
Das engelländisch Hosenband
Und königliche Throne.
Die Augen jetzt nichts zeigen mehr,
Kein Zepter noch keine Krone.
Gott b'hüt auch euer lieb's Gesicht,
Das noch das Vaterland ansicht,
Das müssen wir entraten.
Und ohne eigene Zuversicht
Im Elend schwimmen und waten.

Entsetzt starrte Antonia auf das Bild. Ob die Mutter davon wußte? Sie mußte ihr sofort das Flugblatt zeigen. Sie rannte den Flur entlang, riß die Tür zum Zimmer der Mutter auf und blieb ganz außer Atem stehen. Herzogin Barbara Sophia saß in einem der schweren Sessel, neben sich ihre Schwägerin Herzogin Anna, beide in ein ernstes Gespräch vertieft. Beim Anblick des verstörten Kindes sprangen beide auf. „Das Flugblatt, das Flugblatt!" Antonia begann zu weinen. Die Herzogin wechselte einen raschen Blick mit der Schwägerin. Beruhigend strich sie der Tochter über das Haar.

„Es ist ein altes Blatt. Sie benutzen es, um die Unseren ein-
zuschüchtern und den Widerstand zu brechen." Leise wiegte
sie das Kind auf dem Schoß: „Heute geht es ihnen schon wieder viel besser, sie sind in der Verbannung, aber sie leben wenigstens." Barbara Sophia wußte, daß sie sich selber Mut mit
dem Trost für ihre Tochter zusprach. Sie dachte an die ver-
härmte junge Pfalzgräfin, die hochschwanger bei Nacht mit
ihren Kindern und nur wenigen Gefolgsleuten aus Böhmen
in die Niederlande hatte fliehen müssen und die noch froh
sein durfte, nicht in die Hände des Kaisers gefallen zu sein.
Da war nichts geblieben von der makellosen Schönheit und
dem stolzen Selbstbewußtsein der englischen Königstochter.
Barbara Sophia dachte auch an die Taufe des kleinen Friedrich vor acht Jahren. Damals war das Pfalzgrafenpaar um-
schwärmter Mittelpunkt des grandiosen Tauffestes gewesen.
Friedrich V. von der Pfalz hatte den zweiten Sohn des Herzogspaares aus der Taufe gehoben. Fast alle deutschen Höfe
hatten Gäste entsandt. Wer nicht kommen konnte, der
schickte doch wenigstens einen Beobachter, der ihm haar-
klein alles und jedes berichtete. Barbara Sophia erinnerte sich
genau, wie eifersüchtig sie auf die junge Kurfürstin gewesen
war, die von Herzog Johann Friedrich mit Geschenken und
Aufmerksamkeiten überhäuft wurde. Solche Feste gab es
schon lange nicht mehr.

Denn auch in Württemberg standen die Dinge nicht zum
besten. Am Morgen erst hatte der Bote aus Stuttgart Nachricht gebracht von einem verheerenden Hagelunwetter. Fast
die gesamte Rebfläche, an die 900 Morgen Weinberge – so
schrieb der Herzog – waren vermutlich für die diesjährige
Ernte verloren. Eine Katastrophe für die Weinbauern, denen
schon die Ernte des vergangenen Jahres mißraten war.

Obwohl der Krieg sich seit der Schlacht bei Wimpfen
mehr in die nördlichen Gegenden des Reiches verlagert hatte,
richteten Truppendurchzüge viel Schaden an. Die schlecht
besoldeten Heerhaufen zogen einen gewaltigen Troß von
Marketenderinnen, Weibern und zerlumpten Kindern hinter
sich her. Lumpenpack und Gesindel, das die Bürger in Angst
und Schrecken versetzte. Die ständigen Einquartierungen taten ein Übriges. Barbara Sophia versuchte, sich einen Spruch

ihres Vaters, des Kurfürsten Joachim Friedrich von Brandenburg, ins Gedächtnis zu rufen: „Sobald ein Soldat wird geboren, sind ihm drei Bauern auserkoren: der erste, der ihn
ernährt, der andere, der ihm ein schönes Weib beschert, der
dritte, der für ihn zur Hölle fährt!" Dabei mußte das Land
auch schon ohne die Soldaten genug leiden. Nach einem harten und kalten Winter hatte die Schneeschmelze zu starken
Überschwemmungen an den Ufern des Neckars geführt. Man
wußte nicht, was schlimmer war, die Wassermassen oder der
rauhe Eisgang, der die Ufer beschädigte und die Schiffahrt
unmöglich machte. Bei einem späten Frosteinbruch war die
Obstblüte erfroren. Dem Winter war fast unmittelbar ein
heißer und trockener Frühsommer gefolgt. Die Bauern stöhn-
ten, weil das Getreide ihnen auf dem Halm vertrocknete. Die
Ernte würde nicht einmal mittelmäßig ausfallen. Überall lag
die Wirtschaft im argen, und der allgemeine Geldverfall steigerte die Teuerungsrate ins Unermeßliche.

Zu all diesen Sorgen auf militärischem, politischem und
wirtschaftlichem Gebiet waren in den letzten Jahren auch
noch die Ängste um den sinkenden Geldwert gekommen.
Schon vor Jahren, als die Kriegsgefahr immer größer wurde,
hatten einige kleinere Grafschaften neue Münzen prägen lassen, die entgegen der Reichsmünzordnung von 1559 kaum
die Hälfte des vorgeschriebenen Silbergehalts aufwiesen. Mit
Beginn des Krieges hatte auch in Württemberg der Handel
mit Geld immer mehr zugenommen. Im ganzen Reich versuchten Fürsten, Münzmeister und Silberkäufer Edelmetalle
zusammenzuraffen. Die Menschen drängten sich vor den
Wechselbuden auf den Märkten in den Städten und Dörfern.
Die Wechsler riefen lautstark zur Waage und ließen die Münzen klimpern. Auf dem Tresen lagen verlockend glänzend die
funkelnagelneuen Stücke, die die Obrigkeit als gültige Münze
verordnet hatte. Die flinken Männer in den Buden wogen das
alte Geld gegen das neue, so schön aussehende, zählten aus
und kippten dann die Waagschale mit den guten alten Münzen schwungvoll in bereitstehende Kisten und Säcke.

Erst als die Währung schon zerrüttet war, merkte ein
Großteil der betrogenen Menschen, daß sie hereingelegt worden waren. Hereingelegt von Kippern und Wippern: Kip-

pen, das bedeutete, auf der Geldwaage betrügerisch zu wiegen, aber auch das Geld zu beschneiden. Wippen, das war das Geräuch, wenn die schweren Münzen in die Geldkisten unterm Tresen fielen und für ihre früheren Besitzer unwiederbringlich verloren waren. Die ohnmächtige Bevölkerung sang Spottverse auf die Betrüger. Im Rufe der Wachtel glaubte man ihre Namen zu erkennen. „Kippediwipp", schrien die Betrogenen hinter den Geldverderbern her. In einer geharnischten Abhandlung: „Von der letzten Brut und Frucht des Teufels" bewies der streitbare Pfarrer W. Andreas Lampe aus Halle, untermalt durch zahlreiche Zitate aus dem Alten und Neuen Testament, daß alle Handwerke und Berufsarten durch göttliche Anordnung in die Welt gekommen seien. Sogar den Scharfrichtern billigte er das zu. Allein die Kipper seien davon ausgenommen, sie seien des Teufels und gehörten ausgemerzt. Auf diese Feststellung folgte eine lange Litanei über das Unheil, das dieser Berufsstand überall im deutschen Land anrichtete. Da die Wipper dies aber meistens mit Billigung der Obrigkeit und der Landesfürsten taten, hatte der arme Geistliche nach Erscheinen der Schrift noch eine Menge Unbill zu ertragen.

Im Gegensatz zu anderen Landesfürsten hatte sich Herzog Johann Friedrich erst zum Umprägen vollwertiger Münzen entschlossen, nachdem die minderwertigen aus anderen Reichsgebieten Württemberg zu überschwemmen drohten. Um den Münzausstoß zu vervielfachen, wurden zusätzliche Münzstätten in Tübingen und Berg eingerichtet. Die dort geprägten Münzen wiesen einen deutlich niedrigeren Gehalt an Edelmetallen auf als die Vorkriegsmünzen. Als offensichtlich wurde, wie sehr die schlechten Münzen der Wirtschaft schadeten, reagierte der Herzog: Er ließ die minderwertigen Geldstücke abwerten, so betrug der Wert des schön anzusehenden Hirschguldens nach der Abwertung nur noch zehn Kreuzer. Diese Maßnahme hatte aber das Vertrauen in die Landeswährung nicht wieder herstellen können. Immer mehr Handwerker und Bauern wollten nur noch in Naturalien bezahlt werden oder tauschten ihre Produkte gegen die anderer Händler ein.

Der Wert der Waren wurde in herzoglichen Taxordnungen festgelegt, aber die wenigsten hielten sich daran. Wer etwas abzugeben hatte, der gab es eben nur her, wenn der Gegenwert stimmte. So war der Weinpreis, den der Herzog niedrig zu halten bemüht war, schon im letzten Jahr in schwindelnde Höhen gestiegen. Da mochten die Beamten noch so sehr gegen die Wucherer wettern, die den Durchreisenden, den Armen und den Wöchnerinnen durch ihre Preise die Möglichkeit nahmen, vom guten Württemberger zu kosten. Barbara Sophia seufzte. Wie schwierig die Zeiten geworden waren!

Wie hatte sich alles verändert, seit sie damals – es waren ja gerade erst fünfzehn Jahre vergangen – als junge Braut in Stuttgart eingezogen war. Gar so jung war sie für eine fürstliche Braut mit ihren 25 Jahren nicht mehr gewesen. Sie erinnerte sich, daß der Berliner Hof aufgeatmet hatte, als der württembergische Erbprinz um ihre Hand anhielt. Barbara Sophia war mit ihrem Bräutigam zufrieden. Der zwei Jahre ältere Johann Friedrich war gebildet, vergnügt und kein Kind von Traurigkeit. Er liebte Musik und fröhliche Feste, war interessiert an Büchern und am Theater und spielte sogar selber auf der Bühne mit. Er war gesellig und schien gutmütig und warmherzig. Alles in allem galt der Stuttgarter Hof als großzügig und festlich. Wenn auch ihr Schwiegervater Herzog Friedrich I. sehr autoritär sein sollte, mit ihrer Schwiegermutter Sibylla von Anhalt würde sie auskommen. Die schon für 1608 ins Auge gefaßte Hochzeit verschob sich, plötzlich und unerwartet war Herzog Friedrich gestorben. So erwarteten die Württemberger im Herbst ungeduldig die Braut des regierenden Herzogs, und dementsprechend festlich wurde Barbara Sophia empfangen: *„Sie kamen den 31. Oktober auf den Gränzen des Landes an und den 5. November hielten sie ihren Einzug zu Stuttgart, wo sie auf der sogenannten Frauenberger oder Feuerbacher Heyde von dem Herzog empfangen wurden. Diser hatte eine Begleitung von 12. Fürsten und 4.000 Pferden. Der Zug gieng sogleich in das von Herzog Ludwigen erbaute Lusthaus, wo dem Fürstlichen Gebrauch gemäß der so genannte Handstreich gegeben und nach einer von dem Hof-Prediger Erasmus Grüninger gehaltenen Rede die Deckin geschlagen wurde. Den 6. November überreichte der Herzog die Morgengab mit einem kostbaren Halßband. Die Fürstliche Personen und Gesandte aber übergaben der Fürstlichen Braut ihre Geschenke, worauf erst der Kirchgang er-*

folgte, bey welchem der obgedachte Hofprediger nach wiederhohlter Handtreu die Einsegnung verrichtete und dise Handlung beschlosse. Die folgenden Täge wurden mit Ringelrennen und Balleten, Fuß-Turnieren, Feurwerken, Turnieren zu Pferd, Quintanen und lustigen Kübelrennen zugebracht. Der Pracht diser Feyerlichkeit unterschiede sich vorzüglich darin, daß 39. Fürstliche Personen, 5. Königliche, Chur- und Fürstliche Gesandten, 52. Graven und gebohrne Herrn, über 5.000 Adeliche Personen und in dem Frauenzimmer bey 100. Grävinnen, Freyfrauen und vom Adel zur Bedienung gegenwärtig waren, und über der Malzeit 120. Tische ohne die Fürstliche und Herrn-Tafel gespeiset wurden."

Paradiesisch schön und ungeheuerlich in ihrer Prachtentfaltung war schon den Zeitgenossen diese württembergisch-brandenburgische Traumhochzeit vorgekommen. So schreibt Johann Öttinger in seiner 1610 in Stuttgart erschienenen „Warhafften historischen Beschreibung":

„...den Edlen Räthen hat man Wammeser von guldenen Stucken, Hosen von schwartzem Sammet vnd Mäntel von seidin Rupff mit guldenen Passamentborten verbrembt, machen lassen, darzu seidene Strimpff gegeben. Die Hoffjunckern aber Edle Knaben, Officier vnd Hoffdiener, sind all in Samet vnd seidinen Zeug, gelb vnd schwartz. Das gemeine Gesind in gelb Lindisch mit schwartzen Schnüren oder Borten gekleidet vnd alle mit einander mit schönen hohen Federbüschen gezieret worden."

Barbara Sophia lächelte in der Erinnerung. Wie im Traum war alles an ihr vorbeigezogen, hatte sie Grüße, Geschenke und Glückwünsche entgegengenommen. Immer mehr Schwägerinnen und Schwäger hatten sich ihr vorgestellt, bis sich schon alles im Kreis um sie drehte. Zwölf Jahre war Herzogin Anna damals gewesen, nicht viel älter als ihre Antonia heute, und wie diese heute hatte sie gerade erst begonnen, mit eigenen Augen die Welt zu betrachten. Von Anfang an hatte sich die Herzogin in ihrer neuen Heimat wohlgefühlt und die Stuttgarter sich mit ihr. Johann Öttinger schreibt:

„...welche mit jhrer schönen Zucht und Tugend, vnd mit jhren lieblichen, holdseligen Gebärden, damit Sie von Gott miltiglich gezieret und begabet ist, hochermelten Fürsten Herrn Johann Friedrichen zu Würtemberg, etc. Dermassen bewegt und afficiert, das Sein F. G. Jhrer vor allen andern zu einem Ehlichen Gemahlin begehrt."

Antonia richtete sich mit einem Ruck auf dem Schoß der Mutter auf: „Sag, hast du dich nicht gefürchtet, so ganz weit fort in einem fremden Land, lauter fremde Leute, ich hätte Angst…" Barbara Sophia besann sich keinen Augenblick. Nein, gefürchtet habe sie sich nicht. Wie sie da in dem prachtvollen, mit goldenen Malereien geschmückten Wagen, gezogen von sechs Pferden Stuttgart entgegenrollte, da sei sie eigentlich von Vorfreude erfüllt gewesen. Bis – ja, bis auf einen winzigen Augenblick, da wäre sie am liebsten wieder umgekehrt: „Als die Kanoniere auf der Stammburg Württemberg den heranziehenden Brautzug bemerkt haben, da haben sie ein donnerndes Begrüßungsschießen veranstaltet. Der Salut wurde dann von der Feste Hohenasperg erwidert. Und dann das Getöse gerade vor uns: Auf der Frauenberger Heide hat der Herzog extra eine Schanze errichten lassen, dort waren allein siebzehn Kanonen postiert und 2400 Soldaten, als die den Salut begannen, da wäre ich am liebsten geflohen. Ich bin zu Tode erschrocken und die Pferde auch. Aber dann ist auch schon dein Vater gekommen. Hoch zu Roß in einem goldenen Wams, festlich angetan, das Pferd geschmückt mit Federbüschen auf dem Kopf in den Württemberger Farben gelb und schwarz, die Mähne durchflochten mit goldenen Bändern, ein Sattel, so kostbar wie ich noch nie einen gesehen hatte. Gegen diese Pracht meines Bräutigams kam ich mir sehr ärmlich vor."

Herzogin Anna unterbrach sie lebhaft: „Das ist doch nicht wahr. Sie sah wunderschön aus, deine Mutter, in ihrem prächtigen rot-samtenen Rock, reich bestickt mit Goldborten und durchwirkt mit goldenen und silbernen Schnüren. Und dann dieser kostbare Kopfputz, wir waren ganz geblendet, meine Schwester Agnes und ich. So schön bist du uns vorgekommen. Magnus wollte nur noch eines: Sofort nach Berlin reisen und sehen, ob nicht die ganze Stadt golden wäre. Und um den Hals hast du eine dicke Goldkette getragen mit einem kunstvollen Anhänger. Darin war der Name deines Vaters eingraviert, ‚Joachim Friedrich', zusammengesetzt aus lauter Diamanten und anderen Edelsteinen." Sie legte der Schwägerin die Hand auf den Arm: „Und immer, wenn du dich nicht so ganz ausgekannt hast, oder wenn dir bange geworden ist, dann hast du nach dem Anhänger gegriffen und ihn fest gedrückt." Barbara Sophia schüttelte den Kopf, daran hatte sie gar keine Erinnerung mehr, merkwürdig, was Kindern im Gedächtnis blieb.

„Und im großen Saal des Lusthauses, direkt am Fenster, hatten sie einen Altar aufgebaut, mit einem kostbaren Baldachin darüber. Direkt daneben stand das Hochzeitsbett. Hofprediger Erasmus Grüninger hielt eine schöne Ansprache, und dann wurde das Brautpaar zum Hochzeitsbett geführt und die Decke aufgeschlagen."

Barbara Sophia nickte: „Das war aber noch nicht die eigentliche Hochzeitszeremonie. Die kam erst am nächsten Tag. Gleich frühmorgens kam Christoph von Engelshofen, der Kanzler, und brachte mir die Morgengabe meines Gemahls. Danach legte mir meine Schwiegermutter ihr Geschenk um, ein kostbares Halsband. Und dann die vielen anderen Geschenke, von den Reichsstädten, von der Universität Tübingen, von den Abgesandten der Landschaft, von den Fürstenhöfen und den anwesenden Gästen. Alles funkelte vom Glanz des Tafelsilbers, der Pokale und der Kannen. Und dann kam die eigentliche Trauung in der Schloßkapelle. Erasmus Grüninger segnete unsere Ehe ein, ein wirklich erhabener Moment, alle waren ganz ergriffen."

Herzogin Anna mußte lachen: „Antonia, viele haben geweint, deine Eltern waren aber auch ein gar zu schönes Paar. Dein Vater groß und stattlich in Samt und Seide. Sein Wehrgehänge aus Gold, mit den kostbarsten Edelsteinen bestückt. Aber das Schönste war doch deine Mutter. Die Ärmel ihres Kleides aus schwarzer Atlasseide waren mit diamantenen Rosen bestickt, der Rock so geschnitten, daß mitunter der seidene Unterrock sichtbar wurde. Er war ringsherum mit acht Reihen der vollkommensten Perlen besetzt..." Barbara Sophia seufzte in der Erinnerung auf, so schwer war das Kleid gewesen, daß sie nicht geglaubt hatte, einen ganzen Tag darin durchzustehen. Und jetzt sagte ihre Schwägerin zu Antonia: „Deine Mutter hat sich darin so leicht bewegt, wie ein Vogel am Himmel fliegt. Das Allerschönste aber waren die diamantene Rose mitten auf ihrer Stirn und die dazu passenden diamantenen Rosen, die ihre kostbare Frisur krönten.

Und die Tische bogen sich von den Speisen! So große Körbe mit Herrenbroten wurden herangeschafft, daß viele Diener daran schleppen mußten. Für die Tafeln waren extra kleine Zierbrunnen angefertigt worden, aus denen eine Stunde lang, wie von unsichtbaren Händen ausgegossen, Wasser floß. Und Wein gab es aus allen Gegenden, in denen Wein angebaut wird. Und in solchen Mengen, daß, wenn wir damals versucht hätten, der Fülle Herr zu werden, wir heute noch nicht wieder nüchtern wären. Mehr als vierzig verschiedene Speisen wurden aufgetischt. Alles, was man jagen konnte, was im Wasser schwamm und in der Luft flog, war auf die kunstvollste Weise zubereitet worden. Zehn Tage lang wurden einige tausend Gäste beköstigt, jeden Abend wurde im Lusthaus getanzt! Es war ein wundervolles Fest."

Antonia kam aus dem Staunen nicht heraus. Bei den Taufen ihrer Brüder Friedrich und Ulrich und der Hochzeit ihres Onkels Ludwig Friedrich, den letzten großen Stuttgarter Hoffesten, war sie noch zu klein gewesen. Sie hatte sie ganz einfach in ihrer Kindskammer verschlafen. Seit Kriegsausbruch 1618 waren auch Familienfeiern nicht mehr groß aufgezogen worden. Die einzige Hochzeit, an die sie sich erinnern konnte, war die ihrer Tante Agnes mit Herzog Franz Julius von Sachsen-Lauenburg. Davon war ihr eigentlich nur die kurze Zeremonie in der Schloßkirche im Gedächtnis haften geblieben. Und überirdisch schön war ihr die Braut nicht vorgekommen, eher traurig und blaß. Antonia meinte auch zu wissen warum: Damals schon hatte sich abgezeichnet, daß die Landschaft die vereinbarte Mitgift überhaupt nicht zahlen konnte. Und gerade darauf waren der Bräutigam und sein Haus natürlich erpicht. Der Krieg zwang alle zum Sparen, das Haus Sachsen-Lauenburg aber noch mehr als andere. Franz Julius konnte seiner Frau nicht einmal eine angemessene Hofhaltung ermöglichen. Herzog Johann Friedrich meinte zwar, das würde sich schnell ändern, wenn man den Mitgift-Schuldschein in Geld tauschen würde. Aber, soviel stand bald fest: Herzogin Agnes beschwor den Bruder, ihr die Rückkehr nach Stuttgart zu erlauben. So schlecht ging es ihr in Engern, daß sie sich die Augen nach ihrem heimatlichen Stuttgart ausweinte.

„Bitte, bitte, noch die Geschichte von den Ritterspielen...!" Antonia nutzte die Gunst der Stunde, neben der Tante auch die Mutter einmal ganz für sich zu haben.

Herzogin Anna lachte: „Also gut, erzählen wir von einigen der Ritterspiele auf der neuen Rennbahn. Das ist ja sonst eher der Wunsch deiner Brüder, also diesmal für dich, Antonia! Für die fürstlichen Damen war auf der offenen Galerie des Lusthauses ein mit Wimpeln geschmücktes Zelt aufgestellt worden. Auf der gegenüberliegenden Seite fanden mehrere Tausend Zuschauer auf einer eigens dafür aufgerichteten Tribüne Platz. Acht allegorische Stücke hatten Prinzen und adelige Freunde des Brautpaares gedichtet und einstudiert. Das gab ein Gedränge in den Kulissen. Den Anfang machte dein Vater selber. 118 kostümierte Personen gestalteten seine ‚Germania‘. Das Publikum hatte viel Spaß daran. Der Vetter deiner Mutter, Herzog Christian von Brandenburg, bewies viel Talent mit seinem Aufzug ‚Die Mohren‘. Fremdartig ging es auch zu bei dem Bild ‚Von den wunderbarlichen amerikanischen Leuten‘, das der Hofmeister deines Onkels Ludwig Friedrich erdacht hatte. Mir am besten im Gedächtnis geblieben ist der Aufzug in zwei Teilen von Benjamin Buwinghausen-Wallmerode mit dem Titel ‚Krieg und Frieden‘. Aber das mag auch an unseren jetzigen mißlichen Umständen liegen." Herzogin Anna machte eine Pause, ihr war noch etwas eingefallen, lebhaft nahm sie die Erzählung wieder auf:

„Und dazu die wunderbare Musik. Damals war unsere Hofkapelle ja noch viel größer als heute. Und dann hatten verschiedene Gäste auch noch ihre eigenen Musiker mitgebracht. Markgraf Christian alleine brachte acht Musiker, acht Trompeter und einen Heerpauker mit. Er hatte drei Musiker- und Instrumentenwagen in seinem Troß dabei. Ein ungeheurer Aufwand, aber er lohnte sich. Zehn Musiker und sechs Trompeter steuerte Joachim Ernst von Brandenburg bei. Da konnte sich natürlich Markgraf Georg Friedrich von Baden nicht lumpen lassen, sechs Musiker und zehn Trompeter gingen auf seine Kosten. Außerdem stellte er einen Baumeister und zwei Maler für die Kulissenarbeiten ab, so konnte die Ausstattung der einzelnen Szenen noch prachtvoller ausfallen, als sie das sowieso schon war. Natürlich langten die Instrumente aus unserem eigenen Fundus nicht für dieses gewaltige Musikerheer. Nellinger Fuhrleute spannten an und holten Geigen und andere Saiteninstrumente vom Pfälzer Hof, außerdem mußten noch Schalmeien und Lauten hinzugekauft werden. Dafür wurde aber auch monatelang über nichts anderes gesprochen als über das große Stuttgarter Hochzeitsfest. Von mehreren Höfen kamen Anfragen nach den Stücken und den Musiken, das hat deinen Vater unglaublich gefreut. Aber die wenigsten hatten dafür ausreichend Musiker, auch fehlten bei fast allen die Mittel. Heute wäre das alles sowieso ganz ausgeschlossen. Wenn du magst, Antonia, schauen wir uns in Stuttgart die schönen Kupferstiche an, die Balthasar Kuchler aus Gmünd von der Hochzeit gestochen hat. So genau kann ich das nicht erzählen, wie es darauf zu erkennen ist."

Sie strich sich eine Haarsträhne aus dem Gesicht, dann fuhr sie fort: „An einem der Tage fand ein Fußturnier statt. Die einzelnen Parteien marschierten beim Klang von Trommeln und Pfeifen in festlichem Aufzug ein. Dein Vater war natürlich, wie immer, einer der besten, er brach 45 Spieße und zerschlug 71 Schwerter. Dieses Spiel hörte mit dem Einbruch der Nacht aber nicht auf. Knappen stellten Pechpfannen auf. Und in ihrem Schein ging das Turnier weiter. Jetzt wurde es erst richtig schön. Im Schein des künstlichen Lichtes glänzten die Rüstungen, als ob man in ein Erzbergwerk hineinsehen würde. Jeder Stoß und jeder Schlag ließ die Funken aus den Rüstungen und Sturmhauben sprühen. Das Publikum stöhnte bei jedem Treffer auf, Spieße und zerbrochene Schwerter flogen durch die Luft und sammelten sich auf dem Boden der Rennbahn. Endlich sanken am Abend alle ermattet in den Quartieren in ihre Betten."

Herzogin Barbara Sophia fuhr fort: „Am nächsten Morgen hielt Hofprediger Grüninger einen Gottesdienst. Danach konnte jeder seiner eigenen Wege gehen, bis am Abend zum großen Feuerwerk geladen wurde. 8000 Raketen und andere Feuerwerkskörper wurden dazu auf der alten Rennbahn abgebrannt. Da leuchteten die Windräder und die Mühlen drehten sich am Nachthimmel, Raketen zischten auf und fielen in leuchtenden Farbkaskaden wieder zu Boden. Es war schön, aber doch ein Tosen und Brausen und Stampfen, wie bei einer großen Schlacht. So, als ob man eine große Festung berennen tät... Ich hatte bald genug von dem Lärm. Aber der Herzog nicht. Und so dauerte es drei Stunden fort. Aber dies Wunder der Feuerwerker war immer noch nicht das Ende der Hochzeitsfeierlichkeiten. Es folgten noch drei Tage mit Turnieren, Tanz und Musik, mit Spiel und Geselligkeit. Ach, mir ist es, als sei das alles erst gestern gewesen, und doch ist eine Ewigkeit vergangen seitdem. Zum glücklichen Ende haben wir Gott dem Allmächtigen gedankt, daß diese wunderbaren Tage vorübergegangen sind ohne einen einzigen Unfall, und uns auch sonst kein Unglück widerfahren ist."

„Schön!" Antonia stand auf und streckte sich: „Wenn ich einmal heirate, dann werden alle, mit mir an der Spitze, in einem unendlich langen Brautzug schön geschmückt dem Bräutigam entgegengehen. Aber eines, da bin ich mir sicher, wird es nicht geben...", sie runzelte die Stirn: „Geschütze! Geschütze will ich nicht dabeihaben."

Herzogin Anna lachte: „Da wird der Bräutigam auch noch etwas mitzureden haben. Und im übrigen hat das ja noch etwas Zeit." Erst einmal, so dachte sie im Stillen, sei sie ja wohl an der Reihe. Von den fünf Töchtern Herzog Friedrichs I. war Anna die einzige, die noch nicht verheiratet war. Wie hätte sie auch im Sommer 1624 ahnen können, daß es noch volle 23 Jahre dauern sollte, bis man wieder die Hochzeit einer Herzogin der Stuttgarter Linie feiern würde?

„Kommt, laßt uns in den Garten gehen", Herzogin Barbara Sophia legte den Arm um ihre Tochter, „nachsehen, ob die Stuttgarter Gärtner schon die beiden angeforderten Orangenbäumchen geschickt haben."

Heinrich Schickhardt genoß den Ritt nach Leonberg. Endlich war er einmal allein und konnte seinen Gedanken nachhängen. Vorgestern erst war er aus Ehningen zurückgekehrt. Noch war die Untere Burg im Besitz des Oberhofmeisters Joachim Ernst von Trauschwitz, spätestens zum Jahresende aber würde sie für 11 000 Gulden an die herzogliche Kämmerei zurückgegeben werden. Trauschwitz hatte sich nie sehr wohl in der zugigen und feuchten Burg gefühlt. Herzog Johann Friedrich hatte Ehningen seiner jüngsten Schwester, dem Fräulein Anna, als Apanage zugewiesen. Aber Anna und mit ihr Herzogin Barbara Sophia jammerten über verschimmelte Wände und ewig feuchte Betten. Da die Herzogin und ihre Schwägerin unzertrennliche Freundinnen waren und der Herzog wiederum seiner Gemahlin kaum einen Wunsch abschlagen konnte, war Schickhardt schon einige Male in Ehningen gewesen. Renovierung oder Abriß? Inzwischen war Schickhardt überzeugt, daß sich eine Instandsetzung der Unteren Burg in keinem Falle lohnen würde, auch wenn Herzogin Anna dafür war. Schickhardt hatte beim Landesherrn für den Abriß und einen modernen Neubau plädiert. Das wäre in jedem Falle wirtschaftlicher als die Renovierung der alten, wegen der häufig wechselnden Besitzverhältnisse arg heruntergekommenen Burganlage.

Heute morgen nun war er sich mit Herzog Johann Friedrich einig geworden, der Landesherr hatte Schickhardts Plänen und auch dem Zeitplan zugestimmt. Schickhardt hatte sich nicht anmerken lassen, wie sehr ihn das schlechte Aussehen des Herzogs beunruhigte. Dabei war er doch erst vor kaum vierzehn Tagen aus seiner Kur in Wildbad zurückgekommen. Aber schon klagte Johann Friedrich wieder über Herzrasen in der Nacht, über Kurzatmigkeit und „Enge auf der Brust". Er wirkte müde und niedergeschlagen. Dazu hatte die Nachricht vom nächtlichen Hagelwetter gehörig beigetragen. Fast fiel es ihm schwer, Schickhardt von der Freude über die Baufortschritte der Kirche in Wildbad zu erzählen, die jüngste Hiobsbotschaft hatte ihm manches unwesentlich erscheinen lassen. Schickhardt erinnerte sich, wie erholt und wohlaussehend der Herzog vor einem Jahr aus Wildbad zurückgekehrt war. Voller Schwung und Elan hatte er aus Freude über die gelungene Kur den Wildbadern eine neue Kirche für ihr aufstrebendes Bad versprochen. Die alte Kirche, einst von den Hirsauer Mönchen erbaut, war längst zu klein für die sich gut entwickelnde Schwarzwaldstadt und ihre immer zahlreicher werdenden Kurgäste. Schickhardt hatte geschickt, die alten Mauern nutzend, eine neue, größere, der Bedeutung des Ortes gerecht werdende Kirche gebaut, die nun, nach gerade einem Jahr, schon ihrer Vollendung entgegenging.

Jetzt war der vielbeschäftigte Hofbaumeister auf dem Weg zu Ihrer Fürstlichen Gnaden, dem Fräulein Anna, um ihr zugleich mit seinen Ehninger Plänen auch den Entwurf eines von ihr gewünschten mobilen Feigenhauses für den Stuttgarter Lustgarten vorzulegen. Sein neues System schien ihm einfach und folgerichtig, viel preiswerter umzusetzen als die bisher in Leonberg und Stuttgart angewandte Methode, die Gewächshäuser im Frühjahr abzuschlagen und mit Eintritt der kälteren Jahreszeit wieder aufzubauen. Das neue, beheizbare Feigenhaus lief auf Rädern und sollte im Herbst einfach in den Garten geschoben werden und die kälteempfindlichen Pflanzen aufnehmen.

Schickhardt hatte ähnliche Gewächshäuser bei seiner Anfang des Jahrhunderts mit Herzog Friedrich I. unternommenen zweiten Reise nach Italien in den Gärten von Mantua gesehen und damals notiert: *„In dem Garten werden neben andern schönen Gewächsen, auch vil Oliven, Feigen, Mandel, Cypresz und Pommerantzen Bäume gezogen, und obgleich woll dises Landt Warm ist, so müssen doch uber die Pommerantzen: und andere zarte Bäume, Winters zeit Häuser auffgeschlagen und solche mit Kollfewren vor der Kälte beschirmt werden, gleich So woll alß in Teutschland."*

Heinrich Schickhardt, am 5. Februar 1558 in Herrenberg geboren, seit 1608 württembergischer Hofbaumeister, hatte eigentlich gehofft, daß sich seine Arbeitsbelastung in den unsicheren Kriegszeiten verringern würde. Doch er hatte sich getäuscht, überall im Land brauchte man seine Dienste, überall wurden Wehranlagen, Mauern und Schanzen verbessert. So war allein die westliche Grenze des Herzogtums mit einem 16 Schuh hohen Wall befestigt worden. Dieser „Landgraben" war von wehrfähigen Männern der Ämter gebaut worden. Immer wieder mußten Neubauten eingefügt und Ausbesserungen vorgenommen werden, nur so konnten Übergriffe der kaiserlichen Truppen und ihrer Verbündeten, die seit der Schlacht am Weißen Berge die Pfalz verwüsteten, abgewehrt werden. Daß der württembergische Hofbaumeister neben allem anderen Können auch ein hervorragender Festungsbauer war, hatte inzwischen auch Kaiser Ferdinand gemerkt, schon mehrmals hatte er versucht, dem Herzog von

Herzog Johann Friedrich
Vater der Prinzessin Antonia

Württemberg den genialen Herrenberger abspenstig zu machen.

Neugierig und an allem, was um ihn herum vorging, interessiert – hierin ein typisches Kind seiner Zeit –, entwarf er nicht nur unermüdlich Kirchen und Schlösser und plante gar ganze Städte, er konstruierte aber auch lenkbare Armstühle. Er fand heraus, warum die Forellenzucht im Uracher Schwanensee nicht mehr gelingen wollte. Er zeichnete Pläne, erstellte Kostenvoranschläge, ritt die Baustellen ab und kümmerte sich um größere Bauvorhaben immer wieder selbst. Kleinere überließ er auch schon mal den Baumeistern vor Ort. Bei schwierigen Details erfand er die nötigen technischen Hilfsmittel kurzerhand selbst. Trotz seines großen persönlichen Einsatzes bemühte er sich auch um die Arbeiter und ihr Wohlergehen. Als er 1618 den Schloßgarten von Neuenbürg für Herzog Magnus neu anlegte, beschwerten sich die Bauern darüber, daß sie die ganze Arbeit in Fron zu verrichten hatten und ihnen keine Zeit für die eigenen Äcker blieb. *„Da haben sie mir für die Stein zu brechen, 2500 gefordert, welches ich underthonig bericht und gebetten der Underthonen mit so großer Fron zu verschonen. Ist darauf eingestelt worden,"* notiert er in seinem „Werkverzeichnis".

Schickhardts aus Siegen in Westfalen nach Herrenberg gezogener Großvater hatte am berühmten Chorgestühl in der Stiftskirche gearbeitet. Auch Lukas Schickhardt, der Vater, war Schnitzer und Schreiner, ein Handwerk, das auch der Sohn erlernte, nachdem er die Lateinschule durchlaufen hatte. Als „Diener" des großen württembergischen Baumeisters Georg Beer hatte er mit an Beers Meisterwerk, dem Neuen Lusthaus in Stuttgart gearbeitet. 1592 war er Bauleiter der neuen Kirche in Grüntal, ein Jahr später am Collegium illustre in Tübingen und am Schloß in Hirsau. Bereits der 22jährige hatte nach den Angaben Beers den Wiederaufbau der einer Feuersbrunst zum Opfer gefallenen Stadt Schiltach geleitet und nach eigenen Entwürfen die Schlösser in Stammheim und Mötzingen gebaut.

Als er 1584 in Herrenberg mit Barbara, der Tochter des Vogtes Grüninger, vor den Traualtar trat und kurze Zeit darauf auch in den Rat der Stadt gewählt wurde, war er bereits ein wohlhabender Mann. In der Bronngasse übernahm er das Haus seiner Schwiegereltern, dort besaß er selber schon ein Meierhaus samt Scheuer und ein kleines Haus mit einem Keller. Inzwischen waren dazu noch ein Gut in Rohrau und ein Meierhof in Affstätt gekommen. Außerdem hatte er Häuser in Ehningen und anderen Ortschaften erworben. In Stuttgart nannte er ein schönes vierstöckiges Wohnhaus Ecke Kanzlei- und Hospitalstraße sein eigen. Seine ihm von Herzog Friedrich gewährte Besoldung erhöhte dessen Sohn und Nachfolger Johann Friedrich 1608 um 80 Gulden. Nicht zu zählen waren die „Verehrungen", die ihm von seinen Auftraggebern und vom Herzogshaus zukamen. Jeden dieser Becher und Kannen, jedes Faß Wein und jeden silbernen Tafelaufsatz trug er getreulich in sein Verzeichnis ein. Jedes Stück wurde gewogen, im Bild dargestellt und sein Geldwert geschätzt – eine stolze Liste der Zufriedenheit.

Besonders glücklich war er über eine Gabe seines „theiren Herrn" Herzog Friedrich, einen vergoldeten Becher, mit 60 Dukaten gefüllt. Dies großzügige Geschenk hatte er erhalten, weil er während seines achtjährigen Aufenthaltes in Mömpelgard von den dortigen Handwerkern keine „Verehrungen" entgegengenommen hatte. Lieb war ihm auch ein sehr schön gearbeiteter Becher, den ihm Herzogin Sibylla aus Sachsen von der Hochzeit ihrer Tochter Eva Christina mitgebracht hatte. Die hohen Herrschaften überschütteten ihren Baumeister mit Gunstbeweisen und Vergünstigungen. Es war schon etwas Besonderes, wenn Herzog Johann Friedrich ihm zur Versöhnung nach einem Streit über ein Gutachten einen Traubenbecher überreichte, mit der gutmütigen Bemerkung, „er wolle eben sein gnädiger Herr" sein. An Ringen und Ketten, an herzoglichen Bildnissen in Medaillons und an güldenen Ketten fehlte es dem ersten Baumeister des Landes wirklich nicht.

Dafür aber an Freizeit, wie er das des öfteren beklagte. Er habe nicht Zeit genug für seine eigene Haushaltung – „der teure Held Herzog Friedrich I. mache ihm nun wirklich zuviel Mühe und Arbeit", hatte es einst geheißen. Doch mit seinem Nachfolger, dem viel leichter lenkbaren, gutmütigen Johann Friedrich, war er auch nicht besser dran. Entdeckte

Johann Friedrich bei seinen zahlreichen Visiten in Frankreich eine ihm interessant erscheinende Festung, dann mußte ihn beim zweiten Besuch Heinrich Schickhardt begleiten und das Befestigungswerk ausmessen und abzeichnen.

Schickhardt reckte sich im Sattel und sah sich um. Wie schön das Land war, wie heiter die Landschaft nach dem nächtlichen Gewitter wirkte. Schon meinte er, am Horizont Leonberg auftauchen zu sehen. Die vielen Reisen kamen ihm in den Sinn, die Freude, etwas Neues zum ersten Male zu erblicken. Am schönsten waren wohl die beiden Italienreisen gewesen. Die erste hatte er allein unternommen, die zweite, kaum anderthalb Jahre später, in Begleitung Herzog Friedrichs I. Seiner Frau Barbara war nicht gerade zum Lachen zumute gewesen, als er ihr sein erneutes Fortgehen ankündigte. Aber schließlich hatte sie zugestimmt, und der Herr Fritz von Sponeck, wie sich der „theire Herr" inkognito auf Reisen nennen ließ, konnte seine acht Begleiter als Edelleute ausstaffieren und mit auf die Reise nehmen. Anders als Barbara Schickhardt hatte Herzogin Sibylla erst von der neuerlichen Fernreise ihres teuren Gemahls erfahren, als der sich schon jenseits der Landesgrenzen in Ulm befand.

Wie hatte Schickhardt diese Reisen genossen. Wieviel Anregungen hatte er nicht von dort mit nach Hause gebracht und in seine Gärten und Bauten einfließen lassen. Abends in den Herbergen hatte er nicht gewußt, was er zuerst notieren, zeichnen und skizzieren sollte. Wie ein Schwamm hatte er all das Neue, Unerhörte in sich aufgesogen. Aber nicht nur die Architektur hatte ihn fasziniert, auch wie die Menschen ihre Städte und Landschaften in Besitz nahmen und mit Leben erfüllten, fesselte ihn. In seinen Reiseerinnerungen fügte er viele Augenblickserlebnisse zu einem lebendigen Ganzen zusammen. So über Genua:

„Dann kompt man für der Statt Thor, das ist zur rechten und lincken Hand mit starcken Pasteyen, mit verdeckten Wehren, alles von Stein gebauwen, gantz woll versehen, under welchen seind Teutsche und Welsche Soldaten, die begehren erstlich die Vede zu sehen, danach examiniern sie mit Fleiß, ein jeden woher er komme, was er bey sich führe. Wenn dann nit ein gute Fürbitt, oder Vereh-

rung dafür hilfft, werden Vällisser unnd Satteltäschen eröffnet und besucht." Bald geht es weiter: *"...sahen wir ein Prozession, welcher der Hertzog zu Genua, des Königs auß Hispania Legatus ordinarius, sambt dem Gantzen Genuesischen Adel unn Rhat der Statt beneben einer grossen menge Priester und Ordensleut beygewohnet, unnd wird dise Prozession jährlich darumb gehalten, das vor vielen Jahren ein grosse Pestillentz alda umb dise Zeit auffgehöret."*

"Alß nun jhre F.G. diser Prozession in des Hertzogen Capellen zusihet, tregt ein Priester in einem Sylberin Weykesselein das Weywasser, gleich wie an vilen orten in Teutschland, das Almusen gesamblet wird, herumb. In dem aber jhre F.G. andern sachen nachsehen, und ohngefahr dises Priesters wahrnemen, vermeinen sie, er der Priester begere Allmusen, warffen derwegen also bald ein Ducaten in das Weykesselein, das daß Wasser herauß springt, alß der Priester disen Bossen ersihet, lachet er, unnd zeucht mit dem Ducaten darvon."

"Andreas Doria ein Fürst unnd General Obrister, uber das Hispanische Meer, auch alle Galleen und Schiffe darauff, hat einen herrlichen Palast, und schönen Lustgarten am Meer gleich vor dem Thor, wie man auff Mayland zeucht, welchen ihre F. G. ganz gern gesehen. Besonders aber in der Schatz- oder Sylberkammer, vier Tisch, welche sambt jhren Füssen, gantz von Sylber, unnd schöner getribner Arbeit gemacht. Der Lustgarten daran ist trefflich schön und groß, gehet biß an das Meer, mit schönen Wasser und Bronnwercken, auch mancherley schönen Früchten und Kreutern, wollgezieret, zu anrichung mehr Wasserwercken. Darinnen last gedachter Herr Andreas Doria, auff ein hohen Berg, gleich vor seinem Pallast, durch die gefangene Türcken (über welche er zu gebieten hat) ein grossen Teich, oder Wasserbehalnuß machen."

Und dann endlich Rom, *"die berümbteste Statt, die jemalen gewesen, welche vor jharen ein gewaltige Herrscherin schier der gantzen Welt gewesen ist"* mit ihrer unvorstellbaren Vielfalt an Kirchen, Palästen und an Gärten: *"Es hat auch Bapst Gregorius ein herlich schönen Garten, in welchem man ein grossen theil der Statt Rom, übersehen kan, lassen zurichten, der nicht allein mit viel und mancherley Bäumen, Kreutter und frembden Gewächsen, nach dem besten versehen, sonder mit so vilen Wun-*

derbarlichen und seltzamen Wasserkünsten dermaßen geziertem das der zehende theil, kaum zu erzehlen ist."

Über all den Schönheiten des Gartens, zu denen auch eine Wasserorgel mit vier Registern gehörte, die wunderbare Töne von sich gab und deren Wasser in dichten Kaskaden von der Terrasse hinunter in den Garten stürzte, vergaß Schickhardt nicht, daß es technische Wunderwerke waren, die das möglich machten. So war das Wasser *„auf die 20 Welsche Meil"* in den Garten hineingeführt worden. Der Experte zog das Resümee, daß bei dem vollendeten Bild, all den technischen und architektonischen Finessen weder *„fleiß, zeit noch kosten gespart worden".* Und fügte als gläubiger Protestant hinzu: *„Allein ist auch zu bedenken, das der, der es hat angefangen zu bauwen, auch Sterben hat müssen."*

Energisch schob Schickhardt die trüben Gedanken beiseite. Es hatte keinen Sinn, sich von ihnen zu sehr einholen zu lassen. Es mußte weitergehen. Er atmete durch, gleich war die Kuppe erreicht, an der die Straße eine leichte Biegung machte. Nun mußte sich der Blick gleich öffnen – so erinnerte er sich jetzt – und für einen kurzen Augenblick wurden das Schloß und der vor ihm im Sonnenschein liegende Garten sichtbar. Der breiten, ihm zu mächtig wirkenden Fassade hatte er die auf Gewölben ruhende Altane vorgesetzt. Wie hatte Herzogin Sibylla den Blick von dort hinab in ihren Garten geliebt! Noch in ihren letzten Tagen, als sie schon davon sprach, bald für immer nach Stuttgart zurück und in das Gemäuer hinab zu müssen, hatte sie sich so oft wie möglich auf die Terrasse hinausbringen lassen, um den vertrauten Blick zu genießen.

Für einen Moment verharrte Schickhardt, dann gab er seinem Pferd die Sporen. Zehn Jahre ruhte die Herzogin nun schon in dem Gemäuer unter der Stiftskirche an der Seite ihres Gemahls. Schickhardt lächelte ingrimmig. Dort konnte er ihr nicht entkommen. Weder nach Italien noch nach England. Diesen Gedanken ausspinnend, hatte der Reiter das Untere Tor erreicht. Die Torwächter erkannten den Hofbaumeister und ließen ihn grüßend passieren. Auf dem Straßenpflaster hallten die Huftritte viel lauter als auf der Landstraße. Lächelnd bemerkte Schickhardt, wie manche

Bewohner vorsichtig Vorhänge beiseite schoben, um zu sehen, wer in die Stadt kam. Kinder rannten herbei und grüßten den fremden Reiter. Der nickte freundlich zurück und war nach wenigen Minuten im Schloßhof angelangt. Bedächtig löste er seine Tasche mit den Bauplänen vom Sattelgurt und übergab sein Pferd einem der Reitknechte im herzoglichen Stall. Einen kurzen Blick warf er noch auf den Kirchgang, den er der Herzogin gebaut hatte, damit sie trockenen Fußes und ohne von den Bürgern der Stadt gesehen zu werden vom Schloß in die Kirche gelangen konnte. Der Gang führte vom Obergeschoß der Kelter aus hinüber auf die „Fürstenempore" in der Stadtkirche. Die fromme Herzogin hatte in ihm 23 Porträts Verstorbener, meist auf dem Totenbette liegend, aufgehängt. Wohl um sich auf den eigenen Tod vorzubereiten, wie einige Leonberger gemeint hatten. Der auf zwei kupfernen Pfeilern ruhende Überweg war aber auch mit etlichen Truhen, über deren Inhalt Schickhardt nichts wußte, und mit einem sehr kunstvollen „heimlichen Gemachstuhl" ausgerüstet worden. Eigenwillig war sie schon gewesen, die Herzogin Sibylla!

Eine der Mägde der Herzogin Barbara Sophia führte Schickhardt hinauf in die Gemächer der herzoglichen Familie. Die Tür zur Sonnenterrasse der Altane war weit geöffnet. Unter einem bestickten weißen Sonnenschutz saßen Herzogin Barbara Sophia und ihre Schwägerin, über Handarbeiten gebeugt. Ein aschblondes Mädchen mit auffallend breiter Stirn las ihnen aus einem Buch vor. Nach einer herzlichen Begrüßung schlug Barbara Sophia vor, daß Schickhardt sich nach dem gewiß anstrengenden Ritt in einem der Gastzimmer des Schlosses erholen und erfrischen solle. Am Abend könne er dann gemeinsam mit ihr und der Schwägerin und ihren Damen speisen. Danach könnten sie dann in aller Ruhe die mitgebrachten Pläne besprechen.

Am anderen Morgen bliebe dann noch genügend Zeit, Neuigkeiten auszutauschen und wünschenswerte Umbauten in Leonberg zu besprechen. Er dürfe sich jetzt gerne zurückziehen, aber wenn er Spaß daran hätte, fügte sie lächelnd hinzu, könne er auch zuhören, wie Fräulein Antonia Mutter und Tante mit Schönheitstips und dem Neuesten aus der Welt der Mode bekannt machte. Auch über das gefahrlose Färben der Haare – hier hätte er Gelegenheit, das zu lernen. „Wenn es die Damen nicht stört, bleibe ich sehr gerne." Auf die einladende Handbewegung der Herzogin zog sich Schickhardt einen Stuhl zurecht und lehnte sich zurück.

Verlegen rutschte Antonia auf ihrem Sessel hin und her. Puterrot vor Ärger war sie geworden, als Schickhardt die Altane betreten hatte, endlich durfte sie von ihrem geheimen Wunsch, eine andere Haarfarbe zu haben, erzählen, da mußte er hereinplatzen. Jetzt freute es sie natürlich, daß ein so bekannter, von ihrer Familie geehrter Mann wie Schickhardt bleiben wollte. Aber sie schämte sich auch ein bißchen, vor einem Fremden ihre geheimen Wünsche zu enthüllen. Unentschlossen sah sie die Mutter an. Erst auf deren auffordernden Blick präsentierte sie das Schönheitsbüchlein, das erstmals vor fast dreißig Jahren in Italien erschienen war, seitdem immer wieder in vielen Ländern Europas aufgelegt und an fast allen Fürstenhöfen und in den reichen Bürgerfamilien benutzt wurde. Es trug den schönen Titel: *„Frawen Isabellae Cortese verborgene und heimliche Künste vnd wunderwerck/ in der Alchimia/ Medicina/ Chirurgis/ vnd allerlei Künsten: Fürnemlich aber wie man einen vngestalten Leib/ an Mann und Frauwen/ außwendig (nach italiänischer Manier) zieren vnd jung geschaffen/ desgleichen die Angesichter schön roth und weiß machen/ die Haar zierlich ferben/ auch sonst allerley Wartzen und Flecken im Angesicht vnd Händen vertreiben soll. Alles aus Italiänischer Spraach."*
Antonia begann: *„Die Haar halb roth vnd auff Castannyen farb zuferben. Nimb Lauge von Kullerkraut zu Aschen gemacht und thue so viel Stein Alaun darzu als dich bedünckt vnnd wasche die Haare damit, denn nach diesem Wasser werden die Haare bereyt die Farbe an zunemmen in derselbigen Lauge temperire Canfora. So werden die Haare weiß, nimb Laub oder Blätter von einem Buchßbaum darzu sammt abschabung desselbigen Holtzes thue es darein mit Chelidonia, mit Gersten stroh, Eichenholtz Spän, Lupini vnd Erbsen meel vnd wann das in die Lauge gethan wirdt wie jetzt erzehlt worden, so werden die Haar roth, wenn man aber in die selbige Laug Sticados und Ginestrae mit Haut vnd Blättern darein thut, so werden die Haar Castanyenfarb."*

Erleichtert ließ Antonia das Buch sinken, sie hatte den schwierigen Text bewältigt. Herzogin Anna sah Schickhardt an: „Nun, lieber Herr Baumeister, wie wäre es, dürfen wir das Rezept an Ihnen erproben?"

Entsetzt wehrte er ab: „Von solchen Künsten verstehe ich nichts. Die Kunst, die ich am meisten liebe, ist die Arithmetica, die schönste Kunst der Welt." Er nickte Antonia zu: „Darin könnte die junge Dame von mir unterwiesen werden." Jetzt war es an Antonia, entsetzt zu gucken. Mein Gott, fuhr es Schickhardt durch den Kopf, sie hat die dunklen Augen ihrer Großmutter, aber wie so viele der Nachkommen Herzog Friedrichs, dessen breite Stirn, die dieses zarte Kindergesicht viel großflächiger erscheinen ließ, als es eigentlich war.

Herzogin Barbara Sophia beendete den Disput um Arithmetik und kastanienbraune Haare diplomatisch, indem sie Früchte und Saft als Erfrischung reichen ließ. Antonia verstand, betont langsam nahm sie ihr Buch und brachte es in die Bibliothek zurück. Eigentlich wäre sie gerne noch geblieben.

„Mit Mathematik hätten Sie ohne Zweifel mehr Glück bei unserer Tochter Anna Johanna, sofern sich Begabungen schon so früh und deutlich erkennen lassen. Sie hat entschieden Freude an Zahlen und würde gerne mit aus den Büchern ihres Bruders Ulrich lernen. Der wiederum hat es nicht so mit dem Lernen, scheint ein Reiter und Haudegen zu werden." Barbara Sophia zerteilte nachdenklich einen der Pfirsiche mit einem silbernen Obstmesserchen, aß aber nicht sofort: „Antonia ist jetzt unser ältestes Kind, sie bekommt viel mit von dem, was uns bewegt. Sie flüchtet sich in Mode und Schönheitsbüchlein, das Schicksal der Elisabeth Stuart geht ihr gerade sehr nahe, wie uns allen. Aber sie ist noch so jung. Blumen und Gartenarbeit machen ihr Freude. Außerdem ist sie musikalisch. Sie hat Lautenunterricht bei einem Schüler Tobias Salomons. Noch begabter scheint sie für das Clavichord zu sein."

Lebhaft fiel ihr Anna ins Wort: „Sie spielt am meisten auf dem Instrument, das mein Bruder vor einigen Jahren für das fürstliche Frauenzimmer angeschafft hat. Basilius Froberger gibt ihr gemeinsam mit seinem Sohn Johann Jakob Unterricht, Antonia spielt sehr schön, auch wenn nicht so kraftvoll wie der Knabe. Sie lernt auch Latein…"

Barbara Sophia nickte: „Zwar nicht so intensiv wie Eberhard und Friedrich, aber die gehen ja in wenigen Jahren nach Tübingen. Bei Antonia bin ich nicht so streng, doch Grundkenntnisse in Latein werden ihr an jedem Hof nützlich sein. Dazu liest sie die Bibel, seit sie weiß, wie sehr ihr Vater das schätzt. Und ihm will sie immer und in allem zuerst gefallen."

Herzogin Anna schob die Modekupfer, die immer noch verstreut auf dem Tisch lagen, zusammen: „Wenn ich die spanische Tracht anschaue, die auf fast allen Bildern zu sehen ist, dann kann ich mir nicht vorstellen, daß sie an den protestantischen Höfen getragen wird. Man trägt doch nicht die Mode seiner Feinde! Hier, sehen Sie, steife Miederleibchen und eine tief angesetzte Taille, lange, fast die Hände verdeckende Manschetten, und dann dieser Kragen, der wie ein Mühlrad den Hals umgibt! Und diese engen Ärmel mit den wattierten Schultern. Ich hoffe, daß sich die niederländische Tracht eher durchsetzen wird, mir gefallen die weichen Formen." Sie suchte nach dem Bild eines Herrn und hielt es Schickhardt hin. Es zeigte einen mürrisch blickenden Herrn mit merkwürdig steifer Kopfhaltung, die vermutlich von der sehr engen starren Halskrause herrührte. Das eng anliegende Wams war ausgestopft, die spitz zulaufende Taille schnürte den Leib ein. Die dicken Beinkleider legten sich wie Polster um Hüften und Schenkel.

Amüsiert betrachtete Schickhardt den Stich: „Für württembergische Hofbaumeister ist das nicht sehr geeignet", befand er und sah dann an sich hinunter.

Herzogin Anna folgte seinem Blick: „Da ist die neue niederländische Tracht schon eher passend, die weite Jacke und die längeren Beinkleider, vor allem die Stulpenstiefel..."

Schickhardt lachte: „Auf jeden Fall ist es dann ja wenigstens die Mode eines protestantischen Landes, obwohl ich sie nicht darum trage, sondern wegen der Bequemlichkeit." Ernster werdend fügte er hinzu: „Eines Landes, das doch unter den Spaniern unglaublich gelitten hat. Vielleicht ist ja die Mode das erste Anzeichen einer Befreiung. Aber dann ist der Frieden weit, denn alle werden kämpfen bis zur völligen Erschöpfung. Und davor bewahre uns der Herr."

2

Sommer in Kirchheim und Nürtingen

Herzog Johann Friedrich war guter Dinge. Auf dem Weg ins Kirchheimer Schloß hatte er zwei Reiher und neun Enten erlegt. Er nahm es als gutes Omen für die gerade beginnende Jahresjagd, die ihn und den gesamten Hof für die nächsten zwei Monate im Kirchheimer und im Nürtinger Forst festhalten würde. Die große Hirschfeiste war für den jagenden Herzog und seine Hofgesellschaft aber nicht nur ein jägerisches Vergnügen, die Jagd deckte auch den Fleischbedarf des Hofes. Sechzehn Forstmeister mit 250 Forstknechten waren für die sechzehn herzöglichen Forste im Lande zuständig. Sie waren für die Wildbestände verantwortlich, die Jahresjagden durften niemals an zwei Jahren hintereinander im gleichen Forstbezirk durchgeführt werden. Über die Bestände jagdbarer Tiere hatten sie genaue Berichte zu erstellen. Darin waren die Standorte, die Altersklassen und die Geschlechter des Wildes aufgeschlüsselt. Gleich nach seiner Ankunft im Kirchheimer Schloß ließ sich Johann Friedrich die Berichte vorlegen. Zunächst einmal wurde der allgemeine Verlauf der Brunft geschildert, alljährlich wartete man in allen herzoglichen Forsten sehnsüchtig auf den Beginn der Hirschschreie, die Länge der Brunft wurde notiert, kämpfende Hirsche mußten auseinandergetrieben werden, damit sie ihre großen und als Trophäen einmaligen Geweihe nicht beschädigten. Einmal hatten zwei Forstknechte zwei kämpfende Hirsche mit Wasser übergießen müssen. Ein anderes Mal hatte der Herzog zwei Hirsche erschossen, weil sich die Geweihenden so ineinander verhakt hatten, daß die Tiere nicht mehr zu trennen waren. Die verschlungenen Geweihe wurden nun in Stuttgart aufbewahrt und als Kurosium Jagdgästen gezeigt.

Johann Friedrich studierte die Aufenthaltsorte der Hirsche, ihre bevorzugten Plätze auf den Lichtungen und in Schonungen, las ab, welche Hirsche an die Schirme gewöhnt waren, von denen aus man sie besser treffen konnte. Der Forstmeister wußte, woran dem Herzog gelegen war, und er hatte besonders starke Hirsche und Tiere mit außerordentlicher Geweihbildung gesondert aufgeführt. Während des Lesens wurde der Herzog wieder von dieser sonderbaren Unruhe ergriffen, die in ein starkes Herzrasen mündete. Unruhig und schweißüberströmt rang er mühsam nach Luft. Kaum ließ das Herzklopfen nach, hätte er sich am liebsten das Gewand aufgerissen. Er stürzte ans Fenster, öffnete es weit und sog gierig die frische Luft ein. Schließlich stützte er sich keuchend auf das Fenstersims, beschwichtigte zwei aufgeregte Kammerdiener, die seinen Leibarzt holen wollten und wies sie an, statt dessen den Landpropst Grüninger herzubringen.

Langsam beruhigte sich der Herzog. Ruhig atmen, die frische Luft genießen. Er konnte nicht krank sein, gerade erst hatte er seine Badekur in Wildbad erfolgreich beendet, sein Arzt war mehr als zufrieden mit ihm gewesen. Und jetzt schon wieder so ein Anfall! Leise hatte Erasmus Grüninger, der Landpropst, das Gemach betreten, er räusperte sich. Ohne sich umzuwenden fragte der Herzog: „Was soll ich tun, der Kaiser verlangt Quartiere und Musterplätze im schwäbischen und fränkischen Kreis für eine über 40 000 Mann starke Armee. Soll ich für das nächste Jahr wieder einen Landtag einberufen? Allein die Kosten, und dann die zaudernde Landschaft. Denken immer, das Übel geht ohne Geld und Rüstung an uns vorüber. Wie soll ich Söldner halten ohne Geld! Das Landesaufgebot wird auch immer schlechter. Keiner schickt Männer zur Landesverteidigung, mit denen er auch auf der heimischen Scholle etwas anfangen kann. Die übrigen haben keine Ausbildung und werden bei der ersten besten Schlacht wie die Hasen gehetzt. Denk nur an das Aufgebot Leonbergs unter Christof Kepler, fast alle 66 Mann hingemetzelt von Tillys Armee, und das trotz meiner Neutralitätserklärung. Wie kann ich so etwas verhindern?" Grüninger beschwichtigte, nicht heute müsse man das entscheiden, nur nicht schon wieder einen Landtag einberufen, das schaffe nur böses Blut. Erst einmal sei nun die Jagd wichtig. Das weitere werde sich finden. Schon oft hatte der Krieg sich in den vergangenen sechs Jahren an anderen Orten Bahn gebrochen. Was immer der Herzog vorhabe, vor allem gelte, nichts zu überstürzen, alles müsse gründlich beraten werden. Johann Friedrich nickte. Der Augenblick der Schwäche war vorüber. Er würde abwarten, wie sich die Dinge entwickelten. Das würde den Druck mildern.

Der leidige Kampf mit der Landschaft um das Geld. Die ewige Litanei der Vorhaltungen der Schulden wegen. Behandelten ihn nicht die Fürsten und Potentaten anderer Länder besser als die Abgesandten des eigenen Landtages? Württemberg war eines der führenden protestantischen Länder, da mußte der Hof repräsentieren und Glanz entfalten! Nie wieder sollte sich ein württembergischer Herzog die Musikinstrumente, die für Aufführungen bei seiner Hochzeit benötigt wurden, an einem anderen Hof leihen müssen! Auch wenn es der befreundete Hof von Pfalz-Neuburg war. Inzwischen hatte die Hofkapelle ja auch die besten Instrumente, die man sich nur denken konnte. Und die besten Musiker dazu. Mochten doch die Stände lamentieren, so viel sie wollten!

Wie hatte er sich bei seinem Regierungsantritt um eine vertrauensvolle Zusammenarbeit mit dem Landtag bemüht! Auf den Rat seiner Mutter, aber auch dem eigenen Gefühl folgend, hatte er den von Herzog Friedrich kaltgestellten Kanzler Melchior Jäger an den Hof zurückgeholt und zu einem seiner engsten Berater gemacht. Melchior Jäger hatte ihn bewogen, fast alle von seinem Vater hart erkämpften, der Landschaft abgepreßten Zugeständnisse rückgängig zu machen und den Tübinger Vertrag, dieses „Vaterunser der Landstände", wie ihn sein Vater verächtlich genannt hatte, in allen Punkten zu bestätigen. Wie war er dafür bei seinem ersten Landtag gefeiert und geehrt worden! Erst einige Zeit später hatte er begriffen, daß er damit alle von seinem Vater erkämpften Freiheiten preisgegeben hatte. Und noch dazu widerstandslos und ohne Gegengabe.

Bald darauf war er den Bitten Christians von Anhalt gefolgt und der Union der protestantischen Fürsten beigetreten. Warum hätte er das auch nicht tun sollen? Sie alle waren miteinander versippt und verschwägert, es galt den neuen Glauben zu verteidigen und dazu war ein Einzelner zu schwach. Geradezu begeistert hatte er sich mit dem Vertreter des Kurfürsten von der Pfalz, den Fürsten von Ansbach,

Kulmbach, Baden-Durlach und Pfalz-Neuburg im Kapitel-saal des Klosters Anhausen bei Nördlingen getroffen und fei-erlich das protestantische Bündnis aus der Taufe gehoben. Daß das Bündnis von Anfang an unter den Streitigkeiten der protestantischen Fürsten untereinander zu leiden hatte, konnte ihm nicht als Schuld angelastet werden. Die Luthera-ner blickten mißtrauisch auf die calvinistische Pfalz, deren junger Kurfürst doch der Direktor der Union war. Das prote-stantische Kursachsen war, genauso wie die norddeutschen protestantischen Länder, dem Bündnis fern geblieben, ein schwerer Mangel, wie Johann Friedrich inzwischen wußte. Da hatten es die Katholiken leichter, zumal auch der Kaiser, das Oberhaupt des Reiches, katholisch war und damit auf ih-rer Seite stand. Sie waren wirklich eines Sinnes, die Fürsten der katholischen Liga.

Welche Bedeutung Johann Friedrich dieser Vereinigung trotz aller Mängel beigemessen hatte, das läßt sich am besten aus der allegorischen Szene „Germania", die er für seine eigene Hochzeit im November 1609 geschrieben hatte, ab-lesen. Als die Damen unter dem Zeltdach auf der Empore des Lusthauses Platz genommen hatten und die Tausende von Besuchern fassende Tribüne auf der gegenüberliegenden Seite der Reitbahn bis auf den letzten Platz besetzt war mit erwar-tungsvollen Zuschauern, traten drei in wunderbare altdeut-sche Gewänder gekleidete Herolde auf. Die Trompeter der Hofkapelle hatten mit einer feierlichen Intrada das Publikum eingestimmt. Darauf verlas einer der Herolde ein Schreiben. Darin brachten Brennus, genannt Frommedel, König der unüberwindlichen, freien, weitherrschenden Oberschwaben und Cimbern, Mannus, König der Alemannen und Tuisko-nen und Arminius, König der Unterschwaben und Sachsen – inzwischen allesamt in einer besseren Welt Ritter der edlen Königin Germania – ihren Unmut über den Verfall der Sit-ten und Tugenden zum Ausdruck. Das Laster herrsche, Got-tesfurcht und Ehrbarkeit seien erloschen, Treue und Gehor-sam nicht mehr zu finden. Bei der Verteilung der Ämter und Würden gehe es nicht mehr nach dem Können der Kandida-ten, sondern nach Geld und Zuwendung. Kein Geringerer als Gott der Allmächtige hatte die drei Könige auf die Erde ent-

sandt, um die beklagten Mißstände abzuschaffen und alt-
deutsche Zucht und Ordnung wieder herzustellen. Bei ihrer
erwartungsgemäß schwierigen Aufgabe waren den tugend-
haften Königen Warmund, der Franke, Hengist, der Sachse,
und die Goten Athulf und Dietrich an der Seite der schönen
Germania eine unschätzbare Hilfe gewesen. Nur gemeinsam
hatten sie die vielen gefährlichen Abenteuer bestehen und
schließlich die alles bedrohenden Laster besiegen und gefan-
gennehmen können. Dabei geholfen hatten auf geradezu
wunderbare Weise der ernste schwarze Pfälzer Löwe und der
rote weitschauende brandenburgische Leu. Aber auch die
Hilfe des gutmütigen württembergischen Hirsches und des
vorsichtigen anhaltinischen Bären war nicht zu verachten gewesen. Sie alle standen der bedrängten Germania bei, der es
nun nicht schwerfiel, umgeben von ihren Getreuen, festlich
Hof zu halten.

Johann Friedrich konnte stolz sein auf seinen Beitrag zu
den festlichen Ritterspielen, die verbündeten Fürsten und
Gäste klatschten begeistert Beifall. Die von anderen Höfen
abgesandten Beobachter mußten nach diesem Spektakel von
einer geschlossenen Front protestantischer Länder ausgehen.
Der strahlende Glanz der württembergischen Hochzeit hatte
die Brüche und Schwachstellen des Bündnisses für Freund
und Feind vergessen gemacht. Alle amüsierten sich nach
Herzenslust auf der Hochzeit des württembergischen Herzogs, mochte der kalte Krieg auch längst das ganze Reich er-
faßt haben. Der Schluß des Gesandtenbriefes drückte Johann
Friedrichs vollste Überzeugung aus:

„Kein Volk übertrifft die Deutschen an Adel, Tapferkeit,
Mannheit, Beständigkeit, Treue, Redlichkeit und Glauben,
keine Frau übertrifft die deutsche Frau an Zucht, Ehrbarkeit,
Tugend, Schönheit, und niemand darf sich einen Ritter nen-
nen, der nicht Tugend ehrt und die Freiheit mit Gut und
Blut verteidigt."

Die anwesenden Fürsten der Union, die Gäste und Freunde
hatten Johann Friedrich zu seiner gelungenen Allegorie be-
glückwünscht und Württembergs jungen Landesfürsten gepriesen. Der Beifall der Landstände allerdings hatte sich in
Grenzen gehalten, als ihnen der Herzog erst nachträglich in

einer geheimen Sitzung von dem Beitritt zur Union Kenntnis gab. In Zukunft wollten sie vorher von so wichtigen, die Sicherheit des Landes betreffenden Bündnissen unterrichtet werden. Als ob das bisher bei außenpolitischen Entscheidungen Brauch gewesen wäre! Schließlich hatte der Ausschuß gegen den Willen des Herzogs durchgesetzt, daß die Landschaft an der Verwaltung des Unionsvorratsgeldes beteiligt werden müsse. Dabei war der chronische Geldmangel eine der wesentlichen Schwachstellen des Bündnisses. Jetzt mußte der Herzog, jedesmal wenn er an das Unionsgeld heranwollte, vorher die Landschaft um Zustimmung bitten. Das verbot schnelles Handeln von vornherein. Mehr als einmal kamen die Abgeordneten dem jungen Landesherrn aber auch auf die Schliche, als er das Unionsgeld für ganz andere Vorhaben verwenden wollte. So war das Mißtrauen auf beiden Seiten ständig gewachsen. Der Geldbedarf des Herzogs war enorm, astronomisch für die meisten, aus kleinen Landstädten kommenden Abgeordneten. Das Stuttgarter Hofleben hatte seine Behäbigkeit verloren, immer mehr Adelige drängten an den Hof.

Die Apanagen für die Brüder, ihre Familien und die einzelnen Hofhaltungen, das kostete immense Summen. Geld, das nach Meinung des Herzogs auch wieder dem Lande zugute kam. Aber gerade davon waren die Landstände nicht zu überzeugen. Sie wollten, daß das in eine Adelsakademie umgewandelte Collegium illustre in Tübingen wieder seiner ursprünglichen Bestimmung zurückgegeben wird. Bürgerkinder sollten es besuchen. Eine Vorstellung, die den Herzog so kränkte, daß er lieber das ganze einreißen wollte, als „baurenkinder" zuzulassen. Wie er es haßte, von den Ausschußmitgliedern belehrt zu werden, weise Ratschläge erteilt zu bekommen, die für einen von Gott mit einem Verstand ausgestatteten Fürsten mehr als überflüssig waren! Sie maßten sich an zu wissen, wie man die Ausgaben verringern könne! Er konnte sich eines Lächelns kaum erwehren, wenn sie ihn anflehten, von der neuen ausländischen Pracht und Köstlichkeit Abstand zu nehmen und stattdessen *„die alte, einfäl-tige, doch löbliche teutsche manier und württembergisch herkommen"* wieder einzuführen. Ihrer Meinung nach beruhte das Ansehen eines Fürsten *„nicht auf weitläufigem Hofwesen, sondern auf Tapferkeit und Mannheit, Handhabung der unverfälschten Religion und heilsamer Justiz, guter Polizei, dem Gedeihen des Vaterlandes und der Untertanen, kurzum auf alt teutscher, württembergischer tracht und frugalität".*

Zwar trieb es Johann Friedrich nicht ganz so weit wie sein Vater, der die Abgeordneten seines Landtages als „des merer teil Idiotten" zu schimpfen pflegte, aber die ewigen Vorhaltungen gingen auch ihm auf die Nerven. Besonders dann, wenn sie ihm seine Vorliebe für die teuren Künste der Alchimisten vorwarfen und ihm einfach den Geldhahn zudrehen wollten. Hierüber konnte Johann Friedrich ernsthaft in Harnisch geraten. Was wußten denn die biederen Abgeordneten von der Faszination der „edlen Kunst chimica"? Wie sollte er ihnen sein Interesse an „dem großen Werk" erklären? Er war überzeugt davon, daß eines Tages die Transmutation, die Verwandlung von unedlen Metallen in Gold, in den herzoglichen Laboratorien gelingen mußte. Dann würde all das Geld, das er auf Wunsch der Alchimisten in die chimische Kunst gesteckt hatte, wieder zurückfließen in seine Kassen. Da mochten die Spötter seine Laboranten als „Windmacher" abtun, die nur den Blasebalg betätigten und sonst nichts, da mochten wortgewaltige Dichter die Lust der Fürsten am Goldmachen in Verse kleiden:

„Wer die verfluchte Kunst verehrt,
Vertut das Gold, das er begehrt,
Denn alles Gold, das er dran wendet,
Ist ganz und gar für nichts verschwendet."

Bis jetzt allerdings waren alle Versuche, auf die er so große Hoffnung setzte, fehlgeschlagen. Es mußte aber auch noch andere Wege geben, die galt es aufzuspüren. Erst kürzlich hatte ihm die Stadt Straßburg wieder einige Bücher über die chimischen Künste geschickt. Darunter hatte sich auch die reich mit Kupferstichen von J.D. Mylius ausgestattete „Philosophia reformata" aus dem Frankfurter Verlag des Lucas Jennis befunden. Besonders die unglaubliche Vielfalt der alchimistischen Bildersprache hielt den Herzog gefangen. Jedes der Bilder mußte auf die richtige Weise gedeutet werden. Hatte nicht einer der berühmten Alchimisten gelehrt, daß „die Alchimie nicht nur die Kunst oder Wissenschaft der Metallumwandlung, sondern vielmehr eine wahre und solide Wissenschaft, die uns lehrt, wie man die Mitte aller Dinge erkennt, die in der Sprache der Theologen Geist des Lebens heißt", sei? Sobald es ihm möglich war, wollte er sich darüber mit Lukas Osiander, dem Kanzler der Universität Tübingen, der selbst an Alchimie interessiert war, unterhalten. Osiander, der Sohn des früheren Hofpredigers, war in seiner Jugend ein glühender Anhänger der Alchimisten gewesen und darum von Herzog Friedrich zum Inspektor der herzoglichen Laboratorien im Alten Lusthaus ernannt worden. Nachdem das Stuttgarter Stadtgericht den Alchimisten Georg Honauer als Betrüger und Dieb zum Tode verurteilt hatte und der Delinquent sein Leben an einem Galgen aus dem Mömpelgardischen Eisen, aus dem er eigentlich Silber hätte machen sollen, ausgehaucht hatte, war Osiander von seinem Posten zurückgetreten und wieder in den Pfarrdienst zurückgekehrt. Seit vier Jahren war er nun Kanzler der Universität, sein Interesse an der Alchimie war geblieben. Für Johann Friedrich ein Grund, das Gespräch mit ihm zu suchen.

Ein weiterer Kritikpunkt der Abgeordneten war die immer teurere herzogliche Hofhaltung. Das, was die Landschaft schlichtweg und empört Verschwendung nannte, diente im eigentlichen Sinne der Sicherheit des Landes. Wenn er nur an die viel beachtete und ebensoviel kritisierte Taufe seines Sohnes Friedrich dachte. Wieviele gute und nützliche Gespräche hatte man bei Gelegenheit dieses Tauffestes unbehelligt führen können! Niemals sonst hätten sich die Führer der protestantischen Union so zwanglos treffen können. Natürlich war das auch den von ihren Höfen nach Stuttgart entsandten Berichterstattern und Gesandten klar. Herzog Johann Friedrich wußte indessen, wie man sich diese von ihrer immensen Wichtigkeit überzeugten Agenten vom Leibe hielt. Aber eine Taufe, bei der Friedrich V. von der Pfalz zusammen mit dem Markgrafen von Baden und dem von Ansbach zum Gevatter geladen war, ließ eben die Gerüchteküche kochen! Erst recht, wenn der Täufling dann auch noch den eigenen Vater und dessen Schwester zu Paten erhielt und wenn außerdem die Tauffeierlichkeiten auf zehn Tage ausgedehnt wurden und die hochgestellten Paten mit großem Troß und Beraterstab anreisten. Wenn gar die liebreizende junge Kurfürstin von der Pfalz, als englische Königstocher sehr stolz auf ihre Herkunft, den Gemahl an den württembergischen Hof begleitete, dann schossen die Spekulationen ins Kraut.

Wie die Schmeißfliegen waren die Berichterstatter in Stuttgart eingefallen. Herzog Johann Friedrich hatte den herzoglichen Obrist-Kämmerer Graf Christoph von Leiningen dazu abgestellt, sich besonders um die Abgesandten fremder Höfe zu kümmern und ein Programm für sie auszuarbeiten. Das begann mit einer Besichtigung der Gemächer, die für die hohen Herrschaften zur Verfügung standen. Besonders die Räume der „Prinzessin" Elisabeth erweckten das Interesse der staunenden Gäste. Nach einem Mittagessen im Tanzsaal standen am Nachmittag die riesigen Schloßkellereien, die einzigartigen Gartenanlagen Stuttgarts und das Neue und das Alte Lusthaus auf dem Programm. Der Herzog ließ seine Residenz von ihrer allerschönsten Seite präsentieren. Aber damit noch nicht genug, am nächsten Morgen harrte die neue Stallung mit der Rüstkammer der Besichtigung, und auch der alte Stall, in dem die Pferde des regierenden Herzogs standen, wurde nicht vergessen. Natürlich blieb den Gesandten nicht verborgen, daß eines der schönsten Rösser ein Geschenk des Erzherzogs Ferdinand war. Täglich wurden in den Ställen an die 400 Pferde versorgt, wöchentlich 100 Sack Hafer verfüttert. Hier wurden auch Sättel und Zaumzeuge aufbewahrt, es fanden sich wundervolle, perlenbestickte Damensättel ebenso wie prachtvolle Satteldecken. Besonderer Aufmerksamkeit erfreute sich eine mit schönen böhmischen Granatsteinen besetzte Rüstung für ein Pferd. Wie damals in vielen Reitställen üblich, sprangen im Hof des Marstalls Ziegenböcke mit gewaltigen Hörnern umher.

So ein Fest gab auch den anwesenden Fürsten Gelegenheit, mit den Gesandten zu sprechen, am Rande des Geschehens war immer Zeit und Raum für ein zwangloses, wie zufällig zustande gekommenes Gespräch. Wie wichtig und wie nützlich diese Begegnungen waren, das konnte man den Berichten entnehmen, die die Gesandten ihren Herren zukommen ließen. Die weit entfernten Höfe im nördlichen Deutschland interessierten sich auch für die Kleidung, die an den größeren Höfen getragen wurde, wer weit ab von den Geschehnissen lebte, brauchte Informationen und Abwechslung. Ein guter Gesandter wußte, was seine Herrschaft von ihm erwartete. Gesellschaftlicher Klatsch, – und wer mit wem? – das mußte sein. So finden sich in fast allen Berichten Hinweise darauf, daß Herzog Johann Friedrich von der schönen Kurfürstin bei Rhein ganz entzückt war. Im Tagebuch Johann Friedrichs liest sich das so:

„Den 15. Hatt die princeßin der Churfürst Vndt Andere anwesende Fürsten nachmittag meine Kunst Cammer besichtiget; Vndt der Princeßin auß der Kunst Cammer ein Jaspiß Trinckgeschirr Verehrt."

Aber neben dem, was sich ereignete, stand doch die Diplomatie im Mittelpunkt der Berichte. Besonders anschaulich wird das aus dem Bericht des hochgebildeten Augsburger Patriziersohnes Philip Hainhofer, der in früheren Jahren bereits als Agent für den französischen König und den Markgrafen Friedrich von Baden gearbeitet hatte, diesmal stand er in Diensten des Herzogs von Pommern-Stettin. Sein Herr erfuhr nun über eine Unterredung Hainhofers mit dem Kurfürsten von der Pfalz:

„Der Herr Churfürst ist noch ein junger Herr vnd meines Bedünckens nicht über 21 jar, ist gar freundlich und leutselig, vnd erzaigt doch aine Churfrstl: Reputation darneben, redt wenig, aber vernünftig, vnd wirt ausser Zweifell ain hochuerständiger Herr vnd darneben inn Ritterspielen ein dapferer Cauallier, dass er zwar alberaith ist, noch mehr werden, wie Er dann auch feine Leuth bey sich hat, sonderlich inn Regimentssachen am Grosshoffmaister, demm Herrn Grafen von Solms, so gar ein verständiger, vnd vberaus freundtlicher Herr, item am Herrn de Bless, vnd am Dr. Camerario, wellicher gar vil inn Reichs- vnd Unionssachen gepraucht wirt. Vornemblich aber ist Fürst Christian von Anhalt Ihrer Churfrstl: Drlt: fürtreflicher Rath ein Hochuerständiger, wachtsamber vnd vnerdrossner Herr vnnd gueter Soldat, vnnd sihet man auss dessen jungen Herrn Indole, das er auch seer patrisciern würdt."

Da der junge Kurfürst der Sohn eines im ganzen Reich bekannten Säufers war, kann man den Wunsch Hainhofers verstehen, der schöne junge Mann, die Hoffnung der protestantischen Union, möge nicht seinem Vater nachschlagen.

Hainhofer bemerkt auch, daß bei den Gottesdiensten während des zehntägigen Tauffestes der Hofprediger des calvinistischen Kurfürsten nicht einmal die Kanzel bestieg. Man wollte die Lutheraner am württemberger Hof und unter den anwesenden Gästen nicht reizen. Aber auch der Stuttgarter Hofprediger hielt sich mit programmatischen Sätzen in seinen Predigten zurück, Musik und feierliche Momente ersetzten wortgewaltige Predigten. So nahmen die Feierlichkeiten in Harmonie ihren Fortgang.

Am Rande konnte auch die auseinanderstrebende Union noch einmal für fünf Jahre zusammengehalten werden. Die im März 1617 beschlossene Verlängerung des Bündnisses bis Mai 1621 ging unmittelbar auf die Stuttgarter Vorgespräche zurück. Daß diese Verlängerung nicht zu einer konstruktiven Politik und Geschlossenheit der Verbündeten führte, war nicht Johann Friedrichs Verschulden.

Als die Vertreter nach dem „Prager Fenstersturz" dem Kurfürsten von der Pfalz die Krone Böhmens antrugen, da waren die Verbündeten gegen die Annahme. Im Vertrauen auf die Hilfe seines Schwiegervaters Jakob I. von England ließ er sich dennoch auf das Abenteuer ein. Aber die Schlacht am Weißen Berge im November 1620 verlagerte den Krieg aus Böhmen nach Süddeutschland. Johann Friedrich erfüllte seine Freundespflicht und nahm die Familie des geächteten, von seinen Feinden spöttisch „Winterkönig" genannten Kurfürsten vorübergehend in Großsachsenheim im Schloß auf.

Unter dem Eindruck des kaiserlichen Erfolges in Böhmen und angesichts der drohenden militärischen Übermacht der Liga hatte sich die Union im April 1621 aufgelöst. Der gerade in Stuttgart tagende verstärkte Ausschuß des Landtages begrüßte den Zerfall des ungeliebten Bündnisses, dem die Abgeordneten immer mit Mißtrauen gegenüber gestanden waren. Ihnen ging die Niederlage der Calvinisten nicht besonders nahe. Von den Kanzeln der Kirchen im ganzen Land ließ man den „Dank für den zeitlichen Frieden" verkünden.

Der Herzog wurde zur strikten Neutralitätspolitik angehalten und zur Abdankung der noch unter württembergischem Kommando stehenden Söldnertruppen verpflichtet. Herzog Magnus, bisher Obrist im Dienste der Union, war in den Dienst des Markgrafen Georg Friedrich von Baden gewechselt. Für den Herzog blieb dies eine leichtsinnige und übereilte Handlung, die seinen Bruder – so bitter das war – das Leben gekostet hatte. Mit dem Tode eines württembergischen Herzogs auf dem Schlachtfeld war die von seinem regierenden Herzog gelobte Neutralität aber nicht einen Pfifferling wert. Sogar Lösegeld hatte er dem kaiserlichen General Johann Tilly zahlen müssen, um den Leichnam des Bruders heimholen zu können. Aber nach der Katastrophe von Wimpfen war es auch dem letzten Abgeordneten klar, daß Württemberg nicht vom Krieg ausgespart bleiben würde.

Endlich stimmte der Landtag einer gezielten Rüstung und einer guten Ausbildung der Truppen zu. Aber woher das Geld nehmen? Die Rüstungsausgaben würden ins Unermeßliche steigen. Schon jetzt waren Übergriffe der Truppen, die Baden und die Pfalz besetzt hielten, auf württembergisches Gebiet an der Tagesordnung. Die Soldaten, die in den ausgeplünderten Dörfern nichts mehr fanden, überfielen württembergische Grenzdörfer und holten sich, was sie brauchten.

Und dann war da auch noch die Drohung des Kaisers, den schwäbischen Kreis zum Musterplatz für die neue, die große Armee zu machen. Der Landpropst hatte recht: Verhandeln und Zeit gewinnen hieß die Parole. Sechs Jahre wütete der Krieg nun schon, er konnte nicht mehr lange dauern. Wenn der Friede aber nahe war, dann mußte Württemberg die beste Verhandlungsposition erreichen. Darauf galt es hinzuarbeiten, auch die anderen protestantischen Fürsten mußten dafür gewonnen werden.

Erleichtert sah der Landpropst, wie langsam Farbe in das Gesicht des Herzogs zurückkehrte. Er atmete jetzt wieder leichter. Mit dem Anflug eines Lächelns wandte er sich an Grüninger: „Vorhin sind die beiden jungen Herren ausgeritten. Ein stolzer Anblick. Gestern noch in der Kinderstube, heute schon mit eigenen Hofmeistern hoch zu Roß unterwegs. Sehen Sie, da kommen sie gerade zurück. Gehen wir in

den Hof hinunter. Wir wollen sie loben, weil sie keine Buben
mehr sind. Lob hören sie gerne, die Herren, da merkt man,
daß sie eben doch noch Buben sind!"

Johann Friedrich lachte und zog Grüninger mit sich zur
Treppe. Verstohlen betrachtete der Landpropst den Herzog,
aber nichts deutete mehr auf gesundheitliche Probleme hin.
Seine Bewegungen waren ruhig und gelassen. Die Treppe
schritt er wie immer, ohne das Geländer zu benutzen, zügig
hinab. Plötzlich fühlte er die Blicke Grüningers auf sich gerichtet und schüttelte den Kopf: „Hören Sie doch auf, mich
zu beobachten wie ein lahmes Pferd. Ich bin nur zu scharf geritten, das hat mich ein wenig echauffiert. Und dann die
Hitze... Aber jetzt ist wirklich alles wieder im Lot!"

Eberhard und Friedrich, die beiden ältesten Söhne, kamen
vergnügt zurück von ihrem Erkundungsritt in die Stadt und
die Umgebung. Besonders interessiert hatte die beiden der
vor der Stadt gelegene Freihof. Über diesen uralten Edelsitz
hatten die jungen Herzöge schon die unglaublichsten Geschichten gehört, Geschichten, die in die Zeit ihres Großvaters zurückführten. Besonders der zehnjährige Eberhard wich
stundenlang dem Burgvogt Georg Friedrich Rauhaupt nicht
von der Seite, damit er ihm aus der guten alten Zeit des Herzogs Friedrich berichtete. Damals war der Freihof nicht so
gut im Schuß gewesen wie heute, dafür ging es hinter seinen
dicken Mauern geheimnisvoll zu. Denn hier hatte sich der
Schweizer Alchimist Hans-Heinrich Neuscheler eingenistet.
Der Herzog hatte ihm seiner großen Verdienste wegen den
Freihof geschenkt, denn Neuscheler war es gelungen, mit einem Lot einer von ihm hergestellten Tinktur 48 Mark in
Gold herzustellen. Und das im Beisein des Herzogs. Es hatte
kräftig gezischt und ungeheuer geraucht. Als sich der Qualm
verzogen hatte, lag das Gold im Tiegel. Eberhard stellte sich
vor, wie sein Großvater, vielleicht hustend von der staubigen
Luft und so schwarz im Gesicht wie die Mohren bei den
großen Balletten im Lusthaus, über die gelungene Transmutation seines Alchimisten gejubelt hatte. Und der Jubel erst
noch, als das befehlsgemäß hergestellte Edelmetall „alle
Reichsproben gut bestand" und damit unwiderlegbar „just
und beständig fein Gold" war.

Der Herzog erwies sich als fairer Partner und übertrug nun Neuscheler, wie im Vertrag festgelegt, den Kirchheimer Freihof mit allen kaiserlichen Rechten und den Gütern Neidlingen und Randeck. Für die Kirchheimer Bürger war das ein Skandal. Aber sie mußten sich nicht nur mit dem ungeliebten obskuren Mitbürger abfinden. Zu allem Überfluß richtete er auch noch ein geheimnisumwittertes Laboratorium zur Gold- und Silbergewinnung ein. Wie es da rauchte, stank und so manchesmal ganz explosiv knallte, das machte den Kirchheimern Angst. Im übrigen sah es im Freihof nicht sehr nach Arbeit aus. Hinter vorgehaltener Hand erzählte man sich, der saubere Herr Neuscheler hätte ein Verhältnis mit seiner Magd angefangen und seinen Bruder, einen im ganzen Reich gesuchten Betrüger, als Mitarbeiter bei sich wohnen. Aber das mochte alles auch üble Nachrede sein. Schwerer wog, daß Neuscheler anfing, sich bei Kirchheimer Händlern und Kaufleuten erkleckliche Geldsummen zu borgen. Der Herzog werde schon zahlen, erwiderte er leichthin, wenn einer fragte, wann mit der Begleichung der Schuld zu rechnen sei. Lange geschah nichts, denn Herzog Friedrich befand sich gerade auf einer Reise in Italien. Und diejenigen, die auf Neuscheler in seinem Auftrag ein Auge haben sollten, versäumten ihre Pflicht. Bald nach der Rückkehr des Herzogs braute sich das Unwetter über dem ungetreuen Alchimisten zusammen. Der Herzog schrieb seinem Kirchheimer Untervogt Christoph Haas: „Lieber Getreuer! Unser Befehl ist du wollest alsbald den Blinden im Freihof in Turm und Boden führen lassen 14 Tage lang und ihm anzeigen, es sei nicht seiner Magd halber, sondern deshalb, daß er nicht laboriert und das Gold hinweggegeben, auch alles erlogen, was er uns sagen lassen, und uns gleich wiederum berichten, wann er sitzt. Friedrich."

Es zeigte sich, daß Neuscheler, den man den Blinden nannte, nicht nur die vom Herzog als Vorschuß erhaltenen dreitausend Gulden verwirtschaftet hatte, sondern auch noch mit fünfzehnhundert Gulden bei Kirchheimer Bürgern in der Kreide stand. Eberhard und Friedrich zeigten keinerlei Mitleid mit dem armen Sünder, der nun eingelocht wurde und dem auf Wunsch des Herzogs die Kirchheimer einen kurzen Prozeß machten: Tod durch den Strang, der säumige Alchimist sollte am eisernen Galgen in Stuttgart sein Leben aushauchen. Das war nur gerecht; besonders nachdem herausgekommen war, daß der Blinde auch noch andere hochgestellte Persönlichkeiten um ihr Geld betrogen hatte, fackelte der Herzog nicht lange. Bereits vier Tage nach der Urteilsverkündung wurde die Strafe in Stuttgart vollstreckt.

Noch zweimal hatten Alchimisten vom Großvater den Freihof als Gegengabe für ihre Dienste in Besitz nehmen dürfen. Beide Male endeten die Goldmacher des Herzogs am Galgen. Der kleine Eberhard war mit dem Schicksal der Betrüger und Scharlatane ganz einverstanden. Sie hatten es sich schließlich selber eingebrockt. Doch der neunjährige Friedrich hatte merkwürdigerweise mit dem letzten der Gehenkten, dem schillernden Hans-Heinrich von Mühlenfels, ein wenig Mitleid. Auf die Frage seines Hofmeisters, warum er hier die Strafe nicht so hart verhängt hätte, antwortete das Kind nachdenklich: „Weil er schlauer war als die anderen!" Und in dieser Beziehung wenigstens konnte man dem Goldmacher Mühlenfels nichts vorwerfen. Schlau war er, und gewitzt hatte er es angefangen, sich in das Vertrauen des Herzogs zu schleichen. Nicht als gewöhnlicher Goldmacher hatte er sich eingeführt, sondern als Schatzsucher, besser als Schatzfinder. Denn Diener des Herzogs hatten an einer von Mühlenfels beschriebenen Stelle im Wald bei Waldenbuch im Beisein des Landesfürsten einen funkelnden Münzschatz ans Tageslicht befördert. Bei einem anderen, kühl berechneten Bubenstück hatte Mühlenfels sogar das Leben des Fürsten aufs Spiel gesetzt: Mit seiner Behauptung, er könne den Herzog „schußfest" machen. Sogar das Gewehr, mit dem Friedrich nach der Prozedur auf sich hatte schießen lassen wollen, war mit einer Papierkugel präpariert. Hätte der Herzog im Kriegsfall auf diesen Schutz vertraut, wäre er ohne Deckung dem Feind gegenüber gestanden. Auch Hans-Heinrich Mühlenfels landete am eisernen Galgen in Stuttgart.

Längst war der Freihof wieder im Besitz ganz normaler Leute. Eigentlich schade, fanden die beiden unternehmungslustigen württemberger Prinzen, aber sie hüteten sich, das auszusprechen. Sie wollten sich nicht durch allzu großen Vorwitz von weiteren, hoffentlich ähnlich ergiebigen Neuigkeiten ausschließen. Gerade, als die vier Reiter in den offenen Wehrgang zum Marstall einbiegen wollten, trat ihnen Herzog Johann Friedrich in den Weg.

„Wir haben euch reiten sehen, alle Achtung, ihr sitzt wacker zu Pferde!" Dem begeisterten Pferdefreund und Reiter Johann Friedrich stand der Stolz auf seine Söhne ins Gesicht geschrieben. Und auch dem Landpropst Grüninger gefielen die höflich grüßenden Knaben gut. Der Ältere hatte dunkle Locken, die in der Mitte gescheitelt waren und ein großflächiges, ein wenig trotzig wirkendes Bubengesicht umrahmten. Er hatte die dunklen, immer unruhig hin- und hergehenden Augen seines Großvaters geerbt, dazu dessen breite Stirn. Der weiche Mund mit den ein wenig aufgeworfenen Lippen verwies aber eindeutig auf die brandenburgische Herkunft seiner Mutter.

Der kleine Friedrich war viel zierlicher gebaut als der stämmige Erbe des Landes. Rascher in seinen Bewegungen, war er es auch, der bei Fragen, die beiden gemeinsam gestellt wurden, schneller und meist auch präziser antwortete. „Morgen will uns Vogt Rauhaupt die Waffenkammern und die Pulvervorräte in den Türmen der Burg zeigen!" Eberhards Stimme überschlug sich fast, als er dem Vater das Unterhörte mitteilte.

„Wollt ihr nicht damit warten, bis euer Bruder Ulrich auch hier eingetroffen ist? Dem macht das doch genauso Spaß! Er bekommt ja auch bald seinen eigenen Hofmeister, dann seid ihr drei wieder häufiger zusammen." Zu Grüninger gewandt, meinte er: „Da sieht man, die Anziehungskraft der Waffen…"

Grüninger dachte an die Jagdleidenschaft des Herzogs, und daß Johann Friedrich kein Reiterspiel ausließ – irgendwoher mußten es die beiden so wohlerzogen auf ihren Pferden sitzenden Knaben ja haben! Johann Friedrich dachte an seine eigene Jugend und die Freude, mit der er und seine Brüder die Vögte der Landesfestungen in ihre Waffenarsenale begleitet hatten. Mit angehaltenem Atem hatten sie den Erzählungen gelauscht und sich genau erklären lassen, was im Falle eines Angriffs zu geschehen habe. Mehr als einmal hatten sie gemeinsam zum Sturm auf den Hohenasperg geblasen! Dessen Kommandant war vermutlich der beste Geschichtenerzähler, anders konnte sich der Herzog seine Vorliebe gerade für diese Festung nicht erklären.

Während die Knaben sich auf einen Wink des Herzogs verabschiedeten und mit ihren Hofmeistern dem Marstall zustrebten, war Hofrat Benjamin von Buwinghausen-Wallmerode aus dem Schloß heraus zu seinem Herrn getreten. Eben hatte ein Bote der Herzogin einen Brief überbracht. Buwinghausen gehörte zu den bevorzugten Ratgebern des Herzogs, besonders auf heiklen diplomatischen Missionen hatte er sich durch seine kluge Verhandlungsführung bestens bewährt. Vor kurzem erst war er aus Wien zurückgekehrt. Dort hatte der Witwer, den sein Herzog vor einigen Jahren mit der wunderbar über dem Teinachtal gelegenen Burg Zavelstein belehnt hatte, ein zweitesmal geheiratet. Johann Friedrich überflog das Schreiben, faltete es zusammen und schlug damit Buwinghausen leicht auf den Arm: „Noch ist die Herzogin mit dem ganzen Frauenzimmer in Ehningen. Heinrich Schickhardt ist bei ihr. Es geht um die Pläne für den Abbruch der Unteren Burg. Der Kauf ist jetzt perfekt, aber wie soll ich der Landschaft den Neubau eines ganzen Schlosses klarmachen, das wird wieder einmal harte Kämpfe geben." Er seufzte und hob die Achseln: „Leicht wird das nicht. Aber: Die Herzogin und ihre Damen machen Station in Nürtingen, bei der Herzogin Ursula. Schickhardt wird natürlich mitreisen. Nürtingen ist auch so ein Schloß, an dem es dauernd etwas zu reparieren gibt." Er seufzte noch einmal tief auf: „Ach was, wir überraschen die Damen einfach in Nürtingen. Das gäbe doch ein Fest! Keiner rechnet damit." Buwinghausen lächelte in sich hinein. Das war so ein Einfall, wie ihn der Herzog liebte. Alles gerät durcheinander, keiner weiß Bescheid, der Einzige, der sich auskennt im Trubel und mit gütiger Hand das Knäuel entwirren kann, ist der Landesherr persönlich. Eine Rolle, in der sich Johann Friedrich wohlfühlte und die ihm lag.

Zwei Tage später saßen der Herzog und einige wenige seiner engsten Begleiter schon früh zu Pferde, um nach Nürtingen zu reiten. Vorher wollten sie noch ein wenig jagen. Denn ohne einen Schuß abzugeben, wenn er schon auf der

Hirschfeiste war, so ein Tag behagte Johann Friedrich dann auch wieder nicht! Er freute sich, als er einen Vierzehnender erlegte, der eigentlich im Bericht des Forstmeisters gar nicht vorgesehen war. Aber so machten sie es manchmal. Die Forstmeister gaben den Wildbestand gerne niedriger an, als er in Wirklichkeit war. Denn hielten die erlegten Tiere nicht, was der Bericht versprach, dann mußten die Forstknechte mit peinlichen Befragungen rechnen. Oft gaben sie lieber weniger Wild an, als erfahrungsgemäß vorhanden war. Dann konnten sie im besonders günstigen Fall auch schon mal mit einem Lob rechnen. Zufrieden setzte der Herzog seinen Weg fort. Er schoß noch zwei Hasen und fünf Reihervögel. Ein Jagderfolg, der sich für einen Reisetag sehen lassen konnte.

Bald war Nürtingen erreicht. Diebisch freute sich der Herzog, als die Torwachen auseinanderliefen und vor Aufregung nicht wußten, was sie zuerst tun sollten. „Uns einlassen", maulte der Herzog. Und fügte hinzu: „Ich denke doch, daß wir in unserer Stadt Nürtingen willkommen sind!" Endlich hatte die verschreckte Torwache ihre Pflicht getan: Das Tor stand einladend offen. Einige Bauern, die mit hochbepackten Wagen ebenfalls auf Einlaß warteten, blieben mit offenen Mündern stehen, als sie den Herzog erkannten. Johann Friedrich, der sonst bei offiziellen Besuchen in Städten und Dörfern viel Wert darauf legte, angemessen empfangen zu werden, der nachzählte, wieviele Pferde ihm entgegengeschickt wurden, um ihn feierlich einzuholen, freute sich heute diebisch an der Verwirrung, die er in den Gassen hervorrief. Leutselig grüßte er nach allen Seiten. Vergnügt betrachtete er die schmucke Stadt, das schöne Rathaus mit dem vorkragenden Giebel, die schöne alte Kirche. Jetzt bog er in die Gasse ein, die zum Schloß führte.

Im Schloß war man inzwischen auf den prächtigen Zug aufmerksam geworden. Angestrengt starrte der Hofmeister der Herzogin Ursula hinaus und stieß fast mit der Nase an die Scheibe, als er den Landesherrn erkannte. Der schon ältere Mann war in letzter Zeit selten so schnell die Treppe herunter über den Hof zu den Stallungen gelaufen, atemlos beorderte er alle verfügbaren Reitknechte in den Hof. Gerade noch rechtzeitig, um die Pferde des Herzogs in den Stall zu führen und zu versorgen. Noch ganz außer Atem führte der Haushofmeister den hohen Gast in die Gemächer der Herzogin Ursula. Die Herzogin von Nürtingen, wie sie jeder in der Familie nannte, genoß als Witwe Herzog Ludwigs hohes Ansehen, besonders Johann Friedrich liebte Ursula, die in seinen Tagebüchern immer wieder auftauchte. Es gab kein Familienfest, an dem sie nicht teilnahm, kein Hoffest in Stuttgart, zu dem diese liebenswerte und bescheidene Fürstin nicht eingeladen wurde. Für die jüngeren Kinder des Herzogs, die ihre richtigen Großmütter gar nicht mehr gekannt hatten oder sich wenigstens nicht an sie erinnern konnten, war sie die eigentliche Großmutter. Mit ausgebreiteten Armen eilte Herzogin Ursula dem entfernten Vetter ihes Mannes entgegen.

Mit ihren 54 Jahren wirkte sie immer noch jugendlich und hatte sich viel von dem Zauber bewahrt, der die dreizehnjährige Pfalzgräfin von Veldenz-Lützelstein ausgezeichnet hatte, als sie 1585 mit Herzog Ludwig von Württemberg vermählt wurde. Die Stuttgarter waren begeistert von der niedlichen Braut, die ihrem 31jährigen verwitweten Herzog die ersehnten Kinder schenken sollte. In einem „Lob der fürstlichen Braut" überschriebenen Huldigungsgedicht feierte Martin Crusius den neuen Liebling des Herzogtums:

Neben dem jungen Fürsten zarth
Die fürstlich braut gefieret wardt
Frau Vrsula mit Jrem Nam
auff einem gulden Wagen kham
Welchen Sechs Schener weisse Pferdt
herbrachten mit der Braut so werdt
Hüpsch guldin Lewen darauff sassen
Die glitzen vber alle massen
Der Weg von Gold glizt ganz vnd gar
Aber die Braut vil Schener war
Dan Sie hett Schene hipsche Farb
darumb Sie solchen Gunst erwarb
Das Sie dem Fürsten wolgefuohl
vnd worden war sein liebster buohl!

Nach dem Tod Herzog Ludwigs hatten sich mehrere Fürsten um die Hand der mit 21 Jahren immer noch jugendlichen württembergischen Herzogin beworben. Aber sie zog es vor, auf ihrem Witwensitz Nürtingen mit ihrem eigenen Hofstaat zu leben und von Zeit zu Zeit wohlgelittene Familienangehörige aus einer nun schon weit entfernten Zeit zu sein.

Liebevoll umarmte Ursula den Herzog. Wenn ihre Ehe nicht kinderlos geblieben wäre, dann könnte es jetzt ihr Sohn sein, der sie besuchen käme. Eine schöne Vorstellung, die bei dem herzlichen Verhältnis, das zwischen ihnen bestand, nicht einmal schmerzte. „Die Überraschung ist wirklich gelungen. Mein armer Haushofmeister wird Tage brauchen, um sich von dem Schrecken zu erholen. Soviel Wirbel gibt es hier sonst das ganze Jahr nicht!" Lachend faßte sie Johann Friedrich am Ärmel: „Die Damen sind auf der Terrasse, studieren die Gartenpläne, die Schickhardt mitgebracht hat. Der Hofbaumeister und das Fräulein Antonia sind im Rosengarten. Ich glaube, sie macht ihn mit den Geheimnissen der Rosenpflege bekannt. Ein seltsames Kind, sehr belesen und an allem interessiert." Angeregt plaudernd traten sie auf die Terrasse hinaus.

Herzogin Barbara Sophia unterdrückte einen Schrei der Überraschung und preßte die Hand auf den Mund, als sie ihren Gemahl mit strahlenden Augen auf sich zukommen sah. Während er sie an sich drückte, schüttelte seine Schwester Anna den Kopf: „Hab' ich es nicht geahnt, er kann es nicht lassen. Erst große Abschiedsszenen, dann noch vor den Abgereisten an der Landesgrenze sein..." Herzog Johann Friedrich nickte amüsiert. Viele befreundete Fürsten schwärmten von den grandiosen Feiern in Stuttgart, bei denen sie vom Gastgeber mit großem Pomp verabschiedet wurden. Um dann, kaum am Grenzort eingetroffen, zu erleben, daß ihnen der Herzog mitsamt der Herzogin in einer Eilpost nachgereist war und sie schließlich auf Nebenwegen überholt hatte, um noch einmal einen Abschiedsabend mit den Freunden zu verbringen.

Barbara Sophia strahlte: „Ich habe es so gehofft, aber man kann ja nie wissen, ob nicht die Jagdleidenschaft über die

Anziehungskraft des Nürtinger Schlosses siegen wird." Der Herzog schüttelte den Kopf: Man habe eben das eine mit dem anderen bestens verbinden können. Außerdem sei Buwinghausen mitgekommen, den habe allerdings mehr die Aussicht gelockt, Schickhardt zu treffen. Irgendetwas stimmte offenbar immer noch nicht mit der Wasserleitung von Rötenbach auf die Burg Zavelstein. Jetzt war es an der Herzogin, den Hofbaumeister zu bedauern: „Der Arme, bei der Vielzahl seiner Bauten und Aufgaben ist er der gefragteste Mann im Herzogtum. Gestern erst hat er gejammert, wie das Plänezeichnen und ständige Gerechne bis in die Nacht bei schlechtem Licht seine Augen ruiniere!"

Der gerade auf der Terrasse eingetroffene Buwinghausen knurrte: „Er ruiniert sich bloß die Augen, der Preis seiner zugegeben wunderbaren Pläne ruiniert andere ganz anders..."

Der Herzog verzog den Mund: „Sagen Sie bloß nichts, sonst nimmt er seinen Wohnsitz in Mömpelgard, und da muß er dann sehr viel weniger Steuern zahlen. Außerdem wird dort, nach allem was man hört, die Weinernte in diesem Jahr gut, und das wäre schließlich ein weiterer Grund."

Jetzt hatte Antonia den Vater entdeckt, sie raffte ihren roten Samtrock und rannte ihm entgegen, dabei geriet das Blumenkörbchen, das sie in Händen hielt, bedenklich ins Schwanken. Der Vater hob sie hoch, wollte sie herumwirbeln und geriet dabei außer Atem. „Mein Gott, bist du schwer geworden", stöhnte er, als er sie losließ. Er hielt sie mit ausgestreckten Armen ein Stück von sich entfernt und betrachtete sie aufmerksam: „Eine richtige Dame, der man bald die Hand küssen muß!" Verlegen ordnete Antonia ihre Rosen in eine auf dem Tisch stehende Schale. Mit keinem Wort, keiner Geste verriet sie, wie sehr sie die Aufmerksamkeit, die ihr der Vater schenkte, genoß.

Seltsam, diese Freude erfüllte sie auch mit einer großen Traurigkeit. Merkwürdig auch, warum ihr gerade in diesem Augenblick Henriette einfiel, die im vergangenen Jahr so plötzlich verstorbene, drei Jahre ältere Schwester. Wie oft hatte sie neidvoll zu ihr aufgesehen, die so ganz offensichtlich ihres Vaters liebstes Kind war. Eine Herzogin nach seinem Herzen. Eine, die sich vor Gästen nicht schüchtern versteckte und die nicht einmal Angst vor seinen geliebten Pferden zeigte. Dabei war sie auch der Mutter eine Stütze, umsichtig und verständig hatte sie sich der jüngeren Geschwister angenommen. Henriette, das wußte der ganze Hof, hatte eine einzigartige Stellung im Kreise ihrer Geschwister. Sie war holdselig und liebenswürdig, freundlich gegen jedermann. „Meine Große", hatte der Vater stolz gesagt und dabei nicht bemerkt, wie sehr Antonia unter seiner scheinbaren Bevorzugung gelitten hatte.

Wie schwer hatte der Vater den Verlust der ältesten Tochter verschmerzt, seinem Tagebuch hatte er anvertraut: *„Vor Mittag vf drey Virtell Vff Elffe ist meine Tochter Heinrica In dem Herrn gar seeliglichen Vndt Cristlichen Entschlaffen, Vndt Zwelff Jahr 9 Wochen Vndt fünf Tag Altt worden, Also vngern Vndt mitt schmerzen mein Erstgeboren Kindt verlaßen müßen."*

Schließlich hatte der Vater sein Kind in einem mit goldenen Borten besetzten braunen Samtkleid in den Sarg legen lassen, auf dem lang herabfallenden Blondhaar eine goldene Krone. So schön hatte die Schwester ausgesehen, daß Antonia noch in der Erinnerung daran weinen mußte. Verstohlen wischte sie sich die Tränen ab, bevor sie sich neben ihre Tante Anna an den Tisch setzte.

„Schickhardt will, wenn er die Terrasse der neuen Zeit anpaßt, auch meinen Rosengarten von hier weiter östlich verlegen." Herzogin Ursula jammerte: „Das kommt aber überhaupt nicht in Frage. Meinen alten Gärtner würde der Schlag treffen. Ausgerechnet seine Rosen versetzen! Und ich bin auch nicht sehr dafür. Wartet doch mit dem großen Umbau, bis ich nicht mehr bin, mir gefällt es hier, so wie es ist. Und der Garten sowieso, es muß ja nicht Jede einen Lustgarten ihr eigen nennen. Mir langt mein bescheidenes Gärtchen. Antonia, wie sagt Dr. Martinus Luther so richtig?" Antonia antwortete wie aus der Pistole geschossen: „Jeder Garten ist ein Buch Gottes, aus dem das Wunder ersehen werden kann, das Gott täglich tut."

Herzogin Ursula bekräftigte den Satz mit einem gedehnten: „Eben. Und so ist dieses Kind klüger und vernünftiger als manch sich weise dünkender Erwachsener!" Bittend sah sie Johann Friedrich an: „Ich will ja nicht unbescheiden sein, aber ich möchte nur das dringend Notwendige gerichtet haben. Wenn ich nach Stuttgart komme, dann habe ich die schönsten Gartenanlagen, die ich mir denken kann, vor Augen. Warum soll hier etwas entstehen, was dann am Ende doch nicht mit der Stuttgarter Pracht mithalten kann?"

Benjamin von Buwinghausen-Wallmerode wandte sich an Schickhardt: „Endlich ist wenigstens der Kauf der beiden Rötenbacher Quellen abgeschlossen. Damit steht die Wasserversorgung für Burg und Stadt Zavelstein. Mit dem Legen der Leitungen sind wir jetzt ziemlich weit gediehen, aber immer wieder gibt es Probleme und Schwierigkeiten, die sich nur schwer lösen lassen. Wenn wir doch nur mehr Arbeiter hätten, damit es schneller vorwärts ginge. Meine Frau ist schon ganz ungeduldig, sie will unbedingt so schnell wie möglich in das neue Schloß auf den Zavelstein ziehen. Sie verspricht sich viel von der Nähe des Sauerbrunnens. Das Städtlein ist für sie etwas ganz Neues, bisher kennt sie nur größere Städte, wie Stuttgart und Wien, oder einsam gelegene Landgüter. Die gute Luft wird den Kindern guttun und der Blick ins Teinachtal findet auch bei Gästen viel Anklang, kurz, sie will dort oben heimisch werden, und zwar sofort!"

Johann Friedrich schmunzelte: „Wenn man so eine schöne und junge Frau hat wie die Ursula Buwinghausen, dann will man sie eben vor der Welt verstecken! Und da ist dann so ein hochgelegener Käfig ganz geeignet. Gebt es doch zu, alter Buwinghausen, es ist mehr Ihr Wunsch als der der schönen Frau Ursula!"

Buwinghausen lachte schallend: „Wenn Sie schon am Austeilen von Knüffen und Püffen sind, dann will ich gerne mithalten." Schließlich habe er ja, als der Herzog den Sauerbrunnen Teinach kaufen wollte und kein Geld dafür auftreiben konnte, den Kaufpreis als Schuld auf sein Lehen bezahlt. Und dann auch noch Stadt und Burg Zavelstein gekauft, damit der Herzog das Teinacher Bad auch so herrichten könne, daß die Badegäste nicht schon beim Anblick die Flucht ergriffen. Schließlich wisse niemand besser als die hier Anwesenden, wie sehr die Gäste das dünne Brunnenwasser in der ersten Zeit kritisiert hätten. Mehr als einer hatte geschimpft, daß ja wohl süßes Wasser mit der Sauerquelle zusammengepanscht wäre.

Schickhardt schüttelte sich: „Daran mag ich überhaupt nicht erinnert werden. So ein Theater, das alte hölzerne Brunnenhaus hätte man auch abreißen können. Gleich daneben habe ich zusammen mit dem Brunnenmeister Kretzmayer eine Treppe zur neuen steinernen Quellfassung hinuntergelegt, aber das Wasser war immer noch nicht sauber. Dreimal wurde ich noch nach Teinach gerufen, immer wegen dieser Quelle! Erst jetzt mit dem neuen Brunnenhaus ist Ruhe eingekehrt. Doch aufwendig war es schon, einen steinernen Brunnen und zwei hölzerne dazu als Fassungen einzurichten. Aber nun sind wenigstens die Gäste zufrieden. Und das spricht sich herum.“

Johann Friedrich wiegte den Kopf: „So gut mir das hübsche Teinach gefällt – und auch das Wasser bekommt mir außerordentlich –, so ziehe ich doch Wildbad vor. Es ist eben doch alles da und liegt nicht ganz so einsam. Und wenn schon Teinacher Wasser, dann kann ich es mir auch in das komfortable Hirsauer Schloß bringen lassen. Das ist wie mit dem Zeller Bad. Das schöne Schloß in Hirsau liegt für beide Bäder so ideal, daß es gut als Baderesidenz für die Bäder im Teinachtal genutzt werden kann. Außerdem hat Teinach keine Kirche. Und jedesmal hinauf auf den Zavelstein, um Gottes Wort zu hören, das ist doch ein bißchen weit. Und den Pfarrer herunter zu bitten, kostet Mühe und macht Umstände.“

Johann Friedrich wandte sich an Schickhardt: „Eine Kirche können wir uns im Augenblick nicht leisten, soviel Geld hat Buwinghausen nicht bezahlt, und selbst wenn wir das Geld aufbringen könnten, die Arbeiter sind ja beschäftigt, dem reichen Buwinghausen ein neues Schloß mit allem Komfort zu bauen!“

Schickhardt nickte: „Das ist wirklich ein Problem. Arbeit gibt es mehr als genug, aber keine Arbeiter, das Städtlein ist klein, hat wenig Einwohner, und das Bad ist auch nicht groß.“

Antonia hatte bis jetzt schweigend zugehört: „Keine Kirche und keinen Pfarrer, ja, wo werden dann da die Leute getraut und wo die Kinder getauft?“

Buwinghausen antwortete trocken: „Im großen Saal des Lusthauses in Stuttgart ganz sicher nicht. In unserer kleinen Zavelsteiner Kirche eben, die ist auch für die meisten kleinen Weiler und Ortschaften um uns herum zuständig. Das ist besonders im Winter ein weiter Weg. Bei tiefem Schneefall gehen die Gottesdienstbesucher manchmal drei Stunden in die Kirche und ebensolange wieder zurück. Das ist beschwerlich, und manchmal auch nicht ungefährlich." Antonia staunte, das war wirklich neu für die kleine Herzogin. Wie ging es ihr da gut, sie bekam nicht einmal im tiefsten Winter nasse Füße, wenn sie die Schloßkapelle zum Gottesdienst aufsuchte. Und auch zur Stiftskirche war es nicht weit. In Leonberg stand ihr und ihrer Familie der Kirchgang der Großmutter zur Verfügung. Da saß sie dann in der Täuferkirche auf der Fürstenempore, sicher und behütet. Wie leid taten ihr diejenigen, die soviel Mühsal auf sich nehmen mußten, um Gottes Wort zu hören.

Buwinghausen, dem das ernsthafte Interesse des Kindes gefiel, fragte: „Ich weiß eine Geschichte, die ist schön, aber auch ein bißchen traurig, soll ich sie trotzdem erzählen?" Antonia nickte heftig: „Ach bitte, ja!" Der Hofrat räusperte sich und lehnte sich bequem zurück: „Dicht bei der Burg Zavelstein, aber trotzdem tief im Wald verborgen, dort entdeckt der aufmerksame Wanderer ein Steinkreuz, das man im Volksmund das ‚Kreuz der Spinnerin' nennt. Tritt man näher, dann sieht man, daß es sich dabei nicht um einen der sonst üblichen, roh behauenen Steine handelt, die man öfters am Wegesrand findet. Nein, man steht vor einer feinen Steinmetzarbeit, sorgfältig hat der Meister am Längsbalken eine Kunkel eingehauen, die mit einem Bindfaden mit einer Spindel verbunden ist. Die Überlieferung sagt, daß dort eine arme Spinnerin auf dem Weg nach Calw im tiefen Schnee vor Erschöpfung hingefallen ist. Die Kraft sich wieder aufzurichten hatte sie in ihrer Schwäche nicht mehr. So breitete der Winter langsam ein weißes Leichentuch über sie. Im Frühjahr nach der Schneeschmelze hat man sie gefunden. Unten im Tal, in Kentheim steht auch heute noch eine wunderschöne alte Kirche, dahin hat man den Leichnam des Mädchens gebracht und es dort beerdigt. An der Außenwand des Kirchleins lehnt der Grabstein der Unglücklichen noch heute und erzählt allen, die es wissen wollen, von ihrem traurigen Schicksal. Und so denken die Menschen bis heute manchmal an Margret Meyr aus Holzgerlingen, die im Januar 1447 in Kentheim in geweihter Erde bestattet wurde, nachdem sie im tiefen Schwarzwald einsam und verlassen sterben mußte."

Als Buwinghausen geendet hatte, rührte sich lange Zeit niemand. Jeder lauschte für sich den Worten nach und gedachte der armen Spinnerin. Endlich sagte Antonia leise: „Das würde ich gerne sehen, gehen wir das Kreuz einmal anschauen im Schwarzwald?" Bittend sah sie den Vater an.

Bevor Johann Friedrich etwas erwidern konnte, antwortete Buwinghausen: „Selbstverständlich sind uns Ihre fürstliche Gnaden mit ihrer ganzen hochfürstlichen Begleitung immer und jederzeit willkommen auf dem Zavelstein. Sie müssen nur sagen, wann Sie zu kommen gedenken!"

Herzog Johann Friedrich mischte sich ins Gespräch: „Wenn hier alle so gerne Geschichten hören, dann will ich auch eine zum Besten geben. Sie ist zwar einerseits ebenfalls traurig, aber sie spielt auch im Wald und dann ist sie mir selber passiert. Also: Es war gegen Ende des letzten Jahres, als große Aufregung in Böblingen entstand. Eine arme Frau war beim Holzsammeln im Wald unterwegs. Im Gewann Hirschhäuer muß sie sich plötzlich beobachtet gefühlt haben. Sie blickte sich ängstlich um und sah, wie ein riesiger brauner Bär hochaufgerichtet auf sie zukam, vor Schreck konnte sie nicht einmal schreien. So haben es jedenfalls diejenigen erzählt, die etwas weiter entfernt ebenfalls Reisig zusammentrugen. Mit einem einzigen Hieb seiner Pranke streckte der Bär die alte Frau nieder. Wütend über die Störung trampelte er auf ihr herum und schüttelte sie wie eine Strohpuppe hin und her, bis alles Leben aus ihr gewichen war. So jedenfalls stand es in dem Bericht, den mir mein Böblinger Forstmeister schickte. Inzwischen hatten auch die anderen Reisigsammler den Angriff bemerkt und kamen laut schreiend und mit Knüppeln bewaffnet der alten Frau zu Hilfe, auch wenn es leider schon zu spät war. Wütend und böse knurrend drehte der Bär sich um und rannte in den dichten Wald davon. Als ich davon hörte, wollte ich sofort nach Böblingen, die Bestie erlegen. Einmal, ein einziges Mal nur einen Bären jagen! Vor einigen Jahren in Mömpelgard, da hatten die Hunde schon die Fährte eines Bären aufgenommen, aber trotz vieler Jagdtage ist uns das Tier entkommen. Wie habe ich meinen Vater beneidet, der seinen Bären in Mömpelgard erlegt hat, aber auf die beste aller Arten, im Kampf Mann gegen Bär. Nur mit einem Messer bewaffnet hat er Meister Petz bezwungen. Das war einer der stolzesten Tage in seinem Leben. So wollte ich es eigentlich auch können!"

Herzogin Barbara Sophia schrie auf: „Um Himmels willen, das wirst du uns nicht antun!"

Beruhigend lächelte der Herzog: „Im Januar haben wir ihn dann im Böblinger Forst erlegt. Es war ein hartes Stück Arbeit, so ein Bär ist schließlich kein Haselhuhn. Das wilde Tier war noch um einiges größer, als ich gedacht hatte. Fast in doppelter Mannshöhe aufgerichtet, mit brennenden Augen und wild mit den Pranken drohend, so kam er mir entgegen. Am liebsten hätte ich kehrtgemacht und wäre geflohen. Aber das ließ mein Stolz dann doch nicht zu. Die furchtbaren Pranken mit den unglaublichen Krallen – ich seh das Tier noch heute vor mir. Wild und angriffslustig. Dann habe ich zweimal geschossen. Keuchend brach Meister Petz zusammen. ,Der tötet mir keine Bürger mehr', dachte ich ingrimmig, während meine Forstknechte das mächtige Tier auf einen Wagen schleppten, um es zum Präparator zu bringen. Wir werden den Bären, den ersten und einzigen, den wir erlegt haben, in unserem Schloß in Böblingen aufstellen lassen. Zur ewigen Erinnerung an mein großes Jagdglück…"

Buwinghausen hatte den Herzog beobachtet. Wie sich sein Tonfall veränderte, wenn er von etwas sprach, was ihm wirklich am Herzen lag! Welch Glück für ihn, einen Bären zu erlegen! Endlich hatte er es dem bewunderten, starken Vater gleichtun können.

Es tat Buwinghausen leid, daß er schon bald aufbrechen mußte. Die friedlichen Stunden im Nürtinger Schloß hatten ihn seinen heiklen Auftrag fast vergessen lassen. In wenigen Tagen schon würde er sich auf dem Weg nach Wien befinden, um sich ein weiteres Mal mit dem Verweser der Pfalz und den Räten Kaiser Ferdinands II. über die Zukunft des Pfälzer Landes zu beraten. Er würde über München reisen müssen, eine leidige Angelegenheit. Zusammenkünfte mit Herzog Maximilian von Bayern und seinen Kriegsräten waren immer unangenehm. Mehrmals schon hatte Buwinghausen in Wien gemerkt, daß von Bayern aus gegen seinen Landesherrn und dessen Politik intrigiert wurde. Die Münchner Verhandlungsführer gingen dabei so rigoros und gerissen vor, daß es selbst Buwinghausen, der schon viele Jahre in diplomatischen Diensten des Herzogtums stand, manchmal schwerfiel, die Fußangeln und Tricks zu erkennen und ihnen auszuweichen.

Die „Herzogin von Nürtingen", wie sie im Familienkreis genannt wurde, ließ zu einem einfachen Mahl in den Gartensalon bitten. Während des Essens wandte sich Buwinghausen an Herzogin Anna: „Was hört man denn aus London, von unserem Freund Georg Rudolf Weckherlin?"

Die Angesprochene seufzte tief und sah zu ihrem Bruder hinüber: „Nicht mehr viel, seit der Totenklage um Magnus und dem Gedicht auf Georg Friedrich von Baden-Durlach sind nur noch wenige Nachrichten gekommen."

Johann Friedrich warf ein: „Sag es doch einfach, ich bin der Böse, ich habe ihn aus dem diplomatischen Dienst entlassen!" Bitter fügte er hinzu: „Der Freund und Weggefährte kann eben nicht vergessen, daß sein Kommilitone aus dem Collegium Illustre nicht so frei singen und handeln kann wie ein dichtender Diplomat. Wie soll ich mit einem Landesaufgebot von vielleicht viertausend Bauernjungen in Arbeitstracht ein Söldnerheer schlagen? Geld, Geld, das fehlt überall. Was ist bei all den diplomatischen Missionen an den großen protestantischen Höfen herausgekommen, wer hat soviel Geld gegeben, daß ich davon hätte Söldner werben können? Dabei hat keiner eine so reich gefüllte Staatskasse wie der Kurfürst von Sachsen. Aber er war nicht einmal imstande, 1500 Söldnern regelmäßig ihr Geld zu zahlen. Und wenn sie ihren Sold nicht bekommen, dann rauben und stehlen sie."

Antonia warf mit heller Stimme ein: „Zur Arbeit haben die Söldner krumme Finger, lahme Hände, bei der Mauserei und beim Beuteholen sind alle lahmen Hände gerade geworden!"

Verblüfft sah Herzogin Barbara Sophia ihre Tochter an: „Woher hast du das, wer hat das gesagt?"

Antonia zuckte die Achseln: „Och, es stand in einem der Flugblätter, die jetzt überall herumliegen, ich lese alles, was ich finden kann."

Buwinghausen sagte leise: „So war der Weckherlin auch, alles, alles hat er wissen müssen, alles erfahren. Immer das ‚warum' suchen und in Worte fassen."

„Es hat ihn eben nicht in Württemberg gehalten, mein Herzogtum war ihm immer zu eng, eingesperrt hat er sich gefühlt. Oft hat er gesagt, er könnte schreien, wenn er dann Hoffnung hätte, daß sich die Wände weiten. Aber er hat nicht geschrien. Er ist immer wieder fortgegangen." Johann Friedrich blickte ratlos von einem zum andern: „Nach Thüringen hat es ihn getrieben, an die Wiege des Protestantismus, auf den Spuren Luthers wollte er wandeln. Ob er gefunden hat, was er suchte, kann ich nicht sagen. – Es war gut, daß ihn mein Vater mit Buwinghausen auf diplomatische Mission nach Alençon und nach Mömpelgard geschickt hat. Da hat er eine Menge gelernt und auch diplomatischen Schliff bekommen, das hilft ihm jetzt sicher am englischen Hof weiter."

Buwinghausen lachte: „Aber ich war oftmals der Angeschmierte. Diesen jungen Spund, den hielt es nicht lange in Alençon oder Horburg. Sobald er sich ein wenig auskannte, wollte er schon nach Paris geschickt werden. Dort hat es ihm gefallen, eine quirlige Großstadt, jeden Tag Theater und Ballette, Konzerte oder philosophische Dispute, elegante Herren und schöne Damen. Das war so recht etwas nach dem Dichterherzen! Und von Paris war es dann ganz leicht, nach London zu entwischen. Natürlich hat ihn der glanzvolle Hof Jakobs I. magisch angezogen. Jedenfalls sprach er bald englisch wie seine Muttersprache. Und wie haben wir alle gerätselt, wer die ‚Myrta' in seinen Gedichten ist. Und dann hat er sie mit nach Stuttgart gebracht, seine Elisabeth aus Dover. Kein Wunder, daß er so oft in das englische Königreich hinüber mußte..."

Herzogin Anna wurde ein wenig rot, als sie sagte: „Er hat immer treu zur protestantischen Sache gehalten, das ist etwas, was ihm wirklich am Herzen liegt. Es war sein Traum, die Fürsten zu verbünden, dabei ist er mehr als einmal enttäuscht worden. Am grausamsten vielleicht, als er die Ermordung Heinrichs IV. in Paris miterleben mußte. Wer will es ihm verdenken, daß er die Stadt seitdem gemieden hat? Seine Hoffnungen sind verwelkt, zuletzt in Wimpfen…"

Barbara Sophia nickte: „Friedrichs Taufe gab ihm nochmals Auftrieb, und so habe ich auch immer seinen Hymnus darüber verstanden. Ich habe oft mit Elisabeth Stuart darüber gesprochen, für sie hat er die deutsche Fassung ins Englische übertragen. Sie war immer meiner Meinung. Hoffentlich kann er nun im englischen Hofdienst das Glück finden, das er bisher vergeblich gesucht hat."

Herzogin Ursula fuhr es plötzlich durch den Sinn: „Mein Gott, sie reden und denken nur in der Vergangenheit, so als ob sie der Zukunft nicht vertrauten…" Laut sagte sie: „Ich vermisse den Dichter Georg Rudolf Weckherlin schon. Oft, wenn ich alleine bin, finde ich Trost und Zuversicht in seinen ‚Oden und Gesängen'. Sie geben mir das Gefühl, als wäre er noch hier mit seiner jungen Frau, die so wenig Deutsch verstand. Auch deswegen ist er mit ihr nach England gegangen. Antonia, auf deine Tante hat er ein wunderbares Gedicht geschrieben, hier, lies ein paar Verse vor."

Sie reichte Antonia einen Gedichtband und gab ihr die Zeilen an. Das Kind setzte sich zurecht und begann:

Anna, der schönheit zarte blum,
Wir nymfen wollen Ewern ruhm,
Darob die himel eingefallen,
Fürhin stehts mehr und mehr erschallen,
Dan Ihr so schön und tugentreich,
Das keine Nymf wie Ihr zuehren,
Dan Ewre schwester die Euch gleich,
Deren lob wir allzeit vermehren.

Am Abend kehrte der Herzog mit seinen Herren nach Kirchheim zurück. Zwei Tage später reiste Benjamin Buwinghausen-Wallmerode nach Wien ab. Die ihn begleitende Eskorte war so groß wie nie zuvor. Die Straßen wurden immer unsicherer, entlassene Soldaten und allerlei Leute drängten aus Bayern und Böhmen weiter westwärts. Bei einem kurzen

Halt in Tübingen hatte der Kanzler der Universität geklagt, er habe auf dringende Vorhaltungen einiger Kollegen hin seine Reise zur Buchmesse nach Frankfurt abgesagt. Zu unsicher seien die Zeiten.

Ende August kehrte der herzogliche Hof nach Stuttgart zurück. Obwohl die Jagdbeute deutlich geringer ausgefallen war als in den vergangenen beiden Jahren, war Herzog Johann Friedrich zufrieden mit der Hirschfeiste. Forstmeister und Forstknechte hatten gut gearbeitet, ihm waren kapitale Böcke, darunter ein Sechzehnender, vor die Flinte getrieben worden. Noch in diesem Herbst wollte er den Mömpelgarder Kanzler Dr. Jakob Löffler, der ihm schon in einigen besonders delikaten politischen Missionen zur Verfügung gestanden hatte, in den geheimen Regimentsrat berufen. Sobald sich die Gelegenheit bot, wollte er Löffler dann als Vizekanzler für Württemberg ganz in Stuttgart behalten.

Bereits Herzog Friedrich hatte beabsichtigt, den am 25. Juli 1582 in Kornwestheim geborenen Absolventen der juristischen Fakultät der Landesuniversität Tübingen in den württembergischen Staatsdienst zu übernehmen. Schon früh hatte der umsichtige, weit über sein Alter hinaus gereifte Jurist die Aufmerksamkeit des Herzogs erregt. Als Hofmeister begleitete er junge Edelleute auf ihren Reisen durch Europa. So lernte er die meisten Länder Europas, ihre Höfe und Universitäten kennen und die englische, französische und spanische Sprache fließend beherrschen. Nach seiner Rückkehr arbeitete er an der Universität Tübingen, dort schloß er seine Ausbildung mit der Promotion zum Doktor beider Rechte ab. Johann Friedrich ernannte den jungen Anwalt zum Vizekanzler in Mömpelgard. Mit großer Umsicht begann Löffler, die Schuldenlast zu entwirren und zu verteilen. Das machte er so gut, daß der bisherige Kanzler Mömpelgards freiwillig auf sein Amt verzichtete, weil er meinte, sein Vertreter – zugleich sein Schwiegersohn – sei viel besser als er selber.

Mit großer Aufmerksamkeit hatte Herzog Johann Friedrich den Weg Löfflers verfolgt. Als nach der Schlacht am Weißen Berg die Mutter des „Winterkönigs" mit ihren Enkeln in Heidelberg in großer Gefahr schien, war es Jakob Löffler, der die Familie Friedrichs V. im Großsachsenheimer

Schloß unterbrachte. Löffler war es auch, der den bitteren Gang nach Straßburg zum Kaiserbruder Erzherzog Leopold antreten mußte, um die Besetzung Württembergs durch den spanischen Feldherrn Spinola und seine Truppen abzuwenden. Löffler würde ein Vizekanzler sein, auf den er bauen konnte, das spürte Johann Friedrich. Und das machte ihm in diesem Augenblick vieles leichter.

3

In der Residenzstadt

Antonia saß hochaufgerichtet am Clavichord im Musikzimmer des Stuttgarter Schlosses. Angestrengt bemühte sie sich, die einzelnen Tasten nicht über Gebühr lange herunterzudrücken, dadurch wurde nur das Vibrato unnötig betont und die Zartheit des Tones verdorben – so hat es sie ihr Musiklehrer Basilius Froberger, der Leiter der herzoglichen Hofkapelle, gelehrt. Daneben achtete sie darauf, ihre Finger anmutig zu setzen und sie nicht wie hungrige Greifvögel auf die Tasten niederfahren zu lassen. Das galt als unelegant und war bei Froberger ebenfalls verpönt. Auf dem zierlichen Notenständer am aufgeklappten Deckel des Instrumentes lehnte eines der beliebtesten Musikbücher der Zeit, die „Parthenia" mit Werken dreier berühmter englischer Komponisten. Das Buch war Elisabeth Stuart gewidmet, der einzigen Tochter des englischen Königs James I., die jetzt als Frau des „Winterkönigs" im holländischen Den Haag im Exil lebte. Der Band gehörte Antonia ganz alleine, er war ihr von einem belesenen und sehr gebildeten Verwandten geschickt worden, von Landgraf Moritz von Hessen-Kassel, der den Beinamen „Der Gelehrte" trug. Dieser einzige Sohn von Herzog Christophs Tochter Sabine hatte der kleinen „Base" am Stuttgarter Hof mit seinem Geschenk eine große Freude gemacht.

Immer noch verfolgte Antonia das Schicksal der schönen Pfalzgräfin mit großem Interesse. Wie die meisten der protestantischen Fürsten war auch Landgraf Moritz ein glühender Verehrer der englischen Musik und des englischen Theaters. Für Musiker und Schauspieltruppen aus dem britischen Königreich gab es auch in den zunehmend härter werdenden Kriegsjahren noch viele Spielmöglichkeiten an deutschen Höfen, obgleich sich die konfessionellen Schranken immer seltener überwinden ließen. Wie in Stuttgart schon lange keine Katholiken mehr in der Hofkapelle geduldet wurden, so hatten in München und Wien Protestanten keine Chance, eine Anstellung zu bekommen.

Als der letzte feine Ton verklungen war, ließ Antonia ihre Hände sinken und wandte sich ihrem Lehrer zu. Basilius Froberger war aufgestanden und applaudierte seiner Schülerin, die lächelnd ihr Musikbuch zuklappte. Bevor Herzogin Anna, die an einem Tisch im Hintergrund saß und an einem Altartuch für die Kirche in Ehningen stickte, etwas sagen konnte, sprang ein Junge von einem der Schemel zu Füßen der Herzogin auf und rannte zum Clavichord: „Jetzt komm' ich dran!" Eine ganze Weile schon hatte Johann Jakob Froberger, der neunjährige Sohn des Hofkapellmeisters, ungeduldig mit den Beinen gebaumelt. Gar zu gerne wäre er an Antonias Stelle gewesen und hätte etwas gespielt. Der kleine Vollblutmusiker hätte allerdings eine Orgel oder ein Cembalo dem leisen und feinen Clavichord vorgezogen. Selbst ein so schönes Instrument wie das von dem Stuttgarter Instrumentenbauer Ludwig Ubermann im Auftrage von Herzog Johann Friedrich für Herzogin Barbara Sophia und ihre Damen geschaffene Instrument befriedigte das musikalische Kind nicht. Er hielt das Clavichord für ein Instrument für Mädchen, aber immerhin war es ein Instrument. Der feine intime Ton des Clavichords gehörte in einen kleinen Raum, er aber wollte die Wände sprengen mit seinen Tönen. Während er sich fachmännisch die Noten seines Lieblingsstückes aus dem kleinen Stapel herumliegender Blätter heraussuchte, mußte er an das mächtige Brausen einer Orgel denken. Selbst das kleine Cembalo seines Vaters hatte eine enorme Klangkraft, verglichen mit diesem fein bemalten und schönen, aber so leisen und feinen Clavichord.

Herzogin Anna hatte ihre Stickerei sinken lassen und beobachtete, wie das Kind sich am Instrument zurechtsetzte und konzentriert zu spielen begann. Es stimmte, was die Leute sagten, von allen Söhnen Frobergers war dieser wohl der begabteste, dazu freundlich und höflich. Andere hatten ihr aber schon erzählt, der Junge könne aufbrausend und zornig werden, wenn man ihn nicht gewähren ließe.

Anna liebte diese ruhigen Nachmittage im Kreise der Familie. Die Kinder des Bruders in ihrer Nähe, sie alleine oder mit der Schwägerin zusammen an Handarbeiten stickend, den Unterricht der älteren Kinder überwachend. Das waren Stunden, in denen Anna die immer drückender werdenden Sorgen vergessen konnte. Ganz in ihrer Nähe hatten sich ihre beiden jüngsten Nichten Anna Johanna und Sibylla niedergelassen. Als Johann Jakob zu spielen begann, zog Sibylla ihren Schemel ganz nahe zum Instrument, damit ihr auch wirklich kein Ton entging. Die Musik war die ganze Liebe der jüngsten Herzogstochter.

Antonia stand am offenen Fenster und rümpfte die Nase. Auf Zehenspitzen trat sie zu ihrer Tante und flüsterte ihr ins Ohr: „Heute stinkt er aber wieder mächtig, der ,Wälz im Dreck'!" Herzogin Anna zog die Brauen hoch und legte einen Finger auf den Mund. Wie recht Antonia hatte. Dabei war es erst wenige Jahre her, daß der Herzog den Nesenbach hatte ausheben lassen, weil der Gestank unerträglich geworden war. Damals hatte man an heißen Tagen kaum noch hinunter in den Lustgarten gehen können. Und wenn man es doch wagte und im Herzogingarten Heilkräuter sammelte, dann erging es einem so wie Ursula von Buwinghausen-Wallmerode, die plötzlich leblos zu Boden gesunken war. Das war eine Aufregung gewesen, vorsichtig hatte man die Bewußtlose hinauf in eines der kühlen Gemächer im Schloß getragen und auf ein Bett gelegt. Nach einer Weile hatte sie die Augen aufgeschlagen, aber beteuert, daß sie jedesmal, wenn sie nur an den Nesenbach dächte, schon wieder so ein komisches Gefühl in der Magengegend spüre. Der Nesenbach, der „Wälz im Dreck", wie ihn die Stuttgarter nannten, hatte allen Grund, seine menschlichen Peiniger von Zeit zu Zeit in Ohnmacht fallen zu lassen. Waren sie es doch, die den sauberen Bach, sobald er die Residenzstadt Stuttgart erreicht hatte, mit Unrat und Müll aller Art beschwerten, bis er sich nur noch träge vorwärtswälzen konnte. Und wenn er dann oberhalb des Esslinger Tores die Stadt wieder verließ, blieb ihm gar nichts anderes übrig, als sich seinem schlimmen Ruf anzupassen. Letztes Jahr schon hatte Eberhard seiner Schwester Antonia ein Billettchen aus der Festung Hohenasperg geschickt mit der Adresse „An Ihre Durchlaucht am stinkenden Bach". Wenn es die Bach-Anrainer in der Esslinger Vorstadt gar zu toll trieben mit der Verunreinigung, dann drohte ihnen der Herzog empfindliche Strafen an. Aber die Bürger wehrten sich, es gäbe viel zu wenig Karren in Stuttgart, auf denen man den Müll befördern könne, außerden seien sie teuer und meistens auch noch im Auftrage des Herzogs unterwegs.

Vor mehr als einem Vierteljahrhundert war Basilius Froberger aus Halle an der Saale nach Stuttgart gekommen. Der damals 24jährige trat als Tenorist in die Hofkapelle Herzog Friedrichs I. ein. Wie stolz war er gewesen, unter dem großen Leonhard Lechner musizieren zu dürfen. In Lechners Todesjahr 1606 war eines seiner bedeutendsten Werke, die „Deutschen Sprüche von Leben und Tod" entstanden, Froberger hütete die Noten und die Texte als sein Vermächtnis wie einen besonders kostbaren Schatz. Nur ungern erinnerte sich Basilius Froberger an die Zeit nach dem Tode Herzog Friedrichs. Der neue Landesherr Johann Friedrich hatte einen alten Freund aus Tübinger Studententagen, den Harfenisten Hans Konrad Raab, zum Leiter der Hofkapelle ernannt. Ein guter Musiker war er zwar, aber von Anfang an hatten nicht nur viele Kollegen, sondern auch das Konsistorium Zweifel an der charakterlichen Eignung Raabs für sein neues Amt. Dem Pfarrerssohn aus Endersbach war der ständige Umgang mit dem Herzog und vielen hochgestellten Persönlichkeiten so sehr zu Kopf gestiegen, daß er sich selbst für adelig hielt. Aufbrausend und unhöflich ging er mit seinen Musikern um, aber auch die Herren des Konsistoriums beschwerten sich nicht nur einmal über sein hoffärtiges Auftreten. Sein Verbleiben im Dienst verdankte er allein der Freundschaft und der Langmut des Herzogs.

Johann Friedrich wollte nur ungern auf das schöne Harfenspiel des Freundes verzichten und blieb taub für alle Bitten aus seiner Umgebung, Raab durch einen fähigeren Mann zu ersetzen. Obwohl sich die Nachlässigkeiten häuften, die Beschwerden zunahmen, der Herzog ließ Raab nicht fallen. Besonders die Kapellknaben, die Kostgänger im Hause Raabs waren und damit seinem besonderen Schutz anvertraut, wirkten vernachlässigt und unerzogen. Sobald Basilius Froberger erkannt hatte, wie verhängnisvoll sich die Wahl Raabs auf die Hofkapelle auswirken würde, hatte er sich beurlauben lassen und eine Stelle als Pagen- und Edelknabenpräzeptor am Hof angenommen. So brauchte er sich wenigstens nicht in die ständigen Querelen und Streitigkeiten einmischen.

Raab, der so gerne selbst adelig gewesen wäre, setzte durch, daß seine beiden ältesten Söhne unter dem Namen Raab von Püntrich, nach seinem Geburtsort, in das Collegium Illustre unter die adeligen Schüler aufgenommen wurden. Sein Auftreten, sein Ruf als „zehrhafter" Genußmensch, seine aufwendige Kleidung, all das kostete viel Geld. Immer öfter mußte ihm der Herzog mit größeren Summen aushelfen. Das Konsistorium sah mißtrauisch zu, wie der Kapellmeister Raab, wohl in seiner Tübinger Zeit an den „großen Löffel zum Ausschöpfen" gewöhnt, den Landesherrn zu immer größeren Ausgaben für die Hofkapelle animierte. Raab leistete sich Eigenmächtigkeiten, unter denen die einzelnen Musiker zu leiden hatten. Kein Wunder, daß Disziplin und Zusammenhalt der Hofkapelle immer mehr zu wünschen übrig ließen. Als Raab ohne das Konsistorium zu informieren zwei Kapellknaben in die Kapelle aufnahm, war das Faß zum Überlaufen voll: Herzog Johann Friedrich war nun doch entschlossen, Raab zu entlassen, und ließ sich auch durch dessen Eingaben nicht zur Wiedereinstellung überreden.

An die Stelle Raabs trat Tobias Salomo, dem das Amt nach den Vorstellungen der Musiker von Anfang an zugestanden hätte. Danach war auch Froberger als Tenorist in die Hofkapelle zurückgekehrt, sein Amt als Inspektor der Edelknaben hatte er jedoch beibehalten. Er brauchte ganz einfach beide Gehälter. Fast jedes Jahr lag ein neues Kindlein in der Wiege. Johann Jakob, sein wohl begabtester Sohn, war das neunte Kind, und nach ihm kamen noch zwei auf die Welt. Das Jahrzehnt der Hoffeste, Hochzeiten und Taufen war vielleicht das schönste und beste, das Froberger bisher erlebt hatte. Zwar war das Geld immer knapp gewesen, aber die Hofkapelle hatte reiche Ehren einheimsen können. Und die vielen auswärtigen Besucher hatten meistens auch ein reichliches Trinkgeld für die von ihnen geschätzten Musiker übrig gehabt. Bei Festlichkeiten waren sie an der Hoftafel versorgt worden, manchmal hatte der Herzog zum Beweis des Glanzes seines Stuttgarter Hofes seine Kapelle mit auf Besuche an andere Höfe genommen, oder die Berichterstatter fremder Höfe rühmten die Talente der Hofkapelle, so wie Philipp Hainhofer in seinem Bericht über die Taufe des kleinen Friedrich im Jahre 1616: *„Alle Chur- und Fürsten, Personen und alles Hofgesindlin waren in der Predigt und hat man auf 4 Chöre wider liblich vor und nach der Predig musiziert.“*

Unter Tobias Salomo waren Disziplin und Arbeitseifer zurückgekehrt. Die gut gehaltenen und erzogenen Kapellknaben fühlten sich wohl im Hause Salomo, das vom Konsistorium für sie bezahlte Kostgeld wurde ausschließlich für sie verwandt. Die gute Stimmung wirkte sich auf die Leistung der Musiker aus, die in der Stuttgarter Bevölkerung hochangesehen waren. Bürger und Beamte gaben ihre Töchter gerne den Musikern der Hofkapelle zur Frau oder heirateten die heranwachsenden Töchter. Damals war es aufwärts gegangen, damals hatte man sein Glück machen können. Auch Froberger hatte sich in dieser Zeit sein schönes Haus mit dem großen Weingarten in der Turnierackervorstadt kaufen können. Immer öfter hatte er den kränkelnden Salomo vertreten müssen, und so war es für niemanden eine Überraschung gewesen, als er nach dem Tode Salomos zum Hofkapellmeister ernannt wurde. Aber dann war die Zeit der großen Feste vorbei, das Zehrgeld für die Kapellknaben reichte in der Kipper- und Wipper-Zeit nicht aus. Immer wieder mußte er beim Konsistorium oder beim Herzog vorstellig werden, damit die Knaben nicht hungern mußten. Instrumente wurden nur noch selten gekauft, die Instrumentenmacher gerieten in Not und baten Froberger um Aufträge. Was sollte er machen, sein Geld reichte kaum für die nötigsten Reparaturen. Ausschei-

dende Musiker wurden nicht ersetzt, außer in den Gottesdiensten spielte die Hofkapelle meistens bei den Beerdigun-
gen des herzoglichen Hauses, große Auftritte waren selten
geworden.

Auswärtige Gäste kamen kaum mehr nach Stuttgart, das
Reisen war riskant geworden. Und die, die kamen, hatten
nicht vor, der Hofkapelle Trinkgelder auszusetzen. Sie führten ernste Verhandlungen mit den Räten des Herzogs und
reisten so unfroh und düster, wie sie gekommen waren, wieder ab. Der einzige, der noch fast immer jedes Instrument,
das er sich wünschte, kaufen konnte, war der Engländer John
Price. Seit seinem Eintritt in die Hofkapelle im Jahre 1609
hatte er ein mindestens ebenso hohes Gehalt bezogen wie der
Hofkapellmeister, wenn nicht noch höher. Dazu kamen alle
die Sondervergünstigungen und Sonderzahlungen, die Price
als einer der Lieblingsmusiker des Herzogs einstrich. Basilius
Froberger war weit davon entfernt, dem Kollegen die Sonderstellung zu neiden. Besonders jetzt nicht, da die Ausländer-
feindlichkeit auch am Stuttgarter Hof und im ganzen Land
immer mehr zunahm, wie immer in Krisenzeiten.

John Price hatte Margarete Morell geheiratet, eine der
Töchter von Herzog Johann Friedrichs englischem Leibdiener
Cäsar Morell. In Stuttgart pfiffen es die Spatzen von den
Dächern, daß Morell einen gewaltigen Einfluß auf den Landesherrn ausübte, der Herzog vertraute ihm blind. Morell
ließ den wohlsituierten Schwiegersohn seine beiden noch
jungen Söhne zu Instrumentalisten ausbilden. Zusammen
mit einem weiteren Engländer, Johann Dixon, bildeten sie
die „Engelländische Compagnia", die neben anderen Aufgaben auch dazu herangezogen wurde, die Kammermusik beim
Herzog zu spielen. Die Hofkapelle war ein aufwendiger und
teurer Apparat. Basilius Froberger seufzte. Je schwieriger die
Zeiten wurden, desto mehr Ratgeber des Herzogs rieten ihm,
die Kapelle zu verkleinern, Musiker zu entlassen und heim-
zuschicken. Bisher hatte der Herzog widerstanden, aber wie
lange noch?

Froberger war aber nicht der einzige, der trübe Gedanken
hegte. Der Schulmeister Ginschopf hatte die Stimmung im
Lande schon in seiner Chronik auf das Jahr 1622 zusammen-

gefaßt: *„Dieß Jahr ist nicht genugsam zu beschreiben, wie jäm-*
merlich und schrecklich es hergangen mit Morden, Rauben und
Brennen, mit Einquartieren der Soldaten, welche die Leut' über
ihr Vermögen ihnen aufzutragen gezwungen, mit Umlag des
Kriegskostens, mit dem Taxieren der Victualien und Handwerker,
da man dem gemeinen Mann gleichsam mit Gewalt zu seinem
Verderben gezwungen, dabei sich zum Theil zwar wohl begabt
und ihre Säck gefüllt, aber insgeheim ist es je länger, je ärger ge-
worden, da sonderlich das betrügliche Geld viel dabei gethan,
dann alle Waaren aufs Höchste gestiegen. Es hatte zwar jeder
männiglich viel Geld, die Armen zogen ganze Händ voll heraus,
ja die Kinder auf den Gassen spielten mit dem Geld, konnten aber
nichts darum kaufen, daher das Geld und Gut, Silber und Gold
sehr hoch gestiegen, daß der Reichsthaler auf 10 fl., ein Ducat
auf 18 fl. kommen; damit ist man dahin getrieben worden, daß
man nicht mehr um Geld, sondern nur noch mit Tauschen handeln
müssen; der arme Taglöhner, der nichts zu vertauschen gehabt, hat
sich mit seinem Taglohn dahin gericht, daß man ihm hat geben
müssen, was er nöthig bedurft, entweder Brod, Salz, Schmalz,
Erbsen oder was er anders begehrt. Also machen's die Handwerks-
leut auch, wodurch der gemeine Mann neben dem oberzähltem
Überlast der Soldaten und beschwerliche Theuerung übel geplagt
worden."

Seit dem Eingreifen des Herzogs war das Geld im Lande
wieder stabil, aber die Unsicherheit war geblieben. Auch
Froberger mißtraute dem Geld, viel lieber wäre es ihm gewesen, wenn er mehr Naturalien bekommen hätte. Wichtiger
noch schien es ihm, die Zukunft seiner Söhne zu sichern. Wer
wußte denn, wie lange es ihm noch möglich war, etwas für
sie zu tun. Während er seine Töchter in Stuttgarter Bürgerfamilien einheiraten ließ, hatte er für drei seiner bestens ausgebildeten Söhne bereits Anstellungen in der Hofkapelle bekommen. So amtete Johann Georg als Vizekapellmeister, der
mehr und mehr in die Stellung hineinwuchs und sich als zu-
verlässiger Mitarbeiter seines Vaters erwies. Johann Christoph galt als guter Komponist, und Isaac war als Bassist und
Lautenist beschäftigt. Johann Jakob, der gerade ein anmutiges Stück von John Dowland spielte, hatte eine schöne
Stimme und galt bereits jetzt als ein Meister auf allen Tasten-

instrumenten. Bald würde er alt genug sein, um bei den Kapellknaben aufgenommen zu werden. Dann stand auch seinem Fortkommen, soweit man es vorher planen konnte, nichts mehr im Wege.

Während des Spiels war Sibylla immer näher an das Clavichord herangerückt, Zentimeter um Zentimeter hatte sie sich vorwärts geschoben. „So ein kleines Biest!" dachte Herzogin Anna, „sie macht das so geschickt, daß man es fast nicht merkt, und schon ist sie am Ziel ihrer Wünsche!" Jetzt hatte die Kleine das Instrument erreicht und sah bittend mit schiefgelegtem Kopf zu Johann Jakob auf. Der schien das Spiel schon zu kennen, nahm wie selbstverständlich die Kinderhände in seine und drückte nun mit Sibyllas Finger die Tasten nieder. Basilius Froberger blickte kopfschüttelnd zu Herzogin Anna hinüber: „Wie oft haben wir diese Szene schon gesehen", bedeutete er, „sie ist immer wieder neu und macht allen Beteiligten Spaß." Als sie ihr gemeinsames Spiel beendet hatten, half der ernsthafte kleine Künstler seiner Partnerin beim Danken für den enthusiastischen Beifall, den sie entgegennehmen konnten. Herzogin Anna erhob sich. Während Froberger und sein Sohn sich verabschiedeten und die kleinen Herzoginnen von ihren Kinderfrauen abgeholt wurden, wollte sie mit Antonia hinübergehen in den kleinen Dachgarten auf dem Flachdach des Vorbaus, den einst Herzog Christoph für die herzogliche Hofregistratur hatte bauen lassen. Sein Sohn hatte das Dach mit Steinplatten belegen und mit Erde auffüllen lassen. So war ein herrlicher, ganz intimer Ort von eigenem Zauber entstanden. In den Jahrzehnten, die der Garten nun schon bestand, waren die kleinen Bäume zu beachtlicher Größe herangewachsen. Sie wurden im Sommer mit südländischen Kübelpflanzen ergänzt. In den Beeten blühten Blumen und Kräuter um die Wette. Der vor Wind und fremden Blicken fast ganz geschützte Garten hatte Herzog Johann Friedrich so gut gefallen, daß er vor wenigen Jahren erst eine Wasserleitung hatte legen lassen, um den Gärtnern die Pflege der blühenden Oase zu erleichtern.

Das in einer bleiernen Teichelleitung vom Nesenbach heraufgeführte Wasser sprudelte aus einem kleinen Brunnen inmitten der Beete. Immer wieder beschwerten sich die Müller, daß die vielen Ableitungen ihnen das Wasser wegnehmen würden und ihre Mühlen am Nesenbach still stehen ließen. Sie klagten mit wenig Erfolg. Der Brunnen im Dachgarten sprudelte weiter und verbreitete angenehme Kühle, bei Hitze allerdings auch den gewohnt „unlustigen" Geruch des Nesenbaches.

Hinter diesem Vorbau mit dem Dachgarten erhob sich das von Aberlin Tretsch auf den Grundmauern der alten gräflichen Burg errichtete mehrgiebelige Hauptgebäude des Schlosses. Von hier aus führte ein auf steinernen Pfeilern ruhender Gang über den Schloßgraben in das Harnischhaus, in dem die Waffen und Rüstungen aufbewahrt wurden. In diesem Teil des Schlosses befand sich auch die Türnitz, jener riesige Saal, in dem bei großen Festlichkeiten die weniger vornehmen Gäste an bis zu dreihundert Tischen gespeist wurden. Bei schlechtem Wetter wurden auch die Ritterspiele hier hinein verlegt. Die Türnitz bot auch dann noch mehreren hundert Zuschauern Platz. Aberlin Tretsch, der vielbeschäftigte Hofbaumeister Herzog Christophs, hatte mehr als einmal unter der Last der vielen Arbeit gestöhnt, die ihm die rastlose Bautätigkeit seines Landesherrn auferlegte. Als „armem Untertan und leibeigenem Mann" bliebe ihm nicht einmal die Zeit, seinen eigenen Weinberg zu bearbeiten, Frau und Kinder bekämen ihn kaum zu Gesicht, müßten sich dort für ihn mühen und plagen. Als besonders lästig empfand Tretsch, daß ihn viele der zahllosen „Bevelchen" Herzog Christophs bereits um fünf Uhr in der Frühe aus dem Schlaf rissen. Den wuchtigen alten Kasten des Grafenschlosses erweiterte Tretsch um drei wohnliche Renaissance-Flügel.

Nach und nach hatte der Herzog die unmittelbar an den tiefen Schloßgraben grenzenden Bürgerhäuser aufgekauft und einreißen lassen. Zu sehr hatte der von den Anrainern ins Wasser geworfene Unrat die empfindlichen Nasen der Schloßbewohner belästigt. Mit dem so gewonnenen Platz wurde der Schloßgraben verbreitert, ein Teil auch mit Steinen aufgefüllt und trockengelegt. Zwischen Marstall und Schloßplatz wurde der Graben zum Teich, in dem sich die für die herzogliche Küche bestimmten Fische tummelten. Hier hatten sich auch Enten und Schwäne angesiedelt, sogar Kraniche waren schon gesichtet worden. Um die Trockenheit des Schloßkellers nicht zu gefährden, war der daran angrenzende Teil des Grabens trockengelegt worden. Herzog Friedrich I. hatte an seiner Stelle ein Schießhaus samt Schießbahn anlegen lassen. Neben der tiefen Grube, in dem das Eis für die herzogliche Küche seinen Platz gefunden hatte, befand sich auch der Weingarten des Schlosses, dessen Ertrag sich sehen lassen konnte.

So wie Aberlin Tretsch das Schloß nach den Wünschen Herzog Christophs gestaltet hatte, präsentierte es sich auch jetzt, acht Jahrzehnte später, immer noch als ein anmutiger, moderner und vor allem wohnlicher Renaissancebau. Das Stuttgarter Schloß war eine Residenz, die von vielen ausländischen Besuchern als einzigartig, fürstlich und prunkvoll gerühmt wurde. Besondere Bewunderung erregten immer wieder die dreistöckigen Arkadengänge, die den Innenhof umrahmten und ihm ein festliches Gepränge gaben. Die beiden Rundtürme am westlichen Flügel enthielten die Wendeltreppen, über die man in die oberen Stockwerke gelangte. Zu den Attraktionen des Schlosses gehörte noch immer die „Reitschnecke", jener Aufgang, der „von oben bis unten mit Backsteinen belegt und bei jedem Absatz mit etwas hervorragenden Steinstücken besetzt war, so daß etliche Reiter nebeneinander bequem hinauf und herab kommen konnten".

Ein besonderes Schmuckstück war auch die Schloßkapelle. Bei ihrer Einweihung im Dezember 1562 war sie die erste Kirche im Herzogtum, deren Kirchenraum für die Bedürfnisse des protestantischen Gottesdienstes gebaut und eingerichtet war: „...ihr Gewölbe und ihre Emporkirche waren mit Darstellungen aus der Leidensgeschichte in Stuck und der Altar mit ,schöner gehauener Arbeit von den zwölf Artikeln des christlichen, apostolischen Glaubens' geschmückt. Zu den Fürstenstühlen führte aus den herzoglichen Gemächern ein bedeckter Gang, auf die an der Wand befindliche Kanzel eine Wendeltreppe, auch war in ihr ein ,treffliches Werklein von einer lieblichen guten Orgel'".
Zu den schönsten Details des Baus zählte der fünfeckige, kleine Chor der Schloßkirche, der für die Betrachter

CHRISTLICHE PREDIGT.
Allß
Weyland die Durchleuchtige Hochgebohrne Für.
stin vnd fraw fraw BARBARA SOPHIA Hertzogin zu Württemberg
vnd Tecks. Gräfin zu Mümpelgardt, fraw zu Heydensheimb etc:
gebohrne Marggräfin auß dem Churfürstl: Hauß Brandenb.
Wittibe im Augusto A° 1655. Mit hochansehenlicher
Procession beygesetzt worden.

Herzogin Barbara Sophie
Mutter der Prinzessin Antonia

überraschend und vorwitzig aus der Schloßmauer hervor-
sprang.

Die beiden Schloßküchen befanden sich in dem Flügel des
Schlosses, der dem herzoglichen Lustgarten zugewandt war.
Achtundzwanzig Meter ragten die Zwillingskamine in den
Stuttgarter Himmel empor. Für die Zeitgenossen waren sie
ein Zeugnis für die Modernität der herzoglichen Residenz.
Aberlin Tretsch hatte sich auf Wunsch Herzog Christophs
in Residenzstädten wie Heidelberg und Zweibrücken Anregungen für die Gestaltung des Stuttgarter Schlosses geholt.
Zusammen mit den Vorstellungen des Landesherrn entstand
daraus eine Schloßanlage, die den Willen des Herzogs wider-
spiegelte, Württemberg den ihm gebührenden Platz im
Kreise der Fürstentümer des Deutschen Reiches zu verschaffen. Ein Wille, den der Sohn Herzog Ulrichs mit seinen vielen Um- und Neubauten von Schlössern und Verwaltungs-
zentren im ganzen Land deutlich machte. Aberlin Tretsch,
der Hofbaumeister, dessen Karriere einst als Bauleiter auf
der Landesfestung Hohentwiel begonnen hatte, war an all
diesen Bauten beteiligt. In seinen Lebenserinnerungen, die
er als alter Mann schrieb, stellte er fest, daß er es eigentlich
zu nichts weiter gebracht habe, als zu *„ain dollen Kopf,
böse, blinde Augen, lahme Schenkel und ain schwachen, kranken
Leib“*.

Für Antonia waren die in den oberen Stockwerken des
Hauptgebäudes gelegenen Gemächer der herzoglichen Familie ihr eigentliches Zuhause. Hier kannte sie sich aus, hier
war sie geboren und hatte ihre ersten Lebensjahre in enger
Gemeinschaft mit ihrer drei Jahre älteren Schwester Henriette verlebt. Mit ihr zusammen hatte sie den ersten Unterricht gehabt, beide hatten die gleichen Bücher gelesen und
auch Geheimnisse geteilt. Der frühe Tod Henriettes hatte
Antonia einsam gemacht, immer enger hatte sie sich dann an
ihre Tante Anna angeschlossen. Besonders in den letzten Monaten, seit ihre Mutter kränkelte, war diese beste Freundin
ihrer Mutter zu einem starken Halt für die zwölfjährige Herzogin geworden. Die immer wieder von neuem aufflackernde
Krankheit Herzogin Barbara Sophias machte nicht nur Antonia Angst.

Herzog Johann Friedrich war selbst nicht der Gesündeste, aber jedesmal, wenn er Nachricht erhielt, daß es seiner Frau wieder schlechter ging, kehrte er unverzüglich nach Stuttgart zurück. Mehrmals war er mitten in der Nacht aufgebrochen und hatte seine Reise erst dann wieder fortgesetzt, wenn die Herzogin gesundet war. Für Antonia, die innerhalb kurzer Zeit einen geliebten Onkel und zwei Geschwister verloren hatte, war dies eine bedrückende Situation. Oft konnte sie sich nicht gegen die Vorstellung wehren, daß der Mutter etwas Ernsthaftes passiert sei. Dann half nur, so rasch wie möglich zum Gemach der Herzogin zu gehen und eine der Hofdamen zu fragen, manchmal war sie dann sogar zum Bett der Mutter vorgelassen worden. Jetzt ging es der Herzogin wieder besser, aber sie war immer noch so erholungsbedürftig, daß sie den Vater nicht auf die Jagd begleitet hatte, und das war bisher noch nicht vorgekommen.

Während ihre drei Brüder wenigstens manchmal auch einen Spaß mit ihren Lehrern machen konnten, war Antonia in ihren Unterrichtsstunden nun die einzige Schülerin. Eine ernsthaft lernende Älteste, die gewohnt war, Anweisungen zu folgen und Verständnis zu zeigen. Oft vergaßen Mutter und Tante beim Diskutieren schwieriger Probleme einfach die Anwesenheit Antonias, so daß die kleine Herzogin weit mehr von der schwierigen Lage des Herzogtums und den politischen Zeitläufen mitbekam, als den Erwachsenen lieb sein konnte.

In den letzten Wochen hatte sich Antonia oft mit einem kleinen handgeschriebenen Buch, das ihr persönlich gewidmet war, in die „Kirchstube" hinter der Schloßkirche zurückgezogen. Das Zimmer war einst mit einem Mauerdurchbruch versehen worden, weil Herzog Christoph in seinen letzten Lebensjahren wegen seiner Durchblutungsstörungen in den kalten großen Kirchenräumen ganz erbärmlich fror und deswegen an den öffentlichen Gottesdiensten nicht mehr teilnehmen konnte. Antonia liebte diesen Raum. Hierher kam ganz selten einmal jemand, hier konnte sie ganz für sich sein, ungestört lesen und nachdenken. Narcissus Schwehle, Präzeptor der Edelknaben, hatte das kleine Buch, das sie in der letzten Zeit immer begleitete, geschrieben. Es trug den Titel:

„Summa der christlichen Lehr, Auf das kürzest vnnd einfältigst, nach Anleitung deß württembergischen Catechismi, welcher Auch mit eingepracht In Frag vnnd Antworten zusammengetragen." Seit Antonia wußte, daß sich Herzog Christoph mit einem Buch des württembergischen Reformators Johannes Brenz als Kopfkissen hatte beerdigen lassen, versuchte sie alles, was Brenz geschrieben hatte, zu lesen und auch zu verstehen. Auch deswegen hatte ihr Schwehle das kleine Buch gewidmet, denn es stützte sich eng auf den Katechismus von Johannes Brenz.

Antonias Brüder hatten andere Interessen. Am liebsten durchstreiften sie das väterliche Schloß mit seinen langen, geheimnisvollen Gängen, verschlossenen Türen und Gemächern, die vor langer Zeit einmal bewohnt gewesen waren und nun von vergangenen Tagen, als es hier lebhafter zugegangen war, träumten.

Eberhard, Friedrich und Ulrich entdeckten auf ihren Exkursionen allerlei merkwürdige Gegenstände, über deren frühere Besitzer ihnen keiner der Diener Auskunft geben konnte. Sie untersuchten Waffen und Rüstungen und machten selbst vor der mit Zinn getäfelten Badstube nicht halt. Sie hatten längst herausgefunden, daß es in den unter den beiden Hofküchen gelegenen Gewölbekellern unter den Lebensmittelvorräten so manche Delikatesse gab, die auch außerhalb der Mahlzeiten nicht zu verachten war. Selbst der riesige, noch aus der Zeit des alten Grafenschlosses stammende Weinkeller entging der Aufmerksamkeit der jungen Herzöge nicht.

Die drei jungen Herren sprangen oftmals so ausgelassen die kunstvollen Wendeltreppen in den Türmen im Arkadenhof hinauf und herunter, daß die Betreuer der Jungen in ernsthafte Sorge um die wundervollen Steinmetzarbeiten gerieten, die die aus Leonberg stammenden Brüder Blasius und Martin Bernwart geschaffen hatten. Fast ein halbes Jahrhundert später, als er längst zum kaiserlichen Generalfeldzeugmeister ernannt worden war, erinnerte sich Herzog Friedrich an diese Zeit zwischen seiner Kindheit und der traditionellen Aufnahme der Herzogssöhne in das Tübinger Collegium Illustre: *„...ehe ich auss der Kindsstuben kommen bin hoben wir*

gehobt eine Hofmeisterine, so eine Gemmingen, woh hatt uns nicht
vihl gelehret, zwee preceptores, einer der unss lateinische sprach hot
(gelehrt) und wissen, aber wenig gefruchtet, der ander hott uns lehren
schreiben, teitze Schrift und Rechnen lassen, so besser von statten
gegangen."

Die Stadt, in der die herzoglichen Kinder heranwuchsen,
war von ihren Besuchern immer wieder als eine landschaft-
lich unendlich schön gelegene Metropole beschrieben worden. Ulrich von Hutten urteilte so: *„Das Feld ist vortrefflich,*
das Klima ausnehmend gut und gesund, Berge, Wiesen, Täler,
Flüsse, Quellen, Wälder, alles sehr angenehm, die Früchte gedeihen
wie fast nirgends; der Wein ist nach Landesart. Stuttgart selbst nen-
nen die Schwaben das Paradies der Erde, so anmutig ist die Lage."
Die meisten Berichte priesen die einmalig schöne Lage der
Residenz. Daneben häuften sich die Anspielungen auf den
stinkenden Nesenbach, die schmutzigen Straßen, das
schlechte Straßenpflaster. Dagegen war der „starke Wein-
wachs" ein eindeutiger Vorzug. Schon Philipp der Schöne
hatte bei einem Besuch ausdrücklich auf die im Schloßkeller
des Grafenschlosses genossenen Tafelfreuden hingewiesen
und sich gerne daran erinnert. In den Kellern der Stadt lagen
auch jetzt, 120 Jahre später, viele tausende Eimer Wein. Ein
ansehnlicher Vorrat, wenn man bedenkt, daß ein Eimer dreihundert Liter umfaßt.

Die Haupt- und Residenzstadt Stuttgart hatte 1621 fast
8 000 Einwohner. Der Umfang der Stadt betrug exakt 4,5
Kilometer. Gestandene Männer brauchten 1270 „starke
Schritte", um vom Siechentor bis zum Rotebildtor zu gelan-
gen. Vom Büchsentor bis zum kleinen Törlein waren es 700
Schritte und von dort über den Marktplatz und durch die
Esslinger Vorstadt bis zur äußeren Ringmauer noch einmal
700 Schritte.

Seit der Mitte des sechzehnten Jahrhunderts war Stuttgart
der einzige Tagungsort der württembergischen Landstände,
der Landschaft. Zuvor waren Landtage auch in anderen Städten des Herzogtums abgehalten worden. Jetzt richtete sich
die Landschaft in der Hauptstadt häuslich ein. Zuerst mietete
sie einen Raum im Rathaus, den sie aber mit der Stadtverwal-
tung teilen mußte, was nicht immer angenehm war. Zudem

entsprach der kleine Rahmen nicht der immer stärker werdenden Bedeutung des Landtages. Die Landschaft erwarb schließlich das Haus des Kammersekretärs Franz Kurz und richtete die landschaftliche Kanzlei und die Landschaftseinnehmerei darin ein, auch die Ausschüsse konnten dort stattfinden. Für die Plenarlandtage reichte der Platz allerdings nicht. In einem extra eingebauten Gewölbe wurde neben der Landschaftskasse auch das Archiv des Landtages untergebracht. Nicht ohne den Widerspruch Herzog Christophs, der den Diebstahl der Kasse in dem schlecht zu sichernden Gebäude befürchtete und mahnte, daß die Akten der Landschaft vor Feuchtigkeit geschützt werden müßten. Obwohl das Haus mehrmals umgebaut wurde, ließ man den noch vom Kammersekretär Franz Kurz angebrachten Spruch „Es gehet seltsam zu" über dem Portal stehen. Vermutlich werden sich die Bürger mehr als einmal gefragt haben, was dieser merkwürdige Spruch über dem Eingang zur Ständevertretung zu bedeuten habe.

Wenige Jahre später schon entschlossen sich die Abgeordneten, ein weiteres Haus auf dem Grundstück neben dem bereits erworbenen zu errichten. Das neue Haus der Landschaft wurde ganz aus Stein gebaut, Herzog Ludwig stiftete das Bauholz. Nach der Fertigstellung des neuen Hauses verfügte die Landschaft nun sowohl über ausreichend Platz als auch über ein repräsentatives Tagungslokal in der Hauptstadt des Herzogtums.

In Stuttgart war es seit der Mitte des 16. Jahrhunderts üblich, daß jeder, der ein Haus bauen wollte, zuerst die Zustimmung seiner Nachbarn einholen mußte. Es war streng untersagt, einen Bau ohne Genehmigung der Obrigkeit zu beginnen. In der 1577 für das gesamte Herzogtum erlassenen Bauordnung war verbindlich festgeschrieben, daß jedes Neubauvorhaben genehmigungspflichtig sei.

Das schlechte Pflaster in der Stadt, das vielen Bürgern und Besuchern das Leben schwermachte, störte schließlich auch den Herzog. 1577 wurde der zentral gelegene Marktplatz von einem Heidelberger Pflästerer mit einem neuen, repräsentativen Belag versehen, Herzog Ludwig übernahm einen großen Teil der Kosten. Die herzogliche Generosität hatte aber einen handfesten Grund. Von nun an durfte der bisher öffentliche Weg zwischen der Reichen Vorstadt und der Esslinger Vorstadt von den Bürgern nicht mehr benutzt werden. Der schnelle Verbindungsweg war dem Herzog und seiner Familie schon lange ein Dorn im Auge gewesen, trennte er doch das Schloß vom dahinter liegenden Lustgarten. Der Chronist schreibt: „Vom 4. September 1584 jedoch trat die Stadt diesen Weg vom Falkenhaus bis zu des Weißgerbers Garten, den Graben hinter dem Harnischhaus und vom kleinen Thörlein bis zum Tunzhofer Thor, auch den Holzgarten beim äußeren Esslinger Thor für 400 fl an den Herzog Ludwig ab, der ihn nun an beiden Enden mit Thoren versehen ließ, von denen das gegen den Nesenbach hin das Pfisterthor, das andere das Falkenthor genannt wurde."

Vor Jahren schon hatte man das noch aus den Zeiten Ulrichs des Vielgeliebten stammende Rathaus mit schönem weißem Gips verblendet und aus Angst vor Feuersbrünsten die Rückfront des Hauses in Stein erneuert. Auch das an der Südseite des Marktplatzes stehende Herrenhaus, das aus der gleichen Zeit stammte, wurde verblendet. Im Erdgeschoß befanden sich die Verkaufsstände der Metzger und die Brotlauben der Bäcker. Auch das Kornhaus, in dem Getreide verkauft wurde, hatte hier seinen Platz gefunden. Im ersten Stock lagen die Verkaufsstände der Tuchhändler, auch andere Gewerbetreibende hatten sich hier angesiedelt. Der große Saal im Obergeschoß war eigentlich Gerichtsverhandlungen vorbehalten. Er hatte sich aber im Laufe der Jahrzehnte zu einem Veranstaltungsort für „bürgerliche Lustbarkeiten" entwickelt: Hier fanden Theateraufführungen statt, hier wurde zum Tanze geladen, man feierte hier Hochzeiten und manches Fest, für das die Räumlichkeiten sonst nirgendwo ausreichten.

Heinrich Schickhardt hatte am Marktplatz einige beeindruckende Renaissance-Bürgerhäuser errichtet, die vom Wohlstand und Geschmack der Einwohner Stuttgarts zeugten. Aber im Vergleich zu den Patriziern in den Reichsstädten und in den großen Handelsmetropolen am Rhein und an der Nord- und Ostsee lebten die Bürger am Nesenbach bescheiden. Nur wenige konnten sich Häuser im neuen Stil leisten, die meisten wohnten in niedrigen, nicht sehr ansehnlichen Holzhäusern. Schon Herzog Friedrich hatte der Gegensatz zwischen der herausgeputzten herzoglichen Residenz und den weniger schönen Wohnvierteln gestört. Besonders nach der Umgestaltung des Schloßplatzes durch Heinrich Schickhardt in einen repräsentativen, der Bedeutung des Schlosses angemessenen Platz im Renaissancestil spürten auch die Bürger, daß sich ihre Stadt veränderte.

Zwar begannen die Geistlichen den Verfall von Sitte und Moral zu beklagen. Sie nahmen zehn uneheliche Kinder, die im Laufe eines Jahres geboren wurden, zum Anlaß, den moralischen Verfall der Bevölkerung dem Herzog untertänigst nahezubringen. Allerdings hatten alleine drei der in Sünde gezeugten Kindlein den Hauptmann Matern zu Nenningen zum Vater. Innerhalb von vierzehn Tagen geboren, ließen die drei Halbgeschwister den prozentualen Anteil der Gesamtbevölkerung an der Sündhaftigkeit der Stadt auf ein Minimum schrumpfen. Einige Jahre später wurden die Pfarrer ein weiteres Mal beim Herzog vorstellig. Diesmal wollten sie die beiden Brüder Steiger aus dem Stadtgebiet entfernt wissen, weil sie *„mit ihren Weibern ein ganz heidnisches, viehisches Leben führten, auch allerley verloffenem, leichtfertigen Gesindel Unterschleif und Herberge gewährten"*.

Bei der Festesfreude des herzoglichen Hofes mutet es seltsam an, wie die Obrigkeit darauf bedacht war, die Lustbarkeiten ihrer Bürger zu unterbinden. In der Landesverordnung von 1621 wurde das *„hohlen der Fastnachtsküchlein, die Unordnung bei Jungen und Alten am Aschermittwoch mit Gesellschaften, Faxen und Bronnenwerfen, auch die jüngsten Töchter in die Egten ziehen, das Mummen und die Buzenkleider"* aufs neue verboten. Wer dem zuwiderhandelte, dem drohte der Turm oder das Narrenhäuslein auf dem Marktplatz. Da wundert es niemanden, daß sich die jungen Weingärtner noch im gleichen Jahr mit einer Bittschrift an ihren Herzog Johann Friedrich wandten, in der es hieß: *„...das ganze Jahr über hätten sie so saure und harte Arbeit, daher möchte man ihnen, wie es bisher, wenn nicht, sonderbare, traurige und leidige Laufe vorhanden gewesen, geschehen, auch dieses Jahr erlauben, gleich andern Handwerksgesellen, mit Saitenspiel umher zu gehen und ihre Bauleute* *mit gebührender Bescheidenheit zu besuchen, oder bei ihnen, wie man sage, das Küchlein zu holen.* " Die Bitte wurde ihnen jedoch brüsk abgeschlagen. Dazu mußten sie sich fragen lassen, ob es sie in diesen harten Zeiten tatsächlich nach Tanz und Musik gelüstete.

Da war es den Untertanen noch bei des Herzogs Vater Friedrich I. viel besser ergangen. Auch im Jahre 1606 hatten sich der Ober- und der Untervogt darüber beklagt, daß junge Leute, Studenten und auch solche vom Hof in der Stadt herumzögen „...*mit Kuhschellen, Fuhrmannspeitschen und schrecklichem Gebrüll den ärgsten Lärm verführend, mehr wilden Thieren als Menschen ähnlich, sie durchschritten die Straßen, wärfen die Leute um, und trieben dieses Unwesen die ganze Woche hindurch*". Der Oberrath sandte diese Klage an den Herzog mit der Erklärung, „*das sey ein greulicher Unfug, welcher Gottes Strafe herbeirufe und viel Sünde, Schande, Laster und Ärgerniß bewirke weßwegen er entschieden möchte, ob man ohne Ansehen der Person, nach der Landesordnung verfahren sollte*". Friedrich antwortete jedoch hierauf: „*Es wäre gescheuter, wenn die Oberräthe sonst besser über der Landesordnung hielten, als bisher geschehen, und nicht allein über diesen Punkt steif halten wollten, denn eine gebührliche Fastnacht kann niemand wehren.*"

Von den Streitigkeiten, die die herzoglichen Stadtherren mit den Bürgern und dem Magistrat ihrer Stadt immer wieder einmal auszufechten hatten, erfuhren die herzoglichen Kinder kaum etwas. Antonia bekam die Straßen, in denen sich zum Ärger ihres Vaters der Mist häufte und trotz Verbots die Schweine frei herumliefen, nur selten und dann höchstens von den Fenstern einer Kutsche aus zu sehen. Auch wenn im Hochsommer bei akutem Wassermangel der Marktplatz nicht naß gefegt werden konnte, obwohl es eigentlich Vorschrift war, kümmerte dies die Damen des herzoglichen Frauenzimmers wenig. Ihre Welt war ebenso fest gefügt wie eng begrenzt. Der Dichter Nicodemus Frischlin hat die erlesene Umgebung der fürstlichen Frauen in zierliche Verse gefaßt:

Schön Stuben, Kammern gebaut,
gar heimlich still, dem man vertraut.

Da pflegt man Sticken, Wirken, Nähen,
da glitzt der Marmelstein vom Schein
mit g'malten, g'färbten Äderlein.

Aber nicht das Schloß alleine kündete vom Glanz der Residenzstadt. Im ganzen Reich sprach man mit Bewunderung
von dem „Fürstlichen Lustgarten", der seinesgleichen auch in
größeren und bedeutenderen Hauptstädten, als es Stuttgart
war, suchte. Auf dem berühmten Kupferstich von Matthäus
Merian aus dem Jahr 1616 sieht man die Gartenanlage mit
den in sie hineinkomponierten schönen Gebäuden des alten
und neuen Lusthauses. Aus den Schornsteinen der Schloßküchen steigt der Rauch auf, Stiftskirche und die vor ihr liegende Kanzlei zeugen vom gesunden Wohlstand, den die
Friedensjahre dem Land beschert haben. Im Mittelpunkt aber
liegt der Stolz der Residenz, das imposante neue Lusthaus
von Georg Beer, dessen First die Stiftskirche überragt. Hier
hatte sich ein wohlhabender Hof ein Gebäude geschaffen, in
dem seine Repräsentanten angemessen feiern konnten. Der
Lustgarten selber war keine einheitlich gestaltete Anlage,
aber die einzelnen Teile fügten sich zu seinem Gesamtkunst-
werk zusammen.

Antonias besondere Liebe galt dem ältesten und kleinsten
der Stuttgarter Gärten. Daß sich hinter seinem Namen „Garten der Herzogin" der vielbewunderte „Garten der Frau von
Mailand" verbarg, das wußten auch am Stuttgarter Hof nur
noch wenige. Seinen jetzt geläufigen Namen verdankte er
Württembergs erster Herzogin, Barbara Gonzaga von Mantua. Sie hatte den damals schon alten Garten im Jahr 1491
für 260 Gulden von Elisabeth, der Frau Herzog Eberhards II.
des Jüngeren gekauft. Die Gemahlin Herzog Eberhards im
Bart erwarb damit ein Stück oberitalienischer Gartenkultur,
die sie an ihre Heimat erinnerte und wo sie sitzen und von
Mantua träumen konnte. Eberhard der Milde hatte den Garten einst für seine erste Frau angelegt, die aus Mailand stammende Antonia Visconti. Antonia war ungeheuer stolz darauf, den Namen dieser Gräfin von Württemberg zu tragen,
die in allen Chroniken als wunderschön beschrieben wurde.
Sie hatte die Musik geliebt, genauso wie Antonia, auch sie

hatte Laute gespielt. Als sie Stadtherrin und Landesmutter war, hatte die Stadt ihre erste Orgel bekommen. Unendlich reich war ihre Mitgift gewesen, ein Segen für das arme Württemberg. Diese erste Antonia war schon über zweihundert Jahre tot, aber ihr Garten, in dem sie vielleicht im Sommer gesessen hatte und dessen Beete sie mit ihren Hofdamen betrachtet und sogar selber angepflanzt hatte, den gab es immer noch. Und – dieser Gedanke erfüllte die junge Herzogin immer wieder mit Stolz – es gab wieder eine Antonia, und das war sie!

Heinrich Schickhardt, der auf seiner italienischen Reise in Mailand gewesen war, hatte Antonia einiges über die Heimat der vielbewunderten Ahnfrau erzählt. Antonia glaubte die sonnenüberflutete Landschaft der Lombardei vor sich zu sehen. Üppige Weingärten und Getreidefelder; Früchte, die es in Württemberg nicht gab, weil die Bäume, die sie trugen, auch in den schönsten Sommern nicht genug Sonne bekamen; Pflanzen, die nicht wie die Pomeranzen und Oleanderbäumchen mühsam in Gewächshäusern über die kalten Winter gebracht werden mußten, sondern im Freien bleiben konnten. Und erst die Stadt Mailand, viel größer und prächtiger noch als Stuttgart sollte sie sein! Viele Kirchen gab es da, aus weißem und schwarzem Marmor, mit Altären und Bildern vollgestopft. Dazu ein Schloß, in dem man das des Vaters mehrmals verstecken konnte. Wie hatte es Antonia Visconti nur in Stuttgart ausgehalten! Sogar eine neue Sprache hatte sie lernen müssen! Mit ihren Hofdamen, von denen einige aus ihrer Heimat stammten, hatte die Gräfin von Württemberg wohl in ihrer italienischen Muttersprache geredet, aber wie hatte sie dann die anderen verstanden? Alles Fragen, über die Antonia unbedingt nachdenken mußte, wenn sie wieder in ihrer stillen Kirchstube hinter der Schloßkirche alleine war.

Schön war der Garten immer noch, der einmal für die Frau von Mailand angelegt worden war und jetzt nach Barbara Gonzaga hieß: Der prächtige, in der Mitte stehende Gartenpavillon, in dem zum Entzücken Antonias *„allerlei aus Stein gehauene Tiere, die mit ihren natürlichen Farben angestrichen waren, damit sie desto kenntlicher wären"* zu hübschen Gruppen zusammengestellt waren. Vier Wege kreuzten sich beim Pavillon und teilten den Garten in vier, mit einem niederen Hag umgebene Flächen. Darin blühte *„allerley schönes, lustiges Blumenwerk, einheimische Kräuter und fremde, seltsame Gewächse".* Ein achteckiges Gartenhäuschen dicht an der Mauer beim Stadtgraben enthielt *„Gemälde von aller Nationen Trachten, sowohl von Manns- als Frauenspersonen".* Es scheint fast, als hätte dieser erste Garten Generationen von Württembergern zu immer neuen Gartenanlagen inspiriert.

Herzog Ludwig hatte dreizehn Morgen Garten und Wiesen im Osten des Schlosses getauscht und gekauft, den so entstandenen langgestreckten Garten hatte er mit einer Mauer aus weißen Quadern umgeben lassen. Der fromme Herzog hatte in einem der vier Ecktürme des Gartens zu seiner Freude *„die Stadt Jerusalem abbilden lassen, wie sie beschaffen war, als sie in der größten Herrlichkeit stand, was sich, wenn man die Fensterläden schloß und Licht hereinbrachte, ganz deutlich vor Augen stellte".* Der zu dieser Zeit schon prächtige und berühmte Lustgarten wurde von den nachfolgenden Herzögen Friedrich I. und Johann Friedrich weiter ausgebaut und vergrößert, bis er als einer der schönsten Gärten Deutschlands galt, *„denn die Schönheit seiner Gebäude wetteiferte mit der Zierlichkeit und Mannigfaltigkeit seiner Anlagen. Schattige Gänge von Platanen, Pappeln und anderen Bäumen, frische grüne Hage, mannigfach verschnittene Buchshecken, reiche Blumenbeete, kühle Lufthaine, Bilder von Erz und Stein ergötzten den Beschauer, und kunstreiche Wasserwerke erregten seine Bewunderung".*

Direkt bei der „Pfisterei", der Hofbäckerei, lag die von Herzog Ludwig errichtete unterirdische Hofmühle am Nesenbach. Aber der leidige Wassermangel in Stadt- und Schloßgraben und im Nesenbach ließ die Mühle während der Sommermonate meistens stillstehen. Nicht weit davon entfernt erhob sich das von Herzog Christoph erbaute Alte Lusthaus. Christoph war es auch, der sich einen Pomeranzengarten einrichtete. Seine ersten Orangen- und Zitronenbäumchen bezog der Herzog aus Augsburg. Immerhin bestückte er die Orangerie so reichlich, daß Herzog Friedrich am Ende des 16. Jahrhunderts dem Markgrafen von Baden 400 Pomeranzen auf einmal übersenden konnte. Es schien so, als würden alle Familienmitglieder darin wetteifern, ihre Liebhabereien im Garten zu verwirklichen. Seltene Vögel, darunter sogar ein Strauß, tummelten sich rund um das Reiherhaus, in Feigenhäusern warteten seltene südliche Pflanzen auf die heißen Sommertage, es gab Tummelplätze, auf denen Pferde dressiert wurden. Mehrere Irrgärten luden zum Verweilen ein, auf dem Ballonenplatz wetteiferte die Jugend in den modernen Ballspielen.

Die jüngste Attraktion, aber neben dem Neuen Lusthaus beileibe nicht die größte, war die erst in den letzten Jahren von Herzog Johann Friedrich angelegte Lustgrotte. Diese mit den neuesten technischen Finessen ausgestattete Spielerei des französischen Ingenieurs Dechaur war von zwei Niederländern in die Tat umgesetzt worden und erstaunte die Besucher durch die Präzision ihrer Wasserspiele. Die Lustgrotte bestand aus zwei Pavillonen, über denen sich eine Altane wölbte, die mit den Bildern von Kaisern und Königen geschmückt war. Zwei ruhende Löwen empfingen ankommende Besucher mit einem überraschenden Wasserstrahl. Niemand konnte sich das Wunder so recht erklären, aber das war noch nicht alles: *„Beim Eintritt in die Grotte selbst zeigte sich ein Wasserfall, den kunstreich angebrachte Spiegel vervielfältigten, auch befanden sich hier in einem durchs ganze Gebäude hinlaufenden Gange zwei Enten, welche ,das ihnen vorgehaltene Wasser einschluckten‘, ein Trompeter und ein Waldhornist, aus Muscheln gebildet, auch in den Wandnischen verschiedene Vögel, welche ,mittelst des durch Kunst gefangenen Windes einen artigen Gesang hören liessen‘. Die Wände waren überall mit Muscheln und Schnecken, auch mit aus ihnen gebildeten Figuren geziert, und sobald man die Wasserwerke spielen ließ, stieg aus dem Vorhof und dem Gange ein feiner Regen auf und die in den Gewölben überall hervorbrechenden Wasserstrahlen bildeten allerlei Gestalten.“* Auch äußerlich war die Haupt- und Residenzstadt Stuttgart auf dem besten Wege, sich der führenden Rolle, die das Herzogtum unter den protestantischen Ländern spielte, anzupassen.

4

Badereise in den Schwarzwald

Strahlend vor Freude betrachtete Antonia sich im großen
Spiegel im Ankleidezimmer des Schlosses zu Hirsau. Wenn
sie sich in ihrem Übermut drehte und wendete, ihr Spiegelbild drehte und wendete sich mit. Wie schön der weite Rock
des neuen dunkelblauen Reisekleides hin- und herschwang,
voller Bewunderung ließ sie die feinen Spitzen der Manschetten durch ihre Finger rieseln. Die weit geschnittenen Ärmel
lagen unter den Ellbogen ganz eng an, die schmalen Hand-
gelenke und Hände verschwanden fast ganz unter den Spitzen. Ein ebenso üppiger Spitzenkragen säumte den Halsaus-
schnitt.

Die nun dreizehnjährige Antonia war schlank und mittel-
groß. Im Gegensatz zu ihren beiden zierlichen kleinen
Schwestern wirkte sie jedoch fast stämmig. Die aschblonden
Haare trug sie zurückgekämmt und unter einer dunkelblauen
Samtkappe hochgesteckt. Die strenge Frisur unterstrich die
hohe Stirn und ließ die dunkelbraunen Augen noch größer
erscheinen. Anders als ihr Bruder Eberhard, dem sie äußerlich von allen Geschwistern am meisten ähnelte, war sie
schüchtern und zurückhaltend. Es dauerte eine ganze Weile,
bis sie Fremden gegenüber Vertrauen faßte und auch einmal
von sich aus in ein Gespräch eingriff oder eine Frage stellte.

Seit einigen Wochen schon weilte Herzog Johann Friedrich zur Kur in Wildbad. Sein Leibarzt hatte ihm dringend
dazu geraten. So war der Herzog Anfang Mai mit einem
kleinen Gefolge nach Wildbad gereist, allerdings ohne seinen
Leibarzt Dr. Schopf. Der war in Stuttgart zurückgeblieben.
Seit seiner sehr erfolgreichen ersten Kur in Wildbad vor ein-
gen Jahren war Johann Friedrich davon überzeugt, nur hier
Heilung finden zu können. Wie besorgt die Ärzte um ihn
waren, läßt sich an den Badezeiten ablesen, die gegenüber
den Vorjahren deutlich reduziert wurden.

Seine noch vor wenigen Jahren robuste Gesundheit war
zerrütteter, als er es sich selber eingestehen wollte. Die Auf-

regungen und Schicksalsschläge der letzten Jahre hatten an den Kräften des Herzogs gezehrt. Von Natur aus wenig entschlußfreudig, dabei den guten Seiten des Lebens zugeneigt, hatte er in dem außerordentlich fähigen und geschickt agierenden Vizekanzler Jakob Löffler einen Partner gefunden, der ihn sowohl innen- wie außenpolitisch entlastete. Allerdings brachte den Herzog der eiserne Sparwille Löfflers genauso zur Weißglut, wie ihn bisher die Ermahnungen der Landschaft verärgert hatten.

Sofort nach seinem Dienstantritt hatte Jakob Löffler den vom Herzog für das Jahr 1625 einberufenen Landtag abgesagt. Der Vizekanzler hatte erkannt, daß die Landschaft die hohen Kammerschulden des Herzogs nicht mehr übernehmen konnte, weil ihr Kredit völlig erschöpft war. Wenn er den Landtag nicht einberief, konnte er wenigstens die erheblichen Kosten eines Plenarlandtages einsparen. Der Herzog hielt sehr viel vom Sparen. Nur wenn es um seine eigenen Ausgaben ging, dann wollte er nichts davon hören. Die Abgeordneten der Landschaft jammerten, bevor der Herzog einen Diener entließe, würde er zwei neue einstellen. – Ein solches Verhalten ließ sich mit der wirtschaftlichen Lage des Landes nicht mehr vereinbaren.

Während Antonia immer noch in stummer Bewunderung ihr Spiegelbild betrachtete, fuhr vor dem Hirsauer Schloß die Kutsche vor, die sie, Herzogin Barbara Sophia und Herzogin Anna nach Wildbad bringen sollte. Der Kutscher ließ gutgelaunt die Peitsche knallen: Obwohl der Morgen noch kühl war, versprach das Wetter schön zu werden, und die Pferde waren ausgeruht. Das alles ließ ihn die Fahrt nach Wildbad in einem rosigen Licht sehen, denn bei Regen war die Calmbacher Steige gerade mit einem Pferdewagen nicht einfach zu befahren. Der Boden weichte auf und die Hufe der Pferde fanden keinen Halt mehr. Mehr als einmal hatte er ausspannen müssen, bei einem Bauern ein Ochsengespann ausleihen und sich langsam und ruckelnd die Steige hinunter quälen müssen. Besonders bei verwöhnten Fahrgästen war das kein Vergnügen. Die feinen Damen der Fürstenhäuser – der Kutscher konnte ein Lied davon singen – machten einem mit ihrem Gekreische und Gehabe das Kutschieren noch zusätzlich schwer. Allerdings konnte der Kutscher Herzogin Barbara Sophia von solchen Vorwürfen freisprechen. Vor zwei Jahren hatte sie bei einer schwierigen Fahrt nicht ein Wort verloren und ihm nach der glücklichen Ankunft mit einem fürstlichen Trinkgeld gedankt.

Herzogin Anna riß die Tür zum Ankleideraum auf: „Ach hier steckst du, jetzt komm aber, die Kutsche wartet schon! Wir wollen doch zeitig in Wildbad sein!" Kopfschüttelnd nahm sie die Nichte bei der Hand und führte sie zur Herzogin, die schon in der Eingangshalle wartete und mahnte: „Wir wollen gleich fahren, Antonia! Je früher der Morgen, desto besser die Straßen bei diesem schönen Wetter!" Mit schnellen Schritten eilte sie zur Kutsche hinaus, die Tochter mit sich ziehend. Neugierig blickte Antonia sich um, gar zu gerne wäre sie noch in Hirsau, das sie noch gar nicht kannte, geblieben. Die Mutter lachte: „Wir kommen doch bald wieder her, denk dran, Teinach und das Zeller Bad warten, und besonders Barbara Buwinghausen auf dem Zavelstein. Da bleibt dann auch genug Zeit für Schloß und Kloster Hirsau."

Antonia nickte lebhaft: „Und nach Calw wollen wir auch noch, das habt ihr mir versprochen!"

Herzogin Anna seufzte: „Wart's ab, du bekommst schon alles zu sehen!" Der Verwalter des Schlosses und zwei Diener trugen das Gepäck zur Kutsche und verschnürten es mit breiten Lederriemen auf dem Dach. Freundlich dankte die Herzogin und begrüßte den Kutscher, als sie sich in die Kutsche helfen ließ. Endlich hatten alle drei ihre Plätze eingenommen. Bevor er die Zügel anzog, ließ der Kutscher fröhlich die Peitsche knallen, und schon ging es los, dem schönen Schwarzwaldbad Wildbad zu.

Aufmerksam sah Antonia sich um. Bald hatten sie Hirsau hinter sich gelassen und die Steige begann. Langsam und gleichmäßig zogen die vier Pferde die Kutsche bergauf, mit jeder Kehre, jeder neuen Höhe veränderte sich der Blickwinkel, taten sich neue Schönheiten auf. Als sie eine Weile gefahren waren, zog Herzogin Barbara Sophia ein Blatt Papier aus der Tasche und hielt es ihrer Tochter hin: „Hier schau, das hat der Dr. Schopf aus einem berühmten Buch über Bäder für dich abschreiben lassen. Es ist von Georg Pictorius, einem

Arzt und Schriftsteller, der in Villingen geboren wurde. Er hat ein inzwischen ziemlich altes, aber immer noch gültiges Buch über die berühmtesten Bäder in aller Herren Länder verfaßt. Wie man sie gebraucht, damit die Gesundheit nicht leidet und man gut erholt aus dem Bad zurückkehrt. Magst du uns vorlesen, was er über Wildbad geschrieben hat?" Neugierig langte Antonia nach dem Blatt und setzte sich zurecht:

„Das Wildbad liegt in der Abgeschiedenheit des Schwarzwaldes nicht weit von der Stadt Pforzheim und ist ein recht mildes und heilkräftiges Bad, in seiner Wärme temperiert, nicht zu heiß, auch nicht zu kalt, was nach Rhazes die besten Gewässer zum Baden sind; das Wasser enthält in seiner Zusammensetzung besonders Schwefel und Alaun und fließt über Moos, deshalb nützt es denen, die im Kopf an überschüssiger Feuchte leiden, von dem Zipperlein geplagt werden, verkrampft, vergeßlich sind und auf einer Seite Schmerzen und die weiche Nerven haben. Das Wasser hilft auch den Engbrüstigen, den Blutspeienden, der Sehkraft und den triefenden Augen und dem Ohrenbrausen. All dies bewirken die verborgenen und offen zutage tretenden Eigenschaften des Schwefels, wie Galen sagt. Das Wasser hilft auch jenen, die mit Nieren- und Blasensteinen geplagt sind, falls sie dieses Wasser trinken, und jenen, die verstopfte Leber und Milz haben oder verschleimte Mägen und Gedärme. Doch ist das Wasser nicht gut für jene zu trinken, die sehr mager oder in der Komplexion warm und trocken sind; jene, die hitzige Krankheiten haben, sollen hier nicht baden, auch nicht die Fiebrigen und jene, die mit Phlegmonen behaftet sind. Podagra-Kranken hilft dieses Bad, wenn sie vor dem Anfall (oder dem Paroxismo) darin baden. Man behandelt in diesem Bad die Fremden ehrlich und wohlgesonnen und übervorteilt keinen."

Antonia legte das beschriebene Blatt beiseite, und die Herzogin ergänzte: „Es muß nicht lange nach unserer Hochzeit gewesen sein, da war ich mit deinem Vater in Wildbad, damals war das Bad ziemlich heruntergekommen. Schickhardt hat dann gleich das Bad am Obertor wieder aufgebaut. Aber die Quelle darin war zu kühl, die Badegäste sind nicht so gerne hingegangen. Aber jetzt – du wirst schon sehen – hat sich alles zum Guten gewendet. Das Wildbad ist richtig in Mode gekommen, und sie singen dort einen Vers, der wird dir gefallen:

Essen, trinken, tanzen, springen,
Steine stoßen, laufen, fechten, ringen,
Saitenspiel, pfeifen, singen, sagen,
einander von viel Sachen fragen,
liebkosen, halsen und sonst schimpfen.

Na, sind das nicht schöne Aussichten? Vor uns liegen wunderbare Tage."

Herzogin Barbara Sophia lächelte Tochter und Schwägerin zu, während sie sich entspannt zurücklehnte. Eine Weile schwiegen alle und hingen ihren Gedanken nach. Schließlich brach die Herzogin das Schweigen.

„Wir hätten Eva Christina nicht in Stuttgart lassen sollen", Herzogin Barbara Sophia zog fröstelnd ihre Reisedecke über den Knien zusammen. „Obwohl – wenn Barbara in den nächsten Tagen mit den Kindern zu ihr kommt, dann finden die beiden Halt aneinander, und sie können sich auch zusammen um Agnes kümmern."

Anna nickte bedächtig. Ratlos sah sie zum Fenster hinaus. Gewiß, man konnte einen kränkelnden Mann wie ihren Bruder Johann Friedrich nicht auch noch im Bade mit seinen drei vom Schicksal geschlagenen Schwestern konfrontieren, aber auch sie hatte seit Beginn der Fahrt an die in Stuttgart Zurückgebliebenen denken müssen. Besonders wenn ihr in den Sinn kam, wie sehr sie ihre Schwestern bei ihren Hochzeiten darum beneidet hatte, endlich ein eigenes Leben beginnen zu können, dann überwältigten sie immer wieder Schuldgefühle. An ihre älteste Schwester Sibylla Elisabeth, die schon 1606 in ihrem ersten Kindbett gestorben war, konnte sie sich kaum erinnern, zu groß war der Altersunterschied gewesen. Die Gemahlin des Kurfürsten Johann Georg I. von Sachsen ruhte nun im Freiberger Dom. Manchmal dachte Anna, ihr sei von allen fünf Töchtern Herzog Friedrichs I. das beste Los beschieden. Gestorben mit 22 Jahren, wurde sie tiefbetrauert von ihrem Mann und dem sächsischen Volk, eine Fürstin, dahingerafft in der Blüte ihrer Jahre, fast noch eine knospende Schönheit.

Die Hochzeit ihrer Schwester Eva Christina im Jahre 1610 mit Markgraf Johann Georg von Brandenburg war Anna indessen gut im Gedächtnis geblieben. Eigentlich hätte es eine Doppelhochzeit werden sollen, denn der Bräutigam war der Bruder Barbara Sophias, aber aus irgendwelchen Gründen hatte sich Johann Georg nicht aus den polnischen Diensten befreien lassen können, und so war die Hochzeit etwas verspätet, aber nicht minder prachtvoll auf Schloß Jägerndorf gefeiert worden – ein strahlendes Fest, mit prunkvollem Feuerwerk und sehr vielen Gästen. Von den fünf Kindern aus dieser Ehe hatte nur der inzwischen neunjährige Ernst die Säuglingsjahre überlebt. Aber das schnelle Sterben der Kinder war nicht das einzige Unglück, das die so gut verheiratete Schwester getroffen hatte. Nach der Schlacht am Weißen Berg hatte Kaiser Ferdinand II. die Länder des Generalfeldobersten Johann Georg eingezogen, weil er die schlesischen Hilfsvölker im Heer des Winterkönigs befehligt hatte. Vogelfrei und geächtet aus dem eigenen Land vertrieben, hatte Johann Georg und mit ihm seine Familie Unterschlupf bei Verwandten suchen müssen. Vor zwei Jahren war Markgraf Johann Georg auf der Seite der Protestanten in der Schlacht gefallen. Seitdem lebte seine Frau mit dem kleinen Sohn bald am Hofe des Kurfürsten von Sachsen in Dresden, bald bei ihren Brüdern Johann Friedrich und Julius Friedrich in Stuttgart und Weiltingen.

Auch Annas Schwester Barbara, 1617 in einer nicht mehr ganz so glanzvollen Hochzeitsfeier mit Markgraf Friedrich V. von Baden-Durlach verheiratet, hatte trotz der engen Bande beider Familien nicht das ersehnte Glück gefunden. Schleppend nur hatte die großzügige Mitgift der jungen Herzogin ausgezahlt werden können, die prekäre Finanzsituation des Landes begann sich auszuwirken. Als nach der Schlacht bei Wimpfen das badische Land von den Kaiserlichen besetzt worden war, hatte Barbara Zuflucht in Württemberg gesucht. Ähnlich wie ihr Bruder Johann Friedrich, litt auch Barbara unter Herzbeschwerden. Besonders nachts bekam sie rasendes Herzklopfen mit Erstickungsanfällen, die panische Angstzustände bei ihr auslösten. Anna war zutiefst erschrocken gewesen, als sie die Schwester, die im Herbst ihr achtes Kind erwartete, nach einigen Monaten wiedergesehen hatte.

Ihre Lippen so schön,
Seind Rubin anzusehen,
Darunder ihre Zähn
Wie gute Perlen stehen.
Doch öfnet sich ihr mund allein
Verständige Worte fürzubringen.

So hatte einst Georg Rudolf Weckherlin die schöne junge Barbara gerühmt. Jetzt war die knapp 33jährige eine früh gealterte Frau, deren Kräfte durch die rasch aufeinanderfolgenden Schwangerschaften, das Unglück des Landes und die ungewisse Zukunft ihrer Familie erschöpft waren.

Ähnlich tragisch war bisher das Leben der jungen Agnes verlaufen, die 1620 in Stuttgart in einer einfachen, der finanziellen Lage des Landes angemessenen Feier mit Herzog Franz Julius von Sachsen-Lauenburg verheiratet worden war. Daß die Landschaft die vereinbarte Mitgift der Braut nicht auszahlen konnte, war ein erster Wermutstropfen im Freudenbecher der Jungvermählten gewesen. Schon einige Male war Agnes an den Hof des Bruders zurückgekehrt, weil ihr Ehemann ihr keine angemessene Hofhaltung zahlen konnte. Alle bisher geborenen fünf Kinder des Paares waren nach wenigen Tagen gestorben. Auch ihre jüngste, am 31. Mai in Stuttgart zur Welt gekommene Tochter Johanna Julia hatte sie am 3. Juni wieder verloren, Agnes litt entschieden unter diesen Verhältnissen.

Die Lage ihrer Schwestern drückte sehr auf das Gemüt Herzogin Annas. Eigentlich hatte sie, die Unverheiratete, noch das glücklichste Los gezogen. Georg Rudolf Weckherlin fiel ihr ein, der in den besonnten Tagen des vergangenen Jahrzehnts die drei Schwestern Anna, Agnes und Barbara in seinem „Lobgesang von den drey wirtembergischen Gratien" gepriesen hatte: „*Wie glickselig wirt der printz werden, dem einer solchen Götin leib, der himel ordnet für ein Weib.*" Fast alle Träume, die sie und ihre Schwestern in ihrer Jugend gehegt hatten, der Krieg hatte sie hinweggeweht und Trauer und Schmerzen zurückgelassen. Sie seufzte tief auf: „Gott sei Dank hat wenigstens der Dichter keine Ahnung, wie es uns geht…"

Erschrocken hielt sie sich die Hand vor den Mund, aber ihre Schwägerin hatte sie schon verstanden. Mit einem warnenden Blick auf Antonia erwiderte sie schlicht: „Wir alle stehen in Gottes Hand. Nur er weiß, was uns erwartet." Lächelnd wandte sie sich an ihre Tochter: „Schau, jetzt dauert es nicht mehr lange, dann sind wir am Ziel unserer Wünsche, im Wildbad angelangt."

Und dort lag Wildbad, eingezwängt zwischen den über 300 Meter ansteigenden Waldhöhen, so schmal und eng erschien das Tal. Die warmen Quellen, zwischen Felsgestein versteckt, hatten Jäger entdeckt, als sie einem angeschossenen Eber folgten, der im warmen Wasser stand und sich seine Wunden wusch. Das zwischen 35 bis 37 Grad warme Wasser bekam den Menschen, die es ausprobierten, so gut, daß bald der Spruch „Grad recht wie 's Wildbad" daraus entstand. Im 15. Jahrhundert hatte der Nürnberger Barbier, Chirurg und Meistersinger Hans Foltz in seinem Buch „Dieses Puchlein saget uns von allen Paden, die von Natur aus heiß sein" für das Bad zwischen den Waldhöhen geworben.

Obwohl Herzog Johann Friedrich erst vor wenigen Jahren Teinach erworben und mit dem für die Burg Zavelstein erlösten Geld hatte modernisieren und ausbauen lassen, war und blieb Wildbad sein Badeort. Hier fand er nun schon zum dritten Mal Ruhe und Entspannung. Und das, obwohl er in den fünf Wochen seiner Kur die Regierungsgeschäfte nicht vernachlässigte. Fast täglich waren Kuriere und Aktenträger zwischen Stuttgart und dem Bad an der Enz unterwegs. Der Herzog hielt die ihm von seinen Ärzten vorgeschriebenen Badezeiten strikt ein. Nur wenn Freunde und Verwandte auf Besuch kamen, erlaubte er sich mal einen Ausflugstag oder eines seiner so sehr geliebten Büchsenschießen.

Seit Anfang des 14. Jahrhunderts gehörte den Grafen von Württemberg die Hälfte von Stadt und Burg Calw. Als die gemeinsam regierenden Grafen Eberhard II. und Ulrich IV. später die zweite Hälfte Calws erwarben, zahlten sie als sparsame Württemberger nur einen Teil des Kaufpreises und verpfändeten dem verarmten Verkäufer, Graf Wilhelm von Tübingen, damit ihm wenigstens ein Dach über dem Kopf blieb, die Burg Zavelstein. Sie übergaben ihm die Burg aber ausdrücklich *„ane des Wildbade, das hant sie In behabet"*.

Das Bad behielten die Grafen in ihrem persönlichen Besitz. Nach dem Tode Ulrichs IV. war Eberhard der II., genannt der Greiner, alleiniger Landesherr und als solcher wohl zu seiner Zeit der prominenteste Badegast. Daß er zugleich auch zum besten Werbeträger für das hauseigene Wildbad wurde, das konnte der alte „Katzbalger und Haudegen" aber nicht voraussehen. Im Jahre 1367 hielt sich der Greiner zusammen mit seinem Sohn Ulrich an den gesundheitsfördernden warmen Quellen auf. Die Grafen Wolf von Eberstein und Wolf von Wunnenstein, genannt der „gleißende Wolf", hatten davon Wind bekommen und beschlossen, den Erzfeind, mit dem sie noch eine Rechnung offen hatten, im Bade zu überfallen und gefangenzunehmen. Aber der Greiner wurde von einem armen Hirten gewarnt und gelangte in abenteuerlicher Flucht durch den dichten Wald zusammen mit seinem Sohn auf die Burg Zavelstein.

Die Erregung des Adels im Reich über den dreisten Überfall war groß. Überall wurde der feige Anschlag auf einen Landesherrn im eigenen Bade auf das Schärfste verurteilt. Die Feinde des Greiners aber hatten völlig unbeabsichtigt das bis dahin nur wenigen Eingeweihten bekannte Wildbad an der Enz zu einem überregional bekannten Badeort gemacht. Schlagartig stieg die Zahl der Badegäste, die den Schauplatz des „Überfalls im Wildbad" mit eigenen Augen besichtigen wollten. Aus Dankbarkeit für seine Rettung und wohl auch, um in Zukunft vor ähnlichen Anschlägen sicher zu sein, machte Eberhard aus dem unbefestigten Flecken eine mit Mauern und Toren umgebene Stadt.

In Wildbad badete, den Sitten der Zeit gemäß, ein jeder nach seinem Stande. Schon im 16. Jahrhundert gab es das Fürstenbad, das Herren-, Bürger- und Bauernbad, das Frauenbad mit den Unterabteilungen Gemeines Weiberbad und Armenbad. Der blühende württembergische Badeort hatte strenge Regeln, niemand konnte und durfte baden, wie und wo er wollte. Alles war festgelegt nach der Standes- oder Berufsklasse des jeweiligen Badegastes. Wildbad konnte sich eine solche Klassifizierung leisten, denn der Badebetrieb erlebte einen Aufschwung. Nachdem einige Ärzte begonnen hatten, die Wässer der Natur zu erforschen und ihre Inhaltsstoffe der Heilung vieler Krankheiten zuzuordnen, wurde die Badereise für wohlhabende Städter und Standespersonen zur lieben Gewohnheit. Besonders in Mode waren Badefahrten in „Wildbäder", die meist fernab jeder Zivilisation lagen und auf die man durch die Bücher der Ärzte und Naturforscher aufmerksam gemacht worden war. Beliebt waren auch Bäder, an denen sich der Adel, die Fürsten und andere honorige Zeitgenossen von den Mühsalen des Alltagslebens heilen ließen.

Herzog Johann Friedrich folgte den Empfehlungen seiner Ärzte, die das Frühjahr, und hier wiederum die Maienzeit für die einer Kur angemessene Jahreszeit hielten. Kaum eines der Bäder verfügte über einen eigenen Badearzt, in dringenden Fällen kam der Mediziner aus der nächsten größeren Stadt. Der Herzog brachte seinen eigenen Arzt mit. Die anderen Badegäste folgten den Gesundheitsempfehlungen der Bademeister und Barbiere. Bei den üblichen langen Badezeiten waren Erkältungskrankheiten und unliebsame Zwischenfälle wie das Ertrinken beim Einschlafen im warmen Badewasser beinahe an der Tagesordnung. Die Kur galt erst dann als erfolgversprechend, wenn Badezeiten bis zu vier Stunden am Tag absolviert wurden und sich der von vielen Medizinern angestrebte Badeausschlag zeigte. Diese Ausschläge wurden durch die chemische Zusammensetzung der Thermalwässer, die zu Hautreizungen führten, hervorgerufen. Erst wenn der Badende aussah wie ein Streuselkuchen, konnte er sicher sein, daß die „inneren Unreinigkeiten" zum Körper hinausbefördert würden. In den ersten Tagen war der Ausschlag „hitzig" und hieß „Obrist Feuer". In den darauffolgenden Tagen juckten die Pusteln sehr, dann war das Stadium erreicht, in dem er „Obrist Katz" genannt wurde.

Die Kutsche der Herzogin hielt vor einem der schönsten Häuser in Wildbad. Hier stieg der Herzog mit seinem kleinen Gefolge ab, wenn er im Bade weilte. Und hierher war der Haushofmeister der Herzogin vorausgeritten, um die Zimmer der herzoglichen Damen für deren Aufenthalt vorzubereiten. Vor hundert Jahren noch war es auch in Wildbad wie in anderen Bädern üblich gewesen, die Namen der vornehmsten Gäste auf Holzschilder zu schreiben und sie an der Hauswand für alle sichtbar aufzuhängen. Waren die Gäste abgereist, wurden die Schilder zur Erinnerung im Haus aufbewahrt. Aber die Wirtshäuser standen im engen Tal der Enz so dicht beieinander, daß der Schultheiß eben diese werbeträchtigen Holzschilder für die Ursache der unglaublich schnellen Ausbreitung des Feuers verantwortlich machte, dem im Jahre 1525 fast die gesamte Stadt zum Opfer gefallen war.

Nach dem Wiederaufbau wurden die Schilder verboten. Die Wirte befürchteten nun Umsatzeinbußen und einen Rückgang der Gästezahlen. Aufgebracht wandten sie sich schließlich mit einer Eingabe an den Herzog: *„Erschwärung etlicher Wirth im Wildbad, daß sie sollten die am Schilte gemalte und außen an Herbergen aufgehängten Schilde herab und in die Häuser hineintun."* Aber auch der Herzog mochte den alten Brauch nicht wieder aufleben lassen. Die Wirte mußten die „Erschwärung" ihres Gewerbes in Kauf nehmen und die Schilder in ihren Gasthäusern verwahren.

Herzog Johann Friedrich hatte an diesem Morgen bereits die vorgeschriebenen anderthalb Stunden im Bade verbracht. Nach einer kurzen Ruhepause war er die aus Stuttgart eingetroffenen Dokumente und Briefe durchgegangen, hatte Antworten fixiert und Akten unterzeichnet. Immer noch war er mit dem leidigen Ausgleich zwischen dem Kaiser und dem Kurfürsten von der Pfalz befaßt. Dabei sah er ganz deutlich, daß ihn der Kaiser nur benutzte. Längst hatte Ferdinand II. die von den Bayern seit Jahrzehnten gewünschte und immer wieder in polemischen Schriftwechseln geforderte Kurwürde von der Pfalz auf Bayern übertragen. Daß die Verleihung gegen den Willen einiger Kurfürsten geschah, darüber setzte sich der Kaiser hinweg.

Johann Friedrich wußte, daß der mit der neuen Würde ausgestattete Maximilian I. von Bayern auch durch die Erfolge der katholischen Liga immer stärkeren Einfluß am Wiener Kaiserhof gewann und den Ruf Württembergs geschickt und trickreich untergrub. Bei der Uneinigkeit der Protestanten, dem Zögern des um die beiden Lausitzen pokernden Kurfürsten Johann Georg von Sachsen und der immer drückender werdenden militärischen Überlegenheit der katholischen Seite war das nicht verwunderlich. Wie immer in ausweglosen Situationen, neigte der württembergische Herzog dazu, den Dingen ihren Lauf zu lassen, bis die Probleme sich von selber gelöst hatten. Der Herzog konnte die Tatsachen drehen und wenden, wie er wollte, nur die Zeit oder ein Wunder würden dem Pfalzgrafen bei Rhein helfen. Mochte ihn der Kaiser auch seines „allzu diskreten Charakters" wegen bespötteln, auf Johann Friedrich als Verhandlungspartner konnte er gerade deswegen nicht verzichten.

Manchmal wünschte sich Johann Friedrich, er hätte mehr von der zupackenden und energischen Art seines Vaters geerbt. Davon hatte der nun in Mömpelgard residierende Bruder Ludwig Friedrich am meisten mitbekommen, außerdem strahlte er das verbindliche Wesen der Mutter aus. In Mömpelgard konnte er nun mit seiner Familie seinen Neigungen leben. Sein Kanzler Jakob Löffler hatte mit eiserner Energie und viel Gespür einen Ausweg aus der verzwickten Finanzsituation des kleinen Landes gefunden. Seitdem sparte der Herzog zwar nicht sonderlich, aber doch so, daß seine Ausgaben sich innerhalb der gegebenen Finanzsituation bewegten. Keine Sekunde hatte Ludwig Friedrich gezögert, Jakob Löffler nach Stuttgart zu entsenden, als sein Bruder ihn darum bat, und tatsächlich hatte Löffler in der kurzen Zeit seiner Tätigkeit dort schon viel erreicht. Entscheidendes aber war noch nicht geschehen, weil der Herzog immer wieder zögerte, seine Ratschläge konsequent umzusetzen.

Schon als Zweijähriger hatte sich Ludwig Friedrich den Ruf eines unerschrockenen und mutigen Kindes erworben. Damals hatten ihn die Eltern bei ihrer Flucht vor den Guisen im Schloß zu Mömpelgard zurückgelassen, um den Bürgern das Gefühl zu geben, die Herrschaft glaube an einen glücklichen Ausgang der Belagerung. Der kleine Graf, der das Donnern der Kanonen und das Pfeifen der Kugeln mit seinem Jauchzen begleitete, hatte den Verteidigern Mut gemacht. Seitdem war Ludwig Friedrich nicht nur der bevorzugte Sohn seines Vaters, sondern auch der Liebling der Mömpelgarder Bevölkerung.

Leise hatte die Herzogin den Raum betreten und trat hinter ihren Mann. Sachte legte sie ihm die Hand auf den Arm. Freudig überrascht drehte sich Johann Friedrich um und zog sie an sich. Forschend blickte sie ihm ins Gesicht: „Sorgen?"

Leicht amüsiert zuckte der Herzog die Schultern: „Och, nicht mehr als sonst, die schlechten Nachrichten häufen sich. Aber – es ist so schön, daß ihr jetzt endlich da seid." Er machte eine Pause: „Für morgen hat sich Johann Valentin Andreä angesagt. Und einen Ausflug hinüber nach Teinach und auf den Zavelstein habe ich für die letzten Tage meiner Kur auch geplant."

Die Herzogin nickte: „Das hat sich unsere Älteste schon lebhaft ausgemalt, am liebsten wäre sie gleich in Hirsau geblieben. Seit unserem Besuch in Nürtingen erinnert sie ständig daran, daß wir ihr versprochen haben, die Burg auf dem Zavelstein mit dem neuen Schickhardt-Schloß anzusehen. Und natürlich Teinach, das Wunderbad, von dem ihr Barbara von Buwinghausen-Wallmerode immer vorschwärmt."

Nach einem einfachen Mittagessen, das das Herzogspaar gemeinsam mit Herzogin Anna und Antonia im Eßsaal des Ulrichsbaus einnahm, begab sich der Herzog nach einer Ruhepause zu dem für den Nachmittag im Fürstenbad vorgeschriebenen Bad, die Herzogin zog sich in ihre Gemächer zurück.

Herzogin Anna zeigte ihrer Nichte den Ort, den sie seit ihrer Kindheit kannte, oft war sie mit ihrer Mutter und den Geschwistern ins Wildbad gereist. Sie hatte die alte, ein wenig baufällige Kirche gemocht, an deren Stelle jetzt das neue, von Schickhardt erbaute Gotteshaus stand. Sie vermißte manches von dem, was der neuen Zeit und den vielen Badegästen zum Opfer gefallen war. Die Häuser waren höher geworden. Der Raum im engen Tal war begrenzt, und die Gäste drängten in den beliebten Kurort. Manches aber, so dachte Anna bei sich, war früher viel gemütlicher gewesen. Die neue, strahlend weiße Kirche repräsentierte das aufstrebende weithin bekannte Wildbad. Auch die vor zehn Jahren von Schickhardt gebaute Lateinschule florierte und hatte mehr Schüler, als es sich der Herzog bei ihrer Gründung hatte vorstellen können. Antonia staunte über die vielen Gasthäuser, die die

Ufer der Enz säumten, eines gepflegter und herausgeputzter als das nächste, und die sich jetzt in der besten Badezeit des Jahres über Besuchermangel nicht beklagen konnten.

Herzogin Anna schmunzelte: „Ärzte und Schriftsteller wie der Dr. Pictorius haben in ihren Büchern oft genug darauf hingewiesen, daß Arbeit im Mai nicht schadet, wenn man einen Aderlaß machen läßt oder ein gutes Bad nimmt. Das lassen sich viele reiche Städter nicht zweimal sagen, und die Wasser hier in Wildbad sind auch besonders gut für Gliederschmerzen und Herzbeschwerden."

Antonia schaute sich um: „Bestimmt sind hier viel mehr Frauen als Männer, kann das sein?"

Herzogin Anna legte den Arm um die Nichte: „Ich habe gehört, es sei keine Ausnahme mehr, wenn sich reiche Bürgermädchen schon bei ihrer Heirat im Ehevertrag eine jährliche Badefahrt garantieren ließen. Manche erhoffen sich davon einen reichen Kindersegen, oder beschwerdefreie Schwangerschaften, oder auch, daß ihre Schönheit recht lange anhält."

„Und was machen die Badegäste, wenn sie nicht baden?"

Herzogin Anna war überfragt: „Wer hierher kommt, der sucht die Ruhe. Bäder sind anstrengend, wenn sie über fünf Stunden gehen, da macht man keine Ausflüge mehr, liest vielleicht nicht einmal mehr ein Buch. Allerdings habe ich gehört, daß die Wirte hier ein gutes Geschäft mit Essen und Trinken machen. Nur wenige Badegäste, und das sind dann Standespersonen, bringen ihre Wein- und Proviantvorräte aus ihren eigenen Kellern mit, auch wenn das nicht gerne gesehen wird. Aber wenn befreundete Fürsten oder ihre Angehörigen in einem unserer Bäder eine Kur machen, dann gebietet es die Höflichkeit, ihnen Württemberger Wein zu übersenden oder sie im Bade zu besuchen."

Herzogin Anna blieb stehen und wandte sich lächelnd der Nichte zu: „Als ich in deinem Alter war, oder vielleicht noch ein bißchen älter, da war ich zusammen mit meiner Mutter das letzte Mal hier. An manchen Abenden habe ich mit meinen Schwestern Agnes und Barbara an den Fenstern des Ulrichsbaus hinunter geblickt auf die dahinfließende Enz, während meine Mutter und die Herzogin von Nürtingen in ihren Gemächern Karten spielten oder stickten. Tagsüber haben wir mit dem Haushofmeister und einigen Reitknechten Ausritte gemacht, einmal waren wir auch auf dem Zavelstein, aber das war ziemlich langweilig. Damals lebte die alte Witwe Breitenbach noch alleine mit ihrer Haushälterin da oben, und wir wußten gar nichts mit ihr anzufangen." Sie lachte: „Einmal sind wir zu dritt allen entkommen und ganz alleine bis nach Calmbach geritten. Das hättest du erleben sollen, bei unserer Rückkehr hätten sie uns am liebsten verprügelt, waren aber doch froh, uns wieder zu haben. Drei Fräulein von Württemberg auf einmal verschwunden! Der Haushofmeister der Herzogin von Nürtingen war ganz blaß vor Sorge. Da haben wir drei Schwestern uns gefreut. Abends sangen wir manchmal mit unserer Mutter zusammen das Badelied, das ich am lustigsten finde. Warte mal, vielleicht fällt es mir wieder ein:

Zu Baden unterm heißen Stein
Entspringt uns Gottes Gab'
Ein warmes Wasser klar und rein
Nimmt viel der Krankheit ab.
Darin so wenn wir baden,
Gott danken seiner Gnaden,
Ihn bitten um Gesundheit.
Die Gesundheit ist ein köstlich Ding
dem Menschen allbereit,
Dieselb' wird oft geachtet gering
und übel angeleit.
Darum wird sie so oft genommen!

So, und jetzt kehren wir um, morgen ist auch noch ein Tag. Morgen kommt der Calwer Dekan Johann Valentin Andreä hierher, der wird dir gefallen. Seine Mutter war Hofapothekerin bei meiner Mutter. Die beiden haben sich so gut verstanden, Maria Andreä ist sogar mit deiner Großmutter nach Leonberg gegangen und hat dort viel Gutes getan. Sie hat sich stets geweigert, als Apothekerin nur Arzneien für den Hof herzustellen, sie war immer auch eine Apothekerin der Armen."

Antonia war nicht überrascht, beim Schmökern in der Leonberger Bibliothek hatte sie einige Male handschriftliche Anmerkungen der Maria Andreä in den Büchern der

Großmutter entdeckt. Sie wußte, daß die beiden ein ganz
vertrautes Verhältnis zueinander gehabt hatten. Morgen
würde sie nun den Sohn dieser außergewöhnlichen Frau kennenlernen. Aber Antonia wußte noch mehr und berichtete:
„... und sein Großvater war Jakob Andreä. Als Herzog Ulrich 1546 vor den Truppen des Kaisers Karl V. aus Stuttgart
fliehen mußte, da hatten alle Pfarrer genausoviel Angst vor
den fremden Truppen wie der Herzog und sie gingen allesamt mit ihm. Als einziger blieb der noch ganz junge Diakon Jakob Andreä bei seiner Gemeinde. Trotz der feindlichen Besatzung und des Verbots, lutherisch zu predigen,
hielt er seine Gottesdienste wie gewohnt in der Stiftskirche
ab. Auch der Henker der Stadt, ein kirchenfreundlicher
Mann, ging in jeden Gottesdienst. Unter seinem Mantel
hielt er sein großes Richtschwert verborgen, um dem mutigen Pfarrer in der Not beizuspringen, wenn es nötig sein
sollte. Alle Ratschläge der feindlichen Soldaten beachtete
Andreä freundlich, nur das Predigen ließ er sich nicht ver-
bieten. Und seine Gemeinde hielt zu ihm. Eines Sonntag-
morgens aber, da lief es allen in der Kirche Versammelten
eiskalt den Rücken hinunter. Eine ganze Gruppe spanischer
Offiziere betrat den Kirchenraum und nahm Aufstellung.
Ein vornehm gekleideter älterer Mann ging auf Andreä zu
und verschwand mit ihm im Chor. Der Fremde fragte Andreä viele Dinge über die Religion der Lutheraner, warum
sie keinen Papst wollten und noch vieles mehr. Andreä erklärte ihm auch die Irrlehren der katholischen Religion.
Aber er war so freundlich und kein bißchen überheblich, daß
der Spanier ihm ruhig zuhörte und sich am Schluß herzlich
bei ihm bedankte. Er hatte nun ein besseres Verständnis
über den ihm fremden Glauben erlangt. Alle Spanier zusammen verließen die Kirche. Und Andreä nahm seine Predigt
an der Stelle wieder auf, an der er sie unterbrochen hatte."
Gespannt sah Antonia die Tante an.

„Woher hast du das?" Herzogin Anna war ehrlich verblüfft, Antonia freute sich diebisch über das Erstaunen, das
ihr Wissen hervorgerufen hatte.

„Das stand alles in einem der Bücher in der Kirchstube, ich
lese gerne darin. Die Geschichte hat mir so gut gefallen, daß

ich sie immer wieder hervorholen muß. So ein mutiger Mann."

Anna nickte: „Ja, und sein Enkel ist nicht minder mutig."

Johann Valentin Andreä war in aller Herrgottsfrühe in Calw aufgebrochen. Wie immer, wenn er das enge Nagoldtal verließ, atmete er unwillkürlich freier. Dabei hing er an der Stadt, in der er seit sechs Jahren Dekan war. Jahre, in denen er viel erreicht hatte und die sein Leben verändert hatten. Nachdem er am 12. März 1620 durch Paul Ruckher, den evangelischen Abt des Klosters Hirsau, in sein Amt eingesetzt worden war, hatte er bald zwei Dinge als vordringlich erkannt. Zum einen mußten die Unterrichtsmöglichkeiten in den Schulen dringend verbessert werden. Die reichste Stadt des Herzogtums übte eine enorme Anziehungskraft auf Zuwanderer aus ärmeren Gegenden Württembergs aus. Die soziale Schere begann beängstigend auseinanderzuklaffen. Doch die Wohnungsnot und die Armut der Zuwanderer war bedrückend, zumal sich die Stadt im Nagoldtal nur wenig ausdehnen konnte. Zum anderen mußten gerade für diese Zuwanderer Lebensbedingungen geschaffen werden, die ihnen die Eingliederung ermöglichte.

Die im engen Tal eingeschnürte Stadt kannte kaum nennenswerten Ackerbau, abseits der großen Verkehrswege waren Handel und Wandel auf die Phantasie und die Kreativität der Talbewohner angewiesen. Bereits im vierzehnten Jahrundert gab es eine Walkmühle und damit nachweislich Tuchmacherhandwerk in der Stadt. Die großen Schafherden im benachbarten Gäu sicherten die Lieferung des Rohstoffes Wolle. Früh hatte sich das Gerberhandwerk in den Straßen an den Ufern der Nagold etabliert. Auch hier war das bäuerliche Hinterland Lieferant der dafür benötigten Tierhäute. Calwer Tuchmachermeister sicherten sich rechtzeitig Privilegien, die es den Wollwebern und Spinnerinnen im Umland verboten, ihre Produkte außerhalb Calws zu verkaufen. Die Weber mußten bestimmte Gewebebreiten einhalten und nach den Bestimmungen der Calwer Verleger produzieren.

Die Tuchkaufleute boten die Calwer Stoffe auf den großen Messen im In- und Ausland an, ihre Rückkehr wurde sehnsüchtig erwartet von Tausenden von Spinnerinnen, Webern und Tuchmachern, denn von ihren Verkäufen hing es ab, ob die ganze Umgebung bis Böblingen im Osten und bis zur Quelle der Enz hinter Wildbad in den nächsten Monaten zu essen hatte oder am Hungertuch nagte. Besonders im Frühjahr quollen die Lager im Städtchen an der Nagold über. Sobald die Witterung es zuließ, kamen die Weber mit Stoffballen auf dem Rücken oder mit Ochsenwagen voller Tuche die gefährlichen Steige herunter und boten ihre Waren bei den Verlegern feil. Wehe demjenigen, dessen Ware keinen Abnehmer fand. Das Geschäft war schwierig und ging oft schleppend, der Erlös war gering, die Spinnerinnen und Weber blieben samt ihren Familien an der Armutsgrenze.

Da gelang dem Calwer Tuchhandel mit einem sehr leichten schwarzen „Wollzeug", das man „Engelsait" nannte, der ganz große Durchbruch auf dem anspruchsvollen italienischen Markt. Die modische Welt riß sich um die Calwer „Zeuge", glatte Wollgewebe, die nicht so stark wie die bisher bekannten Tuche gewalkt wurden. Die schmiegsamen, glatten Wollgewebe wurden den Calwer Handelsherren nur so aus den Händen gerissen. Die Auftragsbücher der Verleger auf den großen Messen in Worms, Frankfurt, Straßburg und Basel quollen über. Hatten die Calwer bisher immer das Problem gehabt, ihre Ware an den Mann zu bringen, so standen sie nun vor einem neuen: Sie mußten soviel „Zeuge" beschaffen, wie bestellt wurden und kamen mit der Produktion kaum nach.

Dem reichen Handelsherren Christoph Demmler gelang es 1619, einen italienischen Geschäftsfreund, Signore Crollolanza, in seine Heimatstadt Calw zu holen. Unermüdlich verbesserte der Italiener im Land der Bastler und Tüftler die Voraussetzungen für die Zeugherstellung. Er schuf einen neuen Spinnstock, erleichterte die Aufbereitung der Stoffe in den Färberbottichen und erfand Neuerungen zum besseren Mangeln und Pressen der Zeuge. Für die Färber war es nicht einfach, den Geschmack der Einkäufer auf den großen Messen vorherzuahnen. Die Verkäufer mußten jetzt selber zu Einkäufern werden, denn das Herzogtum konnte all die Wolle, die Calw brauchte, nicht mehr liefern. Das neue Metier erfor-

derte gute Materialkenntnisse und setzte Währungskennt-
nisse voraus. Das beschauliche Calw wurde in wenigen Jahrzehnten zu einer pulsierenden Handelsstadt mit selbstbewußten Kaufleuten, die selbst den Herzog zu ihren Schuldnern
zählten.

Der Ruhm der Calwer Erzeugnisse strahlte in die entferntesten Gegenden Europas. In Italien hüllte sich fast die gesamte Geistlichkeit in Soutanen aus Calwer „Engelsait": die
Schönheit und der Glanz der Farben, die auch nach dem Waschen kaum verblaßten, also die Qualität ihrer Erzeugnisse
sicherte den Calwer Tuchhändlern die Märkte auf Dauer.

Bei diesem enormen Wirtschaftsaufschwung war es kein
Wunder, daß einige der Färber und Handelsleute zu mär-
chenhaftem Reichtum gelangten. Während diese oft nicht
wußten, wie sie ihr Geld in immer neuen Geschäften noch
weiter vermehren konnten, blieb der weitaus größere Teil der
Zeugmacher arm und konnte sich immer weniger aus seiner
Abhängigkeit von den Kaufleuten und Färbern befreien.

Zu Beginn des Jahrhunderts hatte Calw 2500 Einwohner,
in der Mitte der Zwanziger Jahre bereits 3800, also knapp die
Hälfte der Landeshauptstadt Stuttgart. Der neue Dekan
Andreä beobachtete die aufbrechenden sozialen Konflikte mit
großer Sorge. Schon im ersten Jahr seiner Amtszeit begleitete
er die zur Straßburger Messe reisenden Calwer Handelsherren. Im gleichen Jahr noch unterbreitete er dem reichen Christoph Demmler seinen Plan einer „christlichen, gottlieben-
den Gesellschaft". Demmler und die Mehrzahl der wohlhabenden Handelsherren unterstützten Andreä, und so wurde
1621 das Färberstift gegründet. In der von Johann Valentin
Andreä verfaßten Stiftungsurkunde heißt es:

„Dann, wo ein Christ des andern bedürftig, da ist ein jeder, der
die hiezu notwendigen Mittel von Gott empfangen, schuldig und auf
das höchste verbunden, alles nach äußerstem Vermögen dahin zu
richten, damit Gott durch uns möge wirken und gutes schaffen, und
wir diejenigen seien, deren sich Gott will gebrauchen, die Seinige zu
speisen, tränken, kleiden, trösten, beschützen, unterrichten oder auf
anderen Weg zu begnadigen."

Dreizehn Calwer Familien, die meisten von ihnen Färber,
stifteten insgesamt 7100 Gulden, die zwar überwiegend für

die Stifterfamilien eingesetzt werden sollten, aber auch für diakonische und soziale Zwecke zur Verfügung standen. In 16 Kapiteln stellte Johann Valentin Andreä ein ausgeklügeltes soziales Programm vor, nach dem die Gelder der Stiftung zu vergeben waren. Im Vordergrund stand für den Dekan die Unterweisung der Jugend im christlichen Glauben: *„In diesem Alter muß man an die Schrift gewöhnt, in den wichtigsten Sprüchen unterwiesen werden und in den Geschichten des Reiches Gottes unterrichtet und mit heiligen Gebeten geweiht werden."* Für die Calwer Jugend hatte Andreä eine „Evangelische Christlehr" verfaßt und sie zusammen mit den Erklärungen seiner sonntäglichen Predigttexte neu herausgegeben. Diese Schriften wurden in seiner Gemeinde zu einem erschwinglichen Preis verkauft, damit auch die Armen sie sich leisten konnten. Um ihre Wirkung noch zu verstärken, stimmte er seine Predigten mit dem Inhalt der Bücher ab, *„… damit meine Zuhörer daheim aus diesem Büchelgen die Hauptpunkte wieder übersehen, und leicht wiederholen können"*.

Wie sehr das soziale Engagement Andreäs mit dem Wunsch nach einer Verbesserung der Bildungsmöglichkeiten der unteren Stände einherging, belegt die Einrichtung einer öffentlichen Bücherei aus den Mitteln des Färberstiftes. Mit dieser durch den Erwerb wichtiger Neuerscheinungen auf dem Buchmarkt immer wieder auf den neuesten Stand gebrachten Bibliothek sollten die Benutzer ihr Wissen über die Wunder der Schöpfung, über die Geschichte und vor allem über den Willen Gottes vertiefen können, getreu Andreäs tief empfundener Erkenntnis, „daß Menschen, die die Vergangenheit nicht kennen, unfähig zur Gegenwart sind und untauglich zur Zukunft – mögen sie auch sonst noch so eingebildet und stolz sein."

Aber nicht nur die Weiterbildung der ihm anvertrauten Menschen lag Johann Valentin Andreä am Herzen. In den Statuten des Färberstiftes wurde das Aussteuergeld für Waisen genauso penibel festgelegt wie die Finanzierung der Lehrer an den Calwer Schulen. Aus den Mitteln des Stiftes bekamen Familien, die Behinderte zu umsorgen hatten, genauso ihr Scherflein wie Arme und Kranke. Andreä, der seiner durch den frühen Tod des Vaters fast mittellos dastehenden

Mutter schon als Fünfzehnjähriger mit einem detaillierten Haushaltsplan geholfen hatte, die knappen Mittel optimal einzuteilen, hatte sich die Sensibilität und die Fähigkeit des Mitleidens über die Jahre hin bewahrt. Der Pflege und Instandhaltung der Kirche und ihrer Häuser wurde in den Statuten ebenso Rechnung getragen, wie durch die Festlegung von Stipendien begabten Calwer Schülern das Studium der Theologie an der Landesuniversität Tübingen ermöglicht werden sollte.

Auf der rechten Seite der Straße tauchte jetzt das Kloster Hirsau auf, das von Herzog Christoph in eine evangelische Klosterschule umgewandelt worden war. Im Morgendunst erkannte der Reiter die Umrisse des herzoglichen Schlosses. Das Tal der Nagold war hier nicht so eng und dunkel wie die anderen Schwarzwaldtäler. An seinen Rändern bot es ausreichend Platz für saftige Wiesen, die ganz allmählich in sanft ansteigende Bergwiesen übergingen. Johann Valentin Andreä liebte dies heitere Tal der verschwimmenden Übergänge, das immer wieder verträumte Durchblicke in abgeschiedene Seitentäler zuließ. Hier konnte das Gefühl des Eingeschlossenseins, das ihm die erste Zeit in Calw so zugesetzt hatte, gar nicht erst aufkommen.

„Ich, Johann Valentin Andreä, bin zu Herrenberg im württembergischen den 17. August 1586 morgens zwischen sechs und sieben Uhr geboren worden. Meine Eltern waren Johann, Pfarrer der Stadtkirche und Superintendent der benachbarten Kirchen, ein Sohn Jakobs, des Theologen und Maria Moserin, eine Tochter Valentins, ehemaligen Vogts daselbst. Noch an dem nämlichen Tag wurde ich in dem Pfarrhause von dem Diakonus Mathias Hafenreffer getäuft. Die Paten waren der Ratsherr Michael Schnaiblin und Agnes, Witwe Johann Neuffers, einst Kellers daselbst."

Hinter diesen nüchternen Worten, mit denen Andreä seine Selbstbiographie beginnt, verbirgt er den berechtigten Stolz auf seine Abkunft aus einer der ersten Familien des Landes. Jakob Andreä, als mutiger Diakon der Stiftskirche während der spanischen Besetzung noch vielen im Gedächtnis, stand bei Herzog Christoph in besonderer Gunst. Als Stadtpfarrer und Dekan in Göppingen setzte ihn der Herzog immer öfter als Vermittler bei heiklen theologischen Gesprächen ein. Die sprichwörtliche Vermittlungskunst „Jakobs des Theologen" ließ ihn neben Johannes Brenz zu einem der wichtigsten Männer des Herzogs beim Aufbau und der Organisation der Landeskirche werden. Ruhig und gelassen, selbst in schwierigen theologischen Streitgesprächen immer gleich freundlich, wurde er von Herzog Christoph auch zu Religionsdisputen außerhalb des Landes entsandt. Als Kanzler der Universität Tübingen hatte der durchsetzungsfähige Praktiker Jakob Andreä wesentlichen Anteil am Durchbruch des orthodoxen Luthertums in Württemberg. Trotz seiner Verbindlichkeit regierte Jakob Andreä seine Universität und die Landeskirche mit eiserner Hand. Genauso fest hatte er seine zahlreiche Familie im Griff: Vier seiner Söhne dienten der württembergischen Landeskirche als Pfarrer, seine sechs Töchter waren alle mit Söhnen angesehener Familien der württembergischen Ehrbarkeit verheiratet.

Jakobs Sohn Johannes stand zeitlebens im Schatten des bedeutenden Vaters. Kränkelnd und willensschwach, eher den schönen Künsten als der Theologie zugeneigt, umgab er sich mit Architekten, Goldschmieden, Alchimisten und Mechanikern. Der Sohn schilderte ihn später als Liebhaber und Sammler schöner Dinge: Neigungen, die Johann Valentin vom Vater geerbt hatte. Mit 22 Jahren wurde Johannes Pfarrer in Hagelloch, im gleichen Jahr heiratete er Maria Moser, die Tochter des langjährigen Herrenberger Vogts. Nach dem frühen Tod der Mutter bei der Großmutter Katharina Hiller aufgewachsen, war sie zur tätigen Nächstenliebe im Umgang mit Armen und Schwachen erzogen worden. Auch im eigenen Haushalt hielt sie stets ein Zimmer für Arme und Kranke bereit, eine Haltung, die ihr bald den Beinamen „Mutter der Armen" einbrachte. Professoren, herzogliche Räte, Architekten und Baumeister gehörten zum intellektuell und gesellschaftlich hochstehenden Freundes- und Bekanntenkreis der Herrenberger Dekansfamilie. Fünf der acht Kinder wurden hier geboren, wuchsen hinein in den illustren Freundschafts- und Beziehungskreis.

1590 starb Jakob Andreä, und bereits ein Jahr später wurde sein kränkelnder Sohn als evangelischer Abt nach Königsbronn, in den äußersten Osten des Herzogtums versetzt. An dem weit abgelegenen Ort hatte Johannes Andreä viel mehr Zeit als bisher für seine kostspieligen Neigungen und alchimistischen Experimente. Königsbronn war eines jener dreizehn Männerklöster im Lande, die nach der Reformation in evangelische Klosterschulen umgewandelt worden waren. Während Maulbronn, Bebenhausen, Herrenalb und Hirsau als höhere Schulen galten, weil in ihnen zusätzlich noch Mathematik, griechische Klassiker und Altes Testament gelehrt wurden, war Königsbronn eine jener neun niederen grammatischen Schulen, an denen lateinische Klassiker die Grundlagen der griechischen Sprache und die Lektüre des Neuen Testamentes in lateinischer Übersetzung unterrichtet wurden.

Da sowohl der Gesundheitszustand des Prälaten als auch der des kleinen Johann Valentin immer wieder Anlaß zur Besorgnis gab, lag es nahe, sich mit zwei Medizinstudenten, die ständig in Königsbronn wohnten, die ärztliche Versorgung ins Haus zu holen. Daß die beiden daneben auch noch als Lehrer fungierten und den Vater bei seinen chemischen Experimenten unterstützten, spricht für die beiden Scholaren.

Seiner etwas planlosen Bildung verdankte Johann Valentin Andreä sein breit gefächertes Interessensspektrum. In seiner Selbstbiographie schreibt er: „*Was für ein großer Unterschied zwischen einem tüchtigen und untüchtigen Lehrer ist, läßt sich nicht sagen. Hartig faßte sich kürzer, aber sein Unterricht war ausgesucht und aufs ganze Leben wirksam. Andere lehrten mehr gewissenhaft als wissenschaftlich. Doch ich mache ihnen keine Vorwürfe – sie verdienen alle meinen Dank – sondern klage nur, daß so gar wenige die Jugend zu bilden und zu unterrichten verstehen. Und doch wird ein solches Amt ohne viele Wahl, fast nur den Unerfahrensten anvertraut! Daher verschwendet man Zeit, Unkosten und sogar die Streiche, daß ein guter Kopf, wenn er sich nicht selbst aus dem Schlamm herausarbeitet, sich vielmehr tiefer versenkt, als herausgezogen fühlt. Was ich von mir selbst behaupten solle, weiß ich nicht. Aus Ungeduld über so manche Zögerung ergab ich mich mit dem Lesen Frischlins, des Erasmus, Livius und der Kosmographie Münsters.*"

Die alchimistischen Experimente des Abtes von Königsbronn kamen schließlich auch dem Herzog Friedrich zu Ohren. Zusammen mit der Herzogin stattete er den Laboratorien Andreäs einen Besuch ab. Während die Männer sich über ihre „chimischen" Experimente unterhielten, fand Herzogin Sibylla in Maria Andreä eine Gesprächspartnerin, die ihre Begeisterung für Pflanzen, Blumen und Heilkräuter teilte, und die sich darauf verstand, Salben und Arzneien daraus herzustellen. Herzogin Sibylla war beeindruckt von dieser Frau, die *„ihr Haus regierte gleich einer Fürstin und die doch diente wie eine Magd"*.

Beim Tode ihres Mannes waren sieben ihrer Kinder noch unversorgt, das einst große Familienvermögen war den alchimistischen Experimenten und der Sammelleidenschaft Johannes Andreäs zum Opfer gefallen. Maria Andreä zog mit ihren Kindern, so wie es ihr Mann gewollt hatte, in die Universitätsstadt Tübingen, obwohl sie nicht wußte, wovon sie dort leben und wie sie die Kinder standesgemäß studieren lassen sollte. Während des Umzugs im Winter fror es Johann Valentin auf dem Wagen ganz erbärmlich. Er sprang auf die Straße und rannte ein Stück weit neben dem Gefährt her, um sich warmzulaufen. Als er wieder aufspringen wollte, verfehlte er das Trittbrett, rutschte ab und geriet mit beiden Beinen in die Speichen des Hinterrades. Er schreibt: *„Schon war's nahe daran, daß beide Beine zerbrachen, als durch unvermuthete göttliche Hülfe ein im Wege liegender Stein den Wagen hemmte."* Bei dem Unfall hatte der fünfzehnjährige Junge beide Beine so unglücklich verdreht, daß er bis an sein Lebensende die Folgen dieses mißglückten Sprunges spürte.

In Tübingen wohnte die Familie in einem Haus der Universität, der alte Herrenberger Freund Hafenreffer half und ebnete alle Wege. Anfang 1602 immatrikulierte sich Johann Valentin an der Universität, 1603 erlangte er das Bakkalaureat und zwei Jahre später die philosophische Magisterwürde. Wieder ein Jahr später folgte Maria Andreä den wiederholt an sie herangetragenen Bitten Herzogin Sibyllas, als Hofapothekerin nach Stuttgart zu kommen. Jetzt, nachdem ihre Kinder aus dem Gröbsten heraus waren und für sich selbst sorgen konnten, widmete sie im Dienste der Herzogin einen Teil ihrer Zeit und ihrer Kraft den Armen und Kranken.

In seiner Selbstbiographie zählt Andreä allein zwölf Tübinger Professoren auf, die als Lehrer der freien Künste tätig waren. Da fast alle Professoren ausgebildete Theologen waren, die zudem bei ihrem Dienstantritt unterschrieben hatten, der lutherischen Lehre treu zu sein, kam die Theologie bei allen Studiengängen nicht zu kurz. Der berühmte Mathematiker und Astronom Michael Mästlin, der Lehrer Johannes Keplers, unterrichtete Andreä in den mathematischen Fächern. Dazu lernte er Musik, Philosophie und Ethik. Besonders eng verbunden fühlte sich der junge Andreä dem Juristen Christoph Besold, dessen umfangreiche Bibliothek er oft bis spät in die Nacht hinein benutzte. Daneben lernte er Englisch, Französisch, Spanisch, Italienisch und begann selber zu schreiben, wann immer er Zeit dafür erübrigen konnte: *„Diese (Schriften) waren das Vorspiel meiner Schreibereien, in denen ich mich des Vorrathes in meiner mannigfaltigen Lektüre gesammelt, entledigte."*

Vermutlich hätte der wissensdurstige Andreä, dem alle Stipendienakten fleißiges Studieren und tugendhaftes Leben bescheinigten, sein Studium ohne Verzögerungen beendet, wenn er nicht in einen für die damalige Zeit ungeheuerlichen Sittenskandal hineingezogen worden wäre. Gerade rechtzeitig zum Hochzeitstag einer jungen Frau aus der Familie des württembergischen Kanzlers Enßlin erschien eine anonyme Spottschrift, die das bisherige Liebesleben der Braut in der Öffentlichkeit ausbreitete. Der Skandal in der Universitätsstadt war ungeheuer. Zusammen mit einigen Kommilitonen wurde Andreä verdächtigt und sechs Tage lang eingesperrt, aber der Verfasser des Pamphlets konnte trotz intensiver Verhöre nicht ermittelt werden. Schließlich wurde Andreä mit der Auflage, Stillschweigen über das Geschehene zu bewahren, auf freien Fuß gesetzt. Nach diesen Erfahrungen hielt es ihn nicht länger in der Stadt, er unterbrach sein Studium, um mit Reisen seinen Horizont zu erweitern. In Straßburg lernte er den streitbaren Theologen Johannes Kappus, einen alten Freund seines Großvaters, kennen und schätzen. Bereits jetzt entstanden erste Kontakte zu Lazarus Zetzner, dem Verleger der Werke des Arztes Theophrastus Bombastus von Hohenheim, der unter dem Namen Paracelsus als einer der Mitbegründer der modernen Medizin gilt. Seine unkonventionellen Heilmethoden in der Therapie und der Medikamentenanweisung, dazu seine Hinneigung zur Alchimie und Astrologie hatten ihm das Mißtrauen und den Hohn der Schulmediziner eingebracht. Andreä war fasziniert von den Lehren des Paracelsus, stand ihnen aber zugleich distanziert gegenüber. Im Verlag Lazarus Zetzners erschienen später die meisten der Schriften Andreäs.

Nach einigen Fahrten den Neckar und Rhein hinauf nahm Andreä eine Hofmeisterstelle in Lauingen an der Donau an, kehrte aber bereits im Winter 1607 in die Heimat zurück. Gegen alles Recht hatte der Herzog von Bayern die Freie Reichsstadt Donauwörth in der Nähe Lauingens erobert und rekatholisiert, und wegen der drohenden Kriegsgefahr wurden die Zöglinge Andreäs von ihren Eltern heimgeholt. Gemeinsam mit den Theologen Jakob und Philipp Heilbrunner, die seinen Großvater noch gut gekannt hatten, reiste Johann Valentin Andreä zurück nach Tübingen. In einer bewegenden Szene verabschiedeten sie sich von dem jungen Freund. Andreä schreibt: *„Als ich nun hier von beiden Abschied nahm, und mich für ihre Gewogenheit bedankte, so antwortete mir Jakob, in beider Namen mit folgenden Worten: Als ich von deinem Großvater Abschied nahm, so wünschte er mir nach seiner Leutseligkeit alles Glücke, und fügte dann bei, was einst Johannes von Christus prophezeit hatte: Du mußt wachsen, ich aber abnehmen. Das prophezeie ich nun auch dir, und bitte Gott, daß es erfüllt werde. Bei mir traf es ein. Denn der große Mann entledigte sich bald hernach der Sterblichkeit, ich aber wurde in der Kirche Gottes auf einen rühmlichen Posten gestellt. Ich wiederhole es nun gegen dich, trete den mir erteilten Segen deines Großvaters ab, und gebe ihn dir treulich zurücke. Ich, der ich nun beehrt bin, ... muß abnehmen. Daß aber du wachsest, und die großväterliche und väterliche Fußstapfen und Stellen betretest, wünsche ich von Herzen, und schöpfe aus der Empfehlung meines Bruders und den Anzeichen deines Genie's keine eitele Hoffnung. Ohne Pralerei glaubte ich, dieses Andenken des trefflichen Mannes nicht verschweigen zu dürfen."*

Aber noch sah die Zukunft trübe aus: Bereits früher hatte sich Andreäs Hoffnung auf ein kirchliches Amt in Baden-Durlach zerschlagen. Nachdem er auch in Tübingen nicht

wieder zum Studium zugelassen wurde, nahm er eine Hofmeisterstelle bei den jungen Adeligen Heinrich und Burk-
hard Truchseß von Höfingen in Tübingen an. Nebenbei erlernte er verschiedene Musikinstrumente, auch entstanden in
dieser Zeit viele seiner frühen Schriften, die erst später gedruckt wurden. So auch die „Chymische Hochzeit des Christian Rosenkreutz", ein Büchlein, mit dem er weltbekannt
werden sollte. Auf Reisen in die calvinistische Schweiz, nach
Frankreich und schließlich über Venedig nach Rom – in seinen Worten „Hauptstadt einst der Welt, jetzt der Laster" –
knüpfte er weitreichende Beziehungen mit bedeutenden
Wissenschaftlern und Theologen an. Seinen Lebensunterhalt
verdiente er mit den abenteuerlichsten Tätigkeiten. So auch
mit Reitunterricht, den er einmal, bei einem Kuraufenthalt
in Bad Griesbach, sogar auf einem Holzpferd erteilte.

Als Johann Valentin Andreä 1612 bekannte, „sich so bald
als möglich der Kirche widmen zu wollen", bat Hofapothekerin Maria Andreä Herzog Johann Friedrich, ihren Sohn das
Theologiestudium in Tübingen beenden zu lassen. Diesmal
nutzte Andreä seine Chance und studierte eifrig, ohne sich
ablenken zu lassen. Einer seiner frühen Biographen schreibt:
*„Sein Inneres gewann von Tage zu Tage mehr durch den Umgang
mit Hafenreffer, Besold, Heß, Hölzel und Wense, vornehmlich aber
durch das ernste Studium der Theologie, welches er jetzt zur Hauptsache machte. Luthers Schriften wurden seine Lieblingsbeschäftigung.
Damit vereinigte er die Lektüre der Kirchenväter, von denen er die
vorzüglichsten alle kennenlernte, dem Augustin und Hieronymus
aber den meisten Fleiß widmete."*

Trotz seines ernsthaften Studiums glaubte Andreä nicht
daran, im Herzogtum eine Anstellung zu bekommen. Schon
wollte er sich auf Empfehlung des Markgrafen von Ansbach
an Prinz Moritz von Oranien in den Niederlanden wenden,
als sich das Blatt nach seiner zweiten Prüfung völlig überraschend für ihn wendete: *„...den 25. Februarii a. 1614 hatt
er wiederumb geprediget, und eine feine Prob gethan, ist zum Dia-
konat Vaihingen an der Enz verordnet worden."* Wie sehr er sich
nach seinen turbulenten Studien- und Wanderjahren eine
feste Anstellung gewünscht hatte, geht aus seinen Lebenserinnerungen hervor: *„Meine Kindheit war Krankheiten unter-*

worfen, die Jugend nach dem Lose der Waisen der Dienstbarkeit
und Dürftigkeit ausgesetzt, die folgende Zeit in mancherlei und be-
schwerliche Arbeiten, auch Reisen verwickelt, das Glück meisten-
teils eine Stiefmutter, die Verwandten härter als Fremde; Freunde
gewährten mir Unterstützung, und mein Geist ward für jedes
Schicksal gestärkt. Ohne warme Tränen und demütiges Seufzen
hätte ich das jetzige Glück nicht so gut geschmeckt. Daher bin ich
meinem Gott den größten Dank schuldig, daß er mir durch körper-
liche Leiden Mäßigkeit auferlegte, durch die Zartheit seines Ge-
fühls die Keuschheit unverletzt bewahrte, Ausschweifungen durch
Mangel wehrte, meiner Neugierde bittere Erfahrungen zugesellte,
und mich so vielen Gefahren des Lebens und des Glücks entriß.
Nach meinem und anderer Glauben danke ich diese Gnade Gottes
dem frommen und brünstigen Gebete meiner Mutter mit willigem
Herzem."

Mit 28 Jahren hatte Andreä sein Ziel erreicht, er hatte eine
feste Anstellung im württembergischen Pfarrdienst. Daß die
von ihm ersehnten Reformen und die Wünsche der Gläubigen seiner ersten Gemeinde weit auseinandergingen, das
wurde ihm bald schmerzlich bewußt. Während seines Studiums und auf seinen Reisen hatte Andreä mit zahlreichen
Wissenschaftlern und Professoren korrespondiert und Mei-
nungen ausgetauscht, jetzt mußte er den Ansprüchen einer
ganz normalen württembergischen Gemeinde genügen, und
das war nicht einfach für den frischgebackenen Pfarrer mit
den hohen Erwartungen. In Dekan Melchior Bengel fand
Andreä einen weisen und behutsamen Lehrmeister, der seinen
ungestümen Diakon geduldig mit den Bedürfnissen einer
Pfarrgemeinde vertraut machte. Noch in der Vaihinger Zeit
hat Andreä dem von ihm hoch geschätzten Lehrmeister ein
literarisches Denkmal gesetzt:

„Ein Pfarrer glaubt,
was kaum ein Mensch bringt in sein Haupt.
Er glaubt an einen Gott, den niemand beachtet,
ein jeder nach seinem Götzen trachtet.
Er glaubt an einen Himmel, der verschmähet,
ein jeder hier gern ewig zechet.
Er glaubt an eine Hölle, die niemand flieht,

ein jeder die breite Straße zieht.
Er glaubt an ein Gericht, das keinen bekümmert,
ein jeder auf die Rache dringet.
Er glaubt an einen Lohn, den niemand will:
ein jeder will hier Hüll und Füll.
Er glaubt an ein göttliches Regiment,
ein jeder meint, das Glück sei blind.
Er glaubt an einen Tod, der alles wird scheiden,
und jeder pocht auf lange Zeiten.
So glaubt er, was die Welt verneint,
und ihren Augen ungereimt.
Damit zieht er den schweren Karren,
und wird gehalten für einen Narren."

Als wohlbestallter Diakon der Amtsstadt Vaihingen an der Enz konnte Andreä jetzt endlich auch ans Heiraten denken. Noch im Jahr seiner Amtseinsetzung führte er seine Auserwählte Agnes Elisabeth Grüninger, die Tochter des Poppenweiler Pfarrers Josua Grüninger, zum Traualtar. Als Trauzeuge fungierte Hofprediger Erasmus Grüninger, ein Onkel der Braut. Noch während der Hochzeitsfeierlichkeiten erfuhr Grüninger von seiner Berufung auf die Propstei Stuttgart.

Bisher hatte der junge Diakon im Hause des Dekans gewohnt, das Ehepaar Andreä begründete einen eigenen Hausstand im Diakonatshaus. Hierher holte Andreä auch seine Mutter, die nach dem Tode Herzogin Sibyllas dem Ruf Herzog Johann Friedrichs, in die Stuttgarter Hofapotheke zurückzukehren, nicht mehr folgen mochte. Sie glaubte sich den Anforderungen nicht gewachsen und wollte ihren Lebensabend, den Johann Friedrich ihr mit einer Leibrente finanziell absicherte, bei ihren Kindern verbringen. Nach der Heirat ihrer Tochter Anna zog sie in deren Haushalt nach Heidenheim. Von den drei Töchtern, die Johann Valentin und Agnes Elisabeth Andreä in Vaihingen innerhalb kurzer Zeit geboren wurden, starben zwei noch im Säuglingsalter; nur die Erstgeborene, Maria, überlebte die Kleinkindjahre. Andreä, der die Zeit in Vaihingen immer als sein „Laboratorium" ansah, schreibt in seinen Lebenserinnerungen: *„Betrachtet man die Annehmlichkeit und Fruchtbarkeit der Gegend und die Blüte meiner*

Jahre, so könnte man diesen Zeitraum den Frühling und Sommer mei-
nes Lebens nennen. Allein, er wurde durch die Zwietracht der Bürger,
von der andern durch das Sittenverderbnis, denn durch viele mir zuge-
fügte Beleidigungen und endlich durch den wiederholten schrecklichen
Brand mit soviel Bitterkeit für mich erfüllt, daß er mir ein frühzeiti-
ges Alter zuzog und meine Haare vor der Zeit grau machte."

Die freie Zeit, die ihm sein Amt ließ, nutzte Andreä für
seine schriftstellerischen Arbeiten. Seine vielen Reiseerleb-
nisse, seine Studien und die Gespräche mit Wissenschaftlern
und Professoren in Tübingen und die eigenen theologischen
Forschungen brachen sich nun in immer neuen Büchern und
Abhandlungen mit großer visionärer und darstellerischer
Kraft Bahn.

Die beiden Stadtbrände, die Vaihingen während Andreäs
Amtszeit erlebte, trafen ihn tief. Die Mißgunst und die Raff-
gier der Bürger untereinander, ihre Habsucht, nicht anderen,
noch Ärmeren die besseren Spenden zu überlassen, sondern unbeirrt den eigenen Vorteil und Nutzen zu suchen,
setzte dem von christlichen Idealen ausgehenden Andreä
mehr zu, als er sich selbst eingestehen wollte. Sein Befremden
über die Ereignisse äußert er in den Berichten über die
Brände schonungslos und ohne ein Blatt vor den Mund zu
nehmen: *"... daß es so schlimme Christenmenschen gibt, die bei so*
schrecklichem Unglück und im Angesicht des Zornes Gottes ihren
Nächsten plündern und berauben können."

Beim zweiten Brand, dem große Teile der Stadtkirche und
insgesamt 28 Häuser zum Opfer fielen, verlor Andreä fast
seine gesamte wertvolle Bibliothek: *"Mit dem ersten Brand,*
durch den Vaihingen zu einem großen Teil vor nicht ganz einem
Jahr in so jammervoller Weise verheert worden war, hätte sollen in
den Flammen untergegangen sein der Geist der Auflehnung wider
Gott, die leidige Streiterei, der unstatthafte Brotneid und Ähnli-
ches, davon der Ort, vorzeiten durch eine Menge edler Namen
berühmt, wie von einer Seuche verpestet war, daß sich wieder einge-
funden hätte frommer Eifer, Achtung vor dem Gesetz." Mit solch
deutlichen Worten machte sich Andreä keine Freunde, ganz
im Gegenteil: Er wurde vom Untervogt beim Herzog ver-
klagt, Verleumdungen und Gerüchte machten die Runde,
das Leben wurde für ihn in der Stadt zu einem Spießruten-

laufen. Nur allzu gerne folgte Andreä deshalb der Einladung seiner Freunde Enenkel von Hoheneck und Goldeck und der Barone von Hohenfelder nach Oberösterreich. Einmal wieder freie Luft atmen, das mußte guttun! Bei seiner Rückkehr von der Reise war die ihm fest zugesagte Pfarrei in Ensingen bereits in andere Hände übergegangen und das Waiblinger Dekanat von der Regierung gegen alles Recht einem anderen versprochen. Andreä bekam die Auswirkungen der „Vetterleswirtschaft" und der Korruption, die von ihm immer wieder angeprangert worden war, nun am eigenen Leibe zu spüren. Erst Anfang 1620 konnte Johann Valentin Andreä mit seiner Familie das ungeliebte Vaihingen an der Enz verlassen und das Calwer Dekanat als Dekan und 1. Geistlicher übernehmen.

Andreä liebte die Landschaft des Nordschwarzwaldes, die Frühjahrs- und Sommermonate nutzte er zum Gedankenaustausch mit prominenten und von weither angereisten Badegästen in Teinach und Liebenzell. Kaum ein anderer Theologe seiner Zeit unterhielt ein so weitgespanntes Beziehungs- und Freundschaftsnetz wie Johann Valentin Andreä. Anders als in Vaihingen an der Enz, fühlte er sich in seinem neuen Amt nicht abgeschnitten von der theologischen Diskussion und den ihn brennend interessierenden brisanten Fragen der Zeit. Wenn die herzogliche Familie im Hirsauer Schloß weilte, war Andreä ein gern gesehener Gast. Herzog Johann Friedrich hatte eigentlich gehofft, Andreä für den Hofdienst gewinnen zu können. Nur zögernd hatte er dem Drängen Maria Andreäs nachgegeben und den Sohn sein Theologiestudium beenden lassen. Besonders für die „Herzogin von Nürtingen", Herzog Ludwigs Witwe Ursula, war der Calwer Dekan in kurzer Zeit zu einem unentbehrlichen Ratgeber geworden.

Bei aller Vertrautheit mit der herzoglichen Familie konnte Andreä seine Augen nicht vor der am Hofe herrschenden Korruption und dem Ämtermißbrauch verschließen. Der Herzog war zu schwach und auch zu sehr mit seinen eigenen Angelegenheiten beschäftigt, um ernsthaft durchzugreifen. Er war ein Spielball in den Händen seiner Beamten. Andreä sah deutlich voraus, daß die seelische und materielle Not der

Bevölkerung sich drastisch verstärken würde, je länger der unselige Krieg dauerte. Die immer knapper werdenden Mittel hatten immer weniger und schlechter ausgebildete Lehrer zur Folge. Daraus resultierte eine mangelhafte Schulbildung, die eine Verwahrlosung der Sitten nach sich ziehen würde, deren Folgen überhaupt nicht abzusehen waren. Sogar im wohlhabenden Calw waren die Mieten in den letzten Monaten außergewöhnlich schnell gestiegen. Schon zogen ärmere Familien aus den Häusern in Ställe und Schuppen, wuchs die Zahl derjenigen, die ohne Obdach waren. Selbst eine nur geringe Verschlechterung der wirtschaftlichen Lage würde die negative Entwicklung beschleunigen. Eine Gesellschaft, die nicht mehr im Christentum wurzelte, sondern die Inhalte nur noch auswendig lernte und zelebrierte, würde die Kraft nicht aufbringen können, sich aus sich selbst heraus zu erneuern.

Nachdenklich geworden, stieg Andreä vom Pferd und ruhte eine Weile an einen Baum gelehnt. Vor geraumer Zeit schon hatte er Calmbach hinter sich gelassen, jetzt war es nicht mehr weit bis Wildbad. Dunkle Waldberge säumten das Tal der Großen Enz, die in Calmbach mit der Kleinen Enz zusammenfloß. Andreä liebte die Schwarzwaldtäler mit ihren kleinen, in grüne Wiesenlandschaften eingebetteten Ortschaften, dort ging das Leben noch seinen gewohnten Gang. Nach einer kleinen Ruhepause setzte Andreä seinen Weg fort.

In Wildbad herrschte reges Treiben. Das schöne Wetter hatte die Badegäste ins Freie gelockt, silbern schimmerte das Wasser der Enz im Licht der Sonne. Vor dem Ulrichsbau ging es an diesem Vormittag lebhaft zu. Noch war Herzog Johann Friedrich nicht aus dem Bade zurückgekehrt, aber Herzogin Barbara Sophia erwartete den Calwer Dekan bereits im großen Salon. Leise unterhielt sie sich mit ihrer Schwägerin Anna, die, wie in der letzten Zeit fast immer, mit dem großen Altartuch für die Ehninger Kirche beschäftigt war. Die aufwendigen Stickereien erforderten viel Geduld und Routine. Antonia las in ihrem Katechismus.

Als Johann Valentin Andreä den Raum betrat, erhob sich die Herzogin und ging dem Gast mit ausgebreiteten Armen entgegen. Durch die offenen Fenster strömte die warme Luft in den Raum. Es war ein schönes Bild der Vertrautheit und des Friedens, das sich Andreä bot. Auf einen Wink Barbara Sophias trat die jugendliche Herzogin zu ihrer Mutter: „Unsere Älteste, die so gerne nach Teinach und auf den Zavelstein will und ..." Barbara Sophia legte den Arm um ihre Tochter. „Antonia liebt Gärten und Blumen über alles, sie hat in Leonberg schon fast alle Blumenbücher studiert und kennt auch die Notizzettel Ihrer Mutter, der ehemaligen Hofapothekerin."

Andreä lachte: „Die Frau Hofapothekerin hütet in Calw die Enkel und kümmert sich wie eh und je um die Armen und Kranken, und das ist kein Geschäft, bei dem einem die Arbeit ausgeht. Auf dem Zavelstein, bei den Buwinghausens, da kenne ich mich aus. Es ist wirklich schön geworden dort oben, und erst Liebenzell und Teinach – das sind die Juwelen unter den württembergischen Bädern."

Herzogin Barbara Sophia drohte ihm mit dem Finger: „Wenn man in Wildbad zu Gast ist, sollte man so etwas nun wirklich nicht sagen."

Verstohlen betrachtete Antonia den Mann, auf dessen Ratschläge und Meinung ihr Vater und noch einige andere Mitglieder der Familie so großen Wert legten. Andreä, dem man nachsagte, daß ihm in Calw die Kinder nachliefen, um ihm die Hände zu drücken und ihn zu streicheln, weil er so gut mit ihnen umgehen konnte, nickte Antonia zu:. „Nichts macht einem soviel Freude, wie in einem wundervollen Buch zu lesen. Das ist etwas, was einen ganz ausfüllen kann." Er wandte sich an die Herzogin: „Hat sie eigentlich die gleiche Ausbildung wie ihre Brüder? Sie sind sich doch im Alter ganz nahe. Das wäre sinnvoll, es hat mich schon immer berührt, warum das weibliche, an sich nicht ungelehrigere Geschlecht von der Gelehrsamkeit ausgeschlossen wird. In meiner Beschreibung der ‚Christenstadt' werden die Kinder aller Bürger, und zwar beiderlei Geschlechts, auf das Sorgfältigste ausgebildet."

Antonia nickte: „Ich habe schon ein wenig in dem Buch gelesen, und die Präzeptoren meiner Brüder haben daraus erzählt. Aber das Latein ist so verzwickt und die Sätze sind für Mädchen zu schwer, haben sie gesagt."

Johann Valentin Andreä

Amüsiert blickte Andreä in das sorgenvolle Gesichtchen der jugendlichen Herzogin. Ernst werdend, erwiderte er: „Eigentlich sollten Kinder in den Anfangsjahren sowieso zuallererst in Deutsch unterrichtet werden. Es ist eine Unsitte, wenn das Hauptziel allen Lernens nur lateinisches Reden, Schreiben und Denken ist. Ich halte es nicht für gut, daß alle Unterrichtsbücher nur in Latein abgefaßt sind. Übrigens ist für alle Kinder ab sechs Jahren der Unterricht in der Christenstadt Pflicht. Die Knaben haben ihre Studierstunden an den Vormittagen, die Mädchen nachmittags, sie werden von würdigen Frauen unterrichtet, die nicht weniger gebildet sind als die Männer. Mädchen sind nun einmal nicht dümmer als Jungen. Die dann noch freie Zeit ist handwerklichen Künsten und der weiblichen Geschicklichkeit vorbehalten, wobei jedem Mädchen seine Beschäftigung nach Begabung und Neigung zugewiesen wird. In der Freizeit werden schickliche Leibesübungen in den Gärten oder auf dem freien Feld abgehalten." Andreä machte eine kurze Pause, dann fuhr er fort: „Überhaupt läßt man in den Schulen der Christenstadt Begabungen langsam reifen und denkt nicht, nur weil einer frühzeitig zu einem Instrument greift, sei er schon ein Genie. Das sind Narren, die aus kindlicher Frühreife übertriebene Hoffnung schöpfen, und so lange die Begabung strapazieren, bis schließlich alles in Dummheit und Überdruß umschlägt." Er sah Herzogin Barbara Sophia an: „Die weisen Erzieher wünschen gefestigte Charaktere und erreichen sie durch edle Kurzweil. So stärken sie das Gedächtnis und wecken das Urteilsvermögen. Damit wird auch die Großmütigkeit gefördert und das Bemühen der Jugendlichen allmählich ihren Fähigkeiten angepaßt. Es muß sich in unserem Schulwesen noch viel ändern, damit das öffentliche Lernen nicht immer beschränkter und engherziger wird."

Antonia hatte gehofft, auch den Nachmittag bei den Gesprächen der Eltern mit Johann Valentin Andreä zuhören zu können. Aber nachdem der Vater aus dem Bade gekommen war und die vorgeschriebene Zeit geruht hatte, war Andreä mit ihm und seinen Ratgebern zum Essen gegangen. Und nun berieten sie schon einige Stunden und hatten das „fürstliche Frauenzimmer" in seinen Gemächern vermutlich ganz und gar vergessen. Andreä hatte einen tiefen Eindruck auf Antonia gemacht. Immer wieder bestürmte sie ihre Tante Anna, ihr mehr von diesem Mann zu erzählen, der wie kein anderer in der Kirche angefeindet und mißtrauisch beäugt wurde, dem aber trotzdem von so vielen Menschen das größte Vertrauen entgegengebracht wurde. In der Einsamkeit ihrer Kirchstube hinter der Schloßkirche hatte Antonia in den „Vier Büchern des wahren Christentums" von Johann Arndt gelesen. Am liebsten war ihr das dritte Buch „... vom inwendigen Menschen. Wie Gott den höchsten Schatz, sein Reich, in des Menschen Hertz geleget hat ...". Antonia wußte, daß Andreä schon als ganz junger Student der Theologie von Johann Arndt und seiner praktischen Frömmigkeit und seiner tiefempfundenen Liebe zur evangelischen Lehre fasziniert gewesen war. Aber Arndt, dem Andreä seine „Christenstadt" zugeeignet hatte, war bei den orthodoxen Theologen um Lukas Osiander, den Kanzler der Universität Tübingen, nicht sehr angesehen und wegen seiner offensichtlichen Anleihen beim Katholizismus verdächtigt. Auch Andreä, der „Kernstellen" aus den Büchern Arndts herausgegeben hatte, wurde deswegen und wegen seiner Verteidigung des Angegriffenen von Lukas Osiander mißtrauisch beobachtet und angefeindet. Osiander wetterte, die Bücher Arndts, die von den evangelischen Christen so gerne gelesen wurden, stimmten mit der Reinheit der lutherischen Lehre nicht im Entferntesten überein, sie wären voller schwärmerischer Elemente und führten die Gläubigen zum Katholizismus. Erst im vergangenen Jahr hatte sich das Konsistorium der Kirche veranlaßt gesehen, den Kanzler Osiander wegen seiner Polemik Arndt gegenüber zu rügen und ihn gebeten, die Angriffe zu unterlassen.

Die Bücher Arndts waren erfüllt von einer tiefen Frömmigkeit, die den innerlich zerrissenen Menschen in den ersten Jahren des Dreißigjährigen Krieges etwas von dem Frieden vermittelte, den sie so dringend suchten. Arndt schrieb, Gott besitze den Menschen ganz, innen und außen. Nicht auf die Reinheit der Lehre käme es an, sondern auf den Grad der persönlichen Frömmigkeit. Andreä hatte tiefen Respekt vor der Gläubigkeit des 1555 in Köthen geborenen Pfarrers, der

1621 in Celle gestorben war. In seinen Lebenserinnerungen bekennt Andreä: *„Ihm danke ichs, daß ich von der oberflächlichen Theorie der Religion und dem freieren Leben, das sich in den unfruchtbaren Glauben hüllt, zur wahren Praxis und einem thätigen Glauben, durch Gottes Gnade mich erhob.“* Mit seinen Büchern traf Arndt genau den Nerv der Frömmigkeit der in der Not der Zeit zutiefst verunsicherten Menschen. Sie fühlten sich getröstet und geborgen in der Wahrheit, die er verkündete.

Aber – wo lag die Wahrheit? Antonia, die so gerne las, fragte sich das immer wieder. Jetzt, nachdem sie Andreä gesehen und gehört hatte, war sie von ihm überzeugt. Aber war das die Wahrheit, nach der so viele suchten? Herzogin Anna wollte der Nichte eine Antwort darauf geben. Sie wählte dafür eine der Parabeln, für die Johann Valentin Andreä berühmt war:

„Die Wahrheit, eine einfache und freisinnige Göttin, ging nackt umher, und erinnerte die, welche ihr begegneten, an ihre Irrtümer und an ihre Häßlichkeit. Diese wurde sehr übel aufgenommen und nicht bloß auf das Schmählichste mit Worten erwidert, sondern auch mit Schlägen und Wunden vergolten. Schon war ihr ganzer Körper voll Flecken und Striemen, als sie einen alten Freund und Kameraden, den Aesop, antraf. Als sie ihn sah und sich beklagte, sprach er: ,Unglückliche, was wandelst du hier unter Meerkatzen und Affen, nicht unter Menschen? Wenn du so fortfährst, ihnen ihre Häßlichkeit vorzuwerfen, so wirst du kaum noch einen Tag leben.‘ Aber die Wahrheit erwiderte seufzend: ,Was soll ich tun, mein Freund? Schweige ich, so spornt mich Gott; rede ich, so schlagen mich die Menschen; murmele ich, so quälen mich die Klügler; traure ich, so lachen die Buben.‘ Darauf sprach Aesop: ,Es stünde dir, dächte ich, frei, nicht so ganz nackt einherzugehen; so nimm doch dieses Gewand der Märchen und Fabeln, wenn auch zu keinem anderen Nutzen, doch dazu, daß du weniger Schläge erduldest.‘ – ,Kennst du nicht‘, erwiderte sie, ,jene klügelnden Deuter, die auch aus dem Kiesel Funken zu schlagen wissen?‘ – ,Wohl kenne ich sie‘, sprach Aesop, ,aber bedenke, daß deren nur wenige, der Trägen und Toren aber sehr viele sind‘.“

Antonia nahm sich vor, die Wahrheit trotz aller Masken und Verkleidungen aufzuspüren. Herzogin Anna zuckte die Achseln: „Das haben sich schon viele vorgenommen, kleines Fräulein, und sind kläglich gescheitert. Aber versuchen muß man es. Immer wieder – am Ende stellt sich der Erfolg vielleicht doch ein."

Als Antonia am nächsten Morgen erwachte, war Johann Valentin Andreä schon abgeritten. Bevor er nach Calw zurückkehrte, wollte er noch im Kloster Hirsau mit dem evangelischen Abt Paul Ruckher sprechen. Zu sehr hatte ihn das Gespräch mit dem Herzog und seinen Räten beunruhigt.

Nicht zum ersten Male hatte er von den immer lauter werdenden Forderungen des Augsburger Bischofs Heinrich von Knöringen gehört, daß die acht württembergischen Mannsklöster, die bei der Reformation aufgelöst worden waren, ihren ursprünglichen Besitzern zurückgegeben werden sollten. Realistisch betrachtet war das ein ganz normaler Vorgang. Aber jetzt, bei dem Erstarken der Liga und ihren militärischen Erfolgen und der Schwäche der Protestanten, konnten diese Forderungen verhängnisvoll werden. Schon hatte sich der Bischof von Konstanz den Klagen angeschlossen. Lautstark forderte er, den langwierigen Weg durch die Instanzen der Gerichte zu umgehen. Die Rückgabe der Klöster sollte dem Kaiser als oberstem Richter anheimgestellt werden. Noch hüllte sich Kaiser Ferdinand II. in Schweigen, aber Andreä wußte, daß das nichts Gutes für Württemberg zu bedeuten hatte. Die äußere Bedrohung des Landes ging einher mit einer bisher nicht gekannten Ämterwirtschaft und Korruption, die der große Ausschuß des Landtages schon des öfteren zum Anlaß genommen hatte, den Herzog auf die „verfluchten, aller Orten im Herzogtum gehenden Schmiralien" hinzuweisen. Wie aber sollten Schwache noch Schwächere auf den rechten Weg bringen? Darauf hatte auch der große Erzieher und Menschenkenner Andreä bisher keine Antwort geben können.

Endlich war der von Antonia schon so lange herbeigesehnte Tag gekommen: Der Vater hatte seine Badekur für einen Tag unterbrochen, und der Ausflug nach Zavelstein und

Teinach, zu dem Benjamin von Buwinghausen-Wallmerode schon vor mehr als einem Jahr eingeladen hatte, konnte endlich stattfinden. Herzog Johann Friedrich war mit zwei Herren seiner Begleitung bereits am frühen Morgen abgeritten, er ließ sich einen so schönen Tag, den man zum Jagen nutzen konnte, nicht entgehen. Eigentlich hatte Herzogin Barbara Sophia ihren Mann begleiten wollen, aber seit ihrer Krankheit ritt sie nicht mehr so gerne wie früher. So sehr sich Antonia auf die Kutschfahrt freute, so sehr bedauerte sie, daß die Tage in Wildbad nun schon zu Ende waren. Noch ein paar Tage in Teinach und auf dem Zavelstein, dann ging es heim nach Stuttgart. Gestern abend hatte sie darum gebeten, doch noch einen Abstecher nach Freudenstadt einzuplanen. Aber die Mutter war hart geblieben. Freudenstadt würde nicht weglaufen. Auch im nächsten Jahr würden die Ärzte dem Vater wieder zu einer Badekur in Wildbad raten, dann wäre immer noch Zeit für andere Unternehmungen.

Antonia war als erste mit dem Frühstück fertig und lief zu der vor dem Haus wartenden Kutsche. Ungeduldig trat sie von einem Bein auf das andere. Wo nur die Mutter und die Tante blieben. Jede Minute war kostbar an so einem ereignisreichen Tag. Endlich traten die sehnsüchtig Erwarteten angeregt miteinander plaudernd aus dem Portal des Ulrichbaus. Herzogin Barbara Sophia schüttelte den Kopf, als sie ihre Tochter heftig winkend neben der Kutsche stehen sah, und sagte zu ihrer Schwägerin: „Sie ist schon hartnäckig, ich glaube, am liebsten würde sie doch noch das Ausflugsziel ändern." Herzogin Anna tauschte einen verständnisinnigen Blick mit ihrer Nichte. Seit Andreäs Besuch schienen Antonias Gedanken nur noch um den Calwer Dekan zu kreisen. Selbst das allerkleinste Detail war ihr wichtig. Lange hatte sie sich mit ihrer Tante über sein Werk „Christianopolis" unterhalten. Freudenstadt, die von Heinrich Schickhardt für Antonias Großvater Friedrich I. geplante und gebaute Stadt im Schwarzwald, galt als architektonisches Vorbild der theologischen Musterstadt.

Errichtet wurde die fiktive Stadt für Menschen, die um ihres Glaubens willen aus ihrer Heimat vertrieben worden waren: „Denn da die Welt sich gegen die Guten empörte und sie aus ihren Grenzen vertrieb, hat die heimatlose Religion ihre treuesten Anhänger um sich geschart, übers Meer geführt und sich nach einiger Suche schließlich dieses Land erwählt, wo sie die Ihren ansiedelte."

Friedrichs Freudenstadt wurde zur Zuflucht für aus dem Salzburger Land vertriebene Protestanten. Gegen den Widerstand der Bewohner der umliegenden Weiler plante Heinrich Schickhardt im Auftrage des Herzogs die „neue Stadt ob St. Christophstal" nach dem Plan eines Mühlespiels mit drei mühlbrettartigen Häuserzeilen. Die dem Marktplatz zugewandten Fassaden wurden nach dem Willen des Landesherrn mit Arkaden ausgestattet. Der riesige, fast quadratische Markt wirkte ohne das von Schickhardt in seinem Freudenstädter Idealplan vorgesehene herzogliche Schloß ein wenig öde und leer. Aber der frühe Tod Friedrichs I. und der Ausbruch des Dreißigjährigen Krieges hatte den Bau des Schlosses bisher verhindert. Nach dem Willen des Landesherrn sollte die neue Stadt der Silbergrube Christophstal Aufschwung verleihen, die nicht so wie gewünscht florierte. Aber obwohl die glaubensstarken Neu-Württemberger aus ihrer alten Heimat Erfahrungen im Bergbau mit in den Schwarzwald brachten, blieb die Grube Christophstal ein Zuschußbetrieb. Das dort geschürfte Silber deckte niemals die hohen Kosten. Neben diesen durchaus praktischen Erwägungen bei der Gründung Freudenstadts stellte die neue Stadt auch einen Brückenkopf hinüber nach Frankreich, nach Mömpelgard, der württembergischen Exklave in Burgund dar. Sie war damit ein sichtbares Zeugnis für den Wunsch des Landesfürsten, seine territorialen Ansprüche zu manifestieren.

Ein neuer Ort, eine ideale Stadt, auf dem Plan entstanden und ausgeführt, nicht gewachsen wie andere Orte. Gedanken, in einem Buch zum ersten Mal gedacht oder in einem Plan dargestellt, ließen sich umsetzen, wurden greifbar und ließen sich zu Häusern formen. Immer wieder hatte Antonia in den letzten Tagen darüber nachgegrübelt. Manchmal, so dachte sie, entstanden neue Ideen vielleicht auch an mehreren Orten gleichzeitig. Es war dann so, als wollte sich das Neue mit Macht Bahn brechen. Gedanken ließen sich darstellen, obwohl sie unsichtbar waren. Man mußte nur den rechten Weg dafür finden.

Nachdenklich hatte sich Antonia eingestanden, daß sie die wirkliche Stadt Freudenstadt und das fiktive Christianopolis ganz direkt miteinander vergleichen müsse. Dazu mußte sie die erste ansehen und zum Begreifen der zweiten den Text des Buches im lateinischen Original lesen können. Sie preßte die Lippen aufeinander. Es war schwierig, Gedanken so umzusetzen, daß ihnen die Wirklichkeit entsprach. Wie das wohl in Freudenstadt war? Besonders interessiert hatte sie der Bau der evangelischen Stadtkirche, die so ganz anders sein sollte als all die Kirchen, die sie kannte. Angelegt sei sie über Eck, wie ein Winkelhaken, hatte Herzogin Anna gesagt. Zwei gleich große Schiffe mit je einem Turm, und in der Mitte die Kanzel. Antonia hatte das zuerst nicht glauben wollen. Aber der Großvater habe das so gewollt, damit man auf der einen Seite die Männer und auf der anderen Seite die Frauen hinsetzen konnte. Dann würden sich die beiden Geschlechter nicht bei der Andacht durch gegenseitige Beachtung stören lassen. So jedenfalls hieß es in einer Geschichte, die Hofprediger Erasmus Grüninger immer wieder erzählt hatte und die je nach Temperament und Erinnerung an Herzog Friedrich I. und seine Vorliebe für das scheinbar schwache Geschlecht ungläubiges Staunen oder ein mokantes: „Der hatte es gerade nötig" bei den Zuhörern hervorrief.

Immer wieder fragte sich Antonia, ob wohl die Einwohner Freudenstadts so lebten wie die von Andreä in der Christenstadt beschriebenen. Herzogin Anna glaubte nicht daran, aber Antonia – voller Bewunderung für die Gedanken des Calwer Dekans – war davon überzeugt, daß eine ideale Erziehung und eine vollkommene Umgebung auch den Menschen vollkommener mache. Das mußte ganz einfach so sein!

„Antonia", die Tante zupfte die junge Herzogin liebevoll am Ärmel, „träumen kannst du später während der Fahrt, jetzt steig endlich ein. Erst kannst du es nicht erwarten, dann hältst du alle auf ..." Beflissen half der Kutscher seinen vornehmen Fahrgästen in die Kutsche und schloß sorgfältig die Türen. Für die vier ausgeruhten Pferde bedeutete die Steige nach Calmbach an diesem Morgen kein Problem, mühelos gelangten die Reisenden in den Ort. Von hier aus fuhr der Kutscher direkt nach Stuttgart weiter, während die Damen bereits von Bauernburschen mit Saumpferden aus Teinach erwartet wurden.

Auf dem bequemsten Weg, so versicherten sie Herzogin Barbara Sophia, würden die Damen nun nach Teinach geführt werden. Das sei sicherer und nicht so langwierig wie die Fahrt in der Kutsche. Antonia freute sich: „Wie damals, als der arme Hirte den Grafen Eberhard den Greiner nach dem Überfall nach Zavelstein gerettet hat!"

Der Sohn des Teinacher Fischmeisters, der ihr Pferd führte, schüttelte grinsend den Kopf: „Oje, wenn wir Eure Fürstliche Gnaden auf jenen Wegen führen würden, dann dürften wir alle vermutlich niemals mehr Reisende und Badegäste nach Teinach holen. Aus wär's mit dem schönen Nebenverdienst!" Treuherzig sah er Antonia an, die sich trotzdem ein wenig wie ihr berühmter Vorfahre fühlte und immer wieder neugierig um sich blickte. Sie genoß die Aussicht auf die sich mit jeder Wegbiegung immer wieder neu darbietenden Täler des Schwarzwaldes. Sie fühlte sich vollkommen wohl auf dem Pferderücken. Der Sohn des Fischmeisters hielt das Pferd mit sicherer Hand. Er kannte Weg und Steg im heimatlichen Wald und war stolz auf die vielen Fremden, die jeden Sommer in dem kleinen Bad an der Teinach Heilung suchten.

Herzog Johann Friedrich befand sich mit seiner Begleitung schon einige Stunden im neugestalteten Bad an der Teinach. Der Herzog war sehr zufrieden, während des Rittes hatte er drei Reiher und zwei Hasen erlegen können. Ein Tag voller Jagdglück war immer ein glücklicher Tag. Gerade war Benjamin von Buwinghausen-Wallmerode zusammen mit seinem ältesten Sohn Jakob Friedrich in der großen neuen Gaststube des Wirtshauses eingetroffen.

Teinach hatte sich zum Empfang des Landesherren herausgeputzt, Johann Friedrich fand besonders den Neubau des „Sauerbronnen Lust- und Trinkhauses", in dem den Badegästen das Mineralwasser ausgeschenkt wurde, sehr gelungen. Nach vielen vergeblichen Versuchen war es Heinrich Schickhardt geglückt, die Quelle so zu fassen, daß heilkräftiges und gewöhnliches Süßwasser sich nicht mehr miteinander vermischen konnten. Fast sieben Jahrzehnte lang hatten die Heilung suchenden Gäste daran Anstoß genommen. Schon zu Herzog Christophs Zeiten erbat der Wirt vom Teinacher Bade 800 Gulden aus der Landeskasse, um die gröbsten Mängel zur Zufriedenheit der Badegäste beheben zu können. Als tüchtiger Unternehmer pries er dem Landesvater im gleichen Brief die unzweifelhaften Vorzüge Teinachs an: *„Unter dem Städtlin Zabelstein im Thal an der Teinach ist ein Sauerbrunnen, der, wie die Alten von reden, vor etlich 100 Jahren zu einem Badwasser eingerichtet worden und bei den Alten für Gelsucht, Wassersucht, Fieber, Grieß* (Nieren- und Blasensteine), *Lendenweh, Hauptflüß* (Rheuma), *Grimmen im Leib auch böse fressende Rauden* (Hautausschläge) *und offene Flüß gebraucht und gelobt worden.“*

Angeregt unterhielten sich Herzog Johann Friedrich und Benjamin von Buwinghausen-Wallmerode über die Erziehung ihrer beiden ältesten Söhne Eberhard und Jakob Friedrich. Die beiden Jungen waren im selben Jahr geboren und nun zwölf Jahre alt, in Stuttgart spielten sie häufig miteinander, hatte es doch Jakob Friedrich von der Wohnung der Buwinghausens im Hofmarschallhaus nicht weit bis zum Schloß. Im nächsten Jahr würden die beiden dann Dreizehnjährigen das Collegium illustre in Tübingen beziehen.

Mit einem Mal entdeckte der Herzog in einem der Glasfenster der Gaststube eine fein gemalte Glasscheibe mit dem Bildnis Herzog Christophs von Württemberg. Johann Friedrich stand auf und nahm das Bild näher in Augenschein: Das in zarten Farben matt schimmernde Glasbild trug die eingefügte Jahreszahl 1560. Der Herzog konnte seine Augen nicht von dem Bild lassen, es gefiel ihm so gut, daß er es am liebsten sofort mitgenommen hätte. Auf einen Wink seines Haushofmeisters eilte der Wirt herbei, mit dem er einen Preis auszuhandeln wollte. Er war über den herzoglichen Wunsch wenig glücklich. Verlegen knetete er seine kräftigen Hände. Endlich schüttelte er entschieden den Kopf: „Nein, Herr, der Herr Herzog bleibt hier!“ Je stärker der Herzog in ihn drang, desto abwehrender wurde der Wirt: „Einer meiner Vorgänger hat vom Herzog Christoph nach langem Bitten und Betteln endlich 800 Gulden zur Erneuerung des Hauses und des Bades bekommen, dazu ein Handschreiben des Herzogs, dafür auf ewige Zeiten sein Bild im Gasthaus zum Hirschen an der Hirschquelle anzubringen." Nach einer kleinen Pause fügte der Wirt hinzu: „Und so kurz ist die Ewigkeit nicht."

In diesem Augenblick betrat Herzogin Barbara Sophia zusammen mit ihrer Schwägerin und Antonia den Raum. Aber auch die Bitte der Herzogin, doch ihrem Mann das seltene Kleinod gegen ein fürstliches Entgelt zu lassen, fruchtete nichts. Der Wirt war nicht bereit, das Bildnis des Wohltäters aus der Scheibe entfernen zu lassen, und kein Geld der Welt konnte ihn umstimmen. Buwinghausen nickte ihm zu: „Recht habt ihr, Herr Wirt. Laßt euch nur eueren Herzog nicht abschwätzen. Der hat sein Geld auch nicht einfach so hergegeben, der hat vorher prüfen lassen, ob sich eine Sache lohnt. Bevor er dem Bad 1560 auf die Beine geholfen hat, mußte sein Leibarzt Martin Stürmlin die Quellen prü-fen ..." Buwinghausen begann in seinen Taschen zu kramen, endlich fand er das Gesuchte, ein dünnes Bündel Papiere: „Ich hab das extra abschreiben lassen, für unsere Freunde, die wir hierher einladen wollen. Der Leibarzt schreibt: ‚Durchleuchtiger, hochgeborener Fürst, gnädiger Herr!!! Uff Euer Fürstlichen Gnaden gnädiges Befehlen gibt ich Euer Fürstlichen Gnaden untertänigen Bericht des Thaynacher Bades halber, bei Zafelstein gelegen, daß ich zweimal drin gebadt hab, bin allweg sehr krank drein kommen, habe aber nie über acht Tag drin gebadt, da hat sich die Sach allmal mit mir gebessert, daß ich wieder gehen konnte, essen, trinken, schlafen möge, deren ich keins davor konnte, und hab ich merkliche Besserung und Stärkung gefunden.'"

Herzogin Barbara Sophia zog ein kleines Büchlein aus der Tasche: „Lieber Buwinghausen, ich habe euch etwas mitgebracht, das die Freunde der Frau Ursula aus Wien und den österreichischen Landen hierher nach Württemberg locken soll. Es ist die Schrift des Arztes und Botanikers Jakob Theodor Tabernaemontanus, der schreibt hier in seinem ‚Neuen

Wasserschatz' über Teinach: ,*Von den Deynacher Sauerbrunnen und von ihrer Kraft und Wirkung. Noch zween herrlicher und heylsamer berühmbter Sauerbrunnen findet man eine gute Wirtembergische Meil von der Statt Calw, in dem Gebirg in eim grossen Thal, allnechst bey dem Dorf Deynach nit weit von der Bach, sind beide eine vermischung und gleicher Krafft und eigenschafft theilhaftig, doch ist der kleiner der best, und der wirdt allein zum trincken gebraucht, wie er dann ein ziemlich lieblichen geschmack hat, und auch sterker ist als der grösser. Es haltet dieser Brunnen in seiner Vermischung die geistlichen kräfft und Subtilitäten (Wirkstoffe) des Kupfers, Vitriols, Silberkies und Lazursteins (Der Neubulacher Bergwerke). Der Sauerbrunnen hat ein krafft und eigenschafft zu eröffnen, zu treiben, zu erwärmen, zu verzehren, zu trücknen, zusammen zu ziehen, zu reinigen, und zu heylen!'*"

Barbara Sophia klappte das Buch zu und steckte es wieder ein: „Wenn die Ursula Buwinghausen das ihren Freunden schreibt, dann kann der Herr Hofmarschall gerne in der Ferne weilen, der schönen Frau wird es auf dem Zavelstein nicht einsam werden ..."

Nach einer kurzen Ruhepause und einem erfrischenden Trunk drängte Benjamin von Buwinghausen-Wallmerode zum Aufbruch nach Zavelstein. Zu seinem Sohn gewandt sagte er: „Die Antonia und du, ihr könnt ja auch zusammen mit dem Burgvogt den Fußweg nach Teinach herauf nehmen. Dann seid ihr bestimmt schneller als wir oben in der Burg und könnt alle überraschen." Das ließen sich die Kinder nicht zweimal sagen. Der Burgvogt hatte kaum Zeit, sein Glas zu leeren, so schnell drängten sie ins Freie und eilten dem steinigen Fußweg zu, der sich den Burgberg hinaufschlängelte.

„Wißt ihr denn, wie man die Quelle entdeckt hat?" Beide schüttelten den Kopf. „Ein waidwund geschossener Hirsch mühte sich, seine Wunden in der Quelle zu kühlen, als ihn seine Jäger mit ihren Hunden dort aufspürten. Sie dachten sich, wenn ein Tier das Wasser als wohltuend empfindet, dann muß es auch den Menschen gut tun. Und sie probierten das Wasser aus. Zum Dank und zur Erinnerung an den Hirsch nannten sie die neuentdeckte Quelle ,Hirschquelle'."

Der schmale Weg wand sich den Berg hinauf, der auf einem vorspringenden Bergsporn gelegenen Burg Zavelstein zu. Immer wieder blieben die Kinder stehen und schauten in die Weite, manchmal tauchten sie in den Wald ein, dann wieder schritten sie zwischen grünen Bergwiesen dahin. Kleiner und kleiner wurde Teinach mit dem Oberen und dem Unteren Dorf, dem Badhaus und den Gasthäusern, mit der Ölmühle und der Mahlmühle und seinen Steingruben. Immer näher rückte der Bergrücken mit Stadt und Burg Zavelstein. Schon hatten sie die Burgmauer erreicht und mußten stehen bleiben.

Das kleine Tor war unsichtbar für alle, die sich nicht auskannten. Der Burgvogt öffnete es rasch mit einem großen, eisernen Schlüssel und ließ die Kinder eintreten. Sorgfältig verschloß er die Öffnung wieder. Man konnte ja nie wissen, die Zeiten waren unsicher geworden. Jakob Friedrich legte die Finger auf die Lippen: „Psst, sie wissen nicht, daß wir kommen, wir wollen sie überraschen." Zu seiner grenzenlosen Verwunderung trafen sie niemanden an. Denn alle Burgbewohner, von der Beschließerin bis zur Burgherrin, von der kleinsten Magd bis zum Roßknecht waren hinausgelaufen auf den Platz vor der Burg und warteten auf die gnädige Herrschaft und ihre Gäste. Vor der Zugbrücke standen der Pfarrer und der Bürgermeister mit ihren Frauen, unter ihnen auch Ursula von Buwinghausen-Wallmerode, ihre beiden jüngsten Kinder an der Hand. Zwischen den Bürgern des Städtchens, den Bauern und ihren Frauen tummelten sich die Kinder, die Buben trugen Stöcke, an die Blumenbuschen gebunden waren, die Mädchen hielten niedliche kleine Sträuße in den Händen. Der Burgvogt schüttelte den Kopf: „Wenn die erlauchten Herrschaften nicht bald kommen, dann sind die Blumensträuße kaputt, so wie die Kinder damit umgehen."

Nach einer Weile wurde es Jakob Friedrich zu langweilig. Er zog Antonia an der Hand hinter sich her: „Komm, ich zeig dir meinen Lieblingsplatz, uns vermißt hier jetzt keiner." Neugierig betrachtete Antonia den neuen Brunnen. Jakob Friedrich erklärte ihr: „Die Wasserleitung ist ganz neu, es ist noch gar nicht lange her, da hat mein Vater erst die beiden

Quellen in Rötenbach gekauft. Jetzt haben wir immer frisches Wasser, sagt er, aber die Arbeiter und die Bauern haben sehr geschimpft. Die Leitungen waren schwierig zu legen, und die Frondienste seien zu hart gewesen." Altklug sah er Antonia an: „Sie schimpfen immer übers Fronen, weil sie dann die eigene Arbeit nicht schaffen. Aber der Vater ist hart geblieben, die Wasserleitung sei lebensnotwendig, hat er gesagt. Gott sei Dank ist sie nun fertig."

Schon standen die Kinder im Wehrgang und blickten hinunter ins Teinachtal. „Oh", Antonia lehnte sich andächtig an die Mauer, „hier ist es aber schön!"

Befriedigt nickte Jakob Friedrich. „Der Blick von anderen Burgen ist viel offener, du kannst weiter ins Land hinaussehen. Aber nirgends ist der Blick so herrlich, manchmal könnte ich Stunden hier stehen und nur ins Tal hinuntersehen. Einmal war ich mit Eberhard und Friedrich auf der Festung Hohenasperg, das ist eine Burg, da kommt der Zavelstein nicht mit. Aber schöner ist es hier, viel schöner." Schweigend sah Antonia sich um. Wie immer, wenn sie etwas verarbeiten mußte, sagte sie kein Wort. Beunruhigt schaute Jakob Friedrich nach seiner Begleiterin, ihr Schweigen irritierte ihn. Er glich die Stille dadurch aus, daß er viel mehr redete, als es sonst seine Art war: „Noch mehr Spaß macht es, vom Turm aus hinunterzugucken. Der Bergfried ist sehr, sehr alt. Schau nur die mächtigen Buckelquader an. Aber alleine dürfen wir nicht hinauf, sonst kriegen wir Ärger mit meinem Vater." Langsam waren die Kinder in den Burghof zurückgekehrt.

Jetzt erst entdeckte Antonia die beiden kleinen Gärten dicht bei der großen steinernen Scheuer auf der Seite zum Städtchen hin. „Die sind aber schön angepflanzt."

Jakob Friedrich nickte: „Sie sind auch der ganze Stolz von meiner zweiten Mutter. Aber am schönsten ist es, wenn der wilde Safran blüht, der wächst sonst nirgends hier. Mein Vater hat einige Zwiebeln davon aus Wien mitgebracht, und die breiten sich immer weiter aus, mein Vater sagt, das sei eigentlich ein Wunder, aber eines, das jedes Jahr wiederkehre. Dieses Jahr ist er schon verblüht, mußt halt das nächste Mal früher kommen."

„Hat deine Mutter den Garten angelegt?" Jakob Friedrich zuckte die Achseln:

„Ich glaube, schon die Frau von Breitenbach, aber das mußt du den Vogt fragen, ich weiß es nicht! Meine Mutter ist schon lange tot, da waren meine Brüder und ich noch klein. Unsere Stiefmutter ist sehr nett, und die kleinen Geschwister auch!" Jakob Friedrich schnippte mit den Fingern. Soviel hatte er lange nicht auf einmal geredet. Sollte doch auch das seltsame Mädchen einmal den Mund aufmachen! Scheu sah er Antonia von der Seite an.

Langsam schlenderten die beiden hinüber zum neuen Schloß, dem repräsentativen Bau, den Heinrich Schickhardt geplant hatte. Im Erdgeschoß befand sich der große, geräumige und gut ausgestattete Pferdestall. Über eine hölzerne Außentreppe erreichten die Kinder den ersten Stock. Der getäfelte Rittersaal schien Antonia riesig zu sein. Natürlich war sie aus anderen Schlössern viel prächtigere Säle gewöhnt! Aber hier, in dieser Burg, in der alles so klein und auf kleinstem Raum angeordnet war, wirkte der übergroße Saal geradezu beängstigend. Alles war so still und wie ausgestorben. Sogar die Küche lag verlassen da.

Kein Bewohner war zurückgeblieben, alle waren vor das Tor geeilt, um nur ja nicht die Ankunft des Herzogspaares zu verpassen. Auch Antonia hielt es nun nicht mehr im Haus: „Laß uns hinuntergehen, ich möchte dabeisein, wenn meine Eltern kommen!" Jakob Friedrich ließ sich das nicht zweimal sagen. Eine kleine Weile blieben sie noch im Garten mit den blühenden Sommerblumen, die Küchenkräuter im zweiten Gärtchen interessierten die Blumenfreundin Antonia weniger, dann liefen sie miteinander an der Frau des Torwächters vorbei hinüber zum Rathaus.

Am Ende der Straße wurde es jetzt unruhig. Eine Reitergruppe näherte sich der Burg. An der Spitze ritt Buwinghausen, gefolgt vom Herzogspaar und Herzogin Anna. Neben ihnen ritten die Damen und Herren des Gefolges. Beifall brandete auf, die Frauen knicksten und die Männer schwenkten Hüte und Kappen. Herzog Johann Friedrich schmunzelte, auf seine Schwarzwälder konnte er sich schon verlassen.

145

Die Herzogin und ihre Schwägerin winkten dankend und lächelten in die Menge.

Antonia war stolz auf ihre immer noch schöne Mutter, die in ihrem dunkelgrünen Seidenkleid neben dem stattlichen Vater stand und so glücklich aussah, wie sie der Tochter schon lange nicht mehr vorgekommen war. Ehrerbietig verneigten sich der Pfarrer und der Bürgermeister vor dem Herzogspaar, als sich Barbara Sophia der zwischen ihnen stehenden jungen Freifrau Ursula von Buwinghausen zuwandte. Strahlend streckte der jüngste Sohn Buwinghausens der Herzogin seinen Blumenstrauß entgegen. Immer noch grüßend und winkend erreichten die hohen Gäste den Torbau.

„In der Kirche", flüsterte Jakob Friedrich, „kannst du das Grabmal des früheren Burgherrn Jordan von Breitenbach sehen und auch das seiner Frau Agnes. Als sie starb, hat dein Vater meinen Vater mit Zavelstein belehnt. Breitenbach hat viel an der Burg bauen müssen – als er sie übernahm, war es eigentlich ein Trümmerhaufen. Als mein Vater hierherkam, war zwar alles in Ordnung, aber es war ihm nicht modern genug. Es gab kein Wasser und die Zimmer haben meiner Mutter nicht gefallen."

Antonia fand die kleine Kirche wunderschön. Trotzig behauptete der dicke Turm seinen Platz, eigentlich sah er sehr wehrhaft aus. Die Kirche von Zavelstein war so ganz anders als die Kirchen, die sie bisher gesehen hatte. Hierher mußten die Einwohner aus den umliegenden Dörfern und Weilern kommen. Besonders im Winter ein beschwerlicher Kirchgang! Antonia schüttelte sich. „Komm, Antonia, ich will dir die Wappensteine im Torbau zeigen. Mein Vater hat sie anbringen lassen. Hier, dies ist der Münchinger Löwe, er steht aufrecht, er erinnert an die Mutter meiner Mutter und ihr Geschlecht. Ich habe sie gar nicht mehr gekannt. Siehst du, hier oben, die Schachbretter und die Dachse im viergeteilten Schild – das ist das Wappen des Hauses Dachsberg, dem der Vater meiner Mutter Elisabeth von Dachsberg angehörte. Das Kreuz dort symbolisiert die Familie meiner Großmutter väterlicherseits, Hoën von Cartils, und dort oben, das sind die drei Rosen der Freiherren von Buwinghausen." Stolz deutete Jakob Friedrich auf die Jahreszahl 1616. Damals hatte Benjamin von Buwinghausen Herzog Johann Friedrich die Kaufsumme für das Bad an der Teinach vorgestreckt, und dafür war ihm von der Hofkammer der Zavelstein verpfändet worden.

Eine festlich gedeckte Tafel erwartete die Besucher im Rittersaal. Buwinghausen hatte zu Ehren seiner hohen Gäste zwei Trompeter aus Stuttgart kommen lassen, die beim Einzug des Herzogspaares eine feierliche Entrada intonierten. Zur Unterstützung der alten Köchin, die schon Agnes von Breitenbach gedient hatte, waren der Leibkoch und das Küchenpersonal des Hofmarschallhauses nach Zavelstein beordert worden. Buwinghausen hatte weder Kosten noch Mühen gescheut, seinem Landesherrn und dessen Familie den Aufenthalt auf Burg Zavelstein so angenehm wie möglich zu machen. Der Herzog genoß sichtlich die Aufmerksamkeiten, Antonia hatte den Vater lange nicht mehr so gutgelaunt und vergnügt gesehen. Buwinghausen allerdings fiel auf, wie schnell der Herzog nach dem Essen ermüdete, und daher zog er sich nach beendetem Mahl fast augenblicklich mit Johann Friedrich zu einem Gespräch in seine Räume zurück.

Ursula von Buwinghausen hatte die Damen zum Ausklang des Abends in ihre Gemächer gebeten. Antonia hatte sich unaufgefordert an das dort aufgestellte Clavichord gesetzt und einige kleinere Werke von Leonhard Lechner, die sie auswendig konnte, gespielt. Die feinen Töne des Instruments vermischten sich mit dem Vogelgezwitscher, das durch die geöffneten Fenster hereindrang. Später, als es längst dunkel geworden war, lag Antonia noch lange wach in dem kleinen Gästezimmer des Neuen Baues. Die Wände rochen noch nach der frischen weißen Farbe. Wie still es hier oben war in dieser abgeschlossenen Welt! Immer wieder tastete sie nach dem kleinen Päckchen, das ihr Ursula Buwinghausen vor dem Zubettgehen überreicht hatte: „Ein Bote von Johann Valentin Andreä hat es aus Calw heraufgebracht, für die kleine Freundin des Dekans – aber erst morgen früh aufmachen!" Obwohl Antonia ihre Neugierde kaum bezähmen konnte, hatte sie sich bis jetzt daran gehalten, und nun war es ohnehin zu dunkel, das geheimnisvolle Geschenk auszupacken.

In dieser Stille hier oben fühlte man sich dem Himmel ganz nahe. Das hatte Ursula von Buwinghausen gesagt, während sie stumm den Abendfrieden genossen hatten, der vom Tal heraufzog. Bald schon würde Antonia wieder in Stuttgart sein, in der Hauptstadt, in der es lebhaft und laut zuging. Sie wußte aber, sie würde hierher zurückkommen, sooft es ging, vielleicht sogar einmal einen ganzen Sommer lang zu einer Kur.

Endlich, nach einer quälend langen Zeit, schlief sie ein. Sie träumte von dichten Wäldern und verschlungenen Pfaden, von sonnenbeschienenen Tälern, hörte das heisere Gebell der Jagdhundmeute ihres Vates. Bis plötzlich Jakob Friedrich neben ihr auftauchte, beschwörend die Finger auf den Mund legte und flüsterte: „Nicht stehenbleiben, Antonia – das sind Wölfe!" Nach einem schier endlosen Lauf den Berg hinauf hatten sie endlich die kleine Mauerpforte erreicht und sich in den Burghof in Sicherheit gebracht. Draußen heulten noch lange die Bestien. Diese schrecklichen Töne noch im Ohr, wachte Antonia am Morgen auf und konnte sich überhaupt nicht erinnern, wo sie war. Mit einem Mal fiel es ihr wieder ein: Sie war auf dem Zavelstein! Und heute, das hatte der Burgvogt ihr fest versprochen, durfte sie zusammen mit Jakob Friedrich den Bergfried besteigen. Von dort oben hatte man die beste Aussicht, besonders an klaren Tagen. Antonia sprang aus dem Bett und rannte ans Fenster. Der Tag fing gut an, keine Wolke am Himmel, im Osten war die Sonne gerade aufgegangen. Sie runzelte die Stirn. Es war bestimmt noch zu früh zum Aufstehen, aber schlafen wollte sie auch nicht mehr. Entschlossen zog sie das Päckchen hervor und öffnete es. Unendlich vorsichtig zog sie ein Buch aus der groben Verpackung, dabei lag ein Schreiben des Calwer Dekans. Anschaulich schilderte Andreä der jungen Herzogin, wie er als Schüler und Student in allen nur erdenklichen Wissensgebieten herumgeirrt war, immer bereit, die Wahrheit zu finden und festzuhalten. Der schmale Weg zu den Tugenden sei eben schwer zu finden, er sei sich aber ganz sicher, daß Antonia ihn entdecken würde. Das beiliegende Büchlein wolle ihr und ihren jüngeren Geschwistern dabei eine Hilfe sein.

Andächtig griff Antonia nach dem kostbaren Geschenk. Es war ein Exemplar der 1621 in Calw erschienenen „Kinderlehre" Andreäs. Dem Unterweisungsbuch für christliche Eltern und deren Kinder war der württembergische Katechismus vorangestellt. Antonia fühlte sich von Andreä verstanden und in ihrem Denken beachtet. Als sie ihm voller Stolz ihren neuen, handgeschriebenen Katechismus zeigte, hatte er begriffen, was ihr wichtig war, und ihr sein darauf aufbauendes Buch übersandt. Eingeteilt in neun Abteilungen enthielt die „Kinderlehre" 32 Fragstücke von den „Artikeln der wahren Religion", die systematisch die christliche Dogmatik erläuterten und die jugendlichen Leser zur christlichen Ethik hinführen sollten. Andreä hatte sich bemüht, leicht verständlich zu schreiben, denn das Buch war ganz auf den Gebrauch an Calwer Schulen zugeschnitten. Antonia begann zu lesen und hatte bald die Welt um sich her vergessen. Erst als die Magd eintrat, legte sie das Buch widerstrebend beiseite und begann, sich für den neuen Tag zu richten.

Schier endlos waren die Treppenstufen, die hinaufführten auf die zinnengekrönte Plattform des Bergfrieds. Immer höher und höher ging es hinauf. Jakob Friedrich legte ein atemberaubendes Tempo vor. Wenn er Antonia etwas zurief, hallte seine Stimme merkwürdig hohl in den Mauern des engen Turmes wider. Endlich hatte auch sie es geschafft: Aus der muffigen feuchten Kälte stolperte sie benommen und neugierig hinaus in den Sonnenschein. Unwillkürlich holte sie mehrmals tief Luft, bevor sie sich umsah. Hier oben wehte ein böiger Wind. Der Vogt beschattete die Augen und blickte nach Osten: „Wir haben Ostwind, das ist aber selten. Seht nur, Kinder, da hinten wird der Himmel ganz schwarz, eine Wolkenfront, wenn das nur kein Unwetter gibt!"

Gebannt starrten nun alle drei in Richtung Osten, das Tal war heiter und friedlich, von der Sonne beschienen. Dem Vogt wurde es plötzlich unheimlich. Er stellte sich vor die Kinder, bereit, sie bei einer plötzlich auftauchenden Gefahr zu schützen. Jakob Friedrich lachte hell auf: „Was soll schon passieren, im schlimmsten Fall werden wir naß – aber das dauert eine ganze Weile, bis das Wetter hier bei uns ist, wenn es überhaupt so weit kommt!"

Schneller als üblich drängte der Vogt zum Abstieg. Er vergaß ganz, wie er es sonst immer tat, Antonia daran zu erinnern, doch ja die Stufen zu zählen. Die Furcht des Vogtes hatte sich auch der Kinder bemächtigt, mit eingezogenem Nacken und schweigend machten sie sich an den Abstieg. Unten angekommen, rannte Antonia ins Schloß zu ihrer Mutter: „Von Osten kommen ganz dunkle Wolken, deswegen konnten wir nicht alles sehen, aber das Unwetter wird sich vorher abregnen, zu uns kommt es dann nicht mehr!"

Herzogin Anna ließ ihre Stickerei sinken und sagte gedankenverloren: „Gott gebe, daß du recht behältst und uns das Unwetter aus dem Osten verschont und nicht die Sonne verdunkelt!" Ein warnender Blick ihrer Schwägerin hieß sie schweigen.

„Sag, was hat dir Andreä geschickt?" wandte sie sich an ihre Tochter, um sie auf andere Gedanken zu bringen.

5

Böblingen

Ein Amtsstädtchen und sein Schloß

Viel zu schnell waren die Tage auf dem Zavelstein vergangen. Seit einigen Wochen schon war die herzogliche Familie in das Stuttgarter Schloß zurückgekehrt. Antonia lernte Latein mit einer Beharrlichkeit, die alle verblüffte. Die Präzeptoren ihrer Brüder wünschten sich manchmal, die Söhne des Herzogs hätten nur ein wenig vom Lerneifer ihrer Schwester besessen. Einzig Friedrich, der Mittlere der Buben, konnte es mit seiner Schwester aufnehmen. Auch die beiden Jüngsten in der Geschwisterreihe, Anna Johanna und Sibylla, entwuchsen dem Kleinkinderalter und waren viel verständiger und leichter zu lenken als noch zu Anfang des Jahres. Das fand wenigstens ihre große Schwester, die ihnen immer wieder aus Andreäs „Kinderlehre" vorlas. Manchmal wunderte sich die Ältere über die klugen Antworten der kleinen Schwestern.

Herzog Johann Friedrich war erholter und kräftiger aus der Kur zurückgekommen, als sein Leibarzt es sich erhofft hatte. Doch wenn der Herzog in Wildbad die Lage längst nicht so bedrohlich gesehen hatte, wie sie wirklich war – die Stuttgarter Realität, die immer dringender schnelle politische Entscheidungen erforderte, rief ihn rasch in die Wirklichkeit zurück. Aber gerade dahin wollte Johann Friedrich nicht. Die Hirschfeiste stand an. Der Landhofmeister hatte bereits mit den Vorbereitungen für die Verlegung des Hofes ins Böblinger Schloß begonnen. Der Böblinger Forst war das bevorzugte Jagdgebiet des Herzogs. Die drängenden Fragen des großen Ausschusses der Landschaft und der Gesandten der protestantischen Höfe mußten ebenso warten wie die Kuriere vom herzoglichen Gesandten am Wiener Kaiserhof.

Denn zu allem Unglück würde der Herzog aus familiären Gründen vierzehn kostbare Jagdtage verlieren: Im Schloß zu Weiltingen war seinem Bruder Julius Friedrich das sechste Kind, ein kleiner Sohn geboren worden. Die Taufe des kleinen Herzogs auf den Namen Manfred hatten die Weiltinger auf Mitte Juli festgesetzt. Darum mußte die Hirschfeiste, kaum daß sie begonnen hatte, schon wieder unterbrochen werden. Bei allem Familiensinn Johann Friedrichs, das war ein herber Schlag für den leidenschaftlichen Jäger. Während der Herzog gleich am ersten Tag 20 Stück Wild erlegte, brachte er es an den folgenden beiden auf über vierzig Tiere, wie er stolz in seinem Tagebuch vermerkte. Danach brach er mit seinem engsten Stab zu Pferd nach Weiltingen auf.

Auf dem Weg dorthin befand sich auch Herzogin Barbara Sophia, wie immer in der letzten Zeit begleitet von ihrer Schwägerin Anna und ihrer Tochter Antonia. Im fürstbrüderlichen Vergleich von 1617 waren Herzog Julius Friedrich die Herrschaften Brenz und Weiltingen zugesprochen worden. Zwei Jahre später hatte er sich mit seiner Frau Anna Sabina zuerst in Brenz, dann im Weiltinger Schloß eingerichtet, das zuvor aufwendig renoviert worden war. Julius Friedrich hatte als junger Mann nach dem Studium an der Landesuniversität in Tübingen weite Reisen unternommen, in Antonias

Geburtsjahr war er am Kriegszug der Johanniter gegen die Stadt Ephesus beteiligt. Er liebte Abenteuer und jagte für sein Leben gern. Seine Frau Anna Sabina aus dem norddeutschen Haus Schleswig-Holstein-Sonderburg hatte er bei einer seiner Reisen in den hohen Norden kennengelernt. Antonia war diese Tante mit der merkwürdigen, immer ein wenig vorwurfsvoll klingenden Sprache noch nie sonderlich sympathisch gewesen. Besonders ihre Art, bei Familienfesten eifersüchtig darüber zu wachen, daß ihre Kinder nicht hinter denen der regierenden Linie zurückgesetzt wurden, führte oft zu Peinlichkeiten und Streit. Am allerwenigsten von der ganzen Familie mochte Antonia ihre Cousine Julia Felicitas. Die nun Siebenjährige hatte ihr einst den ersten großen Schmerz ihres Lebens zugefügt, als sie ihr, wie Antonia immer noch voll Groll vermerkte, die Zuneigung ihres Lieblingsonkels Magnus gestohlen hatte.

Um des lieben Friedens willen hatte Herzog Johann Friedrich den Weiltinger Ansprüchen meistens entsprochen und hatte sogar ein Auge zugedrückt, als der Bruder in der Kipper- und Wipperzeit eine eigene Münzstätte eröffnete. Auch hatte er ihm die Jagdrechte in seinem Herrschaftsbereich überlassen. Um des lieben Friedens willen reiste seine Familie nun zur Taufe. „So lernst du wenigstens den Osten des Herzogtums kennen!" Herzogin Barbara Sophia versuchte ihre schweigsame Tochter aufzumuntern. „Und gleich nach der Taufe fahren wir weiter nach Böblingen. Dort wird es dir gefallen, das Schloß ist fast so schön wie das Stuttgarter, und einen kleinen Renaissancegarten haben sie dort auch, den Barbara von Mantua angelegt hat. Wirst schon sehen." Herzogin Anna wies nach vorne: „Seht dort, da ist schon Weiltingen, gleich sind wir da!"

Herzogin Anna Sabina erwartete ihre Besucher schon ungeduldig. Es war nicht einfach gewesen, für die vielen Gäste Ställe und Unterkünfte in der kleinen Weiltinger Residenz bereitzustellen. Der Haushofmeister hatte sich tagelang den Kopf zerbrochen, aber nachdem der ausgeklügelte Plan perfekt zu funktionieren schien, brannte Anna Sabina darauf, der Familie zu zeigen, wie sie hier am Rande Württembergs, dicht an der bayerischen Grenze lebten. Sie hatte ihrem Mann immer noch nicht verziehen, daß er dem fürstbrüderlichen Vergleich zugestimmt hatte und sich so weit von der Residenzstadt Stuttgart entfernt in die finsterste Provinz hatte abschieben lassen. Und das mit einer geradezu lächerlichen Apanage von 1500 Gulden! Das war wenig für eine ständig wachsende Familie, bekam doch der Junggeselle Herzog Friedrich Achilles in seiner schönen Residenz Neuenstadt an der Linde auch schon 1000 Gulden. Anna Sabina hatte sich ihr Leben am württembergischen Hof anders vorgestellt. Sie fühlte sich in dieser großen, im allgemeinen herzlich aneinander hängenden Geschwisterschar immer ein wenig deplaziert. Fast jeder in der Familie konnte ein Lied davon singen.

Herzog Ludwig Friedrich war aus Mömpelgard ohne seine ihm erst vor Jahresfrist angetraute zweite Frau Anna Eleonora von Nassau-Zweibrücken gekommen. Die 24jährige erwartete in drei Monaten ihr erstes Kind und hatte die weite Reise auf holprigen Straßen und in zugigen Kutschen gescheut. Ludwig Friedrich, der erst vor zwei Jahren seine erste Frau im Kindbett verloren hatte, war voller Verständnis für seine Frau. Anna Sabina aber verdarb ihm gleich mit einer spitzen Bemerkung über das unerwartete Ausbleiben die Freude an der glücklichen Ankunft in Weiltingen. Dabei meinte Anna Sabina es durchaus nicht böse. Vermutlich traf der gutmütige Johann Friedrich den Nagel auf den Kopf, wenn er sagte, ihr mangele es einfach an dem nötigen Taktgefühl, und darüber müsse man, so gut es eben ging, hinwegsehen. Gerade das aber fiel Ludwig Friedrich, der sich um seine Frau sorgte, im Augenblick sehr schwer. Und so war die Stimmung an diesem Morgen im Weiltinger Schloß nicht so fröhlich, wie sie eigentlich hätte sein sollen.

Davon bekam ein weiterer Schwager der Herzogin nichts mit, denn Herzog Friedrich Achilles nahm kaum jemals an Familienfeiern teil, daher war seine Absage für Anna Sabina nicht überraschend gekommen. Der von Kind an kränkliche und zur Fettsucht neigende Junggeselle vergrub sich mehr und mehr in der Bibliothek seiner Residenz Neuenstadt. Dort verbrachte er seine Tage lesend und studierend in relativer Sorglosigkeit. Für Anna Sabina ein Grund, neidisch die Verhältnisse der nächsten Familienangehörigen zu durchleuchten. Während ihrem Mann Julius Friedrich 1500 Gulden Apanage zuerkannt worden waren, der davon immerhin eine Familie mit nunmehr sechs Kindern zu ernähren hatte, erhielt der Junggeselle Friedrich Achilles 1000 Gulden für sich alleine. Sie hielt das für eine große Ungerechtigkeit. Ihre Bitte nach einer Erhöhung der Bezüge war bei ihrem Schwager Johann Friedrich auf taube Ohren gestoßen. So blieb der größer werdenden Familie nicht viel anderes übrig, als Schulden zu machen. Auch wenn die Tauffeierlichkeiten für den kleinen Manfred sehr bescheiden geplant waren, so verschlangen sie doch viel Geld. Das konnten auch die großzügigsten Patengeschenke nicht wieder auffangen. Anna Sabina seufzte. Aber verglichen mit ihrer Schwägerin Eva Christina, der verwitweten Markgräfin von Brandenburg-Jägerndorf, ging es ihnen in Weiltingen noch sehr gut. Nach dem Soldatentod ihres Mannes lebte die mittellose Markgräfin mit ihrem kleinen Sohn bald in Stuttgart, bald in Weiltingen. Die Länder waren vom Kaiser eingezogen, Vermögenswerte hatte die Witwe nicht retten können. Die Zeiten waren schlecht, schlecht für alle.

Am meisten Sorge bereitete Anna Sabina die Zukunft der Kinder. Sie hatte jetzt drei Töchter. Auch in Stuttgart wuchsen drei Mädchen heran, in Mömpelgard gab es zwar erst ein kleines Mädchen, aber eine ganz junge Herzogin, die noch viele Kinder bekommen konnte. Früher war es ein Leichtes gewesen, eine württembergische Herzogin zu verheiraten. Protestantische Fürsten hatten sich die Bräute für ihre Söhne gerne am württembergischen Hof geholt. Sie waren gut erzogen und die Mitgift passabel. Aber jetzt war das Land verarmt, schon für die jüngeren Töchter Herzog Friedrichs I. hatte es keine nennenswerte Ausstattung gegeben, Anna war ganz leer ausgegangen. Je länger der unselige Krieg dauerte, desto schlechter waren die Chancen für die nachwachsenden Herzoginnen, sowohl aus dem regierenden Haus als auch aus den Nebenlinien.

Aber auch über die Zukunft ihrer Söhne machte sich Anna Sabina keine Illusionen. Roderich würde Weiltingen und Brenz erhalten, die anderen waren nachgeborene Prinzen aus einer nicht gerade begüterten Nebenlinie. Da fast alle protestantischen Höfe mit den gleichen Schwierigkeiten zu kämpfen hatten, waren reiche Erbtöchter die Ausnahme, und ohne eine entsprechende Mitgift aus dem Haus der Braut mußten ihre Söhne den Dienst an fremden Höfen suchen. Ob Barbara Sophia schon etwas für Antonia in die Wege geleitet hatte? Dann war als nächstes ihre Julia Felicitas an der Reihe. Anna Sabina durfte nichts versäumen, was die Zukunft ihrer Kinder sichern half.

Neugierig sah Antonia sich in dem Zimmer um, in das die Magd sie gebracht hatte. Es war klein, aber gemütlich, vom Fenster sah man in den Schloßhof hinaus. Dort ging es lebhaft zu: Kutschen fuhren vor, geschäftig wurde Gepäck ins Schloß getragen, Reiter preschten herein und brachten die Rösser in den Marstall, Knechte kümmerten sich um Pferde und Kutschen. Müde von der langen Fahrt legte sich Antonia auf das Bett und schlief bald ein. Immer noch war es ihr, als rumpelte die Kutsche die Straße entlang, ihre Beine schienen ihr schwer wie Blei. Als sie erwachte, wußte sie nicht, wie lange sie geschlafen hatte. Es war totenstill um sie herum. Entschlossen sprang sie auf und trat in den Gang hinaus. Auch hier regte sich nichts, aber vom Fuße der Treppe drangen Lachen und Stimmen herauf. Im Treppenaufgang hingen Porträts früherer Schloßherrschaften in schweren, goldenen Rahmen.

Jetzt hatte Antonia ihre Mutter entdeckt, dicht bei ihr stand ein kleines Mädchen, mit dem sie sich angeregt unterhielt. Antonias Herz machte einen Satz. Das war Julia Felicitas! Beobachtend blieb sie stehen. Dunkle Augen in einem schmalen Gesicht, dazu dunkle Locken, die hatte sie von ihrer Mutter geerbt. Antonia schluckte, diese Julia Felicitas war noch ebenso hübsch wie damals in Stuttgart. Wie sie sich aufspielte vor der Mutter. Antonia mußte an sich halten, um nicht hinunterzustürzen und die Cousine zu schütteln. Kokett drehte sie das hübsche Köpfchen, sie war sich ihrer Wirkung bewußt. Die eifersüchtige Antonia wäre am liebsten fortgerannt, irgendwohin, wo sie keiner fände. Sie wußte instinktiv, daß sie neben dieser soviel jüngeren Cousine mit ihrer Ernsthaftigkeit und ihrer Schüchternheit niemals die Blicke der anderen auf sich ziehen könnte. Sie spürte, wie der

Neid in ihr hochkroch und von ihr Besitz ergriff. Mit einem Male sah sie Johann Valentin Andreä vor sich, wie er ihr erklärt hatte, daß Neid eine der sieben Todsünden sei: „Niemand hat alles, keiner hat nichts, jeder hat etwas." Wie hatte der Fremdling, der in „Christianopolis" auf seine geistige Haltung geprüft wurde, gesagt? „Von jenem Ort ist aller Hochmut und aller Stolz verbannt ... Er wollte, wenn auch mit den zuvorkommendsten Worten, immerhin von mir wissen, wieweit ich gelernt hätte, mich selbst zu beherrschen, dem Nächsten zu dienen, den Anfechtungen der Welt zu widerstehen ..."

Einen kurzen Augenblick zögerte Antonia noch. Dann nahm sie sich zusammen und schritt die Treppe hinunter. So, als sei es das Selbstverständlichste von der Welt, stellte sie sich neben ihre Mutter. Barbara Sophia legte den Arm um die Schultern der Tochter. „Ach, da bist du ja endlich, Julia Felicitas hat schon nach dir gefragt!" Verstohlen musterten sich die Mädchen.

Antonia spürte den Blick der Mutter und den Druck ihrer Hand auf dem Arm. Lächelnd sagte sie: „Komm, zeig' mir deinen kleinen Bruder, er soll sehr hübsch sein." Nachdenklich blickte Barbara Sophia den Kindern hinterher. Ihre Schwägerin hatte recht. Was sollte aus ihnen werden? Viele Kinder, das hieß viele Apanagen, und eine Mitgift nach der anderen. Das gab Hader, Zank und Zwietracht in den Familien.

Sie war so sehr mit ihren Gedanken beschäftigt, daß sie kaum bemerkte, als ihre Schwägerin Anna sie zu sich herüberwinkte. Anna deutete auf die beiden Mädchen: „Gelt, die können sich überhaupt nicht leiden, das spürt man auf zehn Meter Entfernung!"

Barbara Sophia zuckte die Achseln: „Das macht der Altersunterschied. Und auch, daß Magnus Julia damals so unverhohlen bevorzugt hat. Wenn er nicht kurz darauf gefallen wäre, hätte das gar keine Bedeutung mehr, aber so... Antonia ist nicht wie andere, sie vergißt so etwas nicht leicht, es bleibt in ihr lebendig. Das macht vieles nicht einfacher..."

Verblüfft sah Anna die Schwägerin an: „Aber das ist doch schon Jahre her, und was ist seitdem nicht alles passiert! Daß

Kinder sich so etwas merken, hätte ich nicht für möglich gehalten."

Inzwischen war auch Herzog Johann Friedrich gutgelaunt in Weiltingen eingetroffen. Neben seinem Falkenmeister hatte ihn auch der aufstrebende Stuttgarter Drillmeister Konrad Widerholt begleitet. Johann Friedrich schätzte den aus Ziegenhain in Hessen-Kassel stammenden Sohn einer vermögenden Familie sehr. Herzog Magnus hatte den der Enge seiner Heimat durch den Militärdienst entflohenen Widerholt in Venedig kennengelernt. Widerholts gerade Art, sein Witz, seine Tüchtigkeit und vor allem sein konsequentes Durchsetzungsvermögen hatten auch Herzog Johann Friedrich imponiert. Er förderte den jungen, in Italien ausgebildeten Kriegsmann nach Kräften, ernannte ihn zum Drillmeister und hatte es nicht bereut. Widerholt war gerade siebzehn Jahre alt gewesen, als er bei General von Solms in die Kavallerie eingetreten war und an der Belagerung Braunschweigs teilgenommen hatte. Kurz darauf wechselte er in den Dienst der Hansestadt Bremen, dort erlernte er das Kriegshandwerk von der Pike auf. Er diente als Kanonier und lernte, Befestigungsanlagen instand zu halten. Tätigkeiten, die ihm in seinem späteren Leben noch von größtem Nutzen sein sollten. In Bremen heiratete er nach kurzer Bekanntschaft die Tochter des Kommandanten von Helgoland, Anna Hermegardis Burkhartsch. Die Braut war vor ihrer Ehe neun Jahre lang Hofdame bei Herzogin Christine von Schleswig-Holstein gewesen, der zweiten Frau des Dänenkönigs Christian IV. Bereits zehn Tage nach ihrer Hochzeit nahm sie ihren Dienst wieder auf. Ihr junger Ehemann hatte es nicht ertragen können, nur zuzusehen, wenn die großen Segelschiffe aus dem Bremer Hafen ausliefen und ferne Weltgegenden ansteuerten. Er mußte einfach dabei sein, er konnte nicht zu Hause bleiben.

So blieb Anna Widerholt in Delmenhorst bei ihrer Herzogin, während ihr neunzehnjähriger Ehemann in den Dienst der Republik Venedig trat. In Padua nahm er Unterricht bei einem Meister der Kriegskunst und vervollkommnete sein Können. Auf die Dauer aber befriedigte ihn sein nach außen so aufregend erscheinendes Dasein nicht. Nicht nur seine

Frau, auch er sehnte sich nach einem eigenen Hausstand und einer ihn erfüllenden Aufgabe. Die Anstellung in Stuttgart machte es ihm möglich, nicht nur seine Frau, sondern auch seine verwitwete Mutter zu sich zu holen. Der Gunst des Herzogs gewiß konnte er hoffen, durch die eigene Tüchtigkeit die militärische Karriereleiter Stufe für Stufe hinaufzusteigen. Bisher hatte er es immerhin schon zum Major gebracht.

Widerholt gehörte zu den ständigen Mahnern, die dem Herzog wieder und wieder rieten, fremde Söldner anzuwerben und so der schlecht ausgebildeten und wenig motivierten württembergischen Landesauswahl zumindest ein gut funktionierendes Rückgrat zu geben. Der Landtag und seine Ausschüsse unterschätzten die Gefahr, die dem Herzogtum von außen drohte. Die Abgeordneten konnten sich nicht zu größeren Ausgaben für die Rüstung durchringen. Eine Fehlentscheidung, die sich noch als verhängnisvoll erweisen sollte. Aber jetzt, im Sommer 1626, spielte sich der Krieg weit entfernt im Norden Deutschlands ab, kaum einer glaubte, daß die Truppen Wallensteins den Krieg wieder in den Süden tragen würden.

Die Tauffeier verlief ruhig, vom Geschrei des zarten Täuflings abgesehen. Besorgt wickelte ihn die Mutter fester in seine Decken, denn in der Kirche war es trotz der sommerlichen Witterung kühl und ein wenig feucht. Wehmütig dachte Johann Friedrich an die festlichen Taufen seiner eigenen Kinder in Stuttgart zurück. In Weiltingen würde es heute abend nicht einmal ein kleines Feuerwerk geben. Dafür aber, das hatte er sich gewünscht, ein „Königreich-Spiel". Bei diesem Verkleidungsspiel hatte er sich ausbedungen, den Kammerdiener darzustellen, das war seine Lieblingsrolle. Am schönsten fand er es dann, wenn einer der Diener den Herzog spielte, das machte ihm den meisten Spaß. Wenn er sich in die Livree des Dieners hineinzwängte, stellte er sich vor, wie leicht der es doch eigentlich hatte. Keine Entscheidungen wurden ihm abverlangt, er mußte nur Befehlen gehorchen. Herzogin Barbara Sophia spielte eine Soldatenfrau, die an der Seite des polternden, selbstbewußten Majors Konrad Widerholt nicht so recht glücklich wirkte. Im Gegensatz zu ihrem

Mann liebte sie nicht die derben Späße und Wortspielereien, an denen die drei herzoglichen Brüder so viel Vergnügen fanden. Ihr behagte der Rollentausch nicht, standesbewußt und stolz auf ihre Herkunft aus einem regierenden Hause hatte sie wenig übrig für die Verkleidungsspielereien, die auch an anderen Höfen jetzt erst so richtig in Mode kamen.

Herzog Johann Friedrich und seine Brüder sprachen lange über die letzten Nachrichten vom Wiener Kaiserhof und aus der Münchner Residenz. Sie verhießen nichts Gutes und hatten nichts von ihrer Bedrohlichkeit für Württemberg verloren. Nach wie vor setzte der Herzog auf kluges und zeitgewinnendes Taktieren. Während der Herzog und seine Brüder sich in vorgerückter Stunde dem eigentlich in Württemberg verbotenen Glücksspiel zuwandten und so manches Häuflein Gulden im Laufe der nächsten Stunden seinen Besitzer wechselte, zog es Konrad Widerholt in sein Quartier. Er ahnte, daß alles Taktieren nutzlos wäre, wenn der Krieg in den Süden zurückkehrte. Und wenn ihn seine Ahnungen nicht trogen, könnte das schon bald der Fall sein.

Herzogin Anna Sabina hatte ihre Schwägerinnen und die Patinnen in die Frauengemächer geladen. Auch hier wurde diskutiert und über die ernste Lage beratschlagt. Aber nicht dem Krieg und den Auswirkungen der Politik auf das Land galt die Aufmerksamkeit der Damen. Im Mittelpunkt des Interesses standen die Zukunftsaussichten des fürstlichen Nachwuchses. Und die wurden immer schlechter, das konnte man auch deutlich am Schicksal der jüngsten Tochter Herzog Friedrichs I., der Herzogin Anna, ablesen. Mit der Finanzkraft der Länder schwanden die Heiratsaussichten der Mädchen. Je mehr Territorien in den unseligen Krieg hineingezogen wurden, desto schwieriger wurde es, Heiratsabreden zu treffen. Und daß der Krieg bald enden würde, das glaubte inzwischen niemand mehr. Auch für die nachgeborenen Söhne gab es an den Höfen immer weniger Entfaltungsmöglichkeiten. Es hatte keinen Sinn, die Territorien immer mehr zu teilen, um einem weiteren Sohn ein Auskommen zu sichern. Anna Sabina, mit ihrer oft in der Familie gescholtenen Direktheit, sprach aus, was die meisten der Fürstinnen nicht zu denken wagten: „Glücklich die Frau, die ihrem Gemahl viele gesunde und nicht in der Wiege dahinsterbende Kinder schenkt." Aber würde ihr der älteste Sohn, wenn er zur Regierung gelangte und die Geschwister versorgen mußte, ihre Mühen auch danken? Die Stimmung im Frauengemach blieb gedrückt.

Anders als bei den großen Stuttgarter Kindstaufen, drängten die Gäste schon nach Wochenfrist heim. Auch Herzog Johann Friedrich hatte es eilig, zurück zur Jahresjagd nach Böblingen zu kommen. Seine Brüder Julius Friedrich und Ludwig Friedrich begleiteten ihn, der erstere war froh, der gedrückten Atmosphäre am Weiltinger Hof zu entgehen, der letztere war gern in Gesellschaft des älteren Bruders, obwohl er sich auf seine Mömpelgarder Residenz und das Wiedersehen mit seiner Familie freute.

Der Troß des Herzogs ritt diesmal nicht, wie sonst üblich, durch das Untere Burgtor den Weg an den Gärten vorbei hinauf zum Schloß. Johann Friedrich passierte die Seen und ritt am Grafenhaus vorbei den breiten Plattenbühl hinauf zum Oberen Tor. Hier wartete bereits der Obervogt mit dem Bürgermeister und dem Amtsschreiber der Stadt Böblingen. Nervös tänzelten die Pferde, auf denen Reiter in den Farben der Stadt dem Landesherrn den Gruß entboten. Johann Friedrich genoß sichtlich die ehrerbietige Rede des Vogtes und nahm huldvoll den silbernen Pokal mit rotem Wein aus der Hand des Bürgermeisters als Willkommenstrunk entgegen. Das schöne Sommerwetter hob seine Laune sichtlich. Er fühlte sich wohl, wenn er nach Böblingen kam. Schon sein Vetter und Vorgänger, Herzog Ludwig, hatte Schloß Böblingen der guten Luft wegen besonders geliebt. Johann Friedrich hatte bereits als Kind die merkwürdige Lage der Kirche, deren Turm der Stadt zugewandt war und die genau wie in Leonberg von Bürgern und Schloßherrschaft gleichermaßen besucht wurde, bestaunt. Der wildreiche Böblinger Forst war das bevorzugte Jagdgebiet des großen Jägers Johann Friedrich. Die Böblinger mochten ihren Herzog, der den Bären, der noch vor zwei Jahren den Forst unsicher gemacht hatte, mit wohlgezielten Schüssen getötet hatte. Insgeheim murrten sie aber auch über die Kehrseiten der herzoglichen Jagdlust. Die enormen Kosten des Hundehauses in der Vorstadt überstiegen die Finanzkraft der Gemeinde, genauso wie die vielen Fronarbeiten die Bürger des Amtsbezirkes bedrückten, die sie für die herzogliche Hofhaltung zu leisten hatten. Das Leben war teuer geworden, jede zusätzliche Last förderte das Unbehagen und das Mißtrauen gegen „die da oben", denen die Bürger hilflos ausgeliefert waren.

Aber heute war ein Freudentag. Der Herzog kam in die Stadt, und mit ihm seine Brüder. Die Reiter geleiteten den Troß über den Fahrweg von der Stadt in das herzogliche Schloß, dort fieberte der zur Jahresjagd versammelte Hof der Ankunft des Landesherrn entgegen. Wenige Tage nach ihrem Mann traf auch Herzogin Barbara Sophia mit ihrer Schwägerin und Antonia in Böblingen ein. Sie hatte noch kurze Zeit bei Herzogin Ursula in Nürtingen verweilt. Zum Abschied hatte die Witwe Herzog Ludwigs Antonia fröhlich nachgerufen: „Und grüß mir auch den Räuber Bobilo, der hat mir immer so besonders gefallen!"

Fragend hatte Antonia zu ihrer Tante Anna hinübergesehen. „Herzog Ludwig ist immer ganz besonders gerne nach Böblingen gegangen, er fand, die Stadt sei ihrer guten Luft wegen besser als jedes Heilmittel, er nannte sie seine allerliebste Apotheke!" Herzogin Anna hielt einen Augenblick inne, dann fuhr sie fort: „Der Räuber Bobilo soll ein ganz gefährlicher Mensch gewesen sein, er raubte alle Reisenden aus, deren er habhaft werden konnte. Aber die Böblinger müssen mit ihm eins gewesen sein. So hat es jedenfalls immer einer meiner Lehrer, der die Stadt allerdings nicht ausstehen konnte, behauptet. Sonst hätten sie sich ja nicht gerade nach einem landesweit bekannten Räuber benannt! Auf jeden Fall aber haben sie ihrem Bobilo ein Denkmal gesetzt. In einer Nische im Oberen Tor steht er in luftiger Höhe. Vermutlich soll er die Feinde abhalten. Und damit der arme Herr Räuber bei schlechtem Wetter keinen Schnupfen bekommt, haben sie ihm sogar ein Dächlein aus Kupfer gebaut."

Zweifelnd sah Antonia zu ihrer Mutter hinüber. Die lachte: „Kannst schon glauben, was dir deine Tante erzählt. Als ich das allererste Mal, gleich nach meiner Hochzeit, hierher kam, haben sie mir zuerst den Bobilo gezeigt. Wenn etwas sicher ist auf der Welt, dann diese Geschichte!"

Herzogin Anna nickte und machte es sich in der Kutsche so bequem, wie es nur irgend möglich war: „Das Böblinger Schloß hat mich immer ganz besonders beeindruckt. Vielleicht weil ich es einmal, ich muß noch sehr klein gewesen sein, zusammen mit meinem Vater besucht habe. Als Jüngste habe ich nicht viele Erinnerungen an ihn." Verträumt sah Anna zum Kutschenfenster hinaus: „Vom Schloß aus kann man an klaren Tagen weit in das Land hinausblicken, bis auf die Berge der Alb. Das gibt einem das Gefühl von unendlicher Freiheit. Und dann die beiden Seen mit der Zufahrt über den Damm. Ich erinnere mich, daß ich damals noch so klein war, daß ich nicht richtig zu den Kutschenfenstern hinaussehen konnte. Zu beiden Seiten der Kutsche sah ich nur Wasser. Ich habe mir vorgestellt, ich sei eine Israelitin beim Auszug aus Ägypten, zusammen mit meinem Vater führe ich zwischen dem zweigeteilten Roten Meer dahin, einer Zukunft im Gelobten Land entgegen. Ich war ganz ärgerlich, als plötzlich wieder Bäume auftauchten und statt des Wassers Land sichtbar wurde. Da war ich wieder in meinem eigenen Leben angelangt. Das andere hatte mir besser gefallen."

Eine Weile blieb es still in der Kutsche. Alle hingen ihren eigenen Gedanken nach. Merkwürdig, dachte Antonia, auch die Tante träumte sich die Dinge so zurecht, genauso wie sie es manchmal tat. Das war eine ganz neue Erkenntnis.

Der Wald wurde jetzt dichter und für Blicke fast ganz undurchdringlich. Antonia schnupperte aufgeregt hinaus: „Ist es möglich, daß ich Böblingen schon rieche?"

Die Mutter verdrehte die Augen: „Das kann nicht sein! Eine Weile wird es schon noch dauern. Erst kommt Tübingen, dort werden die Pferde gewechselt. Dann geht es vorbei an Bebenhausen durch den Schönbuch und in den Böblinger Forst hinein. Aber dann sind wir bald da."

Anna zwinkerte der Schwägerin zu: „Wir könnten ja noch einen Abstecher in mein Ehningen machen …"

Empört schrie Antonia auf: „Nein, das werdet ihr nicht!" Die ungeduldige Herzogin konnte es kaum erwarten, bis in Tübingen die Pferde gewechselt waren. Kaum einen Blick hatte sie übrig für das im Sonnenlicht malerisch daliegende Kloster Bebenhausen mit seinem filigranen Dachreiter. Um sie ein wenig abzulenken, erzählte ihr Herzogin Anna die Geschichte vom Mord, den Herzog Ulrich an seinem früheren Freund Hans von Hutten im Böblinger Forst begangen hatte.

Von der Straße aus war es nicht mehr weit bis zu der Stelle, an der die Untat vor fast genau 110 Jahren geschehen war: „Schwer hatte der Herzog für seine schreckliche Tat büßen müssen!" Antonia schauderte zusammen. Behutsam legte Anna den Arm um die Nichte. Wie oft hatte Antonia den Bericht über diese skandalöse Affäre schon im Unterricht gehört, sie hatte darüber gelesen und mit ihren beiden älteren Brüdern diskutiert. Trotz allem war sie nie sonderlich berührt davon gewesen. Aber hier, mitten im Wald, da war das etwas anderes. Sie sah den Mord vor sich: Jetzt fiel Hans von Hutten rücklings auf den Waldboden, der Herzog stach zu. Wie immer, wenn Antonia sich ein Bild machen konnte, wenn eine Geschichte greifbar wurde, dann erlebte sie alles ganz unmittelbar mit. Vielleicht waren es noch die gleichen Bäume, die auch den Mord mit angesehen hatten! Scheu blickte sie zu den Wipfeln hinauf. Merkwürdig nur, daß kein Vogel sang, kein Lüftchen sich regte. Alles Einbildung, dachte Antonia und schluckte.

Noch nie hatte Antonia begreifen können, wie ein Herzog von Württemberg, ein naher Verwandter, zu so einer abscheulichen Tat hatte fähig sein können. Herzogin Anna sagte leichthin: „Er hat es nicht einfach gehabt, der junge Ulrich. Seine Mutter hat er nicht gekannt, der Vater war krank, geisteskrank, von ihm hatte das Kind nichts Gutes zu erwarten. Hin und her gestoßen war er, dazu war sein Herzogtum noch jung, jünger als er selber. Es hat ihn jedesmal furchtbar geärgert, wenn einer der anderen Fürsten ihn deswegen ausgelacht hat. Sie haben gesagt, die Hüte auf ihrem Kopf wären um einiges älter als sein Herzogshut. Das hat ihn gekränkt, wir können das vielleicht nicht verstehen. Dann haben sie ihm den eigenen Namen genommen, weil doch sein Vater krank war, sollte er nicht heißen wie er, auf dessen Namen er Eitel Heinrich getauft worden war. Sie benannten ihn um in Ulrich, weil das einem württembergischen Landesherrn angemessener war. Er wehrte sich dagegen und schrie immer wieder: ‚Und heiß' ich dennoch Heinz!'"

Antonia flüsterte: „Ich würde es auch nicht mögen, wenn man mich nach jemand anderem nennen würde. Mir gefällt die Antonia Visconti, nach der ich heiße!" Oft hatte das Mädchen im Stuttgarter Schloß vor dem Bild Herzog Ulrichs gestanden und versucht, ihn sich vorzustellen. „Aber er hat eine Kaiserenkelin zur Frau bekommen und hat sich nicht einmal darüber gefreut!"

Ihre Mutter lachte hell auf: „Kaiserenkelinnen machen sich gut in Stammbäumen. Aber wenn sie zornig sind oder einen schlechten Charakter haben, bringen sie ihre Männer genauso zur Weißglut wie ganz gewöhnliche Herzoginnen aus ebenbürtigen Häusern!" Barbara Sophia tauschte einen verständnisinnigen Blick mit ihrer Schwägerin. „Denk nur an Weiltingen", sollte das heißen.

Laut fuhr Herzogin Anna in ihrer Erzählung fort: „Sabine von Bayern war sich ihrer Herkunft wohl bewußt. Sie hat ihren Mann getriezt, wo sie nur konnte. Ebenbürtig wird sie ihn kaum empfunden haben."

Barbara Sophia zuckte die Achseln: „Sie konnte auch zufrieden sein. Württemberg war ein gefestigtes Staatswesen, nicht eben reich, aber doch wohlhabend. Dorthin gibt man seine Tochter gerne."

Von dem, was dann geschah, hatte ja auch niemand etwas ahnen können: „Es war eben nicht gut für Ulrich, daß er so jung zur Regierung gelangt war. Schon in der Bibel heißt es: Wehe dem Land, dessen Herrscher ein Kind ist. Er hat sein Land verspielt, seine Frau ist nach Bayern geflohen, die Kinder sind ihm fremd geblieben, und doch …" Anna fuhr sich mit der Hand über die Stirn, „war er es, der den Protestantismus im Land eingeführt hat. Er hat den Tübinger Vertrag geschlossen. Schon deswegen hätte mein Vater ihn am liebsten erwürgen mögen. Er war jähzornig und unberechenbar, manche seiner Leute weigerten sich, alleine mit ihm zu bleiben, weil sie ihn seit dem Mord im Schönbuch fürchteten. Aber man sagt, daß er auch zart war und man ihm unbesorgt einen Säugling anvertrauen konnte."

Barbara Sophia verdrehte die Augen: „Da keiner wußte, wann das eine oder das andere angesagt war, kann man die Leute ja verstehen!"

Anna ließ sich nicht beirren: „Am Ende seines Lebens war er so fromm, daß er selber und sein ganzer Hofstaat die Worte ‚Gottes Wort bleibet ewig' auf den Ärmeln eingestickt trugen. Jeden Tag hörte er eine Predigt und las ein Stück weit in der Bibel."

Ein seltsamer Mensch, fand Antonia, die trotzdem oft über Herzog Ulrich hatte nachdenken müssen. Seltsam nur, daß ein so wilder und merkwürdiger Mann einen Sohn haben konnte, der so umsichtig, weise und gelehrt war wie Herzog Christoph!

Allmählich lichtete sich der Wald, die holprige Straße führte jetzt durch sonnenüberflutete Wiesen und Weiden vorbei an vielen Obstbäumen. Nach einer scharfen Biegung der Straße lag die Stadt vor ihren Augen: Rote Dächer glänzten im Sonnenlicht. Auf einem Hügel lagen die Kirche und das beherrschende, mächtige Schloß. Unter den Württembergern, die den verfemten Herzog Ulrich an seinem Mömpelgarder Hof aufgesucht hatten, waren besonders viele Bürger aus Stuttgart und aus Böblingen. Es hatte immer geheißen, Ulrich hätte Böblingen unter seinen Städten sehr geliebt; wie es scheint, beruhte diese Liebe auf Gegenseitigkeit.

In der Stadt erzählte man sich, Pfarrer Lienhart Gerlach wäre zu Fuß nach Mömpelgard gewandert, nur um Herzog Ulrich die Beichte abzunehmen. Dafür und für seine Treue habe er vom gerührten Herzog ein Geschenk von zwei Gulden erhalten. Aber die Treue zum angestammten Herrscher hatte für die Bürger ihren Preis. Fünftausend Gulden Buße mußten die Ämter Leonberg, Herrenberg und Böblingen im Jahre 1525 bezahlen, weil sie Herzog Ulrich unterstützt hatten. Herzogin Barbara Sophia knetete erregt die Finger: „Aber darin haben sich die feinen Habsburger bis heute nicht geändert. Auch damals war es ein Ferdinand, der 1531 als Herzog von eigenen Gnaden das Land besuchte."

Für die Stadt Böblingen hatte sich ihre Treue nach der Rückkehr des Herzogs aus dem Exil ausgezahlt. Ulrich begann, den Südflügel der alten, unmodern gewordenen Pfalzgrafenburg in ein modernes Schloß umzubauen. Das bedeutete zunächst schwere Frondienste, aber auch Arbeit und Auskommen für die Handwerker und Bürger der Stadt. Auswärtige Baumeister und ihre Gehilfen brachten Geld in den Ort, Handel und Wandel begannen sich zu erholen, die Bevölkerung nahm wieder zu, die Stadt begann sich herauszuputzen. Der Bau der äußeren Zwingeranlagen wurde noch unter Herzog Ulrich begonnen. Aberlin Tretsch errichtete für Ulrichs Sohn Christoph den Nordflügel neu und verschönte ihn mit Renaissance-Arkaden, ähnlich denen im Stuttgarter Schloß.

Aus der wehrhaften Trutzburg der Pfalzgrafen wurde ein behagliches Jagdschloß, in dem größere Hofgesellschaften und die große Familie Christophs bequem Platz fanden. Mit Steinornamenten reich verziert war der gewaltige, ebenfalls von Aberlin Tretsch geschaffene neue Torbau. Für Besucher, die sich dem herzoglichen Jagdschloß mit seinen mächtigen Befestigungen vom Unteren Burgtor her näherten, war der Anblick dieser bei aller Mächtigkeit auch gemütlich wirkenden Baumasse so verblüffend, daß sie meistens den Weg an den üppigen Wein-, Blumen- und Gemüsegärten vorbei schweigend zurücklegten. Herzog Christoph hatte besonderen Spaß daran gefunden, in den Zwingergräben wilde Tiere zu halten. Bären, Löwen und Wölfe lebten in den engen Gräben genauso wie Hirsche und Rehe. In einem Brief aus dem Jahre 1553 bittet der Herzog seinen Böblinger Vogt: *„Getreuer. Wir schicken dir hiermit vier junger Beren. Die wollest von gegenwärtigem Zaiger empfahen, unnd in dem ainen Graben beiainander lauffen lassen. Unnd die alt Birrin zu den anderen zween jungen Beeren, so jetzt alda seindt, thuen. Verlassen wir unns. Christoph Herzog zu Wirtemberg."*

War die alte Pfalzgrafenburg mit ihren mächtigen, an manchen Stellen bis zu drei Meter dicken Mauern schon für die junge Grafenwitwe Mechthild von der Pfalz Mitte des fünfzehnten Jahrhunderts nicht mehr zeitgemäß gewesen, so daß sie mit ihren kleinen Kindern lieber im gemütlichen Grafenhaus an den Seen residierte, so blieb nach all den Umbauten der letzten Jahrzehnte kein Wunsch mehr offen. Die alte Burg hatte sich zu einem modernen, funktionstüchtigen Schloß gewandelt. Stadt und Schloß Böblingen präsentierten sich in den zwanziger Jahren des 17. Jahrhunderts dem von Süden her anreisenden Besucher als eine zwar kleine, aber geschlossen wirkende Anlage, die ihren besonderen Reiz der Emporen-Kirche St. Dionys verdankte, die Stadt und Schloß wie ein Wegzeichen verband. Eng drängten sich die Häuser in dem schützenden Mauergürtel aus roten Sandsteinen zusammen. Das Grün der die Stadt umgebenden Gärten verstärkte den satten Rotton noch. Vor wenigen Jahren erst hatte der Rat befohlen, die Stroh- und Schindeldächer wegen der Feuergefahr durch Ziegeldächer zu ersetzen. Die lange Friedenszeit hatte die Stadt und ihre Bürger wohlhabend werden lassen. Jedes noch so kleine Grundstück innerhalb der Mauern war bebaut, freie Flächen und Gärten gab es nicht mehr.

„Sieh nur, Antonia, wie schön die Stadt daliegt mit den vorgelagerten Seen! Ich habe das immer als etwas ganz Besonderes empfunden." Aufmerksam betrachtete Antonia die Umgebung. Enten und andere Wasservögel schaukelten auf den sanften Wellen der Seen, die Kutsche rollte jetzt über den Damm auf die Stadt zu. Dann bog der Wagen in den breiten Plattenbühl ein. Hier lag die ungeschützte Flanke der Stadt, von hier aus konnte der Feind am leichtesten in die Stadt eindringen. Die Böblinger hatten das Obere Tor direkt am Plattenbühl zusätzlich mit einem starken Vortor geschützt, so daß Antonia den Ritter Bobilo nicht sehen konnte.

Als im Deutschen Bauernkrieg der Truchseß von Waldburg die Bauern in der Schlacht bei Böblingen 1525 vernichtend geschlagen hatte, wurden einige der Anführer von den Truppen des Truchseß am Oberen Tor der Stadt abgeurteilt und auch gleich enthauptet. Die Köpfe wurden zur Abschreckung für die Bevölkerung auf Stöcke gespießt und am Tor festgemacht. Auch Antonia kannte die Sage, nach der ein kluges und mutiges Böblinger Bürgermädchen einen von ihnen gerettet haben soll. Vermutlich war es Matern Feuerbacher, den sie auf dem Dachboden des Oberen Tores versteckte und versorgte, bis wieder Ruhe eingekehrt war. Danach verhalf sie ihrem Schützling zur Flucht, man hat nie wieder etwas von ihm gehört.

Eng an der alten Burgmauer entlang fahrend, hatte die Kutsche bald das Untere Burgtor erreicht. Der Kutscher knallte ungeduldig mit der Peitsche und rief dem neugierig aus dem Tor spähenden Wächter die Namen seiner Fahrgäste zu. Es dauerte eine Weile, bis der Wächter begriff, doch dann sprang er, so schnell ihn seine Füße trugen, aus seiner Stube und öffnete das Tor. Herzogin Anna stieß die Kutschentür auf: „Ach, laßt uns doch bei dem schönen Wetter ein wenig zu Fuß gehen. Das tut bestimmt gut nach dem langen Sitzen." Antonia sprang leichtfüßig aus dem Wagen auf das unebene Pflaster und reckte sich. Tief sog sie die Luft ein. Herzogin Anna verstand und lachte: „So schnell wirkt die gute Böblinger Luft nun auch wieder nicht, du mußt dich schon ein bißchen gedulden."

Ehrerbietig hatte der Kutscher Herzogin Barbara Sophia aus dem Wagen geholfen. Antonia nahm den Arm ihrer Mutter und deutete auf den Torbau. Barbara Sophia nickte lächelnd: „Eigentlich ist nur Tübingen noch imponierender!" Doch dann wurde die Aufmerksamkeit Antonias von den sich zu beiden Seiten des Fahrweges bis hinunter zu den Zwingeranlagen erstreckenden Gartenanlagen angezogen.

Im Schloß herrschte lebhaftes Treiben. Endlich war der Herzog von der Weiltinger Taufe zurückgekehrt. Nun konnte die Jahresjagd ihren gewohnten Fortgang nehmen. Gestern hatte die Jagdgesellschaft mit dem regierenden Herzog und seinen beiden Brüdern einen außerordentlich erfolgreichen Ausflug hinüber in den Stuttgarter Forst unternommen. Allein Johann Friedrich hatte zwanzig Stück Wild erlegt, darunter einen kapitalen Sechzehnender. Der begeisterte Jäger hatte sofort nach dem Heimkommen angeordnet, den Kopf des Hirsches mitsamt dem Geweih so zu präparieren, daß man ihn im Jagdsaal von Schloß Böblingen bei den anderen außergewöhnlichen Jagdtrophäen ausstellen konnte.

Heute nun luden die Brüder Johann Friedrichs zu einem Festmahl in die Türnitz im Südflügel des Schlosses ein. Seit dem frühen Morgen waren die Bediensteten, verstärkt durch einige eilig aus der Stadt heraufbeorderte Mägde, damit beschäftigt, den Saal festlich herzurichten und die Tische zu schmücken. Aus dem hohen, turmartigen Kamin der Schloßküche stieg bereits der Rauch auf. Auch hier halfen Mädchen aus der Stadt aus. Sie wußten, es würde ihr Schaden nicht sein. Manches von dem, was da jetzt in Töpfen und Pfannen zubereitet und auf großen silbernen Platten angerichtet wurde, konnten die Gäste nicht bewältigen. Die Reste trugen dann die Helferinnen aus der Stadt mit heim. Aber mehr noch als die aus der Schloßküche mitgebrachten Köstlichkeiten setzten die Berichte vom Leben und Treiben der Schloßgesellschaft die interessierten Bürger der Stadt in Erstaunen.

Dazu kamen die Boten aus Wien und München, aus Heidelberg und aus Berlin, die schweißnaß und staubbedeckt zum Schloß hinaufritten. Die Bürger der Stadt wunderten sich über die Nachrichten, die sie überbrachten. Manchmal saßen die Boten an den Abenden in den Wirtshäusern und erzählten vom Leben in den großen Städten. Sie berichteten von schlimmen Krankheiten, die ganze Landstriche ausrotteten, von Gegenden, die der Krieg mit seinem gnadenlosen Troß zerstört hatte, von Teuerungen in den Städten und von der Ohnmacht des Landvolkes den Soldaten gegenüber. Noch, so erzählten sie, wäre Württemberg wie eine Insel im Meer des Krieges, aber wenn erst der Wallenstein mit seinen Truppen käme, dann wäre es damit vorbei. Die Bürger mochten es nicht glauben, hüteten aber ihr Geld, sie gaben es nicht mehr so leicht aus wie in den vergangenen Jahren und beobachteten mit noch größerer Aufmerksamkeit als zuvor, wer zur Jagd aufs Schloß kam und wer nicht. Die Herrschaften rüsteten überall, das war teuer, die Bürger und die kleinen Städte hatten die Hauptlast zu tragen. Dabei gerieten die Amtsorte auch untereinander in Streit. Böblingen konnte ein Lied davon singen.

Wie jeder andere Flecken im Amtsbezirk hatte auch die Stadt Sindelfingen beim Bau und bei den Ausbesserungsarbeiten des Böblinger Schlosses zu helfen. Aber dazu hatten die Sindelfinger eigentlich noch nie Lust verspürt, ihre eigenen Mauern standen ihnen da um etliches näher. Schließlich war es ihnen zu dumm geworden, und sie hatten gegen die Anordnung geklagt. In ihren Augen war „Sindelfingen nicht ein schlechter Amtsflecken, sondern eine gefreite und eigene Stadt", aus der die Böblinger nur allzugerne „ein Dorf machen möchten!" Während die Böblinger es als ihr verbrieftes

Recht erachteten und so gar nicht weiter auf die Anschuldigungen eingingen, hatten die schlauen Sindelfinger die herzoglichen Räte mit ihren Argumenten auf ihre Seite gebracht. Da hieß es: „So sind auch etliche Flecken im Amt, auch der von Rohr, die in Kriegsnöten Gerechtigkeit haben, in die Stadt Sindelfingen mit Vieh und Leute zu fliehen, und die Mauern in Feindesnöten mit Kolben zu retten und zu schirmen schuldig und verpflichtet seien." So verlor die Stadt Böblingen den Prozeß und Sindelfingen wurde ein eigenes Amt mit an die 300 Bürgern, einem eigenen Vogt, jedoch ohne Amtsorte. Kein Wunder, daß die Sindelfinger triumphierten und die Böblinger schäumten. Nicht nur mit Worten hätten die Sindelfinger die Richter überzeugt, hieß es bei den Böblingern, die die 100 Gulden nur für die Spitze des Eisberges hielten, die dem Landhofmeister nach dem Urteilsspruch übersandt wurden.

Trotz der Befreiung von Böblingen blieb ein Stachel im Fleisch der Sindelfinger zurück: Sie hatten trotzdem den Böblingern beim Bau des Schlosses und seiner immer wieder maroden Mauern zu helfen. Lange waren die Böblinger über die Niederlage so aufgebracht, daß das Geschrei bis nach Stuttgart drang. Erst als der Herzog eingriff und drohte, „Vogt, Bürgermeister und die Herren des Gerichts in den Turm legen zu lassen, wenn sie hinfüro von dergleichen unbilligen Sachen nicht sollten abstehen", hatten die Anschuldigungen aufgehört. Auch die Sindelfinger mußten dem herzoglichen Rat , „gute nachbarliche Korrespondenz" mit Böblingen zu halten, zähneknirschend Folge leisten und bezeichneten die ungeliebten Nachbarn honigsüß als „edelfest, ehrenfest, hoch- und wohlgeacht, insonders viel und geehrte Herren Nachbarn".

Was sie nicht daran hinderte, der Aufforderung des Böblinger Vogtes, am Schloß und seinen Zwingeranlagen zu fronen, auch in Zukunft nicht zu folgen. Vor kurzem erst hatte Herzog Johann Friedrich seinen „lieben Getreuen" in Sindelfingen wieder einmal einen geharnischten Brief schreiben müssen: *„Bey uns haben sich Bürgermaister und Gericht, auch die verordnete Neuner unserer Stadt Böblingen in Underthänigkeit beklagt welcher gestallten ihr euch der laistenden Frohn*

bey unserem fürfallenden Schloß und anderen Gebäuen daselbsten
in sonderhait mit vor- und zuführung der Stain im Beerengra-
ben uff ihr gethanes Zuschreiben verwaigern und darbey noch
ferner fürgeben thuen, dergleichen uff ihr Begehren ehister zu
verrichten, oder zu laisten nicht schuldig zu sein, solches werde
Euch dann von unserer Canzley uß zuvor durch Befelch uffer-
legt."

Langsam war Herzogin Barbara Sophia mit ihrer Schwägerin den Weg durch die Gärten zum Schloß hinaufgegangen.
Antonia hatte entzückt den kleinen Renaissancegarten betrachtet, der nicht viel größer war als der auf Burg Zavelstein
und den sie dort so sehr bewundert hatte. Herzogin Anna
blickte zum Torturm hinauf: „Ah, die Glocke hängt jetzt
endlich, aber die Uhr ist immer noch nicht wieder in Ordnung gebracht."

Barbara Sophia schüttelte den Kopf: „Dabei hat Meister
Michael Roßheimer aus Bietigheim den Auftrag doch bekommen, man muß vielleicht beim Vogt noch einmal nach-
fragen." Antonia stand auf der Zugbrücke und blickte hinab
in den tief unter ihr liegenden Bärengraben. Sie konnte aber
keines der mächtigen Tiere erblicken.

„Einmal", erzählte Herzogin Anna, „als ich noch klein war,
ist eine der Bärenmütter gestorben, da hat die Frau des Torwächters die beiden Kleinen mit der Flasche großgezogen, so
als wären es Menschenkinder. Ich bin in dem Sommer fast
nur im Torhaus zu finden gewesen. Schön war das!"

Barbara Sophia fing einen Blick ihrer Tochter auf und
schüttelte den Kopf: „Im Augenblick gibt es keine Bärenjun-
gen, die versorgt werden müssen, auch wenn es noch so schön
wäre!" Leise fügte sie hinzu: „Obwohl sich das Problem vielleicht schneller lösen ließe als manch ein anderes!" Laut sagte
sie: „Aber wir sollten uns jetzt wirklich beeilen, sonst
schicken sie noch einen Suchtrupp nach uns aus."

Die Zimmer der herzoglichen Familie lagen im nördlichen
Flügel des Schlosses. Vom Hof aus führte eine schön ge-
schwungene Wendeltreppe in einem Turm hinauf in die oberen Stockwerke. Beide Schloßflügel wurden durch einen von
Aberlin Tretsch mit Arkaden ausgestatteten Querbau verbunden. Wie in Stuttgart, dachte Antonia, nur ist alles sehr

viel kleiner und enger. Ihr Gemach schloß an die von Herzog Christoph eingerichtete Jagdstube an. Dieses Zimmer mit seinen schön gemalten Jagdszenen war einst der Lieblingsraum Herzog Christophs im Böblinger Schloß gewesen. Hierher wurden alle ungewöhnlichen Jagdtrophäen aus dem Böblinger Forst gebracht, all die Geweihe der kapitalen Hirsche, die einst die Freude und das Entzücken ihrer Jäger gewesen waren, hier hatten sie eine Heimstatt gefunden und kündeten auch den nachfolgenden Generationen vom Wildreichtum des Böblinger Forstes.

Eine der jüngeren Hofdamen ihrer Mutter hatte Antonia in das für sie vorbereitete Zimmer gebracht. Während man von den Fenstern der Jagdstube einen sehr schönen Blick auf die Kutsche hatte, sah man von Antonias Zimmer auf die Gärten und die Befestigungsanlagen des Schlosses. Direkt unter dem Nordflügel begann der Wolfsgraben. Wie sein Name sagte, hatte man in ihm zu Herzog Christophs Zeiten Wölfe gehalten, aber jetzt waren die Gehege verwaist. Neben Antonias Gemach lagen die beiden Zimmer ihrer Tante Anna. Für Herzogin Anna war der Aufenthalt in Böblingen eine Erinnerung an ihre Kindheit. Anders als ihr soviel älterer Bruder Johann Friedrich hatte das jüngste von fünfzehn Kindern nie unter der dominierenden Persönlichkeit ihres Vaters gelitten.

Sie hatte sich damit abgefunden, keinerlei Bedeutung für die Hauspolitik zu haben. Mit diesem Bewußtsein war sie groß geworden. Das fröhliche, unbeschwerte Mädchen hatte in der Frau ihres ältesten Bruders eine warmherzige Freundin gefunden. Schwesterlich aufgenommen in der großen Familie, hatte Anna nur selten unter der eigenen Ehelosigkeit gelitten. Die Gedanken an die Zukunft ihrer Nichten machten ihr viel mehr Sorgen. Besonders für Antonia müßten jetzt feste Eheabsprachen getroffen werden. Dieses Mädchen mit seiner wachen Intelligenz, seinem Mut und seiner Lebensfreude schien wie geschaffen, die Stellung einer Landesmutter auszufüllen. Aber bisher hatte sich niemand der Sache angenommen. Und, so wie die Dinge jetzt standen, waren auch für die Zukunft die Aussichten gering.

Von diesen Überlegungen ihrer Lieblingstante wußte Antonia nichts. Sie freute sich auf das Festmahl in der Türnitz.

Eine junge Magd aus der Stadt half ihr dabei, das schwere Reisekleid gegen ein hellbraunes Seidenkleid zu tauschen. Das Mädchen war nicht viel älter als Antonia, einige Jahre schon half ihre Mutter bei Festen im Schloß aus. Diesmal hatte Rose ihre Mutter das erste Mal begleiten dürfen. Am frühen Morgen hatte sie geholfen, den großen Saal der Türnitz festlich zu schmücken. Danach durfte sie das silberne Geschirr und die Bestecke auf die Tische legen, die mit feinstem weißen Leinen gedeckt waren. Die endgültige Anordnung war dann von den Stuttgarter Dienern besorgt worden. Dazu konnte der Landhofmeister nicht das Aushilfspersonal gebrauchen. Unaufhörlich plappernd unterhielt das Mädchen Antonia mit Geschichten und Anekdoten aus der Stadt.

Jetzt half sie ihr, das Kleid zu schließen. Vor dem silbernen Spiegel kämmte sich Antonia das dunkelblonde Haar. Bewundernd stand die junge Magd daneben. Sie war die Tochter des Torwärters vom Unteren Tor. Noch nie hatte sie so schöne Haare gesehen, und so feine, weiße Hände mit sorgfältig polierten, rosigen Nägeln. Nicht einmal die Tochter des Böblinger Untervogts trug so einen schönen Ring am Finger, obwohl sie doch einige Jahre älter war als das Fräulein von Württemberg und sich viel auf ihre Vornehmheit einbildete! Antonia lächelte Rose im Spiegel zu und fragte: „Wie alt bist du denn?"

Rose ärgerte sich, daß sie rot wurde und antwortete: „Sechzehn geworden im Februar!"

„Meine Schwester Henriette wäre fast so alt, aber sie ist schon lange gestorben."

Rose nickte, mit dem Sterben hatte auch sie ihre Erfahrungen gemacht: „Zwei Schwestern sind gestorben, damals bei der großen Krankheit, und mein kleiner Bruder am Krampfhusten ... Drüben bei der Marienkapelle in der Vorstadt haben wir sie begraben." Lebhaft fügte sie hinzu: „Wir haben auch eine Henriette, im Chor der Kirche, auf einem Stein ist sie zu sehen, mit zwei Fischen!"

Antonia sprang auf: „Bestimmt ist das Gräfin Henriette von Mömpelgard, kann man das Bild sehen? Weißt du, ich möchte gerne soviel wissen ..."

Rose verstand zwar nicht, was daran so Besonderes sein sollte, aber wenn es für das Fräulein so wichtig war, dann würde sie schon mit ihr hingehen. „Wir müssen aufpassen, wenn sie uns erwischen, lassen sie mich nicht gehen!"

Antonia öffnete vorsichtig die Tür zum Gang und spähte hinüber zum Treppenturm. „Mich suchen sie zwar meistens nicht, aber wenn ihnen auffällt, daß ich fehle, setzt es was." Rose hatte ihr schwarzes Wolltuch umgelegt und nahm Antonia fürsorglich bei der Hand, gemeinsam stiegen sie die Treppe hinunter und gelangten, betont langsam gehend, über den Schloßhof zum Tor, das die Zugbrücke über den Graben zwischen Schloß und Kirche sicherte. Noch immer hielt Rose Antonias Hand.

„Wenn wir Glück haben, dann ist die Herrschaftstür, die in den Chor führt, geöffnet." Rose flüsterte vor Aufregung über die Wichtigkeit ihrer Aufgabe. Vorsichtig drückte sie den Klopfer an der schweren Tür herunter. Beide hielten den Atem an: Richtig, mit vereinten Kräften konnten sie die Tür einen Spalt breit aufziehen und schlüpften, so schnell es ging, hindurch.

„Schau da oben – in dem Stein, dort ist sie." Antonias Augen mußten sich erst an das besondere Licht in der Kirche gewöhnen. Angestrengt blinzelte sie in die Wölbung des Chores hinauf. Sie erblickte ein Frauenantlitz, umwallt von langen dunkelblonden Haaren, das seitwärts von zwei Fischen, den Wappentieren Mömpelgards begrenzt wurde.

„Wie seltsam", dachte sie, „ist es doch immer wieder, Personen zu begegnen, von denen man sonst nur etwas gelesen oder im Unterricht gehört hatte." Die Welt veränderte sich, wenn man an einem Ort stand, von dem man genau wußte, daß auch andere dort gewesen waren, Menschen, die man nicht kannte und die man nie kennenlernen würde und die einem doch seltsam vertraut waren. Wie schade, daß Henriette das nicht mehr erleben konnte!

Rose stupfte sie in die Seite: „Mein Vater sagt, diese Gräfin von Württemberg habe auch einen Heilig-Kreuz-Altar auf der Herrschaftsempore gestiftet, zur Erinnerung an ihre Schwiegereltern. Er muß unvergleichlich schön gewesen sein. Aber in der Reformation ist das heidnische Bild vernichtet worden."

Neugierig sah Antonia sich um. Das Gotteshaus war klein, aber die Fenster waren sehr schön, besonders das Rot und das Blau leuchteten, wenn wie jetzt das Licht der schrägstehenden Sonne darauf fiel. Auch der Orgelprospekt konnte sich sehen lassen! Das Gestühl war feingeschnitzt, die dekorative Ornamentik wundervoll herausgearbeitet. Alte Böblinger wußten noch, daß es ein Werk des Meisters Hans Ernst war. In Böblingen geboren, hatte er das Schreinerhandwerk erlernt und es beim Schnitzen zu einer weithin berühmten Kunstfertigkeit gebracht. Nachdem man ihm das Gestühl in der Kirche seiner Vaterstadt anvertraut hatte, wuchs sein Ruhm noch. Eines Tages war der Abt des Stuttgarter Dominikaner-Konventes nach Böblingen gekommen. Er hatte schweigend das Gestühl betrachtet, und wenig später bekam Hans Ernst den Auftrag, ein ebenso schönes, wenn nicht noch prachtvolleres für den Konvent zu schaffen. Das war schon lange her, aber die Böblinger hatten die Auszeichnung eines Künstlers aus ihrer Stadt nicht vergessen.

Langsam drehte sich Antonia zu ihrer Begleiterin um: „Ist es eigentlich weit von hier aus bis zum Oberen Tor? Ich würde mir doch so gerne einmal den Räuber Bobilo mit seinem Blechhütchen ansehen!"

Rose schüttelte den Kopf: „Das sind nur ein paar Schritte, wir brauchen nur eine offene Tür. Aber dürfen wir das, einfach so davonlaufen?"

Antonia zuckte die Achseln: „Ich weiß nicht, aber mit dir schimpfen sie mit Sicherheit nicht, denn schließlich kannst du gar nicht anders, als meinen Willen zu erfüllen." Das leuchtete auch Rose ein, niemals dürfte sie ein Fräulein von Württemberg, das ihr nun einmal anvertraut worden war, alleine lassen. Und was könnte sie ihren Freundinnen nicht alles erzählen, wenn sie von ihrem Ausflug zurück in ihr ganz normales Leben kam. Noch einen letzten Blick warf Antonia hinauf zur Empore der Kirche und zum Schlußstein mit dem Bild der Henriette von Mömpelgard, der reichen Erbtochter einer schönen Grafschaft, deren Leben so unglücklich verlaufen war. Dann folgte sie Rose zum Ausgang der Kirche auf der Stadtseite.

Von hier aus waren es nur wenige Schritte bis zum Marktbrunnen, an dem geschäftiges Treiben herrschte. Seit fast genau einhundert Jahren wurde er gekrönt von der steinernen Figur eines heiligen Christophorus, der auf der Schulter seines angewinkelten rechten Armes ein sich in fröhlicher Nacktheit präsentierendes Jesuskind trug. „In Leonberg haben sie einen Wäppner als Brunnenfigur, eigentlich ist es Herzog Christoph", murmelte Antonia, während sie fasziniert das gutgenährte Gotteskind mit den steinernen Speckfalten an den Armen und Beinen betrachtete. Langsam ging sie um den Brunnen herum. Gewohnt, Bilder und Statuen lange und eingehend zu betrachten, blieb sie in Gedanken versunken stehen, als sie zu Füßen des heiligen Mannes ein Käuzlein entdeckte.

Doch leider ließ sich dieses Rätsel nicht sofort lösen. Ungeduldig bestand Rose darauf, schnell zum Oberen Tor weiterzugehen. Denn die Blicke der Frauen und Mädchen, die aus dem Brunnen Wasser schöpften und die ungeniert die Torwächterstochter und ihre kostbar gekleidete Begleiterin anstarrten, begann Rose Angst einzuflößen. „Hinter dem Brunnen, das ist das Haus des Vogtes, in alter Zeit hat es einer der Vögte innen ganz ausmalen lassen. Man kann Stunden damit verbringen, die einzelnen Räume anzusehen."

Neugierig sah Antonia zu dem hochgiebeligen Fachwerkhaus mit den Butzenscheiben hinauf. Wirklich, das Haus stellte auch von außen etwas Besonderes dar. Rose schlug nun den Weg vom Marktplatz hinunter zum Oberen Tor ein. Die enge Gasse führte hinter dem Haus des Schultheißen vorbei und lief dann in einem Bogen auf den Torbau zu. Die Häuser waren schmalbrüstig, sie schmiegten sich so eng aneinander, daß es aussah, als würden sie sich gegenseitig stützen. Doch einige von ihnen wirkten so stattlich, daß sie auch einer größeren Stadt alle Ehre gemacht hätten. Die beiden Torwächter fertigten gerade einen Wagen ab, der die Stadt verlassen wollte. Ungeduldig stampften die Pferde mit den Hufen, der Fuhrmann schimpfte nörgelnd vor sich hin, denn die hier bei der Kontrolle versäumte Zeit konnte er auf den schlechten Straßen weiter außerhalb nicht wieder aufholen. Die beiden Mädchen nutzten den Trubel geschickt aus, schlüpften durch das Tor und blieben dann aufatmend stehen. Hier draußen waren sie ziemlich ungestört.

Jetzt erst kam Antonia zu Bewußtsein, wie sehr sie die unverhohlen neugierigen Blicke der Passanten gestört hatten. Aber sie war auch stolz auf sich. Anders als noch vor kurzer Zeit, gelang es ihr mehr und mehr, ihre Schüchternheit zu überwinden. Sie grüßte höflich zurück, immer öfter konnte sie dabei auch lächeln. Ganz so, wie es ihr die Mutter geraten hatte.

Rose wies mit dem Finger auf eine Nische oben im Tor: „Siehst du, dort steht er, der Räuber Bobilo, alle Jahre wieder aufs neue bunt angemalt, das ist jedesmal ein großes Fest. Und der blecherne Hut freut besonders die jungen Burschen. Manche haben das Dächlein schon rauben wollen, aber es steht eine ziemlich hohe Strafe darauf."

Antonia lachte, sie hatte sich diesen Bobilo nicht so lustig vorgestellt. Die buntgefaßte Figur strahlte Freundlichkeit und biederen Bürgersinn aus. So recht konnte sie sich keinen Reim auf die Liebe der Böblinger zu ihrem Räuber machen: „Woher ist er gekommen, und warum mögen sie ihn so?"

Langsam erst und stockend, dann immer freier werdend, begann Rose nun eine Sage zu erzählen, die sie von ihrem Großvater gehört hatte: „Es war einmal vor langer Zeit, im Jahr 921, damals war ein Herr Richardus Herzog von Schwaben. Sein Vater war ein deutscher Herr, seine Mutter eine Schwester des Königs Offo von England. Richard wohnte lange auf seiner Burg an dem Ufer der Rems bei Beutelsbach. Der König Offo war ein sehr frommer Mann, ein Liebhaber Gottes und der Menschen. Nachdem er gestorben war, hielten seine nächsten Freunde und engsten Angehörigen einen Rat ab und sagten zueinander: ‚Obschon unser Herr König keine Leibeserben hat, so wollen wir doch nur einen Angehörigen aus seinem Geschlecht zum König wählen.' Nachdem der Rat so beschlossen war, wählten sie Herrn Richard zum König von Engelland. Es hatte aber dieser Herr Richard einen Onkel, seiner Mutter Bruder, der auf dem Schlosse zu Herrenberg wohnte. Diesem unterstellte er alle die Seinigen, die ihm lieb waren und auch das ganze Land, welches er zum Erbteil bekommen. Dann sprach er zu seinem Diener: ‚Zwischen mir und meiner Mutter Bruder ist ein großer Wald und bei dem Wald eine Burg mit Namen Böblingen. Darinnen halten sich greuliche Räuber auf und solche, die sich vom Stegreif nähren. Deshalb müssen wir uns eine List erdenken, wie wir ungeschoren durch diesen Wald kommen können.' Scheu umgingen sie nun die gefürchtete Burg und lagerten an einem Ort, den sie ,Sindelfingen' nannten, das sollte heißen ,der Sinn ist funden'. Am anderen Morgen früh gelangten sie in ein schönes Tal, der Morgenstern war längst aufgegangen und der Tag bereits angebrochen. Herr Richard nannte den Ort ,Tagerschein'. Aber in dem Wasser des Ortes, in der Schwippe, befanden sich viele Schlangen, Eidechsen und Kröten und auch noch anderes Getier. Als der fromme Herr Richard das eklige Getier sah, rief er den Heiligen Fridolin an und versprach, ihm zu Ehren einen Altar zu bauen, sobald der Ort von dem Gewürm gereinigt wäre. Das Gelübde hatte Erfolg, der Ort ist bis auf den heutigen Tag frei von Schlangen und anderem Otterngezücht. An diesem Ort wartete nun der Herr Richard mit seinen Lehnsknechten, bis der Onkel aus Herrenberg erschien und ihn sicher vor dem Böblinger Räuber mit großer Freude nach Herrenberg geleitete."

Atemlos hatte Antonia zugehört: „Und es gibt diesen Ort bis heute?"

Rose nickte. „An der Straße nach Calw – da liegt Dagersheim. Ich war schon einmal mit meinem Vater dort. Ein stattlicher Flecken, der einen Morgenstern und eine schöne gekrönte Schlange in seinem Wappen führt. Das ist mir immer recht merkwürdig vorgekommen, bis mein Großvater mir eben diese Geschichte erzählt hat."

Mit einem raschen Griff rückte Antonia ihre Haube zurecht und warf noch einen letzten Blick auf den Räuber Bobilo, nach dem sich diese geschäftige und lebendige Stadt ihres Vaters angeblich benannt hatte. Die beiden Mädchen kehrten durch das Tor in die Stadt zurück. „Wenn du willst, zeige ich dir auch noch das Untere Tor, dort ist mein Vater Torwächter. Wir haben aber auch einen kleinen Laden mit Hüten und Mützen. Da drüben beim Zehnthaus für das Kloster Hirsau ist es viel schöner als hier." Erst jetzt nahm Antonia die vielen Leute wahr, die zusammengelaufen waren, um sie zu grüßen. Die Männer zogen die

Hüte und die Frauen knicksten, schüchterne Kinder versteckten sich hinter den Schürzen ihrer Mütter, Antonia nickte ihnen zu und lächelte. Seltsamerweise machte es ihr von Mal zu Mal weniger aus. Zusammen mit Rose folgte sie der engen Gasse, links tauchte jetzt der Helm des dicken Bärenturmes auf. Rose drängte vorwärts: „Schnell, laß uns laufen, es ist viel Volk unterwegs, mir ist schon ganz unbehaglich." Die beiden Mädchen tauschten einen raschen Verschwörerblick und betraten nun die enge, leicht gekrümmte Gasse, deren Häuser sich im Süden an die Stadtmauer anlehnten.

„Blöde Mauer!" murmelte Rose. Fragend sah Antonia die neugefundene Freundin an, der Herzogstochter waren Mauern immer als etwas Selbstverständliches erschienen. „Ach, ewig ist sie kaputt. Mein Vater sagt, der Sandstein aus dem Schönbuch zieht das Wasser an wie ein junges Ding die Kerle. Besonders hier an der Ecke, im Mauerknick, immer wieder muß man die Steine ersetzen, im Winter sammelt sich das Wasser und sprengt alles regelrecht weg. Dann muß gefront werden. Die Mauer ist ein Loch, in dem unser Geld verschwindet." Rose seufzte tief auf, die Sorgen der Erwachsenen waren auch die ihren. Für Antonia waren diese Probleme neu. „Die Pfarrgasse ist für uns jetzt die beste Verbindung zwischen den beiden Stadttoren. Früher war das anders, da mußten alle Fuhrleute, die von auswärts kamen, über den Marktplatz, da war das Obere Tor aber auch noch woanders. Aber so genau weiß ich das auch nicht, mein Großvater erzählt viel davon, er hat damals fronen müssen. Das waren harte Zeiten." Rose schwieg, in Gedanken malte sie sich die früheren, schrecklichen Zustände in ihrer Vaterstadt aus. Wie froh war sie, im modernen Böblingen zu leben. Die Stadt hatte sich in den letzten Jahrzehnten seit dem Neubau des Schlosses langsam, aber unverkennbar gewandelt. Nach der Fertigstellung des Nordflügels hatte Herzog Christoph das alte, wasserumschlossene Grafenhaus am See, in dem Mechthild von der Pfalz mit ihren beiden noch kindlichen Söhnen so gerne residiert hatte, verkauft. Die Württemberger verfügten nun mit dem neuen Schloß über eine repräsentativere Residenz in der Stadt.

Zwar arbeitete noch immer der größte Teil der Bevölkerung in der Landwirtschaft, aber schon beanspruchten Handel und Gewerbe immer größeren Raum. Die vor den Toren der Stadt gelegenen Äcker waren nicht immer schnell zu erreichen. In der Erntezeit rumpelten die Ochsen- und Kuhgespanne die engen steilen Gassen hinauf und hinunter, sie waren schwer zu manövrieren, und oftmals war es Millimeterarbeit, so einen Erntewagen vor die eigene Scheuer zu bringen. Das Leben war hart und mühevoll. Wein war eines der Hauptgetränke der Bevölkerung, der wuchs an den Südhängen des Galgenberges und an den südlichen Hügeln im Osten der Stadt. Großer Beliebtheit erfreuten sich auch die Weine, die an der Ensinger Halde wuchsen. Für die Verarbeitung des Rebensaftes stand die Kelter in der Oberen Vorstadt zur Verfügung. Berühmt und für die Wintervorräte der Bevölkerung sehr begehrt war das Dörrobst, das aus den Früchten der zahlreichen Obstgärten rund um die Stadt getrocknet wurde. Bei der Veredelung von Wildlingen, die sich die Obstbauern früher wahllos aus den Wäldern geholt hatten, mußte seit einiger Zeit der Forstmeister zu Rate gezogen werden.

„Schade, wenn du im Juni noch nicht hier warst, am 15. haben die Kessler ihren Jahrestag, da ist immer was los, da muß man einfach dabeigewesen sein. Von ihrem Wirtshaus, dem ‚Schwarzen Adler‘ ziehen sie dann mit klingendem Spiel mitsamt ihrer Zunftlade zum Rathaus. Aber meine Mutter sagt, an diesem Tag hält man besser Tor und Tür verschlossen, die klauen einem sonst die Wäsche von der Leine." Rose hatte sich ganz in Begeisterung geredet: „Märkte sind was Tolles, jeden Donnerstag ist Fruchtmarkt, da kannst du vielleicht ja mal mitgehen, wenn du darfst." Aber Roses Hoffnungen waren hier nicht sehr groß, denn ihre eigene Mutter ließ sie schon lange nicht mehr gerne allein auf einen Markt. Besonders seit ihr einmal einer der Händler ein schönes rotes Halstuch hatte schenken wollen. Rose war anzusehen, wie sehr sie das Verhalten ihrer Mutter mißbilligte.

Antonia verstand vieles von dem, was ihr Rose erzählte, nicht. Sie hatte sich vorgenommen, alles, was sie erfahren hatte, später mit Herzogin Anna zu besprechen. Manches kam ihr seltsam vor. Im Vergleich zu ihrem behüteten Dasein, eingebunden in den Tagesablauf eines Hofes, kam ihr Roses Leben in der Stadt bunt und abwechslungsreich vor. Besonders die Schilderungen der Markttage hatten es ihr angetan. Zu den Jahrmärkten – Böblingen durfte zwei davon im Jahr ausrichten – kamen auch Gaukler und Taschenspieler in die Stadt. Die Märkte machten Böblingen zu einem weithin bekannten Anziehungspunkt und ließen Handel und Wandel aufblühen. Es entstanden neue Handwerksbetriebe und Gewerbeansiedlungen. Zimmerleute, Tuchscherer, Wollweber, Seiler, Kürschner und Steinhauer – sie alle fanden ihr Auskommen. Das Leben floß behäbig dahin, die Handwerker trafen sich in Zünften und Innungen, jeder Bürger, der einen „eigenen Rauch" zu versorgen hatte, bekam eine Gabe Brennholz aus dem Wald, brauchte er Bauholz, bekam er es zu einem verbilligten Preis. Der Handel mit Salz, für das die Stadt in ihrem Amtsbezirk das Verkaufsrecht besaß, verlieh ihr eine privilegierte Stellung. Die weiße Kostbarkeit, auf großen Handelswagen aus dem Salzburgischen herangeschafft, wurde in einem großen, gut ausgebauten Salzlager aufbewahrt – zur Freude der Böblinger und zum Neid der ärmeren Nachbarn.

Bei der von Mauern umgebenen Staffelmühle am Oberen Tor lag die Badstube. Auch hier hatte die kleine Amtsstadt etwas Besonderes zu bieten. Das Wasser aus den acht Brunnen der Stadt floß in der Regel reichlich und war von ausreichender Qualität. Am liebsten jedoch schöpften die Böblingerinnen ihr Wasser aus dem Marktbrunnen, dessen Wasser war „so weich und schmackhaft wie Nußkern". So hatte es Rose Antonia vorgeschwärmt. Meistens aber holte die Torwächterstochter ihr Wasser der Bequemlichkeit halber aus dem Brunnen bei der Staffelmühle. Es war zwar im Sommer wohltuend kalt, hatte aber einen merkwürdigen Beigeschmack. Großvater meinte, das käme von der Schwefelquelle, die, auf dem Boden des Unteren Sees gelegen, seit vielen Jahren in eine hölzerne Teichelleitung* gefaßt war und in

---

* Wasserleitung aus ausgehöhlten Baumstämmen

die Badstube geleitet wurde. So brauchten die badelustigen Böblinger eigentlich keines der Wildbäder im Schwarzwald aufzusuchen, sie hatten das gesundheitsbringende Wasser vor den eigenen Toren.

Der Donnerstag und der Samstag waren die Tage des Baders, an den anderen Tagen brauchte der Staffelmüller das Wasser. Antonia, die den Badebetrieb gerade in Wildbad und Teinach erlebt hatte, staunte über die Erzählungen Roses. Das städtische Badeleben, so lernte sie, war genau geregelt. Bei Hofe war für die Krankheiten der Leibarzt Dr. Schopf zuständig. Hier ging man zum Bader, er ließ zur Ader oder zog kranke Zähne. Das Gebrüll der schmerzgepeinigten Patienten war besonders im Sommer bis in die Stuben des Torhauses zu hören. Die Preise waren bis auf den letzten Handgriff festgelegt. Und wollte der Bader seine Badstube verkaufen, so hatte die Stadt das Vorkaufsrecht. Zu wichtig war der Badebetrieb für die Gesundheit in der Stadt, als daß man so ein Geschäft wahllos einem Fremden überlassen konnte.

Einige Schritte nordwestlich des mächtigen Zehnthauses des Klosters Hirsau erhob sich das Untere Tor. Ein wenig düster wirkte es, aber die trutzigen Mauern, der hübsche Glockenturm und die blankgeputzten Fenster strahlten auch Behaglichkeit aus. Wenigstens auf der der Stadt zugewandten Seite. „Laß uns zum Vater gehen, damit er uns vor das Tor gehen läßt." Rose zog Antonia mit sich in die dämmerige Torstube. Hier saß der Vater und nähte. Auf niedrigen Tischen türmten sich Felle und Filzteile, aus denen der Torwächter mit geschickten Händen Mützen und Hüte nähte.

Mit wachen Augen betrachtete er die Mädchen. Geschickt verbarg er seine Sorge, als er erkannte, wer die Begleiterin seiner Tochter war: „So, ausgerissen seid ihr! Da werden die auf dem Schloß aber ihre Freude haben! Hoffentlich haben sie nicht schon eine Hundertschaft als Suchmannschaft ausgeschickt!"

Antonia schüttelte den Kopf. „Sie vermissen mich nicht, meistens lese ich, und das werden sie auch jetzt vermuten!"

„Wenn das so ist", Roses Vater schmunzelte, „dann seht euch nur unser schönes Bild an, das gibt es so schnell nicht wieder! Unsere Jungfrau ist berühmt bei allen Besuchern der Stadt."

Streng fügte er hinzu: „Und dann macht ihr, daß ihr zurückkommt aufs Schloß. Ich will mir nämlich keinen Ärger einhandeln, sonst setzt es Maulschellen!"

Rose nickte gehorsam und faßte die erschrockene Antonia am Ärmel. Jetzt hatte auch der Torwächter gemerkt, daß er wohl einem Fräulein von Württemberg gegenüber nicht gerade den richtigen Ton angeschlagen hatte. Kopfschüttelnd sah er den Mädchen nach, die leichtfüßig das Tor durchquert hatten und sich jetzt an einen Mauervorsprung des Vorwerkes lehnten, um das Fresko auf dem Torhaus zu betrachten. Von dort aus hatte man einen faszinierenden Blick auf die sehr jugendlich dargestellte Muttergottes in einem weich fallenden, strahlend blauen Mantel. Auf ihrem Schoß hielt sie ein vergnügt jauchzendes Jesuskind. Vor der Gruppe kniete ein geharnischter Ritter und küßte dem Jesusknaben die Füße. Maria war von einer Menge anbetenden Volkes umgeben. Über ihr schwebte auf schneeweißen Wolken, von Engeln umgeben, Gottvater und hielt die Hände wie zum Segen ausgebreitet.

Der Torwächter war zu den Mädchen getreten und beobachtete Antonia, die jede Einzelheit in sich aufzunehmen schien. „Die meisten Orte des Böblinger Amtes liegen in dieser Richtung. Kommt, ich zeige euch etwas." Er führte die Mädchen durch das Tor zurück in die Stadt. Über eine enge Freitreppe auf der Stadtseite gelangten sie in die oberen Stockwerke des Tores. Energisch stieß der Torwächter einen der schmalen Fensterläden auf und winkte Antonia zu sich heran: „Siehst du das Dorf, da drüben rechts?" Antonia nickte. „Das ist Dagersheim! Wenn du aber den geraden Weg hier wählst, dann kommst du ins Gäu, nach Ehningen, oder Gärtringen und endlich nach Herrenberg."

Antonia wurde lebhaft: „In Ehningen war ich schon, da baut Meister Heinrich Schickhardt meiner Tante Anna ein Schloß, aber es geht nicht so recht voran."

Die Miene des Torwächters umwölkte sich: „Wie soll es auch vorangehen, die Bauern müssen fronen, die eigene Arbeit bleibt liegen, und was dann noch auf den Feldern zu holen ist, macht das Wild kaputt oder eine Jagdgesellschaft hetzt durch."

Erstaunt sah Antonia ihn an: „Aber Jagen ist Fürstenrecht!"

Bedächtig nickte der Torwächter: „So ist es, Fräulein, aber Recht ist nicht immer recht." Sorgfältig schloß er den Laden, bevor er den links danebenliegenden öffnete. „Von hier aus siehst du über den Unteren See hinweg auf die Wiesen am Brühl. Der Weg, der sich zwischen ihnen entlang schlängelt, führt nach Mauren. Dort hat der Heinrich Schickhardt vor kurzem auch ein neues Schloß gebaut. Ein sehr hübsches, mit kleinen viereckigen Türmchen an jedem Eck und einem ganz neumodischen Garten aus lauter Terrassen. Der Meister Schickhardt ist öfter aus Herrenberg herübergeritten gekommen, als er noch die Pfisterei bei der Küche bei uns im Böblinger Schloß angebaut hat."

Rose bestürmte ihren Vater: „Erzähl' uns doch die Geschichte aus dem Bauernkrieg. Die von der gewaltigen Schlacht." Abwehrend hob der Vater die Hände, aber den Bitten der beiden Mädchen konnte er nicht widerstehen. Wenig später saß er am Tisch in seiner Arbeitsstube und begann:

„Wie soll ich jetzt bloß anfangen, es ist doch alles schon so lange her. Aber niemand kann so etwas Schreckliches wieder vergessen. Schon lange vor der großen Schlacht hatten sich die Bauern im Remstal erhoben, weil Herzog Ulrich immer höhere Steuern verlangte, daß sie schließlich niemand mehr zahlen konnte. Die Lage der Bauern war hoffnungslos, sie glaubten einfach nicht mehr an eine Einigung auf einem der Landtage, und ihre Unzufriedenheit wuchs ins Unermeßliche. Hier bei uns trafen sich die Bauern in Dagersheim, sie fühlten sich zu Recht nicht von den städtischen Abgeordneten im Landtag vertreten. Was wußten denn die von ihrer Lage? Im Tübinger Vertrag wurden dann dem Herzog doch einige Zugeständnisse abgerungen, aber den Bauern war das schon lange nicht mehr genug. Es heißt, einige tausend Unzufriedene versammelten sich auf dem Engelberg bei Magstadt. Sie wehrten sich dagegen, die Schulden des Landesfürsten übernehmen zu müssen." Antonia hing an den Lippen des Erzählers. Wie seltsam bekannt ihr das alles vorkam! „Als die Städte Böblingen und Sindelfingen sahen, mit welchem Ingrimm sich die Bauern wehren wollten, bekamen sie große Angst und erbaten sich Hilfe aus der Hauptstadt des Herzogtums, denn Böblingen hatte damals nur zwölf und Sindelfingen gar nur sechs Hakenbüchsen zur Verteidigung. Mit viel Mühe hat man damals ein Blutbad verhindert. Aber die Bauern beruhigten sich nicht wirklich. Zehn Jahre später war alles noch viel schlimmer geworden. Zwar hatte man Herzog Ulrich schon einige Jahre zuvor aus dem Lande gejagt, aber die, die an seine Stelle getreten waren, die hausten viel schlimmer, als er es je getan hatte. Und außerdem …" Der Torwächter zuckte die Achseln und blickte liebevoll auf die Tochter seines regierenden Fürsten: „Ulrich war immerhin der rechtmäßige Landesherr, das konnte man von den Habsburgern nicht behaupten. Und er hatte einen Sohn. Ihm sollte das Land gehören, doch nicht Fremden! Fast hätte Herzog Ulrich sein Land auch wiederbekommen, er stand bereits in den Vorstädten seiner Hauptstadt. Man sagt, sogar sein Lieblingslöwe hier im Böblinger Schloß habe die Nähe seines rechtmäßigen Herrn gespürt und vor Freude gewinselt – da verlor Franz I. von Frankreich die Schlacht von Pavia. Und die eidgenössischen Schweizer riefen ihre Truppen, die an der Seite des Herzogs kämpften, in die Schweiz zurück, um das eigene Land zu schützen."

Der Torwächter machte eine Pause, bevor er fortfuhr: „So kommt es eben manchmal einfach anders, als man es sich vorstellt. Das Kriegsglück ist nicht sehr verläßlich. Alle hatten damit gerechnet, daß Herzog Ulrich sein Land wieder in Besitz nehmen würde. In diesen verhängnisvollen Tagen hatten die Städte Böblingen, Herrenberg und Leonberg sich Herzog Ulrich zugewandt und ihm Treue geschworen. Aber nun saß er wieder untätig und ohne Truppen auf dem Hohentwiel, weit weg von seinen bedrängten Städten. Die mußten nun sehen, wie sie sich am besten aus der Affäre ziehen konnten. So ist das eben. Um Gnade haben sie flehen müssen beim Schwäbischen Bund, und Strafe mußten sie zahlen für ihre Treue. Bald hieß es, Ulrich sei wieder auf dem Weg, die Furchtsamen unter den Bündischen in Stuttgart flohen bereits wieder aus der Stadt, denn von Ulrich hatten sie nichts Gutes zu erwarten.

Die Bauern sammelten sich und hielten Rat. In Matern Feuerbacher und Hans Wunderer fanden sie zwei besonnene, rechtschaffene Führer. Aber natürlich wollten die Bündischen die Beute Württemberg nicht so einfach hergeben. Schon rückte der Truchseß Georg von Waldburg, den man auch den ‚Bauernjörg‘ nannte, mit dem Bundesheer auf Tübingen. Anfang Mai 1525 traf er dort ein. Aber der Aufstand der Bauern breitete sich wie ein Feuer immer schneller aus, auch das Amt Nagold schloß sich den Aufständischen an, das war gut, denn von Süden her rückte der Herzog heran. Auch Nürtingen trat der Bruderschaft der Bauern bei. Jetzt konnte man hoffen. Einmal auf den Herzog, der von Süden heranzog, und dann auch im Land auf immer mehr Bundesgenossen. Selbst im Kloster Hirsau lagerte ein Bauernhaufen, angeführt von Reinhardt Schwartz aus Dagersheim. Das waren gute, besonnene Leute. Aber so ein Aufstand zieht auch allerhand Pack und Gelichter an. Der berüchtigte Jäklin Rohrbach trieb sich mit seinen Leuten bei Stuttgart herum, bei ihm war die schwarze Hofmännin, ein Weib, das böse Streiche ausgeführt hatte. Die Hauptmacht aber der Bauern befand sich bei Herrenberg. Doch die Herrenberger hatten Angst. Hatten sie nicht gerade erst um Gnade bei den Bündischen flehen müssen, was war, wenn der Herzog es wieder nicht schaffte? Die Rache der Besatzungsmacht würde fürchterlich sein. Als sich der Bauernjörg mit seiner geballten Streitmacht auf Herrenberg zu bewegte, zogen sich die Bauern nach Böblingen zurück. Man muß das verstehen, die Truppen des Truchseß waren gut ausgebildet und wohl bewaffnet. Aber die Bauern waren sich auch untereinander nicht einig. Feuerbacher und Wunderer wollten mit dem Truchseß verhandeln, wollten Zeit gewinnen. Der aber wollte sein Glück zwingen. Hatten nicht die Bauern bei der Eroberung von Weinsberg wie die Bestien gehaust? Die Anführer, die sollten ausgeliefert werden! Der Truchseß wußte, daß er mit seinen Forderungen den Zwist im Bauernlager noch verschärfte. Der Unmut wuchs. Dazu kam die Scham über das Weglaufen. Wer schwach ist und wegläuft, der braucht einen, der daran schuld ist, damit er wieder an seine Stärke glauben kann. Die Bauern setzten Matern Feuerbacher gefangen. Schenk Bernhard von Winterstetten trat an seine Stelle. Er war ein erfahrener Militär und stellte seine Streitmacht im Angesicht unserer Stadt auf den Höhen im Norden auf. Er ließ nichts außer acht, was seinen Haufen hätte gefährden können. Dazu setzte er auf die Stadt Böblingen. Joachim Aitinger, der Stadtschreiber, stand zum Entsetzen seines Vaters, der Amtsschreiber in Ulm war, auf der Seite der Bauern. Der Winterstetter hatte keinen Grund, an der Haltung der Böblinger zu zweifeln. Wer aber weiß schon, was das Volk denkt, wenn sich die Herren wieder einmal nicht einigen können! Hatte nicht auch diese Stadt wenige Wochen zuvor um Gnade gefleht? Auch Böblingen mußte im Falle einer erneuten Abwendung von den Bündischen Zerstörung und Brandschatzung fürchten. Obwohl, es gab auch offene Sympathie für die Bauern. So führte Hans Gerlach, Sohn einer bekannten Familie der Stadt, als Fähnrich 210 Mann im Bauernheer an. Der Fähnrich von Böblingen galt als tapfer und ritterlich, auch gab es schon viele, die gut lutherisch gesinnt waren. Aber wem konnte man trauen, nicht den Nachbarn, nicht den Kindern, nicht den Eltern! Es waren schlimme Zeiten.

Bernhard von Winterstetten teilte sein Bauernheer in drei Abteilungen ein. Die Bauern vom Gäu und vom Schwarzwald, die stellte er nur einige hundert Meter entfernt von hier in Richtung Sindelfingen auf. Theus Gerber mit seinen Cannstattern und Stuttgartern ließ er vor Sindelfingen lagern. Der Rest des Bauernheeres befand sich auf dem Goldberg. Auf dem Galgenberg und auf den Höhen an der Stuttgarter Straße stellte er die dreizehn Karrenbüchsen auf. Da drüben, im Norden der Stadt, war es viel zu sumpfig und zu moorig, als daß die Reiterei des Truchsessen dort hätte operieren können. So hatte Winterstetten den berüchtigten ‚Bauerntod' der Bündischen ausgeschaltet. Glaubte er.

Am frühen Morgen des 12. Mai 1525 berieten die Bauern noch, wie sie sich verhalten sollten. Da rückte der Bauernjörg mit seinem Heer heran. Er kam von Weil im Schönbuch und Mauren her, hatte erst noch Geld für seine Söldner aus Urach beschaffen müssen. Aber jetzt war er da. Vergebens suchte seine Reiterei die Bauern anzugreifen. Die Rechnung des Winterstetters schien aufzugehen. Der Truchseß beorderte 20 Büchsenschützen hierher vor das Untere Tor, aber die Bauern aus dem Gäu waren wachsam und vertrieben sie mit Hohngelächter. Der Truchseß zog ab. Er wußte, wenn es ihm nicht rasch gelang, sich in den Besitz von Burg und Stadt Böblingen zu bringen, dann hatte Ulrich von Württemberg eine Chance, sich mit dem Bauernheer zu vereinigen. Nun zog der Bauernjörg mit zweihundert Büchsenschützen vor das Obere Tor. Grimmig stellte er sich dort auf und schrie den erschrockenen Bürgern, die dort ihre Stadt verteidigten, zu: ‚Ihr habt euch an mich ergeben und zugesagt, Glauben zu halten; und sofern ihr mir den nicht wollt halten, will ich euch alle, wenn mir Gott den Sieg gibt, samt Weib und Kindern erwürgen, dazu die Stadt schleifen und keine Barmherzigkeit mit euch teilen!'

Da öffneten die entsetzten Bürger auf Geheiß ihres Vogtes das Tor und der Truchseß zog seine Geschütze in den Burghof und richtete sie auf die Haufen der Bauern im Norden. Jetzt saßen die Aufständischen in der Falle. Ihre Flanken waren ungeschützt dem Feind preisgegeben. Und die Geschütze dröhnten. Der erste Schuß war noch zu kurz. Aber dann gab es kein Halten mehr. So wütend die Bauern auch das Untere Burgtor zu berennen suchten, es nutzte ihnen nichts. Sie konnten nichts ausrichten und mußten die Höhen aufgeben, die alsbald von Bündischen besetzt wurden. Da war es nicht viel später als ein Uhr mittags. Frowein von Hutten umging mit seinen Reitern den Galgenberg und griff die Bauern von der Seite an. Das Gemetzel war entsetzlich, die Fliehenden rissen die hinter ihnen Stehenden mit sich fort. Allein Theus Gerber mit seinen Stuttgartern hielt noch Ordnung, aber bald brach auch die zusammen. Selbst heute noch finden die Bauern auf ihren Äckern am Galgenberg, und auch dichter bei der Stadt, Knochen und Waffen von damals. Es gab keine Familie, die nicht einen oder mehrere Tote zu beklagen hatte. Für die Bürger war klar, wer den Tod so vieler Menschen zu verantworten hatte: Vogt Leonhard Breitschwerdt wurde aus der Stadt vertrieben, mühsam genug konnte er sich und die Seinen nach Pforzheim retten.“

Nur schwer konnte sich Antonia aus dem Bann der Erzählung lösen. Scheu sah sie zu Rose. Deren Vater saß seltsam erstarrt auf seinem Platz und hielt die Arme vor der Brust verschränkt: „Ja, es waren schlimme Zeiten damals, gebe Gott, daß wir alle von so etwas verschont bleiben." Er stand auf und massierte sich die steifgewordenen Beine: „Jetzt aber auf ins Schloß, sonst gibt es wirklich noch Ärger für uns alle."

Antonia verabschiedete sich mit einem herzlichen Dank. Der Torwächter stand noch eine Weile in Gedanken versunken und sah den Mädchen nach, bis sie hinter der ersten Biegung der Unteren Gasse seinen Blicken entschwanden.

„Hier ist es ein bißchen düster", meinte Rose. „Der Turm dort unten, das ist der Pulverturm, deswegen dürfen die Häuser nicht ganz an ihn dran gebaut werden, falls er mal in die Luft fliegt. Peng." Antonia erschrak. Sie hatte sich immer noch nicht ganz aus ihrer Erstarrung lösen können. Schweigend ging sie hinter Rose her, die jetzt in ein steiles, enges Gäßchen mit schmalbrüstigen Häusern eingebogen war. Nach einem kurzen Stück Gasse bogen sie in die Marktstraße ein. Jetzt erkannte Antonia den Marktbrunnen mit dem Christophorus. „Diesmal gehen wir am besten den Fahrweg zum Oberen Burgtor hinauf, dann sind wir am allerschnellsten im Schloßhof, und dann werden wir ja sehen, was passiert." Ganz so forsch, wie sie sich gab, war Rose nicht. Ein wenig Angst hatte sie schon vor Strafe. Antonia seufzte, wie oft hatte man sie nicht in letzter Zeit mit Krieg, Not und Elend konfrontiert. Die Wirklichkeit hatte nichts, aber auch gar nichts mit der schönen Utopie der Idealstadt Christianopolis zu tun. Oder waren die Menschen nicht dafür geschaffen, sich an solche Idealpläne zu halten? Mit einem Mal sehnte sie sich nach einem Gespräch mit Johann Valentin Andreä. Wie ließ sich das Gehörte nur in Einklang bringen mit dem, was sie lernte und las!

Schneller als gedacht hatten die beiden Mädchen die Zugbrücke über den Graben zwischen Kirche und Schloß erreicht. Merkwürdig war die fast vollkommene Stille, die über dem Hof lag. Aus der Türnitz klang kein fröhlicher Festlärm. Mägde und Diener liefen nicht wie sonst bei Festen zwischen der Küche und dem Festsaal geschäftig hin und her. Ratlos sah Antonia Rose an. Einen kurzen Augenblick fürchtete sie, ihr Verschwinden habe dies ausgelöst. Aber dann verwarf sie den Gedanken sofort. Sie ging langsam die Außentreppe zur Türnitz hinauf. Die Gäste standen in Gruppen und unterhielten sich leise. Die Musiker hatten ihre Instrumente zusammengepackt, auch sie machten einen gedrückten Eindruck und schienen Antonia überhaupt nicht zu bemerken. Der Vater – es mußte irgend etwas mit dem Vater sein, sie rannte so schnell, daß ihr Rose kaum zu folgen vermochte, die Treppen hinunter und hinüber zum Treppenturm des Nordflügels.

Schweratmend erreichte sie das Gemach des Vaters. In der Fensternische im Zimmer davor lehnte Herzogin Anna: „Was ist, was ist mit dem Vater?"

Langsam drehte sich die Tante um, sie lächelte gequält: „Dr. Schopf ist bei ihm, er hat wieder dieses merkwürdige Herzrasen gehabt und konnte keine Luft bekommen, das sind immer diese furchtbaren Nachrichten aus Wien." Sie legte den Arm um die Nichte: „Aber sorge dich nicht, es wird alles für den Vater getan." Jetzt erst bemerkte sie die völlig verstörte Rose.

Antonia antwortete auf ihren fragenden Blick: „Das ist die Tochter des Torwächters vom Unteren Tor, ihr Vater macht Hüte und Mützen, sie hat mir geholfen, mich umzukleiden, und dann …"

Anna lachte: „Und dann habt ihr völlig unerlaubterweise einen Ausflug gemacht. Zur Henriette von Mömpelgard und zum Christophorus mit dem Käuzlein und zum Ritter Bobilo …"

Entgeistert starrte Antonia ihre Tante an. „Woher weißt du das …?"

Herzogin Anna lächelte: „Ach Kind, es gab vor dir auch schon wißbegierige Herzoginnen in diesem Schloß. Aber jetzt solltest du dich ein wenig ausruhen. Sicher wird Rose schon in der Küche vermißt."

„Warte, ich will ihr zum Andenken noch etwas geben!" Sie lief in ihr Zimmer und holte eines der Katechismusbüchlein, die Johann Valentin Andreä für die Schüler der Calwer Kinderschule geschrieben hatte. Strahlend überreichte sie es Rose: „Zur Erinnerung an unseren Ausflug, ich mag das

Büchlein sehr. Denke manchmal an mich, wenn ich wieder in Stuttgart bin!"

Verlegen hielt Rose das Geschenk in Händen, fragend blickte sie zu Herzogin Anna hinüber: „Nimm es nur und halte es in Ehren, so ein Tag kommt so schnell nicht wieder!" Rose knickste noch einmal und rannte dann ohne ein weiteres Wort davon. Antonia wollte ihr noch etwas nachrufen, aber die Tante hatte schon den Arm um ihre Schultern gelegt und brachte die Nichte auf ihr Zimmer.

„Mach nicht so ein ängstliches Gesicht, es geht dem Vater jetzt schon wieder viel besser. Aber die Nachrichten, die Benjamin Buwinghausen aus Kursachsen mitgebracht hat, haben ihn sehr aufgeregt." Sie lächelte Antonia aufmunternd zu: „Morgen sieht die Welt bestimmt wieder ganz anders aus. Am Ablauf der Jahresjagd ist nichts geändert worden." Obwohl noch nicht sicher war, ob der Herzog an den für die nächsten Tage angesetzten Jagden teilnehmen konnte. Aber die Ratgeber des Herzogs wollten weder die Bevölkerung noch die Abgesandten der anderen Höfe beunruhigen. Anna biß sich auf die Lippen, die gesundheitliche Krise erinnerte sie sehr an die Krankheit, die dem plötzlich Tod ihres Vaters vorausgegangen war. Aber jetzt galt es, das Leben trotz dieser Unwägbarkeit so normal wie möglich weiterzuleben.

Antonia schien beruhigt und fragte unvermittelt: „Kennst du die Geschichte vom Löwen Herzog Ulrichs, hier im Schloß soll er gelebt haben?"

Anna nickte: „Das ist eine alte Sage, die mir schon meine Kinderfrau erzählt hat. Ulrich hat den Löwen selber großgezogen und hat ihn auch, wann immer es ihm möglich war, selber gefüttert. Er schlief in einem kleinen Nebenraum des herzoglichen Schlafzimmers drüben im Südflügel. Der Löwe liebte seinen Herrn abgöttisch, war der aber nicht bei ihm, dann tobte und brüllte das Tier, daß es den Schloßbewohnern kalt den Rücken herunterlief. In meiner Kindheit erzählten einige alte Diener noch, daß der Löwe bei Festlichkeiten an dem schweren eisernen Ring in der kleinen Kammer neben dem großen Löwensaal hier unten im Nordflügel angekettet wurde. Aber das ist sicher nicht wahr, denn dieser Teil wurde ja erst von Herzog Christoph erbaut. Aus seiner Zeit stammt übrigens auch das riesige Gemälde an der Stirnwand des Saales, das einen Löwen zeigt. Komisch, ich hatte dies alles schon vergessen, aber ungewöhliche Geschichten leben länger als die Menschen, die sie erlebt haben. Aber sieh mal, was dort auf deinem Tisch liegt."

Neugierig trat Antonia näher und hielt die kleine lateinische Schrift „Der christliche Herkules", die Andreä im Jahr 1615 verfaßt hatte und die sich immer noch größter Beliebtheit erfreute, in Händen. In dem Büchlein, das Andreä seinem Tübinger Freund Besold gewidmet hatte, nahm der Calwer Dekan das Leben des Sagenhelden Herkules zum Anlaß, den Menschen seiner Zeit einen Spiegel vorzuhalten. Andreä schreibt selber, das Buch „sei ein Scherz und ein papierenes Theater, das dem Leser Sympathie und Mitleid für den Helden abgewinnen und wenn möglich dazu animieren soll, es dem Herkules gleichzutun."

Herzogin Anna: „Ihro fürstliche Gnaden werden schon entdecken, daß die Schlangen der Faulheit und der Ungebundenheit auch vor einem so starken Helden wie Herkules nicht haltmachen!"

Antonia blickte zweifelnd auf das Buch: „Warum schickt er mir das, was will Andreä mir damit sagen?"

Herzogin Anna zuckte die Achseln: „Vermutlich will er dein Latein verbessern, wie ich den Schulmeister Andreä kenne. Aber was viel wichtiger ist, er will dich vor der falschen Bildung bewahren, er will, daß du etwas lernst, was du in unserer Zeit nutzen kannst und das über das Heute hinaus Bestand haben wird. Du sollst nicht nur Dinge lernen, die von alters her gelehrt wurden. Ich glaube, dein Freund möchte dich behüten vor Menschenweisheit, vor Vorurteilen und vor allem vor dem, was man die Todsünden heißt. Statt dessen sollst du dir den Glauben an Christus, den Gehorsam gegenüber der Stimme des Heiligen Geistes und ein ehrfürchtiges und vor allem ehrliches Gebet zu Gott erhalten."

Obwohl sein Leibarzt Dr. Schopf Herzog Johann Friedrich nach seiner plötzlichen Erkrankung dringend zu einigen Tagen Bettruhe geraten hatte, nahm der Herzog an der einige Tage später angesetzten Hirschfeiste mit allen seinen Geschwistern teil. Die Jagd war sein ureigenstes Element, kein

Arzt der Welt konnte ihn davon zurückhalten. Wie sollte er an einer Jagd nicht teilnehmen, zu der sogar sein Bruder Friedrich Achilles aus seiner Residenz Neuenstadt an der Linde nach Böblingen gekommen war! Zu seiner großen Freude nahmen auch seine beiden Schwäger Herzog Franz Julius von Sachsen-Lauenburg und Friedrich von Baden daran teil. Aus Tübingen waren die drei jungen Herzöge Eberhard, Friedrich und Ulrich mit ihren Hofmeistern nach Böblingen gekommen. So waren die Wochen der Jahresjagd auch ein großes Familienfest, ein Fest, wie es der gutmütige, seiner Familie sehr zugetane Herzog liebte. Ungeachtet seiner politischen Sorgen und seiner immer noch angeschlagenen Gesundheit genoß der Herzog diese Tage umgeben von Freunden, Verwandten und engen Ratgebern. Für ihn, der immer schwerer an der Bürde seines Amtes als regierender Herzog trug, waren unbeschwerte Stunden, fernab des politischen Tagesgeschäftes, selten und kostbar geworden. Je mehr sich die Hiobsbotschaften aus dem Land mehrten, desto häufiger zog sich der Landesherr in den Schoß seiner Familie zurück. Dazu bot die kleine, in sich abgeschlossene Welt des Böblinger Schlosses weit eher Gelegenheit als die große Stuttgarter Hofhaltung.

Doch die Tage einer scheinbar gleichbleibenden Idylle gingen unweigerlich ihrem Ende entgegen. Anfang September lud Herzogin Anna als letzte der herzoglichen Geschwister zu einem von ihr ausgerichteten Büchsenschießen. Den Löwenanteil unter den ausgesetzten Preisen sicherte sich zu seinem grenzenlosen Stolz ihr Bruder Johann Friedrich. Noch wenige Tage, dann würde im Schloß wieder das gewohnte, ruhige Leben seinen Einzug halten. Die Besatzung würde Haus und Hof in Ordnung bringen, damit beim nächsten Besuch des Herzogs alles seinen gewohnten Gang nehmen konnte.

Im Obergeschoß des Nordflügels räumte die junge Herzogin Antonia ihre Lehrbücher und Schreibutensilien zusammen. Heute hatte sie keinen Blick für die Schönheit der Obstbäume in den Gärten vor ihrem Fenster, die Weinhänge am Galgenberg trugen in diesem Jahr nur wenige Trauben. Der Sommer war regnerisch gewesen, ihm schien jetzt ein trockener Herbst zu folgen. Eine weitere Mißernte kündigte sich an. Der württembergische Vizekanzler Jakob Löffler verließ am Nachmittag die Besprechung beim Herzog in äußerst niedergedrückter Stimmung. Der schlechte Gesundheitszustand Johann Friedrichs war offensichtlich gewesen. Weniger noch als sonst schien ihn die katastrophale Finanzsituation zu beeindrucken, nicht einmal die Reaktionen des großen Ausschusses auf die von überall her eingehenden Berichte über Ernteverluste hatten den Herzog aus seiner Lethargie reißen können.

Bereits jetzt, noch vor dem Einbruch der kalten Jahreszeit, zeichneten sich durch Seuchen und Krankheiten schwere Verluste in der Bevölkerung ab. In den Klöstern Schussenried und Zwiefalten war fast der gesamte Konvent durch die Pest dahingerafft worden. In Wangen wütete die Seuche seit Jahresbeginn ebenso wie in Eislingen bei Göppingen. Vor wenigen Tagen erst war sie in Esslingen ausgebrochen. Schon hatte der Rat der Stadt dem Bader vier zusätzliche Wärterinnen und vier Wärter zur Seite gestellt. Jedes einzelne Haus sollte mit Wachholderholz und Rauchpulver ausgeräuchert werden, um so die bösen Krankheitsdünste zu vertreiben. In dieser Seuchenzeit lastete eine doppelte Verantwortung auf dem Bader und seinen Helfern. Zwar durfte er die Pestkranken nur mit der Zustimmung eines Arztes zur Ader lassen, aber die übrige Behandlung lag ganz in seiner Hand. Die Kranken mußten zum Schwitzen gebracht werden, ihnen wurde Quittensaft eingeflößt, dazu gab man ihnen Wachholderbeeren zu kauen. Wein war streng verboten, war aber jetzt, nach der dritten Mißernte im Land, sowieso kaum zu bekommen. Bei Blattern oder der Beulenpest mußte der Bader die vorgeschriebenen Pflaster auflegen. Die Seuche wütete in Besigheim und in Bönnigheim, in diesen Orten waren bereits im Sommer bis zu zehn Personen in einem Grab beerdigt worden, weil es weder genügend Gräber noch Särge und auch kaum noch Totengräber gab.

Herzog Franz von Sachsen-Lauenburg, der mit seiner 10.000 Mann starken Truppe bei Schönthal lagerte, hatte die Bourbonenpest eingeschleppt und damit fast die Bevölkerung ausgelöscht. Schon war das Lied vom „Schwäbischen

Totentanz" in großen Teilen des Herzogtums traurige Wirklichkeit geworden:

„O Mensch, denk oftmals an dein End',
der Tod kommt g'schlichen oder g'rennt
und jed'smal schier in andrer G'stalt,
er treibt das Handwerk mannigfalt.
Der Tod reit't oft als General
beim Trommel- und Kanonenschall,
er gibt Parol, du mußt ihm nach,
ins Biwack bis zum jüngsten Tag.
Als klapperdürrer Musikant
zieht er durch deutsch und welsches Land,
und wenn er geigt, tanzt alles g'schwind,
der Mann, das Weib, der Bursch, das Kind.
Der Papst in Rom, der Kaiser z'Wien,
die können ihm auch nicht entfliehn,
er leidet keinen Widersatz,
Bank, Sessel, Thron fällt seiner Hatz.
Und wenn der jüngste Tag bricht an,
so weicht die Sonn' aus ihrer Bahn;
Berg und Täler stürzen ein,
und der Mond gibt keinen Schein.
Einstmals, einstmals wird die Welt in Feu'r vergehn,
Gnad uns, Gnad uns, daß wir dann vor dir bestehn."

In Wimpfen am Neckar hatte der Magistrat bereits vor einem Jahr verboten, auswärtige Märkte zu besuchen und im Ort Märkte abzuhalten. Aber diese Maßnahme bewahrte die Stadt nicht vor der Seuche. „Die armen Leute fielen um wie die Fliegen", hatte der ratlose Vogt an die Hofkanzlei geschrieben. Niemand hatte die Felder bestellt, erst auf Weisung des Magistrats hatten die Bauern mit der Arbeit begonnen. Aber der Rat hatte sich abgesichert: *„Und so Einer von Gott mit der Seuche angegriffen wird, soll er sich und die Seinen einen Monat einhalten, nicht in die Kirche oder sonst unter die Leute zu gehen. Die Nachbarn sollen ihnen Wasser und andere Nothdurft zutragen. Ihre Wäsche sollen sie in der Nacht oder morgens frühe auf dem Damm am Leyer See waschen und nicht bei gemeiner Wäsche, wie man bisher gethan."*

Leichen mußten in den ersten vierundzwanzig Stunden nach dem Tod beerdigt werden. Aber gegen die Pest nützten alle Vorsichtsmaßnahmen nichts, der überforderte Magistrat mußte eingestehen, „daß keine Gasse davor sicher sei".

Kirchenbücher und Ortschroniken füllten sich nicht nur in Württemberg, sondern überall in Mitteleuropa mit den Berichten über grauenvolle Todesfälle, über Seuchen, Hungersnöte und Kriegsnot. Die Menschen suchten ihr Heil nicht mehr nur in Gott, wie noch der Refrain der vier ersten Strophen des „Schwäbischen Totentanzes" belegt. *Alles, alles, alles muß vergehen, einer, einer, Gott nur kann bestehen!"* hieß es da hoffnungsvoll. Jetzt griffen Aberglaube und Zauberei zunehmend um sich, nach einer Familienchronik erhob sich *„ein großes Flehen und Bitten unter dem gemeinen Pöffel, warumb man solange zusehe, das allbereit die Zauberer und Unholden die Früchten sogar verderben".* Zwar versuchte die Regierung immer wieder, Ämtern und Landstrichen, die unter den Truppendurchmärschen und Seuchen am meisten zu leiden hatten, mit Sondersteuern und Abgaben aus den bisher verschont gebliebenen Landesteilen Erleichterung zu verschaffen. Aber die Verteilungskämpfe wurden zunehmend heftiger. Die sich abzeichnende neue Mißernte ließ die Preise weiter steigen. Mancher Knecht, der bisher bei seiner Bauernfamilie ausgeharrt hatte, schloß sich nach dem dritten oder vierten Überfall durch feindliche Soldaten der Truppe an, um sich von nun an mit Gewalt zu nehmen, was er sich mit seiner Hände Arbeit nicht mehr verschaffen konnte.

6

Der Tod zielt nach dem Leben

Die Nachricht vom Tode des erst 46jährigen Herzogs traf das verarmte, unter Hungersnot und Einquartierung schwer leidende Land mit unverminderter Heftigkeit. Es schien, als sei mit dem Tod des Landesherrn der letzte Hoffnungsstrahl am

Horizont erloschen. Selbst diejenigen, die Herzog Johann Friedrich seine mangelnde Entschlußfreudigkeit und sein Zögern immer wieder vorgehalten hatten, vermißten ihn nun als redlichen Prediger der „Neutralität" des Landes, der Württemberg mit seiner Politik des Zögerns immerhin zehn Jahre aus dem großen Krieg hatte heraushalten können. Retten konnte er sein Land damit aber letztendlich genausowenig wie andere Landesfürsten die ihren durch das Gegenteil, nämlich Eintritt in die Kriegshandlungen.

Jetzt aber hatte der „ungekrönte König Böhmens", der kaiserliche Feldherr und „General des ozeanischen und baltischen Meeres", Albrecht Fürst von Wallenstein, höchstpersönlich seine gierigen Hände nach dem schönen Weinland Württemberg ausgestreckt. Es gefiel ihm als Herzogtum sehr viel besser als das ihm vom Kaiser in Aussicht gestellte, weit von seinen übrigen Besitzungen entfernte Mecklenburg. Der aus der begüterten böhmischen Familie Waldstein stammende Albrecht von Wallenstein wurde am 24. 9. 1583 in Hermanitz in Böhmen geboren. Katholisch geworden, konnte er mit der reichen Mitgift seiner ersten Frau große Besitzungen in Mähren erwerben. Im Kampf gegen die Türken lernte er das Kriegshandwerk von der Pike auf. Nach dem Prager Fenstersturz trat er offen für den Kaiser ein. Es gelang ihm, die Kriegskasse der böhmischen Stände mit einem Handstreich in Ölmütz an sich zu bringen. Eine Grundlage für seinen schier unermeßlichen Reichtum schuf er sich nach der Schlacht am Weißen Berg durch den Erwerb von fünfzig Gütern aus dem Besitz geächteter böhmischer Magnaten. Schon Kaiser Mathias hatte ihn bei seiner zweiten Heirat mit Isabella Gräfin Harrach in den Grafenstand erhoben, jetzt stand dem Aufstieg des kaiserlichen Generals nichts mehr im Wege: Albrecht von Wallenstein wurde in den Fürstenstand erhoben und zum Oberbefehlshaber aller im Reich stehenden kaiserlichen Truppen ernannt. Aber so ein großes, stehendes Heer mußte ernährt, bewaffnet und bezahlt werden. Mit Hilfe seines aus den Niederlanden stammenden „großen Finanzmeisters" Hans de Witte entwickelte Wallenstein ein raffiniertes, bis ins kleinste ausgeklügeltes Kontributionssystem, das die besetzten oder mit

Einquartierung bedrohten Länder zu bedienen hatten. Allein Württemberg mußte monatlich 160 000 Gulden zahlen, eine Summe, die nur durch immer höhere Abgaben und Sondersteuern von der Bevölkerung aufgebracht werden konnte. Diese vom Kaiser selbst angeordneten Zahlungen konnten schließlich fast überall nur noch mit Gewalt eingetrieben werden. Die kaiserlichen Zahlmeister, an deren Händen ein großer Teil des Geldes kleben blieb, versuchten zugunsten ihrer eigenen Kassen noch mehr herauszuschlagen, als eigentlich zu zahlen war. Die in Böhmen und Schlesien liegenden kaiserlichen Regimenter verheerten ganze Landstriche, sie bewegten sich in den Reichsstädten und den feindlichen protestantischen Territorien so ungeniert, wie sich nur je eine feindliche Besatzungsmacht aufgeführt hatte. Dennoch galt als oberste Weisung, die Länder nicht ganz auszuplündern, denn am völligen Zusammenbruch eines Gebietes und dem Versiegen des Geldstromes hatten weder der kaiserliche Feldherr noch sein Geldbeschaffer Interesse. Doch in dem Maße, wie das kaiserliche Heer wuchs, vergrößerte sich auch der Widerstand bei den Unterjochten. Immer mehr der Erpreßten weigerten sich, die festgelegten Summen abzuführen oder zahlten nur noch kleine und kleinste Teilsummen. Da nutzten auch drakonische Strafen wie das Vernichten der Ernte auf dem Halm nichts. Denn mehr Gelder brachte das auch nicht in die Kassen.

Im Gegensatz zu den in seinem Auftrag ausgeplünderten Ländern wurden die eigenen Besitzungen des Feldherrn im Nordosten Böhmens zu einem blühenden Musterstaat abseits des Krieges ausgebaut. Hunderte von Handwerkern, Künstlern und Bauarbeitern waren damit beschäftigt, das Schloß in Jičín, der Hauptstadt des Herzogtums Friedland, in ein architektonisches Juwel zu verwandeln. In Prag entstand auf der Kleinseite ein ganz neues Palais für den kaiserlichen Oberbefehlshaber. 26 Häuser, vier Gärten und eine Kalkbrennerei mußten abgerissen werden, um Platz zu schaffen für das „Palais Wallenstein". Nicht mehr als drei Jahre brauchten die beiden aus Italien stammenden Architekten Spezza und Pieroni, um einen riesigen monumentalen Palast zu errichten, der dem Wunsche Wallensteins entsprach, seine Macht und

seinen unermeßlichen Reichtum darzustellen. Weigerten sich
Hausbesitzer, ihr Haus oder ihr Grundstück abzugeben, dann
waren die Methoden Wallensteins nicht gerade zimperlich.
Das Haus wurde besetzt, Soldaten vertrieben die Bewohner,
danach wurde unverzüglich mit dem Abriß begonnen.

Der 1624 fertiggestellte Prachtbau beherbergte den Hausherrn nur sehr selten. Und auch dann fanden weder Feste
noch fröhliche Gelage noch Tanzereien statt. Wallenstein war
schwer krank, die Gicht plagte ihn, Lärm konnte er nicht ertragen. War er anwesend, dann mußten die Straßen, an denen
der Palast lag, mit Stroh ausgelegt werden, damit den vom
Kopfschmerz Gepeinigten das Rattern der Räder auf den holprigen Straßen nicht aus seinem kurzen, unruhigen Schlum-
mer riß. Nur selten fand Wallenstein Zeit, sich an der Pracht
der Kunstwerke, die in der Palastkapelle angehäuft waren, zu
erfreuen. Im düsteren, gut ausgestatteten astrologischen Ka-
binett wirkte der aus Weil der Stadt stammende Astronom
Johannes Kepler. Die riesigen Ställe des Besitztums boten
über dreihundert Pferden Platz. Balkone und Loggien gewährten immer wieder neue, reizvolle Ausblicke auf zahlreiche kleine Gärten mit exotischer Blumenpracht und zierlichen Springbrunnen. Zum Palais gehörten aber auch ein Park
mit kiesbestreuten Wegen und herrlichen Statuen. Augen-
zeugen erzählten sich wahre Wunderdinge von der Pracht der
Innenausstattung. Teppiche aus dem Orient dämpften die
Schritte auf den Böden der zahlreichen Zimmer. An den
Wänden hingen feinste Gobelins aus Frankreichs berühmtesten Manufakturen, alles in Blau gehalten, der Lieblingsfarbe
des Hausherrn. An die tausend Bedienstete hielten den Palast
in Ordnung, sorgten für Küche und Keller. Er hatte seine
Ländereien im Eiltempo von nur zwei Jahren zusammenge-
rafft – das Herzogtum Friedland umfaßte bald ein Drittel des
Königreiches Böhmen. Auf der Höhe seiner Macht befand
sich der kaiserliche Feldherr, als er im Frühjahr 1628 wegen
seiner Verdienste im Kriege gegen Dänemark als Nachfolger
der geächteten, angestammten Fürsten mit den mecklenburgischen Herzogtümern belehnt wurde. Jetzt war Albrecht
Wenzel Eusebius Waldstein am Ziel seiner Wünsche: Er war
ein Reichsstand und durfte sein Haupt vor dem Kaiser des

Heiligen Römischen Reiches Deutscher Nation bedeckt lassen.

Jetzt, da Mecklenburg sich in seinem Besitz befand, streckte Wallenstein seine Hände mit unverhohlener Gier nach Württemberg aus. Er prahlte, daß er den Herzog von Württemberg nur zu provozieren brauche, eine Unvorsichtigkeit zu begehen, und der Herzog wäre geächtet und er, Wallenstein, im Besitz des Landes. Vermutlich wußte Herzog Johann Friedrich, worauf er sich einließ, als er im Juli 1628 die Reise zu Wallenstein antrat. Hofprediger Erhard Weinmann bemerkt dazu in seiner Leichenpredigt auf den Herzog: *„Dann ob sie wol wegen schwehren Leibs, vnd viler anderer Zuständ, jhrer Gesundheit gerne geschonet, jedoch da sich jhres tragenden Ampts erinnert, haben sie auß Landesvätterlicher gegen dero Vnderthonen getragenen Affection, wegen sehr wichtiger der Land vnd Leut, ja nach gantzen Schwäbischen Craiß betreffenden Geschäfften, den Eilfften Julij sich nacher Göppingen begeben."*

Allein die Aussicht, diesen Kriegsgewinnler und Emporkömmling, der seinen kometenhaften Aufstieg dem Unglück anderer zu verdanken hatte, als gleichberechtigten Partner ansehen zu müssen, hatte den württembergischen Herzog krank werden lassen. Seine Herzbeschwerden hatten sich verstärkt, nächtliche Gallenkoliken, bei denen „viel Grieß abging", erschreckten nicht nur die Ärzte des Herzogs. Von Natur aus gutmütig und freundlich gegen jedermann, durchaus nicht autoritär und absolut, war Johann Friedrich dennoch auf seine Würde als Fürst bedacht. Der Stolz auf seine Ahnen und die lange Geschichte seiner Familie machte einen großen Teil seines fürstlichen Selbstverständnisses aus. Die Begegnung mit Wallenstein stand unter einem denkbar schlechten Stern. Der kaiserliche Feldherr mußte den Herzog von Württemberg demütigen, er wollte ihn provozieren; Johann Friedrich wußte, daß er sich nicht herausfordern lassen durfte. Während der qualvollen Besprechungen hatte er merkwürdigerweise immer wieder das Bild seiner beiden ältesten Söhne bei ihrem ersten selbständigen Ausritt vor Augen. Den Eifer des Erbherzogs, sein Pferd zu zügeln. Wie stolz war er damals gewesen. Er durfte sich keine Blöße geben. Nichts durfte ihm zu schwer werden, die Last des Landes, das den Namen der Familie trug, zu erleichtern und seinen Söhnen ihr Erbe zu erhalten.

Nur zu bald war nicht nur dem Herzog, sondern auch seinen Ratgebern klar, daß die Unterredungen zu nichts führen würden. Da der Herzog müde und erschöpft war, wurde die Abreise beschlossen. Hofprediger Weinmann schreibt: *„Aber als solche (Jhro Fürstliche Gnaden) von dannen Dinstags den 15. Julij wider nach Stuttgart gezogen, hielt man darfür, daß ein einiger Trunck rohten newen Weins vnder Wegen, vnd auff dero Ankunfft ein einiger Trunck Biers allhie, auff zimmliche Hitz, J.F.G. grossen Schaden gethan habe."* Schon in der Kutsche hatte der Herzog über dumpfes Herzrasen geklagt, das bis in den Hals hinauf spürbar sei. Dazu kam ein immer lauter werdendes Rauschen in den Ohren, das aber dann ebenso plötzlich, wie es aufgetreten war, wieder verschwand. Eine Weile glaubte der Erschöpfte, er höre auf dem linken Ohr nichts mehr, aber allmählich kehrte das Gehör zurück. Der beklemmende Druck auf der Brust aber blieb. Immer wieder murmelte er zum Entsetzen seiner Begleiter: *„So komme ich bis künfftigen Sonntag in die Capell."* In Momenten, in denen es ihm besser zu gehen schien, trieb er den Kutscher zu höchster Eile an, er wollte nicht auf der Landstraße, sondern in Stuttgart sterben.

In der Hauptstadt angekommen, schien sich sein Zustand zu bessern. Auch Herzogin Barbara Sophia klammerte sich kurze Zeit an diese trügerische Hoffnung. Sie wich nicht von der Seite ihres Mannes. Schließlich aber war alle Kunst der Ärzte und alle hingebende Pflege umsonst: *„... als J.F.Gn. Dinstags auff den Abend den 15. Julij von Göppingen wider allhero nach Stuttgardt kommen, sich übel befunden, wie auch folgenden Mittwoch und Donnerstag, doch immerzu besserung verhofft, bis Freytag morgens kurtz vor 5 Vhren, neben den vorigen Schmertzen, die sich häufig wider erzeigt, ein solcher starcker Schlagfluß sich befunden, daß alle Menschliche Hilff vmb sonst gewesen. Vnd obwolen J.F.Gn. alsobald die Sprach verfallen, So haben sie jedoch Verstand, Gesicht und Gehör biß in dero letstes End behalten."*

So wie es der Herzog selbst vorausgesagt hatte, so geschah es: *„Sonntags zu Abend den 20. Julij war J.F.G. Leuchnam in die Fürstliche Hofcapell kommen und gesetzet."* Schon waren Eilkuriere mit der Trauernachricht an die europäischen Höfe unterwegs. Aus Mömpelgard reiste Herzog Ludwig Friedrich an, der die Regentschaft für den neuen, erst dreizehneinhalb Jahre alten Herzog Eberhard III. führen sollte. Eberhard, der seit November 1627 im Collegium illustre in Tübingen in den Künsten und den Wissenschaften unterrichtet wurde, lernte dort auch ritterliche Tugenden, wie Fechten, Reiten und Tanzen, dazu Ball- und Ritterspiele.

Wie sehr sich ihre Lage nach dem Tode des Vaters verändert hatte, wurde Antonia bei der Ankunft des Bruders im Schloß erst so richtig bewußt. Mit einem Mal war sie nicht mehr die Tocher des regierenden Herzogs. Sie war nur die Schwester, und dazu noch eine von dreien, die Kosten verursachten und für die man einen Platz erst finden mußte.

An dem neuen Hof, der sich konstituierte, war an Mädchen und jungen Frauen kein Mangel. Anna Johanna und Sibylla, die kleinen Schwestern, bemerkten den Wechsel in ihrem Kummer um den Vater noch nicht. Aber Antonia spürte, genau wie ihre Tante Anna, wie sich die Gunst der Höflinge von der Herzoginwitwe und denen, die ihr nahestanden, abwandte. Die neue Sonne am Hof war ohne jeden Zweifel Herzog-Administrator Ludwig Friedrich.

Die Vorbereitungen für die prunkvolle Beisetzung des verstorbenen Herzogs nahmen fünf Wochen in Anspruch. Erst am 21. August konnte der Zinnsarg des Landesherrn in einer feierlichen Prozession von der Schloßkirche, in der die Leiche aufgebahrt gewesen war, hinüber zur Stiftskirche geleitet werden. Der düstere Trauerzug bewegte sich gemessenen Schrittes. Jede Bewegung, jede Geste war vorbedacht und bedeutungsvoll. Je drei adelige Herren trugen dem Sarg die Fahnen von Württemberg, Teck und Mömpelgard voran, dazu die dem Hause Württemberg gebührende Reichssturmfahne und eine Klagfahne. Neben diesen Gruppen schritt jeweils ein Pferd, geschmückt mit der dazugehörigen Wappendecke. Der Erbkämmerer führte das Klagpferd, der Erbschenk trug das von der Herzoginwitwe Barbara Sophia mit

Perlen gestickte Herzogswappen. Dem Sarg vorangetragen wurde das Herzogsschwert Eberhards im Barte. Erst als sich die Türen der Gruft unter der Stiftskirche endgültig hinter dem Zinnsarg des Vaters geschlossen hatten, begann Antonia, den Verlust des Vaters in seiner ganzen Tragweite zu begreifen.

Die Fünfzehnjährige hatte in den Tagen, als der Vater in der Schloßkirche aufgebahrt war, die meiste Zeit oben in der Kirchstube Herzog Christophs gesessen und vom Vater Abschied genommen. Ruhig und gefaßt hatte sie sich um die kleinen Schwestern gekümmert, während Herzogin Anna der Schwägerin zur Seite gestanden hatte.

In einem Brief an den Kaiser versuchte die Witwe doch noch zu erreichen, wofür ihr Mann sein Leben eingesetzt hatte. Sie bat Ferdinand II., die Württemberg auferlegten Lasten der Finanzkraft des Landes anzupassen. Der Kaiser reagierte prompt. Bereits Mitte August wandte er sich aus Wien an den Grafen Reinbaldt von Collalto, um ihn über das Schreiben *„die Verschon- und einquartierung des Herzogthumbs Württemberg betreffend"* zu unterrichten und teilte ihm mit: *„Vns hat die Hochgeborene vnns so liebe Andechtige Barbara Sophia Herzogin zue Württemberg, geborne Marggravin zue Brandenburg, demüttig Zuvernehmen geben, was gestalt selbiges Herzogthumbs mit stettigen Durchzügen, vielfelttiger einlegerung der Soldatesca Vnd aufgelofener Contributionen ein geraume Zeit hero dermaßen beschwerdt erschöpfft und ruinirt worden, daß einmal solche einquarttirungs last vnd dergleichen beschwerdte weiter Zuertragen, so wol ihro Liebden selbst, alß der gesambten Landschafft Vnd Unterthanen nunmehr gantz Vnmöglich fallen thue, mit geziemender gehorsamer Bitt die Allergnedigste Verordnung zu thuen, damit hierin Remedirung verschafft, Vnd diesen molestien abgeholffen werden möchte. Wann wir nun gemelter Herzogin in Ansehung vnd Betrachtung dero Vnlengst gestorbenen Gemahls S. vns iederzeit erzeigten Trewgehorsambster Devotion willen, sonderlich bey dem ohne daß durch disen Vnversehenen Todtfall Zustehendten Vielfelttigen bekummernus gnedigist gern geholffen vnd so Viel immer möglich ein würckliche Consolation gegebengehen wollten, alß haben wir Dich dieser Vnser gnedigisten Intention erindern wollen, deren Du Dich Zu accomodiren, vnd Vnserem in Dich*

gesezten gnedigsten Vertrawen nach den sachen weitter recht Zu
thuen wissen würdest. Verbleibe Dir im Vbrigen mit Kaysl. gna-
den iederzeit gewogen."

Wenn die Herzogin-Witwe jemals geglaubt hatte, nach
diesem gnädigen Schreiben des Kaisers würde eine Besserung
eintreten, so sah sie sich bald gründlich getäuscht. Die Lasten
und der Druck auf Württemberg verstärkten sich eher noch.
In den Tagen, in denen Antonia den Schlaf des aufgebahrten
Vaters in der schwarzausgeschlagenen Schloßkirche bewacht
hatte, war ihr eines der frühen Gedichte Johann Valentin
Andreäs besonders ans Herz gewachsen. Der Calwer Dekan
selber hatte ihr sein „Morgenlied" zum Trost geschickt. Niemand, so hatte er geschrieben, könne wissen, was ein Tag
ihm bringen würde. Nicht das Kind, das am Morgen seines
Daseins hoffnungsvoll hinausblicke auf das ihm unendlich
lang erscheinende Leben. Aber auch der Mensch, der aus tiefer Nacht erwachend einen neuen Tag begrüße, voll Zuversicht, daß er ihm nur Gutes bringen werde, könne nicht wissen, ob er den Abend noch erleben würde. Doch ein jeder
solle den Morgen, der ihm beschieden sei, genießen als das
einzige, was ihm allein gehöre. Sinnend hatte Antonia hinun-
tergeblickt auf den düsteren, prunkvollen Katafalk, auf dem
der Vater ruhte. Er war in seine prächtigsten Kleider gehüllt.
Wie hatte er die schönen Seiten des Lebens, herrliche Stoffe
und erlesene Kostbarkeiten geliebt! Eigentlich sah er glücklich aus, so als habe er die Nacht ganz aus Versehen hier in
der Schloßkirche verbracht und nicht in seinem Schlafgemach. Jetzt am Morgen würde er nach dem Erwachen aufbrechen zu einer Jagd in den Schönbuch oder eines der anderen
von ihm bevorzugten Reviere. Wie um den unerfüllten
Traum aus ihren Gedanken zu vertreiben, las sich Antonia
das Gedicht Andreäs laut vor:

„Mit Freuden will ich singen
in dieser Morgenstund;
auf soll mein Geist sich schwingen
in Gottes Liebesgrund.
Ach Herr, tu auf meinen Mund!
Mit Freuden will ich leben,

JAHRESLOSUNG 2000

Gott spricht,

wenn Ihr mich

von ganzem

Herzen suchen

werdet,

so will ich mich

von **E**uch

Jeremia 29,
13.14

finden lassen.

Die Evangelische Gesellschaft
grüßt Ihre Freunde
mit der Jahreslosung 2000
unserer Kirche

eva

Evangelische Gesellschaft Stuttgart e.V.

Büchsenstraße 34/36
70174 Stuttgart
Telefon (07 11) 20 54 - 0

Diakonie

wie mir mein Herr verleiht,
recht seinem Wort nachstreben;
innerlich Sorge weicht.
Ach Herr, mein Herz erleucht!
Mit Freuden will ich danken
für jede Gottesgab,
will stillen mein Gedanken;
in Gott ich alles hab.
Ach Herr, mein' Geist erlab!
Mit Freuden will ich werken
an Gottes Bau und Werk,
rüstig mein Arme stärken,
nicht scheuen steilen Berg.
Ach Herr, sei du mein Stärk!
Mit Freuden will ich leiden,
mein Kreuz auch tragen fort,
redlich entbehren, schweigen
an diesem finstern Ort.
Ach Herr, bleib du mein Hort!
Mit Freuden will ich sterben,
auf daß ich hab Gewinn,
die Seligkeit zu erben;
zum Himmel steht mein Sinn.
Ach Herr, mein Seel nimm hin."

Erst die Beisetzung des Vaters in der Gruft der Stiftskirche
war das Ereignis, das Antonia endgültig von ihrem alten Leben trennte. Der Herzog-Administrator bestand darauf, daß
sich die Witwe seines Bruders sobald als möglich mit ihren
Töchtern auf ihren Witwensitz Brackenheim zurückzog. Er
fürchtete nicht zu Unrecht, daß die zur „Obervormünderin"
ihres Sohnes Eberhard III. ernannte Barbara Sophia allzuoft
und energisch in die Erziehung des Sohnes eingreifen und in
die Politik des Landes hineinregieren würde.

Brackenheim und das ebenfalls zu ihrem Witwengut
gehörende Sachsenheim waren der Herzogin-Witwe vertraut.
Sie hatte die beiden Ämter bereits in den vergangenen Jahren
wiederholt besucht. Als gottesfürchtige und fromme Landesmutter hatte sie die dreischiffige Brackenheimer Johanniskir-

che mit selbstgestickten, kostbaren Altartüchern verschönt. Für mittellose Studenten richtete sie eine mit 4000 Gulden ausgestattete Stiftung ein. Die Gotteshäuser und die Pfarrer beider Ämter wurden von der tiefgläubigen, gottesfürchtigen Fürstin mit wertvollem silbernen und goldenen Altargeschirr und neuen Talaren reicht beschenkt. Barbara Sophia ließ mit Mitteln aus ihrer Privatschatulle Kanzeln erneuern und Taufsteine errichten. In den Jahren ihrer Ehe war Brackenheim einer jener Orte in Württemberg gewesen, denen sich Barbara Sophia auf eine ganz besondere, ganz persönliche Art verbunden gefühlt hatte. Großzügig und nobel hatte sich die brandenburgische Kurfürstentochter ihrem zukünftigen Witwensitz gegenüber verhalten.

Jetzt, nachdem der erste Schmerz der Trauer verklungen war und das Leben sein Recht forderte, mußte sich die Herzogin an den Gedanken gewöhnen, die noch vor ihr liegenden Lebensjahre in Brackenheim zuzubringen. Dazu mußte das in den fünfziger Jahren des 16. Jahrhunderts unter Herzog Christoph von Martin Berwart erbaute Schloß gründlich renoviert und mit modernen Möbeln ausgestattet werden. Zwar strahlte der Bau mit seinen asymmetrischen, dicken runden Treppentürmen und dem rückwärtigen Trakt mit seinen schönen Holzlauben Behaglichkeit aus, aber dem Wohn- und Lebensgefühl einer Fürstin 80 Jahre später entsprach er nicht mehr. So wie einst ihre Schwiegermutter Sibylla von Anhalt in Leonberg nicht auf den geliebten Lustgarten verzichten wollte, so bestand nun Barbara Sophia auf dem Bau einer Kunstkammer, die der berühmten Stuttgarter Kunstkammer ihres Mannes möglichst ähnlich sein sollte. Wie ihr Gemahl hatte auch Barbara Sophia viel Freude an kostbaren Kunstwerken und Kleinodien.

Bereits wenige Wochen nach dem Tode seines Bruders berief Herzog Ludwig Friedrich ein Geheimenrats- und Vormundschaftskollegium ein, das aus Landhofmeister Pleickhard von Helmstädt, Vizekanzler Jakob Löffler und den Geheimräten Johann Kielmann und Veit Breitschwerdt bestand. Um der katastrophalen Mißstände und der enormen Verschuldung Herr werden zu können, brauchte Ludwig Friedrich ein zuverlässiges und entschlußbereites Gremium,

Herzog Eberhard III.
Bruder von Prinzessin Antonia

das in der Lage war, auch unpopuläre Beschlüsse schnell und tatkräftig zu verwirklichen. Gestützt auf den Administrator und das Vertrauen der Landstände, konnte Jakob Löffler nun die von ihm bereits seit langem geforderten Sparmaßnahmen und personellen Veränderungen durchsetzen. Löffler war erst wenige Tage vor dem Tod des Herzogs von einer diplomatisch heiklen und mit Bravour gelösten Mission vom Kaiserhof in Prag nach Stuttgart zurückgekehrt.

Den von vielen Abgeordneten der Landstände verächtlich als „gemeinen Beutelschneider" bezeichneten Kammersekretär Heinrich Hiller entfernte er sofort aus dem Amt, korrupte Beamte wurden abgelöst und durch fähige ersetzt. So erhielt der mit den Vorgängen am Kaiserhof vertraute Johann Konrad Varnbüler von Löffler eine Sekretärstelle im Oberrat, den von ihm als fähig erkannten Sohn seines ehemaligen Tübinger Lehrers Andreas Burkhardt förderte er, wo er nur konnte. Diese dringend notwendigen innenpolitischen Veränderungen nützten aber nichts im Hinblick auf die von der katholischen Seite mit immer größerem Nachdruck betriebene Forderung nach der Rückgabe der Klostergüter. Damit war ein Drittel des württembergischen Staatsgebietes in Gefahr.

Beim Kurkonvent in Mühlhausen im Jahre 1627 hatte Kaiser Ferdinand II. von den Kurfürsten ein Gutachten verlangt, bevor er endgültig in dieser Sache entschied. Sofort war Jakob Löffler zu Gesprächen an die Höfe von Hessen-Darmstadt und Kursachsen beordert worden, um danach am Kaiserhof in Prag vor dem Kaiser den Standpunkt Württembergs zu vertreten. Bei dieser strapaziösen und diplomatisch verwickelten Mission verhielt sich der württembergische Vizekanzler so klug und geschickt, daß er sich die Achtung nicht nur der protestantischen Fürsten, sondern auch der katholischen Gegner erwarb. Im April 1628 trat Löffler vor den Kaiser und trug ihm eine vom württembergischen Regimentsrat vorbereitete Anrede vor, daß die Klöster des Herzogtums bereits im Jahre 1535 reformiert worden seien und seitdem ununterbrochen in ihnen und in den zu ihnen gehörenden Ortschaften den Menschen die Protestantische Lehre gepredigt worden sei. Um ihre Argumente nachhaltig unterstreichen zu können, hatten die Räte des Herzogs auch mehrere Universitätsgutachten angefordert. Ausgerechnet die württembergische Landesuniversität Tübingen hatte auf Rat der juristischen Fakultät der katholischen Seite Recht gegeben. Tief enttäuscht von seinem geistigen Mentor und Freund Christoph Besold schrieb Johann Valentin Andreä: *„Am allertraurigsten war mir Besolds geistlicher Tod, oder sein Übergang von uns zu den Päpstlern – dieses Mannes, der vor allen Sterblichen sich am meisten um mich verdient gemacht hatte."*

Kaiser Ferdinand II. nahm die Ausführungen des württembergischen Vizekanzlers nach außen sehr gnädig auf, ließ sich aber zu keiner Meinungsäußerung oder zu einem Zugeständnis hinreißen. Instinktiv fühlte Löffler, daß er auf verlorenem Posten stand. Doch er gab nicht auf, es folgten abermalige Reisen an die Höfe in Dresden und Öttingen. Interventionen bei Wallenstein und seine Briefe an den Herzog in Stuttgart zeigen, wie richtig er die Lage einschätzte: Der Kurfürst Maximilian von Bayern, die Jesuiten und der Beichtvater des Kaisers, Lamormain, hetzten gegen den württembergischen Herzog. Es scheine so, als ob Mond, Himmel und Erde sich gegen den Herzog regen würden, ärgerte sich Löffler in einem Brief vom 3. Mai 1628. Mitte Juni verließ er Prag und reiste nach Hause zurück. Jeremias Pistorius, der ständige Vertreter des Herzogtums am Kaiserhof, war voller Bewunderung für den Vizekanzler: *„Er hat sein Dexterität und Eifer sowohl in den geistlichen als Kriegssachen ansehnlich spüren lassen und ohne Scheu das Maul aufgethan; wäre wohl zu wünschen, daß die evangelischen Fürsten und Stände stets einen solchen Mann oder wenigstens seinesgleichen bei Hof hätten."*

Die Sparmaßnahmen, die Jakob Löffler nun im Namen des „Geheimen Regiments- und Kuratelrates" durchsetzte, trafen vor allem auch den Lebenszuschnitt der herzoglichen Familie empfindlich. Lange hatte man bei Hofe über die Verhältnisse des Landes gelebt, hatte nur zu gerne Chronisten geglaubt, die da behaupteten, *„daß Württemberg alleine noch das Glück habe, in seinem Wesen zu verbleiben, ohne daß die Unterthanen viel Klagenswertes erduldeten, denn weder Kriegsgeschrei noch Schlach-*

tendonner hörte man hier, man sieht nicht die Kirchen zerstört, nicht Kunst und Wissenschaft verjagt."

Löffler allerdings konnte vor Kunst und Wissenschaft nicht mehr Halt machen. Das bekamen auch Eberhard III. und seine Brüder Friedrich und Ulrich bei ihrem Studium am Tübinger Collegium illustre zu spüren. Ihre Mittel wurden gekürzt, Vergnügungen fast ganz aus dem Stundenplan gestrichen. Vorbei war die Zeit der glanzvollen Feste, bei denen die Stuttgarter Hofkapelle ihren legendären Ruf hatte unter Beweis stellen können. Zwar spielten John Price und seine beiden Schwäger, die berühmte „engelländische Compagnia", immer noch in Stuttgart, aber ihre Zeit neigte sich dem Ende entgegen. Bereits im September 1628 forderte Jakob Löffler das Kirchenratsdirektorium auf, Vorschläge zu unterbreiten, wie man die fürstliche Musik einschränken und die Kosten dafür reduzieren könne, ohne allerdings Qualitätsverluste hinnehmen zu müssen. In der Folge wurden alle ausländischen Mitglieder der Hofkapelle und alle Katholiken, die in Stuttgart bisher, anders als an anderen Höfen, großzügig geduldet worden waren, entlassen. Ausgestattet mit hohen Abfindungen, fanden die meisten von ihnen bald neue Anstellungen an anderen Höfen. John Price und die Seinen wurden am sächsischen Hof in Dresden mit offenen Armen aufgenommen. Dieser Aderlaß an ihren besten Kräften traf die Kapelle hart. Bereits wenig später beklagte sich das Oberhofmarschallamt bitter darüber, daß es mit der Musik am herzoglichen Hof „ziemlich übel" bestellt sei. Der Kirchenratsdirektor und seine Räte wurden gebeten, hier dringend um Abhilfe besorgt zu sein. Angesichts der leeren Kassen blieb die Klage ohne Antwort. Nach Abschluß der Sparmaßnahmen konnte Kapellmeister Basilius Froberger noch über sechsundzwanzig Musiker verfügen, dazu gehörten auch acht Capellknaben.

Die Einschränkung der Hof- und Tafelmusik wurde von Herzogin Barbara Sophia und ihren Töchtern als besonders schmerzlich empfunden. Wie sehr die brandenburgische Kurfürstentochter der Musik verbunden war, hatte sie bereits bei der Wahl ihres Lebensmottos bewiesen. Es war das Wort „MVSICA", dessen Bedeutung die Fürstin stets in zwei Sätzen erläuterte. „Mein Vertrauen stehet in Christo alleine" hieß das, oder auch „Mein Vester Stein ist Christus allein!" Musik war für sie nicht allein Vergnügen und Unterhaltung, die Musik hatte ihr Leben schon geprägt, bevor sie in Johann Friedrich von Württemberg einen Partner bekam, der die Tonkunst als ein den Fürsten geziemendes Vorrecht empfand. Barbara Sophia war sich der Verantwortung, die ihre hohe Stellung mit sich brachte, bewußt. Sie galt als mildtätig und fromm, Kranken und Bedürftigen zu helfen, war ihr Verpflichtung. Bei der Erziehung ihrer Kinder galt sie als streng und konsequent. Sie duldete keinen müßigen Zeitvertreib und achtete darauf, daß besonders die Töchter keine „weltlichen" Bücher in die Hände bekamen.

Die gute Erziehung, die man bei ihr erhielt, galt in vielen Adelshäusern als vorbildlich. Viele Familien gaben ihre Töchter zur Ausbildung in die Gemächer der Herzogin. Nicht zuletzt, weil Mädchen, die dort aufgenommen worden waren, besonders gerne geheiratet wurden. Noch immer kam Johann Jakob Froberger mit zu den Musikstunden, die sein Vater den jungen Herzoginnen erteilte. Unter den acht Capellknaben hatte er die allerschönste Stimme. Sein Vater hielt ihn für den begabtesten unter seinen Söhnen, von denen noch vier weitere der Hofkapelle angehörten. Der nun fast Dreizehnjährige wurde in der Kompositionslehre von seinem Bruder Johann Christoph unterwiesen. In den letzten Jahren hatte sich seine besondere Begabung für die Tasteninstrumente noch weiter herausgebildet, Hoforganist Gottfried Eckhardt unterrichtete ihn im Orgelspiel, behauptete aber, er könne dem Knaben bald nichts mehr beibringen. So eine außerordentliche Begabung verlange geradezu nach besserer Schulung, als sie am Stuttgarter Hof möglich sei.

Auch nach dem Tode ihres Mannes hatte Herzogin Barbara Sophia an ihrer Gewohnheit festgehalten, zusammen mit ihrer Schwägerin stickend oder nähend dem Musikunterricht ihrer Töchter beizuwohnen. Die jüngste, nun neunjährige Sibylla war musikalisch die begabteste, sie war von Natur aus heiter. Es schien auch, als hätte sie den Tod des Vaters am leichtesten verwunden. Stundenlang konnte sie am Cla-

vichord sitzen und spielen. Sie musizierte unbekümmert und
ohne jede Scheu und war kaum vom Instrument fortzubrin-
gen. Wenn Johann Jakob Froberger spielte, dann ließ die
kleine Herzogin kein Auge von dem vier Jahre älteren Jungen, und auch er hatte nur Augen für das Mädchen. Bisher
war das kein Problem gewesen, aber nun begannen Sibylla
und ihre ein Jahr ältere Schwester allmählich der Kinderstube zu entwachsen.

Während Antonia wie ihre Brüder Eberhard und Friedrich
der Familie des Vaters nachschlug, ähnelten die beiden jüngeren Mädchen wie auch ihr Bruder Ulrich eher der Mutter.
Bei der Betrachtung ihrer zahlreichen Nichten und Neffen
hatte Herzogin Anna schon immer behauptet, der breite hes-
sische Schädel jener armen Barbara von Hessen, die man als
Neunzehnjährige auf Wunsch Herzog Christophs mit dem
fast sechzigjährigen Herzog Georg von Württemberg verheiratet hatte, sei die Rache der Unglücklichen am Haus Württemberg. Herzog Johann Friedrich, auch er Erbe der breiten
Hessenstirn, hatte darauf seiner Schwester immer lachend geantwortet: „Täusch dich nicht, vielleicht ist es auch ein wie-
dereingeheirateter württembergischer Schädel. Ich kann mir
nicht vorstellen, daß es in anderen Familien noch dickere
Schädel gibt als bei uns." Johann Friedrich spielte damit auf
die Ehe der jüngeren Mechthild, der Schwester Eberhards im
Bart an, die in das Haus Hessen eingeheiratet hatte. Durch
sie war das Blut Mechthilds von der Pfalz, deren Söhne kinderlos gestorben waren, in das Haus Württemberg zurückgekommen, denn Barbara von Hessen war die Großmutter Herzog Johann Friedrichs und damit die Stammutter der jetzt
regierenden Linie.

Herzogin Barbara Sophia hatte ihre Stickerei in den Schoß
sinken lassen und war ganz in die Betrachtung ihrer Tochter
Sibylla versunken, die mit Johann Jakob Froberger eine No-
tenschrift entschlüsselte. Fachmännisch probierten sie die
übereinanderliegenden Griffzeichen aus. Manchmal entspann
sich über die Höhe eines Tones oder seine Länge ein kurzer
Disput, diese Differenzen wurden jedoch immer schnell beigelegt. Nichts lenkte die beiden von sich und ihrer Beschäftigung mit der Musik ab. Die beiden Kinder am Clavichord

boten auch ein anmutiges Bild, der blonde Kopf des Mädchens und der fast schwarze des Knaben, es war ein hübsches Paar, das da lachend nebeneinander ein Musikstück einübte.

Antonia hatte den Blick der Mutter bemerkt. Von allen drei Töchtern machte sie sich am wenigsten aus der Musik, sie las lieber oder lernte ihre lateinische Grammatik. Am liebsten war es ihr aber, wie heute mit einem Buch im Musikzimmer zu sitzen und dem Spiel der anderen zu lauschen. Antonia war der besorgte Blick der Mutter nicht entgangen, sie konnte sich nur keinen Reim darauf machen. Es war das letzte Mal, daß Johann Jakob Froberger zusammen mit seinem Vater zur Musikstunde ins Schloß gekommen war.

Kurz darauf reiste er mit einer Delegation, die an den Wiener Kaiserhof abging, in die Residenzstadt an der Donau. In seiner Tasche hatte er ein Empfehlungsschreiben an den ständigen Geschäftsträger Württembergs am Kaiserhof, Jeremias Pistorius. Denn der Gesandte verfügte über die besten Beziehungen, um den begabten jungen Musiker in der Hofkapelle des Kaisers unterzubringen. Es war, als hätte Barbara Sophia Basilius Froberger mit ihrem Vorschlag eine zentnerschwere Last vom Herzen genommen. Sein Sohn würde in der Kaiserstadt mehr lernen können, als er es sich je hätte erträumen lassen. Als die erste Aufregung sich gelegt hatte, fieberte Johann Jakob dem neuen Leben förmlich entgegen. Mit hellwachem Verstand und geschärften Sinnen ging er auf die erste große Reise seines Lebens. Wien, das war ein Traum, von dort war es nicht mehr weit bis Italien. Vielleicht würde er einmal Rom sehen können, jene ferne Stadt, aus der so viel Neues sogar schon bis nach Stuttgart gedrungen war.

Während Johann Jakob Froberger sein Glück immer noch nicht ganz fassen konnte, tröstete Antonia ihre weinende Schwester. Für Sibylla war eine Welt zusammengebrochen, als Basilius Froberger eines Tages ohne den Sohn zur Musikstunde erschien. Nicht einmal verabschiedet hatte sich der Freund von ihr. Dabei kannte sie ihn besser und war mit ihm vertrauter als mit den eigenen Brüdern, die sie nur noch selten zu Gesicht bekam. Sibylla war kaum zu beruhigen. Aber so nahe Herzogin Barbara Sophia der Kummer der Tochter auch ging, sie wußte, daß die getroffene Entscheidung die richtige gewesen war. Sie hatte die Vernunft auf ihrer Seite. In Wien stand Johann Jakob mit seiner großen Begabung die Welt offen. Hier in Stuttgart hätte ihn niemand mehr weiter fördern können. Sie war froh, diese Kinderliebe unterbunden zu haben, bevor sie sich zu einem ernstzunehmenden Problem hatte auswachsen können. Sibylla war noch ein Kind, und Kinder vergaßen schnell. Man mußte ihnen nur Abwechslung bieten, aber gerade damit war es schlecht bestellt am Stuttgarter Hof.

Ausflüge und kleine Reisen waren nahezu unmöglich geworden, die Soldateska, die sich überall im Land herumtrieb, machte selbst Ausflüge nach Brackenheim oder Kirchheim unter Teck zu gewagten Unternehmen. Außer dem Zusammensein im vertrauten Kreis der Familie gab es kaum noch Zerstreuungen. Herzog Friedrich Achilles hatte aus Furcht vor den Truppen Wallensteins seine Residenz Neuenstadt verlassen und sich nach Stuttgart zurückgezogen. Aber auch dort war es dem Junggesellen nicht wohl. Hatte er in Neuenstadt für Leib und Leben gefürchtet, so sorgte er sich jetzt um seine im dortigen Schloß zurückgelassene Bibliothek und um seine Kunstschätze.

Herzogin Anna, die bisher geborgen im Kreis der Familie ihres Bruders gelebt hatte, konnte sich weniger als ihre Schwägerin Barbara Sophia in die neue Lage finden. Die vergnügte junge Fürstin, die kaum die Dreißig überschritten hatte, wandelte sich in kurzer Zeit zu einer nörgelnden Jungfer, die an allem etwas auszusetzen hatte. Hinter jeder Einschränkung, die die Sparmaßnahmen notwendig machten, witterte sie eine persönliche Kränkung des Herzog-Administrators. Ludwig Friedrich, der andere Sorgen hatte als die Unzufriedenheit seiner jüngsten Schwester, zeigte nicht das geringste Verständnis für ihre endlosen Tiraden, zum Beispiel wegen des Entzugs der ihr bisher gewährten persönlichen Kutsche.

Antonia litt am meisten unter der Veränderung ihrer Lieblingstante, die bisher immer Zeit und Verständnis für die Sorgen und Nöte der Nichte gehabt hatte. Sie konnte einfach nicht begreifen, wieso Herzogin Anna sich jetzt nur noch um ihre eigenen Sorgen kümmerte.

Antonias geschärfte Sensibilität machte sie empfänglich für den Kummer ihrer jüngsten Schwester Sibylla. Gemeinsam unternahmen die beiden lange Spaziergänge durch den Lustgarten, der jetzt meistens sich selber überlassen war. Es sorgte kaum noch jemand für seine Instandhaltung, schon drohten erste Partien des Gartens zu verwildern. Wehmütig betrachtete Antonia die Lustgrotte, diesen Stolz ihres Vaters, hier war bei einigen Figuren bereits die empfindliche Mechanik entzwei. Aber auch sonst hatte sich viel zum Schlechteren gewandelt. Der Betrieb der Hofmühle hatte bereits eingestellt werden müssen. Der Nesenbach, an einigen Stellen in der Esslinger Vorstadt mannshoch mit Unrat und Müll angefüllt, führte nicht mehr genug Wasser. Die Verwaltung der Stadt und die herzogliche Verwaltung schoben sich gegenseitig die Schuld an diesem unhaltbaren, gesundheitsschädigenden Zustand zu. Unklar war auch, wer für die Säuberung verantwortlich war und wer sie bezahlen sollte. Die Auseinandersetzungen dauerten monatelang an. Als endlich eine Einigung erzielt worden war und die Arbeiten nach dreijährigen vergeblichen Bemühungen beendet werden konnten, setzten wochenlange, sintflutartige Regenfälle ein, die den Nesenbach genauso verdreckt zurückließen wie zuvor. In den vergangenen zehn Jahren war die Stuttgarter Bevölkerung um fast fünfzehn Prozent zurückgegangen, ohne daß schwere Krankheiten wie Pest und Typhus hohen Tribut gefordert hätten.

Der Rückgang war langsam und stetig erfolgt, dazu aber hatten die schlimmen Zeiten viele Bettler und obdachlos gewordenes Landvolk in die Mauern der Stadt gespült. Die Bürger klagten über die ständige Bettelei auf allen Gassen und beschuldigten die Behörden, zu lasch und zu großzügig gegenüber diesen stadtfremden Elementen zu sein. Sie ärgerten sich über lauten nächtlichen Gesang und wilde Zechereien in den Gasthäusern während der Gottesdienste.

Die unsicheren Zeiten hatten bei den Einwohnern ein verstärktes Sicherheitsbedürfnis hervorgerufen. Turmbläser wurden deshalb angewiesen, sobald sich fremde Reiter oder Kutscher mit mehr als drei oder vier Pferden der Stadt näherten, diese „anzublasen". Ständig mußten alle Tore rund um die Uhr bewacht werden. Die Bürgerschaft wehrte sich dagegen, denn die Wächter mußten aus ihrer Mitte gestellt werden und hatten kaum noch Zeit, ihrer eigentlichen Arbeit nachzugehen. So wurde die Torbesatzung auf einen Bürger verringert. Das normale Leben wurde immer mühsamer, Geschäftsreisen oder Visitationsbesuche von Lehrern oder Pfarrern in ihren Amtsbezirken wurden schließlich eingestellt, weil für die Sicherheit der Reisenden keine Garantien mehr übernommen werden konnten.

Auf den 24. Februar 1629 war zum ersten Mal seit fünf Jahren wieder ein Landtag nach Stuttgart einberufen worden. Kurz und knapp unterrichtete Jakob Löffler die Abgeordneten über die Lage des Landes. Die Verschuldung belief sich nunmehr auf rund vier Millionen Gulden. Das bedeutete, daß die aufzuwendenden Zinsen die Überschüsse der Kammer bei weitem überstiegen. Löffler verlangte, die Landschaft solle diese Schuldenlast in voller Höhe übernehmen, damit man endlich von der nun schon mehr als ein Jahrhundert andauernden Schuldenwirtschaft frei würde. Die Landschaft erklärte sich schließlich bereit, die Hälfte der Summe zu übernehmen, mehr könne sie nicht zugestehen, ohne selbst in Gefahr zu geraten. Erst als Löffler darlegte, daß die herzogliche Kammer unmöglich die Zinsen für die restlichen Millionen aufbringen könne, bei einer Bankrotterklärung aber die Ehre des verstorbenen Herzogs vor aller Welt geschändet würde und dem Land kaiserliche Zwangsverwaltung drohe, übernahmen die Abgeordneten den Schuldendienst für eine weitere halbe Million bis zur Volljährigkeit Eberhards III. Dafür verlangte die Landschaft aber die Erfüllung eines uralten Wunsches: Die Amtleute sollten von den Landtagen ausgeschlossen werden.

Noch während des Landtages traf das vom Kaiser beschlossene Restitutionsedikt in Stuttgart ein, laut dem die Klöster in den protestantisch gewordenen Reichsgebieten an ihre alten Besitzer zurückgegeben werden mußten. Voller Befriedigung darüber schrieb Pater Georg Schönheim, der spätere Abt von Adelberg, an den Abt von Ochsenhausen: *„Die Ketzer*

müssen jetzund das tanzen, was ihnen die Katholischen pfeifen. " Die
Meinung über das Edikt, das den Katholiken nach der Wie-
derinbesitznahme ihrer Klöster und Stifte, der reichsunmit-
telbaren Güter und Bistümer das Recht verlieh, ihre Untertanen zu ihrer Religion anzuhalten und bei Nichtbefolgung
davonzujagen oder auszuweisen, war selbst bei den Räten des
Kaisers nicht einhellig. So warnte der Hofkriegsratspräsident
Graf Collalto vor einem Religionskrieg, der Deutschland vernichten könne.

Der württembergische Landtag reagierte empört. Die Abgeordneten richteten ein Sendschreiben an den Kaiser, auf das
sie aber nie eine Antwort bekamen. Ermutigt durch die Re-
aktion des Landtages, ließ der Administrator das am meisten
gefährdete Kloster St. Georgen sofort durch den tüchtigen
Konrad Widerholt besetzen. Währenddessen begann Jakob
Löffler einen ebenso zähen wie aussichtslosen Kampf um die
Einheit des Landes. In Sachsen gelang es ihm, den wankelmütigen Kurfürsten Johann Georg beim Kaiser gegen das
Edikt vorstellig werden zu lassen. Ganz richtig erkannten die
Gegner Württembergs die Taktik Löfflers: *„Ist also bei diesem
Werke Württemberg der Vorläufer gewesen und hat Dr. Löffler die
hernach aufgestellte Suppe mit seiner spitzen Feder angericht.*" Dann
aber machte der Kurfürst von Sachsen abermals einen Rück-
zieher: *„Kursachsen hängt den Mantel nach dem Wind"*, schrieb
Pistorius an Löffler, *„wenn er mit Fried bleibt, wird nach den anderen wenig gefragt.*"

In einer neuerlichen Gesandtschaft beim Kaiser berief sich
Löffler für Württemberg auf den Prager Vertrag von 1599: In
ihm seien die Klöster und die Religion auf ewig beim Land
unabänderlich zu erhalten. Schließlich hatte Württemberg
dies Zugeständnis des Kaisers mit vier Tonnen Gold bezahlt.
Listig ließ der Vizekanzler durchblicken, daß es bei der
Anwartschaft, die Österreich auf Württemberg habe, sehr
unklug wäre, die Klöster dem Lande zu entfremden. Es
schien, als ginge die Rechnung Löfflers auf. Ende August
wurde ein kaiserliches Dekret erlassen, das für Württemberg
die Einstellung in den beim Hof- und Kammergericht an-
hängigen Klostersachen verfügte. Erleichtert unterrichtete
Löffler seinen Herzog über den neuen Stand der Dinge. Aber

bereits wenige Wochen später teilte Reichshofratspräsident Graf Fürstenberg den Württembergern mit, der Kaiser würde eher seine Krone und sein Königreich, alle Länder und Leute, ja Leib und Leben aufs Spiel setzen und verlieren, als vom publizierten Edikt zu weichen. Enttäuscht und entmutigt reiste Jakob Löffler mit seiner Delegation ab.

Kaum nach Stuttgart zurückgekehrt, sah sich der Vizekanzler mit einer brisanten innenpolitischen Angelegenheit konfrontiert. Die württembergische Regierung hatte zur Untermauerung ihres Rechts in der Klostersache Gutachten bei den juristischen und theologischen Falkultäten in Jena, Altdorf, Straßburg, Marburg und bei der Landesuniversität Tübingen angefordert. Daß sie das für Württemberg schädliche Urteil der Tübinger Universität geheimzuhalten gedachte, war nur zu verständlich. Allerdings nützte es in der Regierungsschublade den katholischen Ansprüchen wenig. Daher wurde es von zwei Tübinger Professoren, dem Juristen Wilhelm Bidenbach und seinem Schwager, dem Mediziner Matthäus Müller, den wöchentlich erscheinenden Frankfurter Postzeitungen zur Veröffentlichung zugespielt. Jakob Löffler selbst leitete die Untersuchung des Landesverrates. Wilhelm Bidenbach wurde verhaftet und auf Hohenurach festgesetzt, seinem Schwager gelang die Flucht nach Wien, von dort aus hetzte er gegen Württemberg.

Bei alledem blieb Jakob Löffler viel zu wenig Zeit für seine Frau und die eigene Häuslichkeit. Seit Jahren kränklich, lebte Maria Magdalena Löffler zurückgezogen in dem schönen Haus hinter dem Stock, das ihr Mann bei seiner Amtsübernahme hatte erbauen lassen. Schon bald nach der Übersiedlung nach Stuttgart hatte Löffler den ältesten Sohn seiner Schwester Magdalena, Marx Imlin, zu sich geholt, damit seine kinderlose Frau in den Tagen seiner Abwesenheit nicht ganz alleine war.

Auf immer neuen Fürstentagen wurde nun die Rechtmäßigkeit des Ediktes verhandelt. Unterdessen forderte der Kaiser Wallenstein auf, die leidige Klostersache nun mit Waffengewalt zu Ende zu bringen. Herzog Ludwig Friedrich traf in Memmingen mit dem kaiserlichen Oberbefehlshaber zusammen. Noch zögerte Wallenstein, dem Kaiserlichen

Befehl zu folgen. Wieder einmal war jedoch alles Hoffen auf einen guten Ausgang vergebens. Wallenstein entschloß sich schließlich doch, Oberst Ossa mit einem ansehnlichen Truppenkontingent in das Herzogtum einrücken zu lassen. Landtag und Regierung waren ratlos und mußten tatenlos zusehen, wie überall im Land ein lästiger Kleinkrieg entbrannte. Die Bevölkerung setzte sich vehement gegen die Besatzer zur Wehr. Das empörte Volk verlangte entschieden und verbittert, Waffengewalt einzusetzen, um die Katholiken aus dem Land zu treiben. Dazu aber war das schlecht gerüstete, verarmte Land nicht imstande.

Die Entschiedenheit, mit der in Württemberg gegen das Edikt vorgegangen wurde, steigerte die Entschlossenheit des Kaisers, in der Klostersache hart zu bleiben, ins Unermeßliche. Er lastete alle Verzögerungen Wallenstein und seinem schlechten Verhältnis zu seinem Stellvertreter Tilly an. Noch in Memmingen erfuhr Wallenstein von seiner Absetzung auf dem Regensburger Fürstentag, zu seinem Nachfolger wurde Johann Tserclaes Graf von Tilly ernannt, allerdings ohne die weitgehenden Machtbefugnisse seines Vorgängers.

Auch Jakob Löffler hatte sich schweren Herzens nach Regensburg begeben. Seiner Frau ging es so schlecht, daß er nicht hoffen konnte, sie noch einmal lebend wiederzusehen. Sie starb am 19. August 1630, an dem Tag, als Jakob Löffler als Sprecher der Bevollmächtigten des Schwäbischen Kreises dem Kaiser einen Vortrag zu halten hatte. Aus „übergroßer Traurigkeit und großer Wehmut" konnte Löffler seine Aufgaben einige Tage nicht wie sonst wahrnehmen. Bemerkenswert schnell raffte er sich aber wieder auf, auch der Herzog-Administrator bemühte sich, den Unentbehrlichen schriftlich zu trösten, und er ermahnte ihn, „das Hauskreuz Gott dem Herrn mit Geduld zu befehlen".

Wieder einmal wiegte sich Württemberg in der trügerischen Hoffnung, daß die größte Gefahr nun vorüber sei. Der Reichshofrat erteilte Oberst Ossa auf Befehl des Kaisers die Weisung, Württemberg zu verlassen. Auch Löffler gegenüber versprach der Truppenführer den Abzug, aber er blieb im Land. Auch die katholischen Reichsfürsten mahnten nun den Kaiser zur Mäßigung gegenüber Württemberg. Sie sahen in der Beeinträchtigung der Souveränität des Landes eine nicht verfassungsmäßige Verletzung der reichsfürstlichen Rechte. Zudem befürchteten sie, daß der immer stärkere Druck bei weiterer Zuspitzung die Protestanten zu der Einigkeit zwingen könnte, zu der sie sich wegen der Verschiedenartigkeit ihrer Bekenntnisse bisher nicht hatten durchringen können. Aber alle Interventionen prallten schließlich an der starren Haltung Kaiser Ferdinands II. ab.

Als Löffler abreiste, verhehlte er dem Administrator nicht, daß seiner Meinung nach die Bedrückung Württembergs noch nicht auf ihrem Höhepunkt angekommen sei. Gleicher Meinung war auch Jeremias Pistorius, der allerdings in dem taktisch klugen Verhandlungsführer Löffler ein rotes Tuch für das Oberhaupt des Reiches sah. Er schrieb an Löffler: *„Kann Euer Hochwohlgeboren nicht verhehlen, daß ihre eigene Person bei Kais. Mayt. sehr übel und dergestalt eingetragen ist, als wann Sie allein unseren gnädigen Landesfürsten und Herrn zu solchen widrigen Consilii's verführten und zu keiner freundlichen Vernehmung kommen ließen; wolle Euer Hochwohlgeboren sich vorsehen, denn Sie haben gewiß sehr große Feind."*

In dieser Zeit der größten Bedrängnis traten der siebzehnjährige Herzog Eberhard III. und seine beiden jüngeren Brüder Friedrich und Ulrich von Tübingen aus ihre Kavaliersreise an. Mit außerordentlich sparsamen Mitteln ausgestattet, gelangten die Herzöge über Straßburg, Basel und Mömpelgard nach Lyon und von dort nach Genf. Hier verbrachten sie das folgende Jahr auf der Akademie, auf die viele der protestantischen Adelshäuser ihre Söhne schickten, um deren Erziehung zu vervollkommnen. Herzogin Barbara Sophia hatte sich für ihre Söhne eigentlich Kavaliersreisen ähnlichen Zuschnittes gewünscht, wie sie ihr Mann und seine Brüder vor mehr als dreißig Jahren hatten durchführen können. Aber der eiserne Sparwille des Herzog-Administrators machte auch vor dem zukünftigen Herzog und seinen Brüdern nicht halt.

Dabei litt Ludwig Friedrich schwer an der Aussichtslosigkeit seines Kampfes um Württemberg. Je mehr er sich einsetzte, sparte und Dämme gegen die über ihn hereinbrechenden Fluten errichtete, desto größer wurde die Last, die er auf den Schultern trug. Daran zerbrach er schließlich. Im Januar 1631 kehrte er zu einem Erholungsaufenthalt nach Mömpelgard zurück. Dort nannten ihn seine Untertanen „Le bon duc Louis", dort lebte er wie ein begüterter Landedelmann und dort wartete seine Familie auf ihn. Wie sein älterer Bruder Johann Friedrich hing er mit großer Liebe an seiner Kunstsammlung, die er in seinem 1628 abgefaßten Testament seinen Söhnen empfahl: *„dass weil wir eine fürstliche Kunstkammer allhie zusammengebracht, sie solche nie anderswohin transferieren oder verändern, sondern zu unserem Angedenken allhier verbleiben auch womöglich vermehren und erhalten sollen."*

Erst fünfundvierzigjährig starb Herzog-Administrator Ludwig Friedrich von Württemberg-Mömpelgard am 26. Januar 1631 im Schloß zu Mömpelgard. Seine Söhne Leopold Friedrich und Georg waren erst sieben und fünf Jahre alt.

7

Der Weg in die Niederlage

Jetzt brauchte nicht nur Württemberg, sondern auch Mömpelgard einen Regenten. Um nicht auf den als eigennützig und verschwenderisch geltenden Weiltinger Julius Friedrich zurückgreifen zu müssen, bat Herzogin Barbara Sophia zunächst den jüngsten noch lebenden Bruder ihres Mannes, Herzog Friedrich Achilles, die Regentschaft für ihren Sohn Eberhard III. zu übernehmen. Aber der kränkliche, nur seinen Büchern und Kunstliebhabereien lebende Herzog winkte geradezu entsetzt ab. Es steht auch außer Zweifel, daß er einer Regentschaft gesundheitlich nicht gewachsen gewesen wäre. Er starb bereits am 20. Dezember 1631.

Nach der Ablehnung durch Friedrich Achilles blieb nur noch Herzog Julius Friedrich als möglicher Herzog-Administrator übrig. Begabt und weitgereist, fühlte er sich immer zurückgesetzt und schlechter behandelt als die übrigen

Geschwister. Er nahm die Regentschaft erst nach langem Zögern an, wohl um so die daran geknüpften Bedingungen für ihn zu verbessern. Bald sollte sich zeigen, wie recht Herzogin Barbara Sophia mit ihrer Abneigung gegen diesen Schwager gehabt hatte. Im ganzen Lande häuften sich die Beschwerden über seinen verschwenderischen Lebenswandel, oder der Administrator befand sich auf der Jagd, wenn wichtige Entscheidungen zu treffen waren; eilige Papiere, die man ihm zur Unterschrift übersandt hatte, blieben liegen; er reiste lieber, als daß er bei Besprechungen des geheimen Rates anwesend war.

Während die innenpolitische Lage immer verwickelter wurde, befand sich Jakob Löffler in Leipzig, um dort mit den evangelischen Ständen, den protestantischen Fürsten und Abgeordneten über die gemeinsame Abwehr des Edikts zu beraten. „Die Sachen", schrieb er an Julius Friedrich, „gehen dermaßen schwer, zweifelhaft und bedachtsam, daß man zur Zeit nicht sehen kann, wohin der Schluß fallen möchte." Das endgültige Ergebnis ließ sich dann auch nach allen Seiten drehen und wenden:

„Eine gütliche Verhandlung mit den katholischen Ständen sei unter großer Behutsamkeit vorzunehmen; jeder Stand müsse seine Unterthanen gegen die Kriegsbedrückungen und die Gewalttaten der Soldaten schützen und den Landfrieden, soweit möglich, erhalten; eine rechnerisch bestimmte Bewaffnung sei auszuführen, dürfe aber nicht zum Angriff, sondern nur zum Schutz gebraucht werden; sollte ein Kreis im Widerspruch zu den Reichsgesetzen angegriffen werden, so seien die andern zum Beistand verbunden; im übrigen gedenken alle Stände in schuldigem Gehorsam und treuer Ergebenheit gegen den Kaiser unausgesetzt zu verbleiben."

Die Leipziger Beschlüsse ermutigten den großen Ausschuß der Landschaft zur Gegenwehr. Die Abgeordneten bewilligten Herzog Julius Friedrich Geld, um Truppen anzuwerben. Der Kaiser hatte starke Heere aus Italien nach Württemberg beordert, als er über die Leipziger Beschlüsse unterrichtet wurde. An der Spitze der von ihm angeworbenen Truppen zog der Herzog-Administrator dem kaiserlichen General Graf Egon von Fürstenberg entgegen: Julius Friedrich war so schnell geschlagen, daß man das Scharmützel im Land spöttisch den „Kirschenkrieg" nannte, weil er kaum so lange gedauert hatte, wie es reife Kirschen gab.

Im Tübinger Akkord vom 1. Juli 1631 mußte Württemberg vom Leipziger Bund zurücktreten und die eben erst angeworbenen Soldaten wieder entlassen. Die Lage war schlimmer als zuvor. Das Herzogtum in den Händen des Kaisers, die Klöster im Besitz der katholischen Ordensleute, die ihre neuen Untertanen zum Glaubenswechsel zwingen wollten. Die Kaiserlichen führten sich immer übermütiger auf, sie drangsalierten die Bevölkerung. Lange sah es so aus, als ob es keine Hilfe geben könne. Kaiser Ferdinand II. befand sich auf der Höhe seiner Macht, und so handelte er auch. Er ließ den kaiserlichen Feldherrn Tilly in Kursachsen einfallen, um das Land zu verwüsten. Der Not gehorchend, schloß Kurfürst Johann Georg I., der mit seiner wankelmütigen Politik bisher viel Nutzen für sein Land aus den Ereignissen gezogen hatte, ein Bündnis mit dem schwedischen König Gustav Adolf. Die Schweden, nun verstärkt durch 16 000 Sachsen, zogen Tilly entgegen, um ihn zur Schlacht zu stellen und aus Sachsen hinauszuwerfen. Bei Breitenfeld trafen die beiden Heere aufeinander. Nach einigen Scharmützeln begann die eigentliche Schlacht gegen zwei Uhr mittags. Anfangs waren die Kaiserlichen erfolgreich, aber bald zeigte sich die Geschützüberlegenheit der Schweden. Am späten Nachmittag ließ eine unerwartete Reiterattacke der Schweden das kaiserliche Heer in alle Himmelsrichtungen auseinanderstieben. Der mehrfach verwundete Tilly rettete sich nach Halle, nur mühsam konnte Pappenheim den Rückzug des Heeres nach Leipzig sichern. 12 000 Tote bedeckten das Schlachtfeld, die Schweden machten 7 000 Gefangene, sie erbeuteten die Kriegskasse Tillys und all seine Geschütze. Der Sieg in Breitenfeld war der erste große militärische Erfolg der evangelischen Seite im Dreißigjährigen Krieg. Möglich geworden war er auch durch die Angst Frankreichs vor der militärischen Überlegenheit Habsburgs. Kardinal Richelieu wußte, daß er nicht aktiv in den Krieg eingreifen konnte, aber er sagte Gustav Adolf vertraglich fünf Jahre lang die stolze Summe von einer Million Pfund zu. Das aus der Not geborene Bündnis Kursachsens mit dem Schwedenkönig profitierte von diesem Subsidienvertrag.

„Wir haben wieder ein neues Feindle bekommen!" hatte der Kaiser über den von ihm verachteten schwedischen König gespottet. Nach dem Sieg des „Königs aus Mitternacht" über Tilly hatte sich die Lage mit einem Mal gewendet: Gustav Adolf zog mit seinem Heer über Erfurt und Würzburg nach Süddeutschland. Maximilian von Bayern brauchte alle Kräfte, um sein eigenes Land zu verteidigen. Das schwedische Heer besetzte die Pfalz und stand an den Grenzen Württembergs.

Der „Schneekönig" aus dem hohen Norden war nicht sehr beliebt bei seinen deutschen Glaubensbrüdern. Gustav Adolf galt als Thronräuber und Usurpator, der seinen vom deutschen Kaiser unterstützten Vetter Sigismund III. um den schwedischen Thron gebracht hatte. Der als klein und dick verlachte König war erst nach dem Frieden von Lübeck, als er die kaiserliche Ostseepolitik und die Belehnung Wallensteins mit den mecklenburgischen Herzogtümern als Gefahr für sein Land erkannt hatte, an der Spitze eines Heeres in Deutschland gelandet.

Bescheiden in seinen persönlichen Ansprüchen, arbeitsam und immer tätig, war Gustav Adolf dagegen bei seinem Volk und seinen Soldaten sehr beliebt. Während die kaiserlichen Generäle mit ihren prunkvollen Gewändern und ihren herrlich bemalten Zelten prahlten, begnügte sich der „Schneekönig" mit einer so dürftigen Ausstattung, daß seine Feinde über sein „Sackleinen" spotteten. Gustav Adolf hielt dem entgegen: „Liegt der König auf einem Matrosenbett, so begnügt sich der Soldat mit einem Strohbündel." Gewohnt, alles selbst zu erledigen, verlor er nie seine persönliche Unabhängigkeit. „Lars Nilsson und Peter Ersson sind beide krank, so bin ich Sekretär und Kämmerer – wäre ich auch noch Kalfaktor, so wäre ich dreierlei!" schreibt er in einem Brief an den schwedischen Reichskanzler.

Sofort nach dem Sieg von Breitenfeld hatte Gustav Adolf Herzog Julius Friedrich Bündnisverhandlungen angeboten. Während des ganzen Winters führte Jakob Löffler Verhandlungen mit dem schwedischen König, doch der Administrator zögerte immer noch. Gustav Adolf war von der brillanten Verhandlungsführung und der Integrität des württembergischen Vizekanzlers so angetan, daß er im Frühjahr 1632 den Administrator bat, Jakob Löffler zu gestatten, in schwedische Dienste zu treten. Als Vizekanzler Schwedens sollte Löffler den Reichskanzler des nordischen Landes Axel Oxenstierna über die deutschen Angelegenheiten unterrichten und beraten. Nach langem Zögern gab Julius Friedrich seine Einwilligung. Damit hatte Jakob Löffler eine sehr schwierige Doppelstellung inne, die ihn in Gewissenskonflikte bringen mußte. Als Vizekanzler Schwedens war er der Vertreter eines Feindes des Kaisers, als württembergischer Vizekanzler mußte er als Vertreter eines deutschen Reichsfürsten dem Kaiser gegenüber dessen Oberhoheit anerkennen. Bei einem persönlichen Zusammentreffen mit dem Herzog-Administrator in Günzburg versuchte Gustav Adolf, Jakob Löffler aus diesem Zwiespalt zu befreien, indem er um die Entlassung Löfflers aus den Diensten Württembergs bat. Doch auf den Rat Löfflers konnte und wollte Württemberg nicht verzichten, so blieb es bei seiner Doppelbelastung.

Herzogin Barbara Sophia hatte es schon bald, nachdem Julius Friedrich die Regentschaft angetreten hatte, nicht mehr in Stuttgart gefallen. Da das Brackenheimer Schloß immer noch nicht ihren Wünschen entsprechend hergerichtet war, zog sie mit ihren Kindern nach Kirchheim unter Teck. Hier, wo sie mit ihrem Mann schöne Stunden erlebt hatte, war sie auch in der Nähe der geschätzten und jetzt sehr einsam lebenden „Herzogin von Nürtingen", der immer noch jugendlichen Witwe Herzog Ludwigs. Barbara Sophia hatte als Mutter des jungen Herzogs und als Obervormünderin ganz andere Interessen zu vertreten als der labile, seinen eigenen Vorteil suchende Herzog-Administrator, der zudem stark unter dem Einfluß seiner von ihren Schwägerinnen wenig geliebten Frau Anna Sabina stand.

Mit Wehmut dachte Antonia an all ihre Lieblingsplätze im Stuttgarter Schloß, an ihr Versteck in der Kirchstube Herzog Christophs mit dem Blick auf das vertraute Innere der Schloßkirche – dies alles gehörte ihr nun nicht mehr. Julia Felicitas und ihre Geschwister hatten sich dort breitgemacht, unterstützt von ihrer Mutter, die lauthals auf die Rechte ihrer Kinder pochte.

Auszusprechen wagte Antonia diese Gedanken nicht mehr, seit ihre Mutter ihr auf einen ihrer wütenden Ausbrüche geantwortet hatte: „Kind, sei bescheiden im Glück und unbeweglich im Unglück. Hänge mit Treue an denen, die dich lieben, und achte nicht auf die, die das nicht tun, sondern bete für sie. Und mache dir Gott zum Freund durch dein eifriges Gebet."

Die kleinen Nadelstiche, unter denen Antonia litt, bedeuteten Barbara Sophia nicht viel, darüber konnte sie hinwegsehen. Aber als Obervormünderin ihres Sohnes Eberhard III. hatte sie die Interessen Württembergs wahrzunehmen. Mit immer größerem Mißfallen bemerkte sie, daß Herzog Julius Friedrich, angestachelt von seiner Frau, dabei war, sich aus den eroberten katholischen Gebieten Oberschwabens ein eigenes, von Württemberg unabhängiges Fürstentum für seine Familie zu bilden. Daß er darüber mit den Schweden verhandelte, war ein offenes Geheimnis und hatte auch die Landschaft gegen ihn aufgebracht.

Bei einem Treffen mit Jakob Löffler in Kirchheim beschwor die Herzogin-Mutter den Vizekanzler, weiterhin für Württemberg zu arbeiten. Denn wenn, wie sie es plante, Eberhard vorzeitig die Regierung übernehmen könnte, dann wäre er mehr als bisher auf einen so erfahrenen Ratgeber wie Jakob Löffler angewiesen. An dem Gespräch nahmen außerdem Herzogin Anna und die aus Nürtingen herübergekommene Herzogin Ursula teil, auch Antonia, nun schon bald zwanzig Jahre alt, hatte es sich in einem Sessel im Gemach ihrer Mutter bequem gemacht.

Zwanglos berichtete Löffler von dem Eindruck, den der schwedische König auf ihn gemacht hatte: „Seine Majestät ist von mäßig hohem Wuchs, beleibt, ohne dabei schwerfällig zu wirken, seine Haltung ist würdevoll, sein Blick sanftmütig. Man kann ihn nicht anschauen, ohne von Zuneigung und Bewunderung für ihn erfüllt zu sein. Seine Stirn ist hoch. Er hat die helle Gesichtsfarbe der Nordeuropäer und ihr goldblondes Haar, dieselbe Farbe hat auch sein Bart. Er steht im achtunddreißigsten Jahr, wirkt aber älter. Meistens ist er umgänglich und heiter, zu Späßen aufgelegt. Jeder Offizier, egal wie hoch oder wie niedrig im Rang, ist zu seiner Tafel zugelassen. Der König sagt, gute Kost sei eine Versuchung für die Schwatzhaften und ein Netz, in dem sich die guten Herzen verfangen. Er ist der Meinung, bei Tisch lasse sich die Wesensart eines Menschen am besten erkennen. Beim gemeinsamen Essen entstehen die zuverlässigsten Freundschaften." Löffler lachte leise: „Mir ist es auch so gegangen. Dabei ist er ein Feind aller Zeremonien. Und alles Affektierte ärgert ihn und macht ihn mißtrauisch. Wenn jemand sich ihm mit einer Verbeugung nähert, dann raunzt er: ‚Mein Freund, spare dir das bitte für die Hofdamen der Königin auf. Ich bin dazu da, um zu befehlen und zu kämpfen – nicht um den Tanzmeister zu spielen.‘"

Barbara Sophia nickte amüsiert: „Dabei hätte der Schwedenkönig dem Kurfürsten Friedrich von der Pfalz fast die englische Braut vor der Nase weggeheiratet. Bei einem Besuch hatte König Jakobs einzige Tochter Elisabeth den schwedischen Gesandten Johann Skytte und Gustav Stenbocks zu verstehen gegeben, daß sie Herzog Gustav Adolf mehr zugeneigt sei als irgendeinem anderen Prinzen auf der Welt."

Herzogin Ursula wurde lebhaft: „Ich erinnere mich noch daran, damals, so um 1610 herum, wurde darüber an allen Höfen geklatscht. Aber die Gesandten hatten sehr zum Leidwesen König Jakobs keinen offiziellen Auftrag, um die Hand der Prinzessin anzuhalten. Königin Anna, die Mutter Elisabeths, war eine Schwester König Christians IV. von Dänemark, und da die beiden Länder gerade im Krieg miteinander lagen und sich als Nachbarn sowieso nicht gut leiden konnten, hätte sie ihre Tochter lieber dem katholischen König von Spanien gegeben als einem protestantischen Schweden."

„Ja, und dann hat plötzlich Kurfürst Friedrich von der Pfalz das Rennen gemacht. Ich sehe die schöne Fürstin noch vor mir, damals bei der Taufe von unserem Friedrich." Wehmütig strich sich Herzogin Anna die Haare aus der Stirn: „Mein Gott, wir wußten damals nicht, wie glücklich wir waren. Wieviel hat sich seitdem verändert, wo sind die geblieben, die mit uns jung waren!"

Fast unbemerkt hatte sich Antonia aus ihrem großen Sessel am Fenster erhoben, langsam war sie hinter den Stuhl ihrer Mutter getreten. „Das ist aber merkwürdig, sie hätte den König von Schweden heiraten können? Hat sie deshalb ihren gerade geborenen jüngsten Sohn Gustav genannt? Sein Vater wollte ihn Heinrich Friedrich nennen, nach dem Sohn, der ertrunken ist …"

„Seltsam", dachte Löffler, „wie zwingend ihre dunklen Augen sind, sie schaut so durchdringend wie ihr Vater, hält aber, anders als er, dem Blick eher stand." Er lächelte Antonia zu: „Ja, und jetzt ist Friedrich auf dem Weg ins süddeutsche Hauptquartier des Königs, endlich haben die Protestanten begriffen, daß Einigkeit nottut."

Jetzt, nachdem Herzogin Barbara Sophia sich der Zusage Jakob Löfflers sicher war, betrieb sie die Übernahme der Regierung durch ihren Sohn mit aller Energie. Bei den Räten war die Meinung über eine vorzeitige Mündigkeitserklärung geteilt. Einerseits war es von Vorteil, wenn der Administrator die Allianz mit Schweden zu verantworten hatte. So konnte bei einer abermaligen Wende des Kriegsglückes die Politik nicht dem jungen Herzog angelastet werden. Auf der anderen Seite hätten die Räte keine sparsamen Württemberger sein müssen, um nicht liebend gerne das Deputat des Administrators, das ihnen sowieso zu hoch erschien, einsparen zu können. Aber sie hatten die Rechnung ohne Julius Friedrich gemacht, der wollte sich nicht so leicht aus seinem Amt abschieben lassen: *Die Zeit, die in dem Testamente des Herzogs Christoph als das Ziel der Volljährigkeit für die Regenten von Wirtemberg festgesetzt worden, sey bey seinem Mündel noch nicht vorhanden. Da der Kaiser ihn in der Vormundschaft bestätigt habe, so könne er sich ohne seiner Majestät Vorwissen derselben nicht begeben. Nicht sein Deputat sey der Untergang des Herzogtums, sondern die Besoldungen und Nießungen der Geheimen Räthe, ihrer Schwäger, Vettern und Gevattern, die mehr von dem Lande ziehen, als die Glieder des herzoglichen Hauses. Räthe und Landschaft erwiesen ihre undankbare Gesinnung, indem sie ihn hinwegschaffen wollen, während doch er es sey, der das Land, nachdem es größtentheils verloren gewesen, wieder herbeigeschafft habe."*

Gekränkt und beleidigt reagierte der Herzog-Administrator. Aber als die Klagen Barbara Sophias und das Drängen der Landschaft kein Ende nahmen, trat er schließlich doch zurück, und der neunzehnjährige Eberhard konnte sein Erbe als selbständiger Landesfürst am 8. Mai 1633 antreten, nachdem ihn der Kaiser für volljährig erklärt hatte.

In den Monaten zuvor war der Krieg immer wieder neu aufgeflackert. Im April 1632 wurde der kaiserliche Feldherr Tilly bei dem Versuch, die Schweden am Überschreiten des Lech zu hindern, bei Rain schwer verwundet. Bald darauf erlag der allgewaltige Kriegsherr seinen schweren Verletzungen im belagerten Ingolstadt.

Gustav Adolf marschierte auf München zu und eroberte die Stadt. Kurz danach vertrieb Wallenstein mit einem neuangeworbenen Heer die Sachsen aus Böhmen. Nachdem er Gustav Adolf bei Nürnberg gegenübergetreten war, wollte er nun in Sachsen einfallen und das Land verwüsten. Der schwedische König war gezwungen, den Truppenbewegungen Wallensteins zu folgen. Währenddessen verhandelte Jakob Löffler am kursächsischen Hof über einen von Wallenstein vorgelegten Friedensplan, das Treffen wurde schließlich ohne Ergebnis abgebrochen.

Weitere schwere Kriegsereignisse kündeten sich an. Die herzogliche Regierung reagierte besorgt und bat Herzogin Barbara Sophia in Kirchheim dringend, mit ihren Kindern Württemberg zu verlassen und in Ulm Schutz zu suchen. Das Erstaunen der Herzogin über diesen Vorschlag war groß. Sie teilte der Regierung mit, daß ein solcher Fortzug bei den Untertanen *„ein seltsames Außsehen gewinnen und großen Schreckhen neben darauf besorglich erfolgendem Unwillen"* verursachen könnte, daher wolle sie Württemberg nicht verlassen.

Die Heeresbewegungen verlagerten sich nun nach Sachsen. Am 16. November 1632 standen sich das schwedische Heer und das Wallensteins überraschend bei Lützen gegenüber. Gegen zehn Uhr morgens begann die Schlacht. Pappenheim, der die kaiserliche Reiterei in Eilmärschen herangeführt hatte, fiel als einer der ersten. Kurz darauf ereilte den kurzsichtigen König Gustav Adolf, der auf dem Schlachtfeld die

Orientierung verloren hatte, das gleiche Schicksal. Herzog Bernhard von Weimar übernahm den Oberbefehl über die protestantischen Truppen. Die über den Tod ihres Königs erbitterten und verzweifelten Schweden stürmten bis tief in die Nacht. Wallenstein verlor seine gesamten Geschütze und mußte sich nach Halle zurückziehen. Den Feind zu verfolgen, dazu fehlte beiden Armeen die Kraft. Die Trauer und das Entsetzen über den Tod Gustav Adolfs waren unermeßlich. Sein Tod war eines jener Ereignisse, um die sich bald Legenden rankten: „Als seine königliche Majestät fiel", so erfuhren die Schweden, „verlor die Sonne ihren Schein und leuchtete wohl an die vier Wochen nicht mehr; und auch der dichte Nebel blieb mehrere Wochen liegen."

Der schwedische Reichsrat beschloß, den Krieg in Deutschland fortzusetzen. Axel Oxenstierna berief den Heilbronner Konvent ein, in dem die Stellung Schwedens fixiert und die ausschlaggebende Mitwirkung der deutschen Stände festgelegt wurde. An dem Konvent nahmen neben Frankreich als Subsidienmacht auch Vertreter aus England und Holland teil. Sofort nach seinem Regierungsantritt ernannte Eberhard III. Jakob Löffler zum württembergischen Kanzler und verlieh ihm die Herrschaft Neidlingen mit Zustimmung der Landschaft zum Mannlehen für seine Verdienste, „die er dem Herzogtum Württemberg und dem allgemeinen evangelischen Wesen ungeachtet vieler Bedrohungen, Leibund Lebensgefahr getreulich und unverdrossen geleistet hatte".

Die Gicht, die er sich als Folge der vielen Arbeit, der Reisen und des ungesunden Lebens wegen zugezogen hatte, versuchte Löffler nun bei einer Kur in Wildbad zu kurieren. Aber selbst im Bade konnte der unermüdlich tätige Kanzler keine Ruhe finden. Noch während der Kur entwarf er eine Lehrschrift für den jungen Herzog, in der er ihm seine Pflichten eingehend beschrieb: *„Den allerhöchsten Gott ohne Unterlaß vor Augen zu haben, Kirchen und Schulen wohl zu bestellen, die Kanzlei fleißig und sorgfältig zu besuchen, auf Ohrenbläser nicht zu hören, Landschaft und Diener zu lieben, ehren und schätzen, sich vor Schuldenmachen zu hüten, sich im Frieden zu vertragen und ohne äußere Not in kein sonderbares Bündnis weder mit in noch*

außerhalb des Reiches gesessenen Potentaten einzugehen, sondern das
Absehen vornehmlich auf die heilsame Reichsverfassung und dersel-
ben Konförderation und Vollzug zu stellen."

Gleich nachdem der Administrator mit seiner Familie die
Landeshauptstadt verlassen hatte, war Herzogin Barbara
Sophia mit ihren Töchtern nach Stuttgart zurückgekehrt. Sie
lebte von den Einkünften ihres Witwensitzes Brackenheim,
um den Stuttgarter Hof nicht zu belasten. Zu ihrem Leidwesen war es Barbara Sophia nicht gelungen, Herzogin Ursula,
die Witwe Herzog Ludwigs, ebenfalls an den Stuttgarter Hof
zu ziehen. Die „Herzogin von Nürtingen" weigerte sich, diejenigen, die ihr vierzig Jahre lang in Freud und Leid gedient
hatten, nun sich selbst zu überlassen. Die Armen und Kranken Nürtingens hatten ihren Beistand nötiger als die ihr
fremd gewordene Familie in Stuttgart. Schlimmer als es in
den vergangenen Jahren schon gewesen war, konnte es auch
in Zukunft nicht mehr kommen.

Das aber sollte sich als eine verheerende Fehleinschätzung
erweisen. Alles, was Württemberg bisher im Kriege an Lasten zu tragen und an Übergriffen zu erdulden gehabt hatte,
war nichts im Vergleich zu dem, was sich nun über dem Land
zusammenbraute. Längst hatte die Kriegsmaschinerie sich
verselbständigt, bestimmten die Kriegsherren einen Großteil
der Geschehnisse.

Die Feinde Wallensteins hatten den Kaiser nicht im unkla-
ren gelassen über die geheimen Friedensverhandlungen seines
kaiserlichen Feldherrn mit Kursachsen und Schweden. Die
offen zur Schau getragene Arroganz und das nur widerwillige
Eingreifen des Herzogs von Friedland in die Kriegshandlungen taten ein Übriges: Die Absetzung des zu mächtig gewordenen „heimlichen Königs von Böhmen" wurde beschlossen.
Die eigenen Offiziere verrieten ihn. Noch einmal versuchte
Wallenstein, mit Bernhard von Weimar Gespräche zu
führen. Aber es war zu spät. Im Februar 1634 wurde Wallenstein in Eger ermordet, zusammen mit einigen seiner ihm
noch treu ergebenen Offiziere. Die Mörder wurden großzügig
aus dem zusammengerafften Imperium des Böhmen belohnt.
Einer der Hauptnutznießer von Wallensteins Tod war General Gallas, Herzog von Lucera.

Der kaiserliche General zog an der Spitze der Armee Wallensteins nach Bayern und belagerte Regensburg. Aus der Pfalz näherte sich Bernhard von Weimar mit seinen Truppen dem kaiserlichen Heer, vom Bodensee zog der schwedische General Horn heran. Gallas nahm Donauwörth ein und marschierte auf das von den Schweden besetzte Nördlingen zu, um es zurückzuerobern. Die Schweden kontrollierten von Bopfingen aus die Straße nach Ulm und nach Donauwörth. Gallas, dessen Heer durch frische Truppen aus Spanien verstärkt worden war, hatte zwischen 40 000 und 50 000 Mann unter Waffen. Ihm standen lediglich 25 000 Schweden mit ihren Verbündeten gegenüber. Bei der Truppe war auch das württembergische Landesaufgebot von 6 000 Mann.

Auf die Nachricht von der bevorstehenden großen Schlacht war Württembergs junger Landesherr ins Feldlager geeilt. Die gewaltigen Truppenansammlungen im Osten des Herzogtums verbreiteten Furcht und Schrecken. Schon wälzte sich ein Heer von Flüchtlingen westwärts. Herzog Julius Friedrich hatte mit seiner Familie Hals über Kopf die Weiltinger Residenz verlassen, um zunächst in Stuttgart Zuflucht zu suchen. Der Herzog konnte sich ausmalen, wie furchtbar nach einem Sieg des Kaisers seine Rache an Württemberg ausfallen würde. Julius Friedrich war es gewesen, der in seiner Zeit als Herzog-Administrator die ersten Verhandlungen mit den Schweden geführt hatte.

Diesmal hatte sich Herzogin Barbara Sophia nicht mehr gegen eine Flucht aus der württembergischen Residenz gesträubt. Ruhig und überlegt hatte sie in Stuttgart das Nötigste für sich und ihre Töchter zusammenpacken lassen. Noch hoffte sie auf einen Sieg der Schweden und eine baldige Rückkehr. Aber die Räte drängten auf eine sofortige Abreise, zu viele Frauen und Mädchen beherbergte das herzogliche Schloß. Für ihren Schutz konnte niemand in der Stadt die Garantie übernehmen. Nicht auszudenken, wenn die Schwestern und die Mutter des Herzogs in die Hände der Soldateska fielen! Fort, nichts wie fort, über den Rhein, nach Straßburg! Erst als die Kutschen in langem Zug über die schlechten Straßen rumpelten, wurde Antonia bewußt, daß alles, an dem ihr Herz hing und was ihr bisheriges Leben ausgemacht hatte, in Württemberg zurückblieb. Menschen, Schlösser und Gärten, Dinge, die sie liebte, und die ihr viel bedeuteten. An persönlichen Gegenständen hatte sie einige ihrer Bücher mitgenommen und ihren Schmuck. Aber was war das wenige gegen das, was zurückblieb!

Wenn sie die Augen schloß, tauchte das Bild vor ihrem geistigen Auge auf, das ihr das liebste werden sollte, je länger sie aus Württemberg fort war: Der Garten der Großmutter in Leonberg, hoch über der Glems. Dahinter das Schloß mit der trutzigen Altane Schickhardts. Der Garten, in den man hineinsehen konnte, war heimelig und klein, von Wachtürmen begrenzt, die Sicherheit boten und Geborgenheit. Eine Geborgenheit, die sie von einer Minute zur anderen verloren hatte. Sie drückte die Hand Sibyllas, die neben ihr saß und lautlos betete. Das Gesicht der Mutter war im Schmerz wie versteinert, während Herzogin Anna die Tränen herunterrannen. Schwester Anna Johanna hatte die Stirn an das Kutschenfenster gepreßt und starrte hinaus, ohne etwas wahrzunehmen.

Am Morgen des 6. September 1634 griff General Horn an. Aber gegen die Übermacht des Feindes konnten seine Truppen nichts ausrichten. Die Kaiserlichen standen wie eine Mauer, an der die Schweden abprallten. Gegen Mittag erfolgte der Gegenangriff mit einer solchen Wucht, daß den verbündeten Truppen nur die Flucht blieb. Die Männer und Jungen des württembergischen Landesaufgebotes in ihren blauen Kitteln, unausgebildet und schlecht bewaffnet, waren einfach dort stehengeblieben, wo man sie aufgestellt hatte. Jetzt wurden sie vom Feind überrannt und niedergemetzelt. Fast 4 000 von ihnen lagen am Ende des Tages tot auf dem Schlachtfeld, unter ihnen jene 200 Weingärtner aus Tübingen, die geschlossen dem Aufruf der Landschaft gefolgt waren, um das Herzogtum zu schützen. Horn geriet in Gefangenschaft, Bernhard von Weimar rettete sich mit den Resten seiner Truppen in die Pfalz.

Einer entfesselten Sturmflut gleich überschwemmten die kaiserlichen Truppen das Land. Am Morgen nach dem Inferno traten die Räte des Herzogs in der Stuttgarter Kanzlei um drei Uhr zusammen, um *„des landes Zustandes halber rat zu* *halten"*. Zwei Stunden später traf Eberhard III. ein und erteilte dem Landschaftssekretär den Befehl, Akten und Geld der Landschaft zu verpacken und nach Straßburg in Sicherheit zu bringen. Am selben Tag um die Mittagszeit verließ der junge Landesherr Stuttgart in westlicher Richtung und ließ sein Land, seine Räte und seine Untertanen in unbeschreiblichem Jammer zurück. Furchtbar war das Ausmaß der Katastrophe. Wer sich hatte retten können, der war auf der Flucht oder rüstete sich dazu. Die verzweifelte Bevölkerung, die sich vom Herzog, von der Regierung und von der Landschaft gleichermaßen im Stich gelassen fühlte, verfolgte die Fliehenden *„mit fluchen, schwören, allerhand bedrohungen und anmaßender Gewalt!"*.

Furchtbar herrschten die Sieger im schutzlos gewordenen Land. Das bekam auch Herzogin Ursula in Nürtingen zu spüren, die als einziges Mitglied der herzoglichen Familie das Land nicht verlassen hatte. Einer ihrer Vertrauten berichtet darüber: *„... die Soldaten haben alles ausgeplündert, sowohl das Schloß wie auch die Stadt, haben J.F.G., die Frau Fürstin etwas unfreundlich hin- und hergestoßen, traktiert, doch ist ihr kein Schaden zugefügt worden, als daß sie überaus großen Schrecken eingenommen. In der Stadt sein bei 300 Bürger und Bauern durcheinander, so die Gegenwehr ergriffen, jämmerlich niedergemacht worden, die übrigen aber braun und blau geschlagen: Darauf sein J.F.G. mit großer Mühe nach Eßlingen kommen, allda sie sich im Wirtshaus zum Stall noch aufgehalten, hernach aber in der Stadt Logement auf etliche Tage genommen, damit sie richtig und allein möge sein und des Schreckens ein wenig vergäße... Sein also gottlob noch frisch und gesund, aber von dem großen Schrecken, wie leicht zu vermessen, noch etwas herabgekommen."*

Der Schmuck der Herzogin, ihre Kleider, sogar ihre Möbel waren geraubt oder zerstört worden, sie selber hatte man an den Haaren über Leichen geschleift und mit den entsetzlichsten Untaten konfrontiert. Trotz der liebevollen Pflege ihrer Diener und Mägde erholte sich die Herzogin nicht mehr von dem Schock. Ende des Jahres weigerte sie sich, ihr Bett zu verlassen, im März 1635 starb sie. All die Legate, die sie liebevoll und fürsorglich testamentarisch festgelegt hatte, konnten nicht ausbezahlt oder übergeben werden, weil die kroatischen Soldaten die Herzogin „bis auf einen zerrissenen Unterrock all ihrer Habe beraubt hatten". Auch der größte Wunsch der „Herzogin von Nürtingen", die einst als Dreizehnjährige Herzog Ludwig geheiratet und seinem Andenken vierzig Jahre nachgelebt hatte, konnte nicht sogleich erfüllt werden: An seiner rechten Seite in der Tübinger Stiftskirche, dort wollte sie beerdigt werden, aber es gab niemanden, der das hätte in die Wege leiten können. Erst am 5. Januar 1636 brachte Pfalzgräfin Susanna von Veldez-Lützelstein, eine Enkelin Herzog Christophs, „welche, da niemand vom württembergischen Hof im Lande war, den Leichen-Condukt besorgen mußte die sterblichen Überreste Ursulas nach Tübingen. Sie war nicht nur genöthigt, um die zum Leichenzug erforderlichen Kutschen aufzutreiben, die benachbarten vom Adel in mehreren Schreiben um Aushülffe auffordern, sondern auch, weil es überall an Pferdten zur Bespannung gefehlt hat, sogar die in Neuhausen auf den Fildern in Einquartierung gelegene kaiserliche Bagagen um Pferde zu bitten." Voller Trauer mußte Herzogin Barbara Sophia dem Begräbnis der Frau, die wie eine Mutter zu ihr gewesen war, fernbleiben. Pfalzgräfin Susanna antwortete verständnisvoll: „Weilen aber die Zeiten leider so schwer, vnd zum raisen jetziger Zeit sehr vnsicher, halten wir dieselben billichen freundlich vor entschuldigt."

In Calw hatte sich Johann Valentin Andreä beim Herannahen des Feindes mit seiner Familie und einigen Leidensgenossen in die undurchdringlichen Wälder und abgelegenen Ortschaften des Calwer Amtes gerettet. Immer auf der Flucht, ohne Nahrung, zu Beginn des Herbstes ohne feste Kleidung, suchten sie Zuflucht in Höhlen und Scheunen. Von den Höhen herab mußten sie ohnmächtig zusehen, wie eine entfesselte Soldateska eine der wohlhabendsten Städte des Herzogtums niederbrannte. Die Not war unvorstellbar, und Andreä bemühte sich um Hilfe für die einst so blühende Stadt. Mit seinem „Klagelied von der Stadt Calw laidigen Untergang" und der Beschreibung der Zerstörung erbat er Hilfe für die vom Hungertod bedrohten Calwer Bürger bei seinen Freunden in den unzerstört gebliebenen Reichsstädten Straßburg, Nürnberg, Frankfurt, Augsburg und Ulm:

„Durch Mord, Plünderung, Sengen und Brennen, Menschenraub und andere aufreibende Arten sind wir mitgenommen, und unsere Anzahl ist um Zweidrittel vermindert worden. Es waren unser 3832, es gingen ab 2304 und jetzt sind wir noch 1528. Die wir noch übrig sind, würden uns glücklich schätzen, wenn, welches doch andern verunglückten Orten vergönnt wird, wir nur unseren eigenen Verlust, den eine Tonne Goldes nicht aufwiegt, zu leiden hätten, und nicht noch weiter beschwert würden, da sich zu unserer Armut Umstände schlagen, die uns vollends zu Boden drücken und erschöpfen. Denn da die Zahl der Schmachtenden groß ist, daß sie zu 500 bis 600 Köpfen anläuft, in unserer Stadtkasse nicht ein Heller mehr vorrätig, und durch den alleinigen Zusammenschluß der Bürger in dem Krankenhaus 125 Personen, und doch mehrere Kranke hin und her in den Häusern ständig unterhalten werden müssen. So ist nicht zu sagen, wie viel uns dieser Liebesdienst koste, da auch die reichsten kaum ihre Familien unterhalten können. Aber auch diese Last würden wir vielleicht zu ertragen vermögen, da die christliche Liebe immer etwas findet, was, und woher sie geben könne, wenn uns nur nicht die strenge Brandschatzung, die schon zum drittenmal erhöht worden, bis auf das Blut aussaugte. Denn da außer dem Festgesetzten der Überrest unserer armen Stadt wöchentlich noch 800 Gulden erlegen muß, die mit der äußersten Strenge eingetrieben werden, wie meinen Sie, daß uns zu Mute sein müsse, da wir uns am Rande des Abgrundes sehen, der uns verschlingen will, zumalen die Pest und Hunger monatlich 100 bis 150 von uns aufreibt, und die am Leben gebliebenen in die Stelle des Tributes eintreten müssen. Das ist aber noch nicht alle unsere Not. Sie wissen, daß alles unsere Nahrung in Wollenarbeit und in der Färberei bestanden, und wenn diese noch verloren, oder nur verhindert werden sollte, daß uns alsdann das Messer an die Kehle gesetzt werde, und daß mit gedachter Arbeit unsere Nahrung stehe und falle. Bei aller der Verwüstung und Seltenheit von Leuten, sind doch noch von dieser Profession 243 Meister vorhanden, die alle zu ihrem größten Verdruß und Schaden feiern müssen. Zu diesen kommen noch in der allernächsten Nachbarschaft 64, die ebenso als wir, ohne Arbeit sind. Doch ist dieses alles nicht das Ende der Trübsal. Denn wie jener in seiner Fabel recht gesagt, daß, wenn man dem Magen die Nahrung versage, alle Glieder *darunter Not leiden, so kann man auch von Calw sagen, daß, wenn diese gesperrt ist, die ganze Nachbarschaft sich verbluten und umkommen müsse. Von dieser Stadt hingen ringsherum 1200 Zeugmacher, und ebensoviel, ja wohl noch mehrere tausend Spinnerinnen ab, wie ich aus den Registern gewiß weiß. Wenn Calw Hunger leidet, müssen die meisten derselben mit uns Hunger leiden. Es glaubt es niemand, als wer das Wehklagen dieser Leute hört."*

In seinen Bittbriefen an Freunde und Bekannte für Calw und die Glieder seiner Gemeinde erinnerte Johann Valentin Andreä an die besseren, die friedlichen Zeiten, er gedachte der Zerstörung von Magdeburg und Bautzen, und all der anderen berühmten und großen Städte, unschuldige Opfer einer hemmungslos gewordenen Kriegsmaschinerie, die den Krieg und das Verderben braucht, um sich selbst ernähren zu können.

Die Rückkehr nach Calw war furchtbar, Johann Valentin Andreä fehlten die Worte, seine Empfindungen beim Anblick der ausgebrannten Stadt zu beschreiben. Aber dann sah er die Menschen, die ihm entgegeneilten, der Bann war gebrochen, das Leben würde trotz allem weitergehen: *„Um zwei Tage war mir mein Kollege, Zacharias Greins, hierher zuvorgekommen, der auch noch zur rechten Zeit der Gefahr entgangen und uns bisweilen auf der Flucht begleitete. Wir fingen den Gottesdienst wieder an und hielten morgens und abends Betstunden, und zwar in einer Kapelle, die ehedessen dem Heiligen Sebastian gewidmet gewesen, aber durch Johann Jakob Dörtenbach aus den Trümmern wiederhergestellt und auf Kosten der Erben Peter Walters ausgezieret, und den 26. Dezember 1627 der Krippe Christi durch mich eingeweihet worden. Es ging zwar eng darinnen her, doch hatten wir es als eine starke Annäherung der göttlichen Barmherzigkeit in unseren Nöten anzusehen, denn da die Stadt soweit sie in Mauern eingeschlossen war, und überdies drei Vorstädte, und im Ganzen bei 450 Häusern abgebrannt, worunter die größere Kirche, welche durch den willigen Beitrag der Bürger, und zwar nur weniger derselben, um mehr als 5000 Gulden erweitert und verschönert worden · war, die kleinere Kirche außer der Stadt auf dem Gottesacker, die zu Leichenpredigten bestimmt war, das Rathaus, die Vogtei, die Pfarrhäuser, die*

Schulen, die Reinhard Jakobäische Apotheke, Fabrikhäuser, Warenlager, und beinahe alle öffentliche und Privatgebäude und mit denselben die Jahrbücher, Kalender, Akten, Rechnungen und was schriftliches auf die Nachkommen hätte kommen sollen, nebst allem Hausrat, außer was gestohlen worden, zugrunde gegangen, da alles dieses, sage ich, hin war und wir beinahe aus der Zahl der Lebendigen vertilgt zu sein schienen, so war uns diese Kapelle als die einzige Freistatt noch übrig, welche vorher manchem Klügling überflüssig zu sein schien, und gar nicht geachtet wurde."

Johann Valentin Andreäs kleiner Sohn Ehrenreich, den er auf der Flucht bei einem befreundeten Pfarrer zurückgelassen hatte, war den Entbehrungen nicht gewachsen und starb. Sein Haus war abgebrannt, die Möbel und der Hausrat vernichtet, die Hausorgel im Feuersturm untergegangen. Das alles nahm Andreä hin, was ihn aber bis an sein Lebensende schmerzen würde, das war der unwiederbringliche Verlust der Manuskripte seines Großvaters und seines Vaters, die er liebevoll gesammelt und vervollständigt hatte; verloren war auch seine beachtliche Bildersammlung mit Werken von Albrecht Dürer, Lukas Cranach, Hans Holbein und anderen Künstlern, dazu manch schöne künstlerische Arbeit, die ihm lieb und teuer gewesen war.

Die Soldaten brannten und raubten, sie nahmen Geiseln, vergewaltigten und töteten, wenn ihnen gerade der Sinn danach stand. Niemand war vor ihnen sicher, kein Haus, kein Flecken, keine Stadt. Der Böblinger Dekan Wilhelm Gmelin hatte damit leidvolle Erfahrungen gemacht:

„Bei uns in Böblingen hat man von keinem großen feindlichen Gewalt nichts gewußt, sondern nur von streifenden Rotten gesagt, denen die offenen Dörfer müssen herhalten. Deswegen ich nie keines Hellers Wert verruckt.

Am Montag aber, den 8. Sept. um 1 Uhr kommt einmal die Sag in die Stadt, man sehe gar viele Reuter, die der Stadt zuziehen, deren man meins wissen auch wenig geachtet, bis sie gar nahe der Stadt kommen. Bald darauf laufen aus vielen Gassen Weiber und Kinder in mein Pfarrhaus so viel, daß mein Stuben und Ern voll worden; die schrien und heulten; die vermahne ich zum Gebet, knien alle nieder und beten. Ehe ich aber mein Vaterunser ausgebe-

*tet, kommt die Sag, sie seien schon in der Gassen. Da ich nun zu
meinem Fenstergetter hinausschaue, da siehe ich schon in der Gassen auf die 20 und mehr blosser Sebel. Die sind alsobald auch im
Pfarrhaus eingefallen, Geld begehrt oder sie wollen uns zerhauen
und erschiessen ..."*

Bereitwillig schlossen der Dekan und seine Frau Kisten
und Kasten auf, ließen die Eindringlinge nehmen, was sie
wollten und hofften, dann ungeschoren davonzukommen.
Als aber alles weg war, verpaßte der kroatische Rittmeister
Jean von Weilburg dem Dekan einige Hiebe mit seinem Säbel und ließ sich von ihm die Häuser der Reichen und Vermögenden zeigen. Eine Stunde lang mußte der Gottesmann
den Plünderungen zusehen, dann führte ihn der Diener des
Rittmeisters an einem Strick nach Sindelfingen, um dort zu
plündern. Unterwegs trafen sie einen versprengten schwedischen Soldaten zu Pferd, das Pferd brauchte der Rittmeister
für seine Böblinger Geisel, der kam jetzt zwar etwas schneller voran, aber bei dem ungewohnten Reiten wurde ihm
angst und bange. Johlend und kreischend nahmen die kroatischen Soldaten ihre menschliche Beute mit auf ihre Raub-
züge und verlangten immer wieder ein Lösegeld von ihm.
Sie verstanden ihn schlecht, lachten ihn aus; wenn sie be-
trunken waren, schlugen sie ihn. Er mußte zusehen, wie Sindelfingen geplündert wurde, ritt mit ihnen über die Filder,
durch Weinberge und Streuobstwiesen. Die Kroaten zogen
nach Stuttgart und hinterließen Not und Verwüstung. Endlich, als er schon nicht mehr an seine Rettung glaubte,
zahlte ein Stuttgarter Bekannter die 300 Gulden Lösegeld,
und er war seine Peiniger los. Es war Rettung in letzter Minute, denn an diesem Tag ritt König Ferdinand in Stuttgart
ein und die Tore wurden geschlossen, sobald der König in
der Stadt war. Das hätte für Gmelin und seinen Freund eine
Nacht auf freiem Feld und vermutlich erneute Gefangen-
nahme bedeutet. Der Böblinger Dekan endete den Brief an
seine Tochter: *„Die Plünderung aber hatt zue Böblingen vom
Montag bis auf den Freitag Nacht gewährt, daraus wohl zue er-
achten, wie sie gehaust. An meinen Büchern spüre ich noch keinen
Schaden, so haben die auch Gottlob Bettwerck hinterlassen, daß
wir unser Lager haben."*

Die Brandschatzungen und Plünderungen und das Eintreiben immer neuer Abgaben und Steuern nahmen kein Ende. Mit frischen Truppen kamen neue Peiniger, so daß sich jedermann bald wunderte, woher immer noch wieder etwas kam, das sich mitzunehmen lohnte. Immer hatte der Baumeister Heinrich Schickhardt seine Häuser und Liegenschaften in Herrenberg und im Gäu höher eingeschätzt als sein stattliches Stuttgarter Haus. Seit dem Tode Herzog Johann Friedrichs im Jahr 1628 hatte der damals bereits Siebzigjährige die Welt und was in ihr nun vorging nicht mehr verstanden. Er verachtete diese „elende Landes-Administratur, die nicht ans Bauen dachte, sondern ans Zerstören". Einig war er sich in seinen Klagen mit Herzogin Anna, die das neue Untere Schloß in Ehningen, das Schickhardt für sie erbaut hatte, nur selten hatte nutzen können.

Für Schickhardt war die jüngste Tochter Herzog Friedrichs, seines „teuren Helden", das letzte Bindeglied zur versunkenen guten alten Zeit, in der er nicht nur vom Herzogshaus Auftrag über Auftrag bekommen hatte. Jetzt waren sie geflohen, die vom Adel und auch die vom Herzogshaus, aus war es mit dem Entwerfen, dem Bauen und Gestalten: Immerhin dreizehn neue Schlösser sowie Verbesserungen und Umbauten an 53 weiteren Schlössern, von Bauten wie dem grandiosen „Neuen Bau" in Stuttgart ganz zu schweigen, standen auf der positiven Seite seiner Lebensbilanz.

Jetzt hatte sich der 76jährige mit seiner Familie in sein repräsentatives Haus in der Herrenberger Bronngasse zurückgezogen. Vom Fenster aus beobachtete der Patriarch die plündernden Soldaten. Einer von ihnen entdeckte den Beobachter, warf das Beil und traf ihn an der Schläfe. Johlend versuchte nun eine ganze Meute das schwere Tor aufzubrechen. Als es nachgab, warf sich Schickhardt trotz seiner Verletzung vor eine junge Verwandte, einer der Eindringlinge durchbohrte ihn im Handgemenge mit seiner Lanze. Zwar hatte der Stich das Herz verfehlt, aber die Verletzung war schwer und wollte nicht heilen. Wochenlang lag er todkrank darnieder, dann ließ er sich nach Stuttgart bringen, weil er sich bessere ärztliche Hilfe in der Hauptstadt erhoffte. Aber die Fahrt

240

in der Kutsche kostete ihn die letzten Kraftreserven. Am 14. Januar 1635 erlag Heinrich Schickhardt, Württembergs genialer Baumeister, seinen schweren Verletzungen, das Stuttgarter Totenbuch vermerkt lapidar: *„Von Soldaten gestochen."*

Innerhalb weniger Wochen war das ganze Herzogtum in der Hand der siegreichen kaiserlichen Armee. Bereits drei Tage nach der Schlacht bei Nördlingen zogen die Sieger in die Landeshauptstadt ein, die ihnen kampflos die Tore geöffnet hatte. Am selben Tag ritt der Sohn des Kaisers, auch er ein Ferdinand, in die Hauptstadt des besiegten Landes ein. Am Esslinger Tor wurde der nominelle Oberbefehlshaber des kaiserlichen Heeres und König von Ungarn und Böhmen kniefällig von Vogt, Bürgermeister und Gericht um „Gnad und Verschonung" gebeten. Seine Anwesenheit in der Stadt bewahrte Stuttgart vor Plünderung, aber die Kosten waren auch so hoch genug. Auf den großen Wiesen vor dem herzoglichen Küchengarten lagerten die 1000 Mann des Tiefenbachschen Regiments, für deren Verpflegung die Stuttgarter ebenso aufkommen mußten wie für die 1500 Reiter des Königs. Ferdinand setzte eine Statthalterschaft ein, bevor er die Stadt verließ. Das Elend in der Hauptstadt war groß. Trotz einer ziemlich guten Ernte, die in den umliegenden Dörfern aber wegen der Übergriffe herumstrolchender Soldaten nicht überall vollständig eingebracht werden konnte, stiegen die Preise für Nahrungsmittel im Laufe des Winters ins Astronomische. Im Herbst brach die Pest aus, bis zum Jahresende erlagen ihr 672 Menschen. Die Krankheit kam auch im folgenden Jahr nicht zum Stillstand und forderte täglich zwischen 40 und 50 Opfer, jetzt wurden die Friedhöfe für Einzelbegräbnisse zu klein. Um die Ansteckungsgefahr niedrig zu halten, verbot die Regierung, Begräbnisse am Tage abzuhalten und die Toten auf ihrem letzten Weg zu begleiten. Auch die Jahre darauf flackerte die Pest immer wieder in der warmen Jahreszeit auf, bis zum Jahr 1637 fielen ihr fast 9 000 Menschen allein in Stuttgart zum Opfer. Keine Familie, kein Haus wurde verschont.

Der bei den Jesuiten erzogene König Ferdinand erwies sich in religiösen Dingen viel toleranter als sein Vater. Zwar

hatten gleich nach der Besetzung der Hauptstadt drei Jesuiten ihre Predigttätigkeit an der Stiftskirche aufgenommen,
aber bis auf wenige Übergriffe wurden die evangelischen
Geistlichen in der Stadt wenig behindert. Doch das Verhältnis der beiden Konfessionen zueinander blieb gespannt. Die
helle Empörung der Bevölkerung forderten die Jesuiten heraus, als sie in der Stiftskirche das Epitaph des Reformators
Johannes Brenz entfernten und an seiner Stelle ein hölzernes
Marienbild anbrachten. Auch das im Herbst 1636 auf Weisung von Papst Urban VIII. durchgeführte große Kirchenju-
biläum wurde von der Bevölkerung Stuttgarts nur zähneknirschend hingenommen. Dafür konnten die Protestanten
ihre Schadenfreude nicht verhehlen, als Pater Eusebius Reeb
an der Pest dahinstarb, nachdem er drei Tage vorher von der
Kanzel der Stiftskirche herab verkündet hatte, es sei erwiesen, daß Katholiken, weil sie im Besitz der allein selig
machenden Religion seien, sehr viel seltener an der Pest
stürben als Protestanten. Als Beweis sollten die wenigen Pe-
sterkrankungen bei den Soldaten des kaiserlichen Heeres
herhalten. Aber die Soldaten waren allesamt jung und besser
ernährt als die darbende Stuttgarter Bevölkerung und verfügten vermutlich ganz einfach über wesentlich bessere
Abwehrkräfte.

Im Winter des Jahres 1634 bezog General Gallas das
Stuttgarter Schloß. Als er es im Frühjahr wieder verließ,
nahm er alles mit, was nicht niet- und nagelfest war und was
ihm wertvoll erschien. Der Kaiser sah Württemberg als ver-
wirktes Lehen an, in dem jeder rauben und plündern konnte,
wie es ihm gerade in den Sinn kam. „Wenn der Herzog jetzt
nach Württemberg zurückkäme", schrieb ein tiefbekümmer-
ter Beamter nach Straßburg, „dann hätte er kein Bett zum
Schlafen und kein Stück Brot zum Essen."

Johann Valentin Andreä notierte: „*Wie das Aussehen unseres
Landes sey, läßt sich gar nicht beschreiben. Menschen und Thiere
sind todt; öde liegen die Felder. Städte und Dörfer sind verlassen,
so daß man glaubt, nur noch die Hälfte des alten Wirtemberg sey
da. Wie ich vernehme, sind 312 Kirchendiener innerhalb weniger
Monate gestorben; über 100 Kirchen sind in den letzten Weihnach-
ten ohne Gottesdienst gewesen!"*

Im Mai des Jahres 1635 handelte Kaiser Ferdinand II. zu Prag den Frieden mit dem Kurfürsten von Sachsen aus, alle großen norddeutschen Stände schlossen sich dem Vertrag an. Das Herzogtum Württemberg aber blieb trotz der Bemühungen seines Herzogs und des Kanzlers Jakob Löffler von den Verhandlungen ausgeschlossen. Als Hinderungsgrund wurde das Bündnis mit Schweden angegeben, was aber bei dem größeren und wichtigeren Sachsen offenbar keine Rolle spielte.

8

Straßburg. Die bitteren Jahre des Exils

Tief in Gedanken versunken stand Antonia am Ufer der Ill. Sie kam oft hierher in den letzten Wochen, seit sich der Streit zwischen ihrer Mutter und ihrem Bruder, Herzog Eberhard III., immer mehr zugespitzt hatte. Die kränkliche Mutter überhäufte den Sohn mit ihren Vorwürfen. Der junge Herzog wollte endlich einmal leben und nicht immer nur Trübsal blasen und sich einschränken. Nur raus aus diesem Haus, in dem mehr als ein Dutzend junger und älterer Frauen ihr Wohl und Wehe von ihm abhängig machten. Es gab in Straßburg so viele junge und hübsche Mädchen, denen der gutaussehende württembergische Herzog mit seinen dichten dunklen Locken und der kräftigen Figur ausnehmend gut gefiel. Sie alle erwarteten keine Wundertaten von ihm, wie sie einst der legendäre Herzog Christoph zum Verdruß seines Nachfolgers schon im Jünglingsalter vollbracht hatte. Antonia verstand die Mutter, das Benehmen des Bruders befremdete sie, wie konnte er so herzlos sein und sein Vergnügen suchen, während das Land verdarb und die Familie oft nicht wußte, woher sie die Löhne für die Diener und Mägde nehmen sollte.

Antonia liebte den Blick auf die trutzigen Festungstürme, die zum Schutze der Brücken gebaut worden waren, die die

vier Arme der Ill überspannten. Hinter sich konnte sie die
mächtige Fassade der alten Thomas-Kirche ahnen. Dorthin
zog es die junge Herzogin oft zum Gebet und auch um nachzudenken. Länger als ein Jahr lebten sie nun schon hier in
Straßburg. Hatten ihr in den ersten Wochen nach der Ankunft die Größe der Stadt und ihre laute Betriebsamkeit
Angst eingeflößt, so fand sie sich jetzt auch alleine im Gewirr
der Gassen gut zurecht.

Drüben am St.-Thomas-Platz, in der „Rühelischen Behausung", hatte Württembergs Herzogsfamilie Unterschlupf gefunden. Nach außen ließ die stattliche Fassade nicht ahnen,
wie eng und sparsam es dahinter zuging. Antonia erinnerte
sich noch gut an die Tage der dramatischen Flucht, an die
Angst, in einen Hinterhalt zu geraten, überfallen oder ver-
schleppt zu werden. Wie hatten sie alle aufgeatmet, als sie
den Rhein erreicht hatten. Antonia war überwältigt von der
Breite des Flusses. Wie ein Meer schien er das Land zu zertei-
len. Auf der anderen Seite des Stromes waren sie durch einen
Kranz von Wiesen und baumbestandenen Auen auf die Stadt
zugefahren. Aus einem grauen Panzer von Mauern und Fe-
stungstürmen hatte der schlanke und elegante Münsterturm
zu ihnen herübergegrüßt wie ein Zeichen der Hoffnung und
des Trostes.

Im April war Herzog Julius Friedrich plötzlich und ganz
unerwartet gestorben. In der St. Nikolauskirche, nicht weit
entfernt von der Stelle, an der Antonia jetzt stand, hatte er
seine letzte Ruhestätte gefunden. Herzogin Anna Sabina war
zusammengebrochen, mittellos stand sie jetzt mit acht noch
nicht volljährigen Kindern in der Fremde. Der älteste Sohn,
der siebzehnjährige Roderich, hatte gerade seine Studien begonnen, und der jüngste, der auf den merkwürdigen Namen
Sueno Martialis Edenolphus getauft worden war, hatte eben
erst seinen sechsten Geburtstag gefeiert. Antonia fand, ihr
Cousin Roderich habe manchmal so starre Augen, dann redete er auch wirre Dinge, und daß seine ein Jahr jüngere
Schwester Julia Felicitas eine große Stütze für ihre Mutter
sein könne, das glaubte keiner in der Familie.

Antonia versuchte dem Rat Johann Valentin Andreäs zu
folgen und sich nicht ihren trüben Gedanken zu überlassen.

Nachdenken und lernen, gewappnet sein, denen zu helfen, denen es noch schlechter ging als einem selber. Das war schwer, aber lebte Andreä es nicht in Calw mit seiner Gemeinde vor?

Immer wieder brachten Nachrichten aus der Heimat Antonia aus dem Gleichgewicht. Gestern erst hatte sie erfahren, daß der Kaiser seinem oberkommandierenden General Gallas für seine Verdienste Schloß, Stadt und Amt Leonberg geschenkt habe. Einem Säufer und Spieler, einem, der seinen Feldherrn verraten hatte und an seinem Tod schuldig geworden war – so einem gehörte nun Schloß und Garten der Großmutter mit allem, was darinnen war. Ihm gehörte der geliebte Dockenkasten und alle Möbel, alles, was ihre Hände berührt hatten. Auch der Garten, in den man hineinsah wie in ein aufgeschlagenes Buch. Diese Kostbarkeit, von Heinrich Schickhardt aus einer Wildnis geschaffen, in dem Andreäs Mutter die Kräuter für ihre Arzneien gezogen hatte, war nun in die Hände eines Barbaren gefallen.

Antonia kam eine Strophe aus den „Trostgedichten", die Martin Opitz in ohnmächtiger Wut gegen den Krieg geschrieben hatte, in den Sinn:

„Die Bäume stehn nicht mehr,
Die Gärten sind verheeret;
Die siechel und der pflug
sind jetzt ein scharfes schwerdt ..."

Inmitten von Trauer, Not und Elend, umgeben von Kriegsgrauen und Tagesgezänk, träumte Antonia von Württemberg von einem Garten, den kein Krieg zerstören konnte. Von einem Garten, der diejenigen, die ihn liebten und verstanden, weiterführen und zu anderen, vielleicht besseren Menschen machen würde. Von einem Garten gegen Krieg und Zerstörung, einer, in dem Johann Valentin Andreä ebenso zu Hause sein konnte wie der Poet Martin Opitz, der gesagt hatte: *„Gewalt macht keinen fromm, macht keinen Christen nicht."*

Antonia fröstelte, es wurde langsam dunkel und sie schlug den Rückweg zum Thomasplatz ein. Wie meistens in diesen

Tagen, fand sie ihre Mutter und die Schwestern in Sibyllas Zimmer um das wunderschöne Cembalo versammelt, das Elisabeth von der Pfalz bei einem der berühmtesten Instrumentenbauer in Amsterdam für die musikalische Prinzessin gekauft hatte. Dem schönen Instrument gehörte die ganze Liebe der jüngsten Tochter Barbara Sophias. Anna Johanna saß wie immer am Fenster und las, während die Mutter mit geschlossenen Augen dem Spiel der Tochter lauschte. Lächelnd setzte sich Antonia neben die Mutter. Anna Johanna beugte sich zu ihr und flüsterte: „Sei vorsichtig, Sibylla weint. Heute kam die Nachricht, daß Basilius Froberger und seine Frau an der Pest gestorben sind."

Ohne ihr Spiel zu unterbrechen, murmelte Sibylla mit tränenerstickter Stimme: „Alle sterben ... Wenn wir jemals wieder nach Württemberg zurückkommen, wird niemand mehr da sein, der sich darüber freut. Und ich habe die drei Kompositionen, die Johann Jakob mir geschenkt hat, in Stuttgart vergessen!"

Liebevoll streichelte Antonia die weinende Schwester: „Das ist doch nicht schlimm, du kannst sie doch auswendig!"

Sibylla schüttelte heftig den Kopf: „Aber Johann Jakob haßt es, wenn seine Kompositionen in den Händen von Fremden sind, und durch meine Schuld sind sie es nun bestimmt."

Nach einer Weile bedeutete Barbara Sophia Antonia, ihr ins Nebenzimmer zu folgen. Schwer atmend stützte sie sich auf den Tisch und sagte mit mühsamer Beherrschung: „Er will sie heiraten, eine Gräfin, in dieser Situation, was wird der Kaiser sagen. Lies, was ich ihm geschrieben habe. Wenn das deinen Bruder nicht zur Besinnung bringt, dann weiß ich es auch nicht." So sehr sie sich auch bemühte, es gelang Antonia nicht, die Mutter zu beruhigen. Erst als sie am Sekretär der Herzogin Platz nahm und sich in ein langes Schreiben vertiefte, schien sich die Mutter zu entspannen. Antonia las:

„Mütterlicher Rath an den jungen Herzog Eberhard III. wegen seiner Heurath", Antonia sah rasch auf und wollte etwas sagen, aber die Mutter herrschte sie an: „Lies, ich will es!" Gehorsam vertiefte sich die Tochter in die Schrift:

„Das ist mein mütterliches Bedenken: Zum ersten solle sich unser Sohn wohl bedenken, weil er der älteste vom Haus und regierender Herr, den seine Brüder und Vettern und das ganze Haus billig ehren und respectiren sollen. So ist er derjenige selber, der sich und sein ganzes Haus durch diesen Heyrath despectirt. Zum andern kann ich als die Frau Mutter solches nicht ganz rathen und thätest du als ein ungehorsam Kind. Jst kein Glück dabey, Gottes Wort müßte dann lügen, welches nimmer lügen kann. Zum dritten sein die altväterlichen Testamente dahin gerichtet, insonderheit Herzog Christophen, welcher ein weiser, verstendiger, gottesfürchtiger Fürst gewesen ist, daß man keine Tochter keinem Graven geben soll, so viel mehr ein regierender Herr, der des ganzen Landes Regent ist, umstoßen wirst. Zum vierdten, als sich der Herr Vater mit seinen Brüdern verglichen hat, so haben sie einen leiblichen Ayd zusammen geschworen, daß sie sich mit gräflichen Personen nicht verheyrathen, auch nicht zugeben wollen, daß eine Schwester einen Graven nehme. Brichst du also deines Vaters Ayd, den er geschworen hat. Man soll den Alten folgen, sowohl im Tod, als wenn sie noch leben. Zum fünften, wenn dir Gott wiederum in das Land hilft, so wäre meine Meinung, ehe du dich verheurathest, daß du dich zuvor mit deinen Brüdern verglichen und ihnen ihr Teil geben hättest, was ihnen von Gott und Rechtswegen gebürt, welches die Testamente auswiesen. Zum sechsten, so ist auch zu bedenken, wenn du eine Grävin nehmen wolltest, so kämen ohne Unterlaß Graven und Herren, Vater und Brüder, Vetter und Schwäger zu dir, und saugten dich dermassen aus, und fordert einen großen Kosten und könntest du auch keine gute Pferd im Stall behalten und hättest du den Schaden und der Stallmaister den Nutzen. Zum sibenden, so wird eine so gemachte Fürstin wollen, daß sie andern Fürstinnen gleich gehen solle an Geschmuck und Kleinodien. Das wird dich viel tausend Gulden kosten. Nimmst du aber eine Fürstin, so bringt sie dir einen Fürstlichen Geschmuck zu. Zum achten, so werden alle Graven wollen Aemter bedienen und große Besoldungen haben und schämen sich doch zu thun, was ein Diener schuldig ist und dein Seckel wird dadurch geleert werden. Zum neunten will ich dich als eine getreue Mutter gewarnt haben, der kindischen unbesonnenen Liebe müßig zu gehen. Wenn du besser wirst zu deinen Jahren kommen, wirst du sehen, daß ich gethan habe, was eine

Mutter schuldig zu thun ist gegen ihren Kindern. Zum zehenden sollest du bedenken, wie laider das Land also verderbet, daß du billich dahin gedenken, daß du einen guten Fürstlichen Heyrath thuest, der dir, deinem Land und Leuten und deinem ganzen Haus zu Aufnehmen und Bessern gereiche und du in deinen Vorfahren Fußstapfen tretest. Zum Ailften und Beschluß: Befehle ich dich dem lieben getreuen Gott, der wolle dir ein vernünftiges, frommes, gottesfürchtiges, verstendiges, christenliches Gemahl geben, deinem Fürstlichen Stande gemäß. Denn das kommt vom Herrn und wird dem gegeben, der Gott fürchtet. Der wolle dir den heiligen Geist verleihen und dir ein Herz, gute Vernunft, weisheit und Verstand geben, damit du mit guter Ordnung und Gesaz treulich und vleyßig dein Land regieren mögest, daß du dem Herrn gefällig seyn mögest und er dich lieb habe und allezeit ein väterliches Aug uf dich und alle deine Unterthanen. Amen, Herr Jesu Christe, Amen."

Langsam ließ Antonia das Schriftstück sinken und sah die Mutter an. Barbara Sophia hielt den Blick auf die Tochter gerichtet: „Hör mir zu, dies ist mein Vermächtnis für deinen Bruder. Ich werde Württemberg nicht wiedersehen. Wenn ihr aber zurückkommt, dann haltet zusammen und bleibt einander treu. Und jetzt laß mich bitte allein."

Es gab keinen Zweifel: Anna Catharina, die gar nicht einmal so hübsche, aber immer vergnügte Tochter des Wild- und Rheingrafen Johann Casimir von Salm-Kyrburg, hatte Eberhard III. ganz schön den Kopf verdreht. In Straßburg wohnte sie mit ihrer Mutter und den Geschwistern im Hause ihres Onkels, der genau wie ihr Vater in den militärischen Diensten des Königreiches Schweden stand. Die Spatzen pfiffen es von den Straßburger Dächern, daß der Herzog von Württemberg besser daran täte, die „eisernen Hosen der Soldaten anzuziehen als die Brauthosen", aber der junge Herzog wollte endlich auch einmal vergnügt sein. Der kaiserliche, der kursächsische und der brandenburgische Hof lasen dem eigensinnigen Württemberger ganz gehörig die Leviten, aber der dickköpfige Eberhard ließ sich seine unstandesgemäße Braut nicht ausreden. Zudem fühlte er sich sehr wohl im Kreise der vergnügten Wild- und Rheingrafen, dagegen mied er, soweit er nur konnte, die Rühelische Behausung am

St.-Thomas-Platz, wo er nur Ermahnungen und Vorwürfe zu hören bekam.

Herzogin Barbara Sophia gelang es mit einem an den Kaiser gerichteten Bittschreiben, für ihre armen Brackenheimer *„Widumsunderthanen"* und für ein Amt, *„so sonsten für den besten Theil deß Landes geacht worden"*, einen königlichen Schutzbrief zu erwirken, der befahl, *„das Amt Brackenheim"* von allen Quartier- und anderen Kriegslasten *„gantz unperturbiert und quartierfrey"* zu belassen und die Einwohner auch nicht mit *„eygenwilligen Exactionen, Schätzungen, oder in andere Wege nicht zu beschweren, Victualien und alles anders, weder mit Gewalt noch sonsten hinwegzunemmen"*.

Das war aber auch das einzige Zugeständnis, zu dem sich der Kaiser bewegen ließ. Keine der Eingaben und Petitionen, die Eberhard III. oder der württembergische Kanzler Löffler am Kaiserhof vorbrachten, zeigte eine Wirkung, kein Fürsprecher oder Gesandter konnte etwas erreichen. Bald erkannte Jakob Löffler, daß seine klug formulierten Memoranden den Kaiser erst recht gegen Württemberg und seinen Herzog aufbrachten. Es dauerte nicht mehr lange, da verlangte Ferdinand II. die Auslieferung Löfflers. In den bei den Schweden erbeuteten geheimen Protokollen war ihm ein Ausspruch Löfflers als Verrat vorgekommen. Löffler hatte ausgeführt, der Kaiser wolle sich mit der völligen Vernichtung der ständischen Freiheit den Weg zur unumschränkten Herrschaft sichern. Löffler blieb nur die Flucht, in der freien Reichsstadt Frankfurt am Main fand er Aufnahme.

Eigentlich hätte es Antonia in Straßburg gefallen können. Hier pulsierte das Leben, hatten Künste und Wissenschaft eine Heimat. Angesehene Verleger brachten die Werke der bedeutendsten Schriftsteller und Theologen heraus. Straßburg war eine Fundgrube für alle an den Künsten und den Wissenschaften interessierten Menschen. Wenn da nur nicht das Heimweh gewesen wäre, das Antonia immer wieder überfiel! Stundenlang konnte sie im Münster sitzen, in diesem riesigen Gotteshaus mit den unglaublich schönen Glasfenstern, die das mächtige Kirchenschiff in ein ganz eigenes, seltsam leuchtendes Licht tauchten. Wenn Antonia die Augen zu schmalen Schlitzen verengte, dann tanzten bunte Lichtkaskaden bis hinauf in die Gewölbe, unendliche Prozessionen mit Bildern aus der biblischen Geschichte formierten sich immer neu im wandelnden Licht.

Genauso mußte es sein, wenn sich in der Johannisnacht beim Glockenschlag um Mitternacht die Gräber öffneten und alle die Baumeister, die Maler und Bildhauer und Maurer, die am Münster gebaut hatten, in einem unendlich langen Zug ihr Werk, das Münster, umschwebten und umtanzten. So hatte es ihr wenigstens die alte Beschließerin in der Rühelischen Behausung erzählt. Eine Sage, die Antonia schön und zutreffend fand.

Ihr Bruder Eberhard war einmal mit den Herren der Landschaft, die ihn nach Straßburg begleitet hatten, auf den Münsterturm gestiegen. Zu gerne hätte Antonia sie begleitet, aber die Mutter war strikt dagegen gewesen. So war Antonia schließlich nichts übrig geblieben, als nach der Besteigung den Bruder stürmisch zu befragen, ob er etwas „vom Land gesehen habe". „Die Höhen des Schwarzwaldes halt, im Osten", hatte Eberhard gemurmelt.

Antonia war den Tränen nahe gewesen, vielleicht hätte sie doch ein kleines Stück vom Zavelstein erhascht, einen Blick nur, einen winzigen Blick! Mit einem Mal war es wieder dagewesen, das Heimweh nach Teinach und dem Zavelstein, daß sie meinte, ihr Herz bis in den Hals hinauf schlagen zu hören. Wenige Tage später schrieb Andreä aus Calw, Benjamin Buwinghausen sei in Stuttgart an der Pest gestorben. In der Hospitalkirche habe man ihn neben seinen beiden Frauen Elisabeth von Dachsberg und Ursula Gräfin von Concin beigesetzt. Andreä hatte seinem Schreiben einen von ihm verfaßten Nachruf auf den Freund, bei dem er „die Raserei des Zeitalters" vergessen konnte, beigelegt. Obwohl Buwinghausen nach der Zerstörung Calws durch den bayerischen Mordbrenner Johann von Werth in sein Stuttgarter Haus ausgewichen war, hatte er den bedrängten Calwern geholfen und Johann Valentin Andreä das Geld für ein „eigenes, obgleich kleines Hüttchen" gegeben. Sooft Buwinghausen auf den Zavelstein geritten war, um dort nach dem Rechten zu sehen, hatte er auch Andreä in Calw einen Besuch abgestattet. Auch der briefliche Kontakt zwischen den Freunden war nie abgerissen. Buwinghausen schrieb: *„Es schmerzt mich sehr, daß ich so selten etwas über euren Zustand erfahren kann. Seitdem ich bei euch gewesen bin, habe ich nicht einmal eine Zeile, auch nicht von meinen Zavelsteinern erhalten; wie ängstlich habe ich nach ihnen gefragt, und dann sind bei mir inzwischen hier in der Stadt viele Calwer zusammengeströmt ... Gott möge diese und unsere ganze Tragödie in eine Tragikomödie verwandeln auf Grund seiner Güte, ihm empfehle ich uns ...“*

Jetzt war also auch Buwinghausen tot, jener letzte Vertraute des Vaters. Antonias einstiger Spielgefährte Jakob Friedrich gebot jetzt als Herr über Burg und Ämtlein Zavelstein. So alt wie ihr Bruder Eberhard, hatte auch er für drei jüngere Brüder und eine kleine, gerade erst sechs Jahre alte Schwester zu sorgen. Margaretha Maria hieß das Kind, um dessen Erziehung und Bildung Johann Valentin Andreä sich zu kümmern versprochen hatte.

Es war, als hätte die Nachricht vom Tode Benjamin Buwinghausens die Widerstandskraft Herzogin Barbara Sophias endgültig zerbrochen. Als das Jahr zu Ende ging, saß sie am liebsten eingehüllt in mehrere Decken und gestützt auf viele Kissen in ihrem Gemach. Sibylla spielte ihr auf dem Cembalo vor, während die anderen Töchter und Herzogin Anna stickten oder lasen. Es war ein langsames Abschiednehmen. Barbara Sophia aß fast nichts mehr. Es schien, als prallten alle guten und auch schlechten Nachrichten von ihr ab. Freundlich und zuvorkommend ging sie mit den Ihren um, fand selbst am Verhalten ihres Erstgeborenen nichts mehr auszusetzen, nichts konnte sie mehr aus ihrer müden Ruhe reißen.

Im Januar kamen die Schmerzen wieder, dies merkwürdige Ziehen in der Magengegend und dies Brennen in der Brust. Antonia, die sich die Pflege mit Anna Johanna in der ersten Zeit geteilt hatte, wich in den letzten Tagen nicht mehr vom Bett der Mutter. Am 13. Februar 1636 erlag Barbara Sophia, Herzogin von Württemberg, ihrer *„sehr beschwerlichen und langwierigen Krankheit“*.

Immer wieder hatte sie in den Tagen vor ihrem Tod von ihrer Sehnsucht, in der Stuttgarter Stiftskirche neben ihrem

Mann ihre letzte Ruhestätte zu finden, gesprochen. Aber daran war, solange Württemberg in der Hand des Kaisers war, überhaupt nicht zu denken. So wurde Barbara Sophia in der benachbarten St. Thomaskirche in Straßburg beigesetzt. Es sollte fast zwanzig Jahre dauern, bis sich der letzte Wunsch der Toten erfüllen ließ.

Nach dem Tode der Mutter schlossen sich die drei Schwestern Antonia, Anna Johanna und Sibylla noch enger aneinander an. Gemeinsam versuchten sie, Herzogin Anna zu trösten, für die nach dem Dahinscheiden der Schwägerin eine Welt zusammengebrochen war. Anna, die noch die große Zeit des aufstrebenden Württemberg miterlebt hatte, konnte sich nicht mit dem tiefen Fall und den Einschränkungen des Exils abfinden. „Von Anna, deren Angesicht ist schöner dann der schönste morgen" hatte einst Georg Rudolf Weckherlin gedichtet. Jetzt schrieb „der schönheit zarte blum" böse Briefe und führte wütende Klagen bei allen, die sie für ihre mißliche Lage verantwortlich machen konnte. Antonia versuchte geduldig, der Tante die Freundin zu ersetzen, die sie in ihrer angebeteten Schwägerin verloren hatte. Aber die mit ihrem Leben zutiefst unzufriedene Herzogin mit ihrem Schicksal zu versöhnen, das vermochte auch sie nicht.

Trotz der drückenden Verhältnisse versuchte Antonia, sich auf ihre hebräischen Schriften und das Lernen der Grammatik zu konzentrieren. Das war das einzige Mittel, die Angst vor der Zukunft wenigstens für eine kurze Zeit beiseite zu schieben.

Nach endlosen Diskussionen hatte Antonia einsehen müssen, daß der Bruder nicht von einer Ehe mit Anna Catharina von Salm-Kyrburg abzubringen war. Antonia hatte die zukünftige Schwägerin kennengelernt: eine freundliche junge Frau, vital und fröhlich, die den Studien und wissenschaftlichen Liebhabereien Antonias und ihrer Schwestern kaum mehr als höfliches Interesse entgegenbrachte.

Als Johann Valentin Andreä nach Straßburg kam, lebte Antonia auf. Der Calwer Dekan hatte Gelder gesammelt, um dem Herzog und seiner Familie, die von einer kärglichen Geldzuwendung der Franzosen leben mußten, wenigstens einen geringen finanziellen Spielraum zu verschaffen. Eberhard mußte in Straßburg für nicht weniger als 21 Familienmitglieder aufkommen, die in der Hast der Flucht nicht mehr als das, was sie auf dem Leibe trugen, hatten retten können. So, wie er den Calwern predigte, „ihr Kreuz zu tragen und ihre Stadt wiederaufzubauen, darüber aber nicht die himmlische Stadt zu vergessen", so riet er auch Antonia dazu, die Schwägerin anzunehmen und ihr in der Familie die Stellung einzuräumen, die ihr gebühre. Denn wäre es nicht viel schlimmer für das Land, wenn an Stelle der robusten, von Eberhard ausgesuchten Rheingräfin eine Herzogin nach dem Willen des katholischen Kaisers als Preis für die Rückkehr des Herzogs bestimmt werden würde? Schon einmal habe ein Kaiser einem Herzog von Württemberg die Frau ausgesucht — und habe das nicht verheerende Folgen gehabt? Eine Hochzeit im angestammten Fürstenhause werde ein Zeichen der Hoffnung für die schwer leidende Bevölkerung bedeuten und den Lebenswillen des Landes stärken.

Sorgen bereitete Andreä vor allem die Lage der Universität und des evangelischen Stiftes, dort studierten nur noch dreißig Zöglinge. Es gab keine Lehrer, aber auch kaum Schüler, die die Schulen besuchen wollten. Das sei aber auch kein Wunder, wer jahrelang Mordbrennern und Brandschatzern habe zusehen müssen, der verliere die Lust, am Ende etwas zu lernen und sein Auskommen mit Arbeit zu finden. Er nähme sich das Notwendige, und so wäre bald des Plünderns kein Ende mehr.

Noch immer litt Andreä schwer unter dem „Jesuitenstück" seines einstigen Weggefährten und Freundes Christoph Besold, dieses Verräters an seinem Land und seiner Kirche, der dem Herzogtum mehr geschadet habe „als ganze Heere und tausend Schwerter". Zu Andreäs früherer Melancholie hatte sich nun Bitterkeit und Pessimismus gesellt, trotz allem aber war sein Wille ungebrochen, der Jugend in den Schulen das nötige Rüstzeug für ein christliches Leben zu vermitteln.

Eberhard III. und Anna Catharina von Salm-Kyrburg heirateten Ende Februar 1637 im Straßburger Münster. Gemessen an der Hochzeit seiner Eltern, war es eine kleine, beschei-

dene, den veränderten Bedingungen angepaßte Feier, die
trotzdem an den deutschen Höfen Mißfallen und Kopfschüt-
teln erregte. Niemals hatte eine Herzogin von Württemberg
ihrem Mann eine geringere Mitgift zugebracht. Mit stoischer
Gelassenheit und heiterer Lebensfreude ertrugen Braut und
Bräutigam die Sticheleien. Als nach nur wenig mehr als sechs
Monaten der Stammhalter in der Wiege krähte, sah sich der
stolze Vater veranlaßt, seiner Geburtsanzeige die Bemerkung
hinzuzufügen, daß die Herzogin durch einen bösen Sturz viel
zu früh niedergekommen sei. Der kleine Prinz, der es fern der
angestammten Heimat so eilig gehabt hatte, auf die Welt zu
kommen, wurde auf den Namen seines Großvaters väterlicherseits Johann Friedrich getauft. Es ging nun noch ein wenig enger und bescheidener zu, aber der kleine Junge veränderte auch das Leben seiner unverheirateten Tanten. Nach
den Todesfällen und der Trauer hatte nun ein neues Leben
seinen Anfang im Straßburger Exil genommen.

Nach dem Tode Ferdinands II. stiegen die Aussichten
Eberhards III., nach Württemberg zurückkehren zu können.
Aber auch sein viel toleranterer Sohn und Nachfolger Kaiser
Ferdinand III. stellte Forderungen, die eigentlich für das
Land und seinen Herzog unannehmbar waren. Bereits einige
Zeit vorher hatte der Kaiserhof Eberhards jüngerem Bruder
Friedrich das Angebot gemacht, ihm *„das ganze Herzogthumb
Württemberg unter der Bedingung, die Römisch Catholische Religion vorher zu bekennen, zu völligem Besitz zu offerieren"*. Das
erleichterte die Verhandlungen nicht gerade. Zu den Bedingungen des Kaisers, die Eberhard schließlich akzeptieren
mußte, gehörte der Verzicht auf die vierzehn Mannsklöster
und die vom Kaiser verschenkten Ämter. Damit mußte er auf
die Hälfte seines Landes verzichten. Der Kaiser bestand
außerdem auf der Übergabe der von Konrad Widerholt gehaltenen Festung Hohentwiel, bevor der Herzog in sein Land
zurückkehren könne.

Aber Widerholt, der geschworen hatte, die Festung nie
und nimmermehr dem Feind zu übergeben, auch wenn ihn
sein Herr einst darum ersuchen sollte, widerstand allen Bitten und Befehlen. Im Gegenteil, mit seinen Bravourstücken
und Überfällen fachte er den Widerstandswillen der Bevölke-

rung an. Widerholts Heldentaten wurden hinter vorgehaltener Hand weitererzählt. Der unerschrockene Kommandant
ließ sich weder durch Drohungen noch durch Schmeicheleien
aus der Reserve locken. Als die Belagerer mitten im Winter
versuchten, seinen „Felsenhorst" in die Luft zu sprengen, ließ
Widerholt seine Soldaten weiße Hemden über ihre Ketten-
panzer ziehen, damit sie für die Bergleute, die mit dem Graben von Tunneln beschäftigt waren, so gut wie unsichtbar
waren. Durch diesen Trick konnten alle Angreifer von den
Leuten Widerholts gefangengenommen und auf den Hohentwiel gebracht werden.

Mit einem Trupp Soldaten eroberte Widerholt Überlingen
und machte reiche Beute. Neben dem gesamten Waffenarse-
nal der Stadt fielen auch viele Getreidevorräte und Wein in
seine Hände. Wohlverpackt reiste auch eine Orgel für die
neuerbaute Festungskirche mit. Widerholt hatte sie dem Abt
des Franziskanerklosters, der ihm viel Geld geboten hatte,
wenn er sein Kloster unbehelligt ließe, anstelle des Lösegel-
des abgenommen.

In Balingen holte sich der verwegene Kommandant
20 000 Taler Kontributionsgelder, die für die kaiserliche Armee eingefordert waren, aus dem Haus eines befreundeten
Arztes wieder zurück. Die Öffnung des Stadttores hatten
sich seine Leute mit einem ebenso einfachen wie wirkungs-
vollen Trick verschafft: Als Handwerker verkleidet ließen sie
in der Torstube wie von ungefähr einen Sack Nüsse umfal-
len. Als die Wächter versuchten, die Nüsse wieder einzu-
sammeln, warf einer von Widerholts Leuten eine Handgra-
nate unter die Soldaten. In der allgemeinen Verwirrung
drangen der Kommandant und die Seinen in die Stadt ein
und holten den Schatz aus seinem Versteck. Bevor sich Widerholt auf den Rückweg zum Hohentwiel machte, hob er
noch in aller Gemütsruhe den Sohn des Wagners Fueß aus
der Taufe, um die Balinger von seiner Freundschaft für ihre
Stadt zu überzeugen.

Konrad Widerholt rückte die Landesfestung Hohentwiel
nicht heraus. Erst als der Herzog Kaiser Ferdinand III. im
Tausch den Hohenasperg anbot, stand der Rückkehr Eberhards III. nach Württemberg nichts mehr im Wege. Bewaff-

nete Bürger zogen ihrem Landesherrn bis nach Durlach entgegen und führten ihn im Triumph in seine Hauptstadt Stuttgart. Johann Valentin Andreä hielt das Ereignis in seiner Selbstbiographie fest:

„Endlich im Oktober (1638) wurde der Herzog Eberhard der Sehnsucht seines Landes wieder geschenkt. Durch harte Bedingungen gefesselt, rief er alsbald die Landstände zusammen. Weil er aber, um das nötige Geld zusammen zu bringen, eine ungewöhnliche Auflage machen mußte, so täuschte er, ohne seine Schuld, nur durch die Not gedrungen, die Hoffnung vieler, und verbitterte und verminderte dadurch den Beifall des Volkes. Doch stellte er den Seinigen die geschwächten Rechte der Kommunen und der Kirche wieder her, und legte einigen Beamten, die gewalthätig handelten, oder unterminierten einen Zaum an."

Jakob Löffler, der in Frankfurt ein zweites Mal geheiratet hatte, machte auf dem Weg zu einem Kuraufenthalt in der Schweiz Station in Straßburg. Für Antonia war es ein bewegendes Wiedersehen, das sie aber nicht über den verheerenden Gesundheitszustand des früheren Kanzlers hinwegtäuschen konnte. Gekrümmt von der Gicht und gezeichnet von den Enttäuschungen und Entbehrungen der letzten Jahre, war Löffler vorzeitig gealtert. Er genoß es sichtlich, von den besseren früheren Zeiten am Stuttgarter Hof zu reden. Als er, nur begleitet von einem Knecht, nach Basel weiterritt, ahnte Antonia, daß das wieder einmal ein Abschied für immer gewesen war. Wenige Wochen danach starb Jakob Löffler in Basel. Sein Leben hatte er im Dienst für Württemberg und seinen Herzog verbracht. Seine Arbeit setzten die von ihm geförderten und in ihr Amt eingewiesenen Beamten Andreas Burkhardt und Johann Konrad Varnbüler in seinem Sinne fort.

Die Schwestern des Herzogs rüsteten zur Rückkehr nach Stuttgart. Noch war alles ungeklärt, die Finanzierung der Reise ebenso wie der Aufenthalt in der Residenz. Herzogin Anna Catharina schauderte es, wenn sie an das Leben in dem zerstörten Land dachte. Ihr Ältester war ein gesundes aufgewecktes Kind, aber sein Brüderchen, der kleine Ludwig Eberhard, war ihr kaum drei Monate nach der Geburt durch den Tod entrissen worden, und schon wieder war sie schwanger. Lieber wollte sie noch ein wenig in Straßburg auf bessere Zeiten warten, bis die Pest in Stuttgart endgültig erloschen war.

Mit Mühe hatte Eberhard III. für sich ein Quartier im Haus der Landschaft gefunden. Er wohnte mitten in der Stadt, ärgerte sich über den unvorstellbaren Dreck und die Primitivität, besonders aber über die Gleichgültigkeit, mit der die Bürger Stuttgarts all diesen Unzulänglichkeiten gegenüberstanden. Wozu sollten sie etwas in Ordnung bringen, wenn am Tag darauf eine neue Einquartierung alles wieder zerstörte?

Im Schloß war kein Zimmer bewohnbar, alle Möbel zerstört oder gestohlen. Bei ihrem Auszug hatten die Kaiserlichen sogar die Wandvertäfelungen in den Zimmern der herzoglichen Familie herausgerissen. Graf von Sulz, der kaiserliche Statthalter, zuckte nur die Achseln: Er habe damals die Stadt aus Angst vor der Pest verlassen. Als er aus Hirsau zurückgekehrt sei, habe er das Schloß demoliert und verwüstet vorgefunden. Die herzogliche Kunstkammer, der Stolz ihres Schöpfers Johann Friedrich, war geplündert, nur wenige Stücke waren so gut versteckt gewesen, daß sie jetzt dem Herzog übergeben werden konnten. Um die Übersiedelung seiner Frau und seiner Schwestern bezahlen zu können, mußte Eberhard einige der schönsten Schmuckstücke seiner Mutter verkaufen lassen.

Trotz aller Sehnsucht nach Stuttgart fiel Antonia die Abreise aus Straßburg nicht leicht. Noch einmal hatte sie im Münster auf ihrem Lieblingsplatz gesessen und die beeindruckende Schönheit des Raumes auf sich wirken lassen. In Straßburg hatte sie Gemälde und Kunstwerke gesehen, die ihr Denken stark beeinflußten. Hier hatte sich ihre Liebe zur Malerei, die schon immer in ihr schlummerte, noch verstärkt und sie vieles neu sehen lassen. Einmal hatte sie in einem dieser reich mit Kunstschätzen ausgestatteten Bürgerhäuser ein Bild gesehen, das sie nicht vergessen konnte.

Hans Baldung hatte es gemalt, ein Schwabe aus Schwäbisch Gmünd, der in ganz jungen Jahren in Straßburg zum Maler ausgebildet worden war. So jung war er gewesen, daß sie ihn in der Werkstatt „Grien" genannt hatten, den Grünen. In Nürnberg wurde er dann zu Albrecht Dürers liebstem Schüler. Dürer schätzte den Künstler so sehr, daß er Blätter von ihm an Künstlerfreunde verschenkte. Der „Grünenhans" leitete die Werkstatt Dürers in der Zeit während dessen zweiter Italienreise, später kehrte er dann nach Straßburg zurück. „Die sieben Lebensalter des Weibes" hatte der Maler das Gemälde genannt, das Antonia nicht vergessen konnte. Es war das letzte Bild, das er vor seinem Tod vollendete. Mit glasklarer Genauigkeit hatte er das Aufblühen und den Verfall allen Lebens dargestellt. Der Papagei zu Füßen der sieben weiblichen Gestalten vom dicken Kleinkind bis zur abgezehrten Greisin schuf die Verbindung zwischen der Jungfräulichkeit Evas und der dargestellten Langlebigkeit. Mehr noch als das Aufblühen und Verwelken des weiblichen Körpers erschreckte und verwirrte Antonia das Mienenspiel der Dargestellten. Die mädchenhafte Unschuld, die betörende Weiblichkeit der jungen Frau und der Lebensüberdruß der Matrone, die alles erlebt zu haben schien. Das erinnerte sie zwingend an ihre Tante Anna, deren Wandlung von der blühenden jungen Frau zur mutlosen Matrone sie in den letzten Jahren aus nächster Nähe miterlebt hatte. Auch am sich verändernden Gesicht und Körper ihrer Schwägerin Anna Catharina ließ sich das bereits ablesen, die, nun zum dritten Mal schwanger, viel eingebüßt hatte von der glücklichen Braut, die im Münster zur Herzogin von Württemberg geworden war. Sicher hatte sie sich die ersten Jahre ihrer jungen Ehe anders vorgestellt.

Bereits in Stuttgart hatte Antonia Holzschnitte Hans Baldung Griens in einer in Straßburg 1537 erschienenen „Leien Bibel" gesehen. Aber es war ein großer Unterschied, ob man Holzschnitte in Büchern betrachtete oder dem Gemälde eines Meisters direkt gegenüberstand. Nie würde sie die Leiber und noch weniger die Gesichter der Frauen vergessen. Aber wenn sie die Wahl hätte, eines der Bilder Hans Baldungs mitzunehmen, dann hätte sie sich für „Die Gregorsmesse" entschieden. Stunden und Tage brauchte man, um dies Gemälde zu begreifen, es in sich aufzunehmen. Wie alles hinkomponiert war auf die zentrale Gestalt des Christus, der das Bild beherrschte, trotz der lebensvollen Gestalten der Kleriker zu seinen Füßen. Diesen Christus, seinen Gesichtsausdruck und seine Körpersprache, würde sie nie vergessen, so alt sie auch werden sollte.

Wenige Tage vor der endgültigen Abreise nach Stuttgart machte Antonia einen Abschiedsbesuch bei ihrer Tante, Herzogin Anna Sabina, der Witwe ihres Onkels Julius Friedrich. Auch sie würde bald mit ihren jüngeren Kindern in die Heimat zurückkehren, Herzog Eberhard III. hatte ihr Brackenheim, den Witwensitz seiner Mutter, als Wohnort zugewiesen. Zuvor aber sollte ihre älteste Tochter Julia Felicitas, die sich zu einer aparten dunkelhaarigen Schönheit entwickelt hatte, zu den Verwandten in Norddeutschland reisen. Dazu mußten Garderobe und Ausstattung der zwanzigjährigen Herzogin auf den neuesten Stand gebracht werden. Denn Julia Felicitas reiste nicht ohne Grund nach Plön und Sonderburg. Herzogin Anna Sabina wollte das fernere Schicksal ihrer Tochter nicht dem württembergischen Herzog überlassen, sie hatte selber Ausschau nach einem Bräutigam gehalten.

Im Schloß von Plön fieberte Herzog Hans von Schleswig-Holstein-Gottorf der Ankunft der schönen Württembergerin, von der er ein Miniaturbildnis besaß, ungeduldig entgegen. Der jetzt dreiunddreißigjährige Herzog hatte einst gegen eine Apanage auf alle Erbansprüche verzichtet und war mit seiner Mutter in die Einsamkeit des Schlosses Husum gezogen. Der intelligente junge Fürst hatte nach einer sehr sorgfältigen Erziehung zusammen mit seinem Hofmeister Cordt von Einsiedel eine mehrjährige Bildungsreise durch Frankreich, Italien und die Niederlande unternommen. Eine zweite Reise führte ihn nach einem kurzen Aufenthalt in der Heimat über Frankreich nach Spanien. Als sein zweitältester Bruder Adolf auf der Seite der Schweden in der Schlacht bei Breitenfeld fiel, überführte er die Leiche des Gefallenen nach Schloß Gottorf. Herzog Hans wurde dann anstelle seines Bruders zum Koadjutor des Bistums Lübeck gewählt. Damit hatte er auch Ansprüche auf die Nachfolge seines Onkels Johann Friedrich von Schleswig-Holstein-Gottorf als Fürstbischof von Lübeck.

Obwohl er sich eher zum Gelehrten als zum Soldaten eignete, nahm Herzog Hans nun am Feldzug Gustav Adolfs durch

Deutschland teil, zog sich aber nach dem Tode des Schwedenkönigs in der Schlacht bei Lützen ganz aus dem Militärdienst zurück. Nach dem Tode seines Onkels wurde er 1634 zum Fürstbischof von Lübeck gewählt. Mit kluger Hand bereitete der neuernannte Bischof die Erbfolge des Hauses Schleswig-Holstein-Gottorf im Fürstbistum Lübeck vor. Er erweiterte das Eutiner Schloß und erhob die hübsche kleine Landstadt zu seiner Residenz. Als Landesherr verbesserte er das Schulwesen und reformierte die Kirchenleitung. In einer von ihm geschaffenen Hofschule für junge Adelige erzog er sich eine junge Elite nach seinem Wunsch. Um die Sonderstellung des Bistums Lübeck als einziges protestantisches Fürstentum über den Tag hinaus rechtlich abzusichern, brauchte er einen Erben. Und so entschloß sich Bischof Hans, klug und belesen, gebildet und von hohem Verstand, „eine Dame zu heiraten, die mir zwar an Stand und Herkommen, nicht aber an weltlichen Gütern und Reichtum gleich sein muß".

Natürlich wußten die Angehörigen Anna Sabinas in Schleswig-Holsteins Schlössern von ihrer prekären Lage, andererseits war der Bischof von Lübeck, gichtgeplagt und korpulent, zwar durchaus eine Partie, aber die heimischen Schönen hatten abgewinkt. So bekam Julia Felicitas von Württemberg-Weiltingen als eine der wenigen Herzoginnen des Hauses Württemberg in ihrer Generation eine Heiratschance. Das wußte aber bisher nur ihre Mutter. Die zukünftige Braut des Bischofs von Lübeck freute sich auf die Reise nach Norddeutschland, die sie zusammen mit dem Hofmeister und einer Hofdame ihrer Mutter machen durfte. Die schönen neuen Kleider und die hübschen Schmuckstücke, auf Kredit gekauft, ließen sie mitleidig auf ihre Cousine Antonia herabblicken. Die beiden Cousinen, die sich nie gemocht hatten, kamen sich auch an diesem letzten Tag in Straßburg nicht näher. Sie sollten sich nie wiedersehen.

Höchstpersönlich hatte Herzogin Sibylla zugesehen, wie ihr kostbares Cembalo sorgfältig auf dem hohen Packwagen verstaut wurde, der die Habe der drei Schwestern und der Herzogin Anna wieder nach Stuttgart bringen sollte. Zurückgekehrt in die leeren Gemächer der Rühelischen Behausung, hatte sie Antonia bei der Hand genommen und leise gesagt: „Johann Jakob Froberger hat vom Kaiser Ferdinand III. nun endlich die Bewilligung bekommen, nach Rom an die Hohe Schule zu gehen. Endlich wird nun sein Traum wahr, und er kann bei Girolamo Frescobaldi, dem Organisten an der Peterskirche, Unterricht nehmen. Die Hofkasse wird ihn mit 200 Gulden unterstützen, das ist endlich einmal eine gute Nachricht ..."

Sprachlos starrte Antonia die Schwester an: „Woher weißt du denn das?"

Sibylla zuckte die Achseln: „Manches weiß man eben. Und zu irgend etwas muß es ja auch nütze sein, wenn man eine Prinzessin von Württemberg ist."

9

Heimkehr in ein anderes Land

„Liebe Besondere Herren Burgermeister und Gericht der Stat Eßlingen, wihr haben nicht unterlassen können an die Herren in gesambt zu schreiben und unsern elenden und betrübden Wittwenstand zu erkennen geben, daß wir in so tiefem großen Ehlende und Bekümmernuß leben und wissen nicht wie wir den Winter sollen durchbringen, ist derhalben mein gnediges Begehren, die Herren insgesambt wollen mein Ehlend anheren von meiner Dienerin und sich über mich erbarmen, und mir mit Geld oder Whein und Früchten zu Hilf kommen, sonsten mus ich den Winter Hunger sterben." Die bittere Not der Markgräfin Eva Christina von Brandenburg, jener Tante Antonias, deren Mann vom Kaiser geächtet und all seiner Einkünfte für verlustig erklärt, auf Seiten der Protestanten gefallen war, rührte den Rat der Stadt Esslingen so sehr, daß er ungeachtet der eigenen schlimmen Lage der Tochter Herzog Friedrichs I. zwei Eimer Wein und vier Scheffel Dinkel übergeben ließ.

Der verwitweten Markgräfin ging es nicht anders als den meisten Einwohnern des Herzogtums Württemberg in den

Jahren nach der Rückkehr Herzog Eberhards III. in sein zerstörtes Land. Viele Städte waren abgebrannt, die meisten Ämter ausgeplündert und verwüstet, Pest, Seuchen und Hunger hatten die Bevölkerung zu zwei Dritteln dahingerafft. Die wenigen Menschen, die noch gesund waren, konnten die Felder nur zum Teil bebauen, so blieb der Ertrag niedrig. Obwohl Württemberg aus dem Kreis der kriegführenden Länder ausgeschieden war, blieb es bis zum Ende des Dreißigjährigen Krieges Hauptschauplatz der französisch-schwedischen und bayerisch-kaiserlichen Truppenauseinandersetzungen. Die Bauern konnten in einigen Gegenden des Landes nur unter Bewachung ihre Felder bestellen.

Unter diesen Umständen war an einen geordneten Wiederaufbau des Landes noch lange nicht zu denken. Der Herzog war immer noch von den Einkünften des Landes ausgeschlossen, der Unterhalt von Hof- und Staatsverwaltung mußte ganz von der Landschaft getragen werden. In der ersten Zeit nach seiner Rückkehr wurde Eberhard III. das Geld für seine Hofhaltung wöchentlich von der Landschaft ausgezahlt.

Sie zahlte die Beamten, unterhielt das Tübinger Stift und trug außerdem die Kosten für die zahlreichen Gesandtschaften, die zu Unterhandlungen an den Stuttgarter Hof kamen. In dieser ersten Aufbauphase nach der schrecklichen Zeit der Besatzung klagten zwar alle Institutionen über chronischen Geldmangel und die drückende Not, aber allen gemeinsam war auch der Wunsch, das unmöglich Scheinende zu bewältigen. Der Tübinger Universitätskanzler Melchior Nicolai faßte seine Gefühle in die Worte, daß „... *beederseits zuesamen zue halten seie, biß Gott bessere Zeiten schicke!"*

Gegen seinen Willen und erst nachdem ihm seine Freunde lange zugeredet hatten, war Johann Valentin Andreä bereit gewesen, das ihm von Eberhard III. angebotene Amt des ersten Hofpredigers zu übernehmen. Seitdem gehörte er bis zu seinem Tode der württembergischen Kirchenleitung an. Vor Andreä lag eine Fülle schier unlösbarer Aufgaben. Zwar hatten die beiden Hofprediger und der Stiftsprediger während der Besatzungszeit gegen den ausdrücklichen Befehl des Kaisers die Kirchenleitung aufrechterhalten. Gemeinsam hatten sie die Gemeinden darin bestärkt, ihre Pfarrer, die von der Kirchenleitung kein Geld mehr bekamen, zu unterhalten. Im Pestjahr 1635 waren von den tausend Pfarrern in Württemberg dreihundert ums Leben gekommen. Als Andreä 1639 sein Amt antrat, gab es im ganzen Herzogtum nur noch dreihundert Geistliche. Das Tübinger Stift war der Auflösung nahe und die theologische Fakultät bestand gerade noch aus zwei Professoren.

Bereits in Straßburg hatte Andreä gespürt, daß das neue Fürstentum, das Eberhard III. verkörperte, viel mit dem Papsttum, das doch die Protestanten eigentlich verabscheuten, gemein hatte. Andreä erkannte, daß der Hof und die neuen Höflinge für die von ihm geforderte Kirchenzucht nicht viel übrig hatten und die christlichen Normen im Alltag und auch in der Gesetzgebung nicht durchzusetzen waren. Er litt zunehmend darunter, daß das Land, dessen Kirche die reinste evangelische Lehre predigte, sich eine Hofhaltung leistete, in der die Gottlosigkeit der Lebensführung gang und gäbe war. Bitter vertraute er seinen Lebenserinnerungen an: *„Selbst diejenigen, denen man das Religionswesen anvertraut hatte, fand ich gegen die Religion so gleichgültig und so wenig streng in ihrem Lebenswandel, daß ihnen vor ernstlichem Gottesdienst und Sittenbesserung wie vor Ketzerei und Rutenhieben graute."*

Neben seiner Sorge um den Wiederaufbau der Landeskirche kümmerte sich Andreä um das Schulwesen. Bereits in „Christianopolis" hatte er seine pädagogischen Vorstellungen zu Papier gebracht. Er wollte den Unterricht der neuen Sprachen und vor allem auch sportliche Betätigung in den Unterricht eingebracht wissen. Überall in den Städten und Dörfern sollte die allgemeine Schulpflicht eingeführt werden. Wenn sich ein Dorf alleine keine Schule und keinen Lehrer leisten konnte, dann sollten sich zwei Gemeinden zum Unterhalt einer Schule zusammenschließen. Im Jahr des Westfälischen Friedens wurde die allgemeine Schulpflicht in Württemberg zum Schulzwang. Auch im Sommer sollte Schule gehalten werden, an Sonn- und Feiertagen zwischen dem ersten und dem zweiten Läuten, außerdem in der Woche an einem oder an zwei Tagen, und an Schlechtwettertagen, wenn die Arbeit auf den Feldern unmöglich war, mußten die Kinder in die Schule geschickt werden.

An die tausend Predigten hat Andreä in seinen Stuttgarter Jahren ausgearbeitet und gehalten. Seufzend bezeichnete er die am Hof verbrachten Jahre als seine „Sklavenjahre", seine melancholische und verbitterte Grundstimmung trug wesentlich dazu bei, daß sich sein Gesundheitszustand ständig verschlechterte: *„Ja, in dieser ganzen Zeit war mirs nicht vergönnt, einen wohlverdienten Mann durch meine Stimme zu einem Kirchenamt zu fördern, noch einen lasterhaften durch die Angabe seines Verbrechens davon zu vertreiben."*

Auch für Antonia war es nicht einfach gewesen, sich in die veränderten Bedingungen zu fügen. Sie lebte eng mit ihren Schwestern zusammen; an Ausfahrten und kleine Reisen, so wie sie es von früher her gewohnt war, konnte überhaupt nicht gedacht werden. Es fehlten Pferde und Kutschen, es fehlte überhaupt alles, was das Leben ein wenig schöner machte. Damit man im Stuttgarter Schloß leben konnte, waren umfangreiche Reparaturen nötig gewesen. Um sie durchführen zu können, hatte Eberhard III. weitere Kleinodien aus dem Besitz seiner Mutter in den Niederlanden versteigern lassen müssen. Aus anderen, nicht ausgeraubten oder niedergebrannten Schlössern waren Möbel und Haushaltsgeräte nach Stuttgart gebracht worden. Aber selbst das Requirieren von Fuhrwerken war schwierig. Denn die Bauern, die noch Pferde hatten, gaben diese ungern aus der Hand. Zu unsicher waren die Straßen, und niemand konnte wissen, ob er das Ausgeliehene auch wiederbekam.

Der Lustgarten und seine Einrichtungen waren von Dornen überwuchert, die von Schickhardt geschaffenen Pomeranzenhäuser zerschlagen oder gestohlen, die empfindlichen exotischen Pflanzen verdorben. Einziger Halt und Trost für Antonia war die Anwesenheit Andreäs in Stuttgart, mit ihm konnte sie die Zukunft gestalten, wie er glaubte sie daran, daß Christus zur beherrschenden Gestalt des kommenden Zeitalters werden würde. Andreä war der große Lehrer, der Anreger, derjenige, der die Maßstäbe setzte und über die Öde des Hoflebens und seine Geistlosigkeit hinweghalf. Zwar

SERENISSIMA PRINCIPISSA
ANNA CATHARINA PRIN-
TECCIÆ. COMITISSA MONTISBEL-
HEIM NATA COMITISSÄ

AC DOMINA DOMINA
CIPISSA WÜRTEMBERGIÆ ET
GARDIÆ. DOMINA IN HEYDEN
SYLVARUM ET RHENI.

Anna Catharina von Salm Kyrburg
Erste Gemahlin von Herzog Eberhard III.

bemühte sich Eberhard III., schon im Interesse der Stellung Württembergs als protestantischer Macht, dem Hof ein wenig Glanz zu verleihen. Gleich nach seiner Rückkehr begann er mit dem Wiederaufbau einer Hofkapelle. Aber das ließ sich nur schleppend bewerkstelligen und trug ihm nicht nur Beifall ein. Argwöhnisch beobachtete das verarmte Volk, wie am Hof Vergnügungen und Ausschweifungen um sich zu greifen schienen.

Dabei war es ein bescheidenes Leben mit wenigen Vergnügungen, das Antonia und ihren Schwestern beschieden war. Zwar litten sie keinen Hunger, aber an Extravaganzen war auch nicht zu denken. Es blieben die Bücher, Übersetzungen aus dem Lateinischen und die Musik. Sie mußten die kleinen Freuden auskosten, die jenseits von Geld und Prachtentfaltung möglich waren. Selbst der sonst so düster gestimmte, melancholische Andreä geriet ins Schwärmen, wenn er über die Schwestern des Herzogs berichtete: *„Jsts nöthig, von den vornehmen Gästen etwas zu sagen, die am Hofe sich einfanden? Sie sind da, wie die Fische im Wasser. Lieber bemerke ich, was mir unter diesem Geräusche das Leben würzte – und das war denn vorzüglich der Umgang mit unseren Princeßinnen Antonia, Anna Johanna und Sibylla, einem Kleeblatt von Huldgöttinnen, diesen Spiegeln und Mustern der Frömmigkeit, der Unschuld und Eintracht, mehr als man glauben kan, und dergleichen ich wenigstens in meinem ganzen Leben mich nicht erinnere, gesehen zu haben. Da sie durch musikalische Instrumente und die bewährtesten Schriften die Langeweile und den Verdruß über ihr Schicksal verscheuchten, so hat mich ihre Geistesruhe, ihre Geduld im Leiden, die Einstimmigkeit ihres Willens nebst der Liebenswürdigkeit des Charakters und der Gefälligkeit, oft getröstet, eigentlich aber so beschämt, daß ich mich bei ihnen erhohlte, wenn ich den Mut verloren hatte, oder in den Zaum biß, den ich mir angelegt fühlte. Einen Beweis ihrer geistigen Gesinnungen gegen mich erhielt ich am 10. Oktober (1639) durch einen dreifachen Ring den ich, als ein Denkmal des angenehmsten Umgangs und der Vertraulichkeit, allen anderen Geschenken vorziehe."*

Schmerzlich vermißte Antonia ihre Tante Anna. Ein einziges Mal hatte die jüngste Schwester des Vaters ihren einstigen Apanagesitz, das Untere Schloß in Ehningen, aufgesucht.

In der Besatzungszeit hatten sich die Bauern mit ihrem Vieh und ihrer Habe hinter die relativ dicken Mauern zurückgezogen. Stumm vor Entsetzen war Herzogin Anna in den verwüsteten und geplünderten Räumen umhergegangen. Hier, wo sie alles an die glücklichsten Jahre ihres Lebens erinnerte, konnte sie nicht bleiben. Magister Jakob Dörtenbach, der Pfarrer der Gemeinde, hatte „Ihre fürstliche Gnaden das Fräulein Anna" herzlich willkommen geheißen. Aber halten konnte er sie in Ehningen nicht. Sie zog sich, da auch der Stuttgarter Hof ihr nichts bieten konnte, in das Schloß in Kirchheim unter Teck zurück. Hier lebte sie einsam und zurückgezogen, ihrem eigenen Befinden nach „wie eine Viehmagd, die man mit Wassersuppe und einigen Eiern" auf dem Altenteil abspeiste.

Für Anna Catharina, Württembergs junge Herzogin, wurden die ersten Jahre im Stuttgarter Schloß zu einem Alptraum, aus dem es lange kein Erwachen gab. Nach dem erstgeborenen Sohn Johann Friedrich hatte Jahr für Jahr ein kleiner Prinz das Licht der Welt erblickt: Ludwig Friedrich, Christian Eberhard, Eberhard. Sie alle waren nur wenige Wochen nach der Geburt gestorben. Diese erschreckende Serie von Todesfällen hatte aus der blühenden Anna Catharina ein Nervenbündel gemacht. Der Erbe des Landes, der nun sechsjährige Johann Friedrich, konnte keinen unbewachten Schritt tun, ohne daß seine Mutter um sein Leben fürchtete. Auch die kleine, im Februar 1642 geborene Sophia Luise wurde überängstlich und nervös von ihrer Mutter beobachtet. Um seine Frau abzulenken und auch um wieder einmal seiner geliebten Jagd ungestört frönen zu können, verlegte Eberhard III. die Hofhaltung zu Beginn des Jahres 1643 nach Kirchheim unter Teck. Dies war für Herzogin Anna ein weiterer Beweis für die Schikane, der sie durch ihren Neffen, den regierenden Herzog, ausgesetzt war. Sie lehnte sowohl ein Zusammenleben in Kirchheim als auch eine Übersiedelung ins noch nicht wiederhergestellte Nürtinger Schloß rigoros ab. Für die restlichen Jahre ihres Lebens verließ sie Württemberg und zog sich in die freie Reichsstadt Ulm zurück.

Es war Antonia, als wäre erst jetzt, mit dem endgültigen Rückzug der Tante, die ihre Kindheit so wesentlich mitbestimmt hatte, ihre Jugend wirklich zu Ende gegangen. Versunken die Zeit, in der die prunkvollen Hochzeiten und feierlichen Taufen das Leben am Hof bestimmten, verschwunden hinter einem Meer von Not, Trauer und Elend. Antonia mußte bitter lächeln, wenn sie daran dachte, wie stattlich sie sich ihren Brautzug, der länger und prachtvoller sein sollte als der der Mutter, vorgestellt hatte. Wie hatte sich ihr Leben seit damals verändert! Aber den Traum, sie hatte ihn nicht vergessen. Er war nur verschüttet – wie aber sollte sie ihn umsetzen, eine arme Prinzessin ohne Geld und Besitz? Viel Zeit darüber nachzudenken blieb ihr nicht. Fast unmerklich hatte Johann Valentin Andreä einen wichtigen Platz in ihrem Leben eingenommen, er bestimmte ihr Denken. Sie vermißte ihn, so wie auch ihm seine gewohnten Gesprächspartnerinnen abgingen. Seinen Erinnerungen vertraute er an:

„Zu den ferneren glüklichen Ereignissen (des Jahres 1643) rechne ich die fortdauernde Gnade meiner drei Grazien, die zu meinem Verdrusse immer noch mit dem Hofe in Kirchheim waren. Mein Verlangen, sie zu sprechen, bewog mich am 27. April zu einer kleinen Reise dahin. Der Hof kam gerade drei Monate hernach zurüke, ob zu seinem Nuzen oder Schaden entscheide ich nicht."

Für die angegriffene Gesundheit der Herzogin Anna Catharina wäre ein Badeaufenthalt in Teinach oder in Liebenzell gerade das Richtige gewesen. Aber da das Kloster Hirsau und damit auch das schöne Schloß immer noch in Händen der katholischen Mönche war, konnte man noch nicht an einen Aufenthalt an diesem einstigen Lieblingsort der Herzöge von Württemberg denken. Vorerst konnte Eberhard III. nur wehmütig in einem Brief schreiben: *„Es* (Schloß Hirsau) *ist von Unseren Hochlöblichen Vorfordern zu dem Ende erbaut worden, sich in Sterbensläuften (beim Auftreten von Seuchen) dahin als einem gesunden Ort zu retirieren, wie auch die darumb gelegenen Sauerbronnen und Bäder desto füglicher von darauß zu gebrauchen."* Noch war es nicht soweit, daß der Herzog wieder sein ganzes Land in Besitz nehmen konnte. Auch wenn der schwedische Kanzler Oxenstierna verkündet hatte, „dem Herzog von Württemberg sollte dermaleinst nicht ein einziger Bauernhof zu seinem Herzogtum fehlen". Noch gab

es keinen Frieden, noch war das Ende des Krieges nicht abzusehen.

Auch in Mömpelgard hatten die fremden Truppen furchtbar gewütet. Für seinen kaum zehnjährigen Neffen Leopold
Friedrich hatte Herzog-Administrator Julius Friedrich das
Land nach der Schlacht bei Nördlingen unter die Protektion
der französischen Krone gestellt. Die Städte Mömpelgard,
Héricourt und Blamont waren durch französische Garnisonen
vor dem Zugriff der kaiserlich-spanischen Truppen geschützt
worden. Herzoginwitwe Anna Eleonore war mit den drei
Kindern nach Bienne geflohen. Durch Plünderungen, Erpres-
sungen und Brandschatzungen wurde das Land verwüstet, die
Kriegshandlungen und Seuchen dezimierten die Bevölkerung
um zwei Drittel. Leopold Friedrich und sein jüngerer Bruder
Georg schlugen sich nach Paris durch und bekamen von Kardinal Mazarin eine kleine Rente zugesprochen, die aber nur
selten und unvollständig ausgezahlt wurde.

Erst 1645 konnte Leopold Friedrich als Kommandant der
französischen Truppen wieder in sein eigenes Land zurückkehren. Obwohl Frankreich immer wieder lautstark verkündete,
das Haus Württemberg hätte sich so sehr um die Krone
Frankreichs verdient gemacht, daß die Franzosen nimmermehr daran dächten, Württemberg seine linksrheinischen Besitzungen zu entziehen, trauten weder Leopold Friedrich in
Mömpelgard noch Eberhard III. in Stuttgart den Beteuerun-
gen des Verbündeten. Um die württembergischen Besitzan-
sprüche noch besser als bisher zu untermauern, sollte sich Leopold Friedrich eine Gemahlin aus dem Stammhaus wählen.

Für den 21jährigen Erben Mömpelgards kam nur seine
vier Jahre ältere Cousine Sibylla, die jüngste Schwester des
Herzogs, in Frage. Über ihre Gefühle und die ihrer Schwestern haben sich keine Schriftstücke erhalten. Einzig Johann
Valentin Andreä äußert sich darüber in seinen Erinnerungen: „... die Brüder Leopold Friedrich und Georg, Söhne Ludwig
Friedrichs. Der älteste derselben, Herr von Mömpelgard, wählte
sich zu seinem Glüke, die Heldin Sibylla zur Gattin. Und gewiß
dient diese Verbindung zur Vereinigung des Hauses Württemberg
und der Eintracht in Religionssachen, die beide unzertrennlich
sind."

Für Antonia, die sich besonders gut mit ihrer jüngsten Schwester verstanden hatte, kam die Hochzeit einer Katastrophe gleich. In den Wochen nach der Abreise Sibyllas nach Mömpelgard meinte Antonia, die Leere, die von ihr Besitz ergriffen hatte, mit Händen greifen zu können. Unentwegt kreisten ihre Gedanken um die Schwester und ihr Schicksal. Sibylla war die erste Prinzessin aus dem regierenden Hause, die seit mehr als einem Vierteljahrhundert eine Ehe einging. Antonia erinnerte sich noch an die Hochzeit ihrer Tante Agnes mit Herzog Franz Julius von Sachsen-Lauenburg, eine einfache Feier, die einer unglücklichen Ehe vorausging. Sechs Kinder, die Agnes auf die Welt brachte, starben vor ihr, die Geburt des siebenten überlebte sie nicht. Mit diesem, ihrem jüngsten Sohn Franz Ludwig, wurde sie zusammen in der Gruft der Stiftskirche begraben.

Und jetzt Sibylla, „die Heldin", wie Andreä sie pries. Sie folgte dem Ruf des Hauses und heiratete, weil das Interesse des Landes es erforderte. Auch Anna Johanna war gefragt worden. Nur ein Jahr älter als ihre Schwester, wäre auch sie als Heiratskandidatin in Frage gekommen. Aber sie hatte so unmißverständlich erklärt, sie habe sich für ein Leben allein für Gott und für die Tugend entschieden und sich wieder ihrer Übersetzung der „Loci theologici" des Tübinger Professors Matthias Hafenreffer zugewandt, daß niemand mehr weiter in sie gedrungen war. Sibyllas Zustimmung hatte in Stuttgart und Mömpelgard große Erleichterung hervorgerufen. Niemand außer vielleicht Johann Valentin Andreä konnte ermessen, wie schwer Sibylla der Entschluß gefallen war.

Andreäs ganze Sorge galt jetzt Antonia, um ihr über den Verlust ihrer bisher engsten Vertrauten hinwegzuhelfen, denn auch er selbst hatte mit Sibylla die „innigste seiner drei Grazien" hergeben müssen. Für ihre mathematischen und astronomischen Studien war Antonia ihre Schwester Anna Johanna als Ansprechpartnerin geblieben. Schon lange waren dem Pädagogen und Schulmeister Andreä die Sprachbegabung und die schnelle Auffassungsgabe seiner liebsten Gesprächspartnerin aufgefallen. So wie er zuvor in Straßburg ihr Interesse auf die griechische und hebräische Sprache gelenkt hatte, so suchte er jetzt neue Lehrer und Gesprächspartner, die sie auf diesem Gebiet weiter fördern und ihr neue Erkenntnisse vermitteln konnten.

Vorher aber galt es, ein langersehntes Ereignis im ganzen Land festlich zu begehen: Am 24. Oktober 1648 war in Münster und Osnabrück der Westfälische Frieden verkündet worden. Bereits sieben Jahre früher waren das katholische Münster und das evangelische Osnabrück als Tagungsorte für die langwierigen und schwierigen Friedensverhandlungen ausgewählt worden. Der Kaiser und die in beide Lager gehörenden Reichsstände verhandelten in Osnabrück, während in Münster der Kaiser, Frankreich und die übrigen am Krieg beteiligten Mächte tagten. Der große schwedische Reichskanzler Graf Axel Oxenstierna hatte sich geweigert, sein Vaterland „mit Verlust von Reputation, Respekt, Interesse, Freundschaft und allem aus dem Krieg herauszuschmuggeln". Seine kühle Sachlichkeit und klare Urteilskraft, sein uneingeschränktes Eintreten für das verbündete Württemberg und seine Selbstbeherrschung machten ihn zum idealen Partner des württembergischen Gesandten Johann Konrad von Varnbüler.

Varnbüler, noch von Jakob Löffler in sein Amt eingeführt, gelang es zusammen mit den Schweden, die Verhandlungen in Osnabrück außerordentlich erfolgreich zu führen. Eberhard III. bekam sein Land einschließlich der Klöster, der vom Kaiser gemachten Schenkungen und der dem Kaiser übergebenen Landesfestung Hohenasperg ungeschmälert zurück, und Württemberg erhielt wieder ohne Einschränkungen die völlige Souveränität.

Am 2. November wurde das Friedensfest im ganzen Land festlich begangen. In der Stiftskirche in Stuttgart leitete eine feierliche Instumentalmusik den Festgottesdienst über das 12. Kapitel des Propheten Jesaja dem Anlaß entsprechend ein. „Siehe, Gott ist mein Heil", hieß es da, „ich bin sicher und fürchte mich nicht; denn Gott der Herr ist meine Stärke und mein Psalm und ist mein Heil." Selten nur war das alte Trutz- und Bekenntnislied aus der Reformationszeit „Ein feste Burg ist unser Gott" mit mehr Inbrunst und dankbarer Freude gesungen worden als an diesem Festtag für das ganze

Land. Aber bei aller Dankbarkeit war denen, die Verantwortung für das furchtbar verheerte Herzogtum trugen, bewußt, daß noch viele Jahre vergehen würden, bis die Narben des Krieges verschwunden wären.

In der Folgezeit versuchte Eberhard, gestützt auf einen klug und geschickt ausgewählten Mitarbeiterstab, den wirtschaftlichen Aufbau des Landes voranzutreiben. Um einen Überblick über die Schäden, die der Krieg hinterlassen hatte, zu bekommen, wurde in allen Ämtern eine Umfrage durchgeführt. Sorgfältig wurden zerstörte, leerstehende und noch bewohnbare Häuser aufgenommen, die Bevölkerung wurde durch eine gezielte Ansiedlungspolitik in den am schwersten heimgesuchten Gegenden des Landes ergänzt. Aber es dauerte noch Jahrzehnte, bis sich das Land erholt hatte.

Die wachsende Zahl von Eberhards Kindern und der immer stattlicher werdende Hof erforderte viel Geld. Nach dem Friedensschluß setzte der Herzog auch die Apanagen seiner beiden unverheirateten Schwestern neu fest. Jede von ihnen sollte im Jahr eintausend Gulden bekommen. Eine lächerlich geringe Summe, gegen die beide Prinzessinnen Einspruch erhoben. Beide Schwestern erbaten sich pro Jahr 2 500 Gulden und eine ihrem Status angemessene, größere Dienerschaft als bisher. Eberhard III. erklärte sich lediglich bereit, die bisherigen Diener der Schwestern zu bezahlen. Allerdings durften ohne Wissen des Hofes keine weiteren Mägde und Diener angestellt werden. Bedingung für die Großmut des Bruders war auch, daß keine der beiden, solange sie am Stuttgarter Hof lebten, weitergehende Forderungen an die Hofkammer richteten. Auch den Wunsch der Schwestern, über eigene Kutschen und Pferde verfügen zu können, lehnte der Herzog ab.

Besonderes Antonia litt unter dem ständigen Geldmangel. Sie, die so gerne schenkte, mußte Schulden machen, um silberne Kannen und Altargeräte, die für die neuerrichtete Calwer Kirche bestimmt waren, bezahlen zu können. Bei ihrem geringen, stets gleichbleibenden Deputat hatte sie niemals eine Chance, auch nur einen Teil der angehäuften Schulden zurückzahlen zu können. Es widersprach Antonias Selbstverständnis als Fürstin und auch als Tochter und Schwester eines regierenden Herzogs, daß sie nicht in dem Maße, wie sie es eigentlich gewollt hätte, zum Aufbau des Landes beitragen konnte. Ihre Liebe zu Württemberg faßte sie zusammen: *„Was durch die verliehene Gnade Gottes mir gegeben, das in mein geliebtes Vaterlandt, vnd Herzogthum Württemberg, jn Etliche Kirchen und Gottes Häusser, bey meinen leb Zeiten vbergeben, vnd gestifftet habe, mein geringes scherblin auch dem Herrn zue bringen, die mülde gütte Gottes, wohle ferner Alle Zeit mit seinem Reichen Seegen bey mir vnd ob mir Reichlich walten, vnd Regieren, das noch mehr zur Zihert vnd Ehren Gottes wolgefälig Kirchen und Gottes Häusser bekleiden vnd mir dardurch desto mehr Ergötzung vnd völige vergnügen schöpffe. Amen."*

Die immerwährende Finanznot, aus der es kein Entrinnen gab, ließ die Prinzessin noch zurückgezogener leben, als sie es bisher schon getan hatte. Dabei hatte sie es sich, bestärkt durch Johann Valentin Andreä, zur Aufgabe gemacht, die zerstörten und ausgeraubten Kirchen des Herzogtums mit neuen Kunstschätzen auszustatten, zum Ruhme Gottes. Seiner angeschlagenen Gesundheit wegen war Andreä im Frühjahr 1650 zum Abt von Bebenhausen ernannt worden. Das in der Hauptsache repräsentative Amt ließ ihm Zeit, an den Sitzungen der Landtagsausschüsse und der Synode teilzunehmen und immer wieder auch zu Gesprächen mit Antonia nach Stuttgart zu kommen. Durch ihn lernte die Prinzessin den 1620 als Sohn eines Collaborateurs am fürstlichen Pädagogium in der Landeshauptstadt geborenen Pfarrer Johann Jakob Strölin kennen. Der ehemalige Bebenhausener Klosterschüler hatte in Tübingen Theologie und Mathematik studiert, danach hatte er einige Jahre als Lehrer gearbeitet, seit kurzer Zeit war er Diakon in Cannstatt. Strölin gab Antonia Unterricht in Hebräisch und Aramäisch. Er kannte sich aus in den rabbinischen Schriften und er weihte die Prinzessin in die Geheimnisse der Kabbala ein.

Diese jüdische Lehre, die ihren Ursprung schon in vorchristlicher Zeit hatte, war besonders im Mittelalter sehr weit verbreitet und wirkte bis ins 18. Jahrhundert hinein. Im Gegensatz zu der Lehre der Rabbiner stützte sich die Lehre der Kabbala auf die Philosophie Platons. In der Renaissance hatten viele bedeutende christliche Theologen die Kabbala für sich entdeckt und einige ihrer Hauptlehren zu einer „christlichen Kabbala" umgedeutet. Für den ernsthaft glaubenden Menschen war es ein Rätsel, wie er, der doch einer endlichen, sichtbaren und unvollkommenen Welt entstammte, dazu gelangte, den unendlichen, erhabenen und vollkommenen Gott erkennen zu können. Das konnte nur mit der Hilfe Gottes gelingen: Gott nähert sich dem Gläubigen in verschiedenen Entäußerungen, in Abglänzen, den „Sephirot", und baut damit Brücken der Erkenntnis. Die Kabbala lehrte, daß sich Gott in zehn Abglänzen offenbart. Krone, Weisheit und Einsicht bilden die drei oberen Abglänze. Die sieben unteren Abglänze – Gnade, Stärke, Schmuck oder Erbarmen, Überwindung, Majestät oder Lob, Fundament und Königsherrschaft – entsprechen den sieben Schöpfungstagen. Versenkte sich der Gläubige in die Erscheinungsformen Gottes, so konnte er an dessen Geheimnis teilhaben und den Mächten des Bösen entrinnen. Die christlichen Kenner der Kabbala transponierten die Abglänze Gottes ins Christliche. Die drei oberen Abglänze wurden zur Dreieinigkeit. Die sieben unteren Abglänze deuteten sie in die Handlungsweisen Gottes in der Heilsgeschichte um. Die Kirche bildete das Fundament, die Königsherrschaft deutete auf Christus. So führte der Weg der Erkenntnis über Kirche und Christus, die das Neue Testament erschließen, und die fünf anderen Handlungsweisen Gottes im Alten Testament zur Dreieinigkeit und von dort bis zum Thron Gottes.

Bestimmend für den geistigen Weg der württembergischen Prinzessin wurde Johann Laurentius Schmidlin, seit kurzem erst Pfarrer in Sindelfingen. Am 1. März 1626 in Nußdorf als Sohn eines Pfarrers geboren, hatte er in Tübingen Theologie und Philosophie studiert und über die Vorherbestimmung disputiert. Sein Studium verdiente er sich durch private Stunden, die er vornehmen Studenten erteilte. Während Strölin für die Sprachstudien der Prinzessin in den alten Sprachen zuständig war, wurde Schmidlin zu ihrem geistlichen Berater in allen theologischen Fragen. Gewandt, verbindlich und menschenzugewandt übernahm er es, den Briefwechsel Antonias mit Theologen und Gelehrten zu führen und die immer tiefer gehenden geistigen Interessen Antonias theologisch zu untermauern.

Das „Steinächle" bei Affalterbach war einer jener vielen, in den Kriegswirren herrenlos gewordenen Gutshöfe, die dringend neu aufgebaut werden mußten. Die Häuser verfallen, die Mauern brüchig und der Brunnen versandet, bot der Hof ein trauriges Bild. Die Obstbäume waren umgehackt oder in den strengen Wintern zum Heizen verbraucht worden. Die Kroaten des Kaisers waren durch die Weingärten geritten und hatten die Stöcke niedergehauen. Diesen reichlich verwahrlosten Gutshof schenkte der regierende Herzog Eberhard III. seiner Schwester Antonia. Vielleicht hoffte er, die Beschäftigung mit der Landwirtschaft würde sie ein wenig von ihren geistigen Interessen ablenken. Vermutlich erwartete er auch, daß der Hof — richtig und sinnvoll bewirtschaftet — die knappe Kasse der Prinzessin so aufbesserte, daß sie in Zukunft mit ihrem Deputat auskäme.

Für Antonia kam das Geschenk des Bruders sehr überraschend: Ein Gutshof — und dann noch so abgelegen, daß sie ohne eigene Kutsche überhaupt nicht hingelangen konnte. Zerstreuung und Vergnügen sollte sie auf dem „Steinächle" finden. Damit sie nicht gar so allein wäre, bekam ihre Schwester Anna Johanna den benachbarten „Gollenhof" geschenkt. Eberhard III. hatte den Marbacher Vogt angewiesen, den beiden Prinzessinnen für den ersten Besichtigungsbesuch auf ihren Gütern eine Kutsche zur Verfügung zu stellen und auch für die nötigen Lebensmittel zu sorgen. Die Vögte der umliegenden Ämter belieferten den Gutshof Antonias mit Roggen, Dinkel und Hafer, Antonias Hofmeister stellte einen Knecht ein und versuchte, die ärgsten Kriegsschäden ausbessern zu lassen. Ein teures Unterfangen, aber Eberhard III. unterstützte seine Schwester nach Kräften.

Bald herrschte auf dem „Steinächle" wieder bäuerliches Leben. Zugochsen und Kühe, Schweine und Geflügel wurden angeschafft, der Brunnen wieder hergerichtet und die Mauern ergänzt. Antonia bemühte sich in den ersten Jahren sehr, den Hof wirtschaftlich gut zu führen. Aber die Erträge reichten eigentlich immer nur für den eigenen Bedarf. Mit den stetig steigenden Zuschüssen für den laufenden Betrieb erlahmte das Interesse der Prinzessin an ihrem schwer erreichbaren Eigentum bald. Dabei hatte sich Antonia besonders von dem ganz neu angelegten Weingarten und seinen Erträgen eine gute Rendite versprochen. Auch die Stuttgarter Freunde waren kaum zu bewegen, der Prinzessin in die Einsamkeit zu folgen, und Antonia, die an geistige Anregungen und Abwechslungen gewöhnt war, kam immer seltener auf den Hof.

Mit sehr viel Freude stattete sie das Gotteshaus im Kirchdorf Weiler zum Stein aus. Das schöne Notenpult, das sie der Kirche schenkte, zeigt vier biblische Sänger und Beter. Auf dem einen Bild ist Mose zu sehen, dessen Arme gestützt werden müssen, hinter ihm kämpfen die Israeliten mit den Amelikitern. Da war die Anbetung der vierundzwanzig Ältesten aus dem 4. Kapitel der Offenbarung des Johannes. König David sitzt betend im Zelt der Stiftshütte und König Salomo betet im Tempel zu Jerusalem. Obwohl Antonias Schulden von Jahr zu Jahr drückender wurden, konnte sie schönen und reizvollen Kunstwerken immer weniger widerstehen. Zu lange hatte es überhaupt nichts gegeben, hatte sie inmitten der kunstreichen Stadt Straßburg gelebt und kein Stück erwerben können. Jetzt kamen endlich wieder Künstler nach Württemberg. Sie mußten im Land gehalten und beschäftigt werden.

Für „Steinweiler" kaufte sie silbernes Altargerät und Vasen. Die Gemeinde dankte es ihr mit einem besonderen Kirchenstuhl, den sie selten genug in Anspruch nahm, ein Vorrecht, das ihr aber wohlgefiel. Als Antonia einen sehr schönen Sakristeischrank erwerben konnte, bestimmte sie ihn ebenfalls für Weiler zum Stein. Die beiden Türen waren mit jeweils zwei Bildern bemalt, die die vier Jahreszeiten darstellten. Im Frühling begegnen sich König Salomo und Sulamith. Der Sommer zeigt Boas und Ruth vor einem erntereifen Feld. Den schwäbischen Herbst veranschaulichen die israelitischen Kundschafter Josuah und Kaleb, die eine solche Riesentraube schleppen, wie sie die Prinzessin Antonia gerne auf ihrem „Steinächle" geerntet hätte. Auf dem Winterbild wirft König Jojakim die Buchrolle des Jeremia Seite für Seite ins Feuer. Das alles waren fürstliche Geschenke einer Mäzenin, die wahrlich nicht mit irdischen Gütern gesegnet war. Dazu kam Antonia großzügig für das Kirchenornat auf und bedachte den Pfarrer mit 500 Büscheln Reisig im Jahr.

Bald aber entschwand das „Steinächle" ihren Blicken fast ganz, immer seltener wurden ihre Besuche, denn durch die Zusammenarbeit mit ihren neuen Lehrern gewannen ihre geistigen Tätigkeiten zusehends an Tiefe und Bedeutung und erforderten immer mehr Zeit.

Ganz allmählich hatte sich das Leben in Stuttgart normalisiert und fing an, wieder Spaß zu machen. Gleich nach der Instandsetzung des Schlosses begann Eberhard III., die zerstörten und kaum noch erkennbaren Gartenanlagen wiederherzustellen. Er ließ die von seinem Vater, Herzog Johann Friedrich, mit enormen Kosten angelegte Lustgrotte mit neuen Stuckornamenten versehen und von dem jungen Hofmaler Johann Friedrich Gruber ausmalen. Das Orgelspielwerk wurde wieder instand gesetzt und die aufwendige Wasserkunst erneuert. Die Figuren waren genauso phantasievoll und märchenhaft wie einst. Es gab einen Wilden Mann und ein Meeresungeheuer, ganz aus Schnecken und Muscheln zusammengesetzt. Besonders bestaunt von den Gästen des Herzoghofes wurde immer wieder eine sitzende Frau, der das Wasser aus den Brüsten spritzte und die „zudem noch ein sehr unanständiges Benehmen zeigte".

Mit einem gewaltigen finanziellen Kraftakt wollte Eberhard III. durch viel Prunk und Pracht die Reputation seines gefährdeten Landes inmitten der Reichsfürsten heben. Die gewohnt sparsamen Abgeordneten des Landtages ärgerten sich über das Auftreten ihres Landesherrn beim Regensburger Reichstag. Die Diener trugen neue Livreen, und zur Beförderung des Fürsten wurde extra ein Staatswagen mit Damastvorhängen angeschafft, „wie er von den fürnehmsten Fürsten gebraucht wurde". Das kostspielige, in Augsburg bestellte Hofsilber erregte viel Aufsehen.

Aber auch das Volk, das so lange in Armut und Angst gelebt hatte, freute sich des zaghaft wachsenden Wohlstandes und genoß das Gefühl, sich wieder etwas leisten zu können, mit festlichen Banketten und üppigen Feiern. Zum Ärger derjenigen, die über Sitte und Anstand wachten und die das „fast gewohnte, barbarische, üppige Leben" hart anprangerten.

Zu den Kritikern gehörte auch Johann Valentin Andreä, der schwerkrank und verbittert beobachtete, wie die Menschen aus der vergangenen Drangsal nichts gelernt zu haben schienen. *„Mein Elend"*, schreibt er in einem Brief, *„besteht nicht nur in beständigen und langwierigen Qualen des Körpers, sondern in dem schwersten, aus dem Anblick der unwürdigsten Dinge erzeugten Kummer des Gemüths, so daß mir länger zu leben sehr bitter, zu sterben süß ist. Denn nachdem uns die Kirchengüter wieder erstattet sind, werden sie als ob sie im Kriege erobert wären, eine Beute; die Kirche eilt der Knechtschaft entgegen, das geistliche Amt ist zu unvernünftigen Tieren herabgeworfen, so daß man in Wahrheit und buchstäblich von uns sagen kann, das Brod ist den Kindern entrissen und wird den Hunden, die Perlen werden den Säuen vorgeworfen, die Hunde sitzen zu Tisch, die Kinder sammeln unter dem Tische die Brosamen."*

Verbittert und vom Schmerz über den Tod seiner engsten Freunde niedergebeugt, reichte Andreä seinen Abschied ein. Um ihn von Arbeit weitgehend freizustellen, ernannte der Herzog seinen amtsmüden Konsistorialrat zum Abt von Adelberg, mit Sitz in Stuttgart. Aber Andreä erholte sich nicht mehr. *„Der Geist, welcher die Mühen und Drangsalen eines vielfach und schwer geprüften Lebens mit bewunderungswürdigem Muthe, ja mit heiterer Ruhe getragen hatte, ward finster und verschlossen in sich, als endlich eine vieljährige Erfahrung ihm die volle Gewißheit gab, er strenge vergebens seine Kraft an, um die Ideale zu verwirklichen, die er als Jüngling in seiner Brust genährt und als Mann gepflegt und ausgebildet hatte"*, schrieb einer seiner frühen Biographen.

Am 27. Juni 1654 starb Johann Valentin Andreä in Stuttgart, nachdem neben seiner Frau und den engsten Verwandten auch Antonia und Anna Johanna sowie Herzog Eberhard III. von ihm Abschied genommen hatten.

Mit Andreä hatte Antonia ihren geistigen Vater und Mentor verloren. Seit sie denken konnte, hatte sie sich in allen Fragen, die ihr zu schaffen machten, an ihn wenden können und hatte immer eine Antwort bekommen, die sie befriedigte und die ihren Horizont erweiterte. Sein Tod hatte sie schmerzlicher berührt als der Tod ihrer Tante Anna, die vier Jahre zuvor nach längerer Krankheit in Ulm gestorben war. Unversöhnt mit ihrem Schicksal hatte sie es abgelehnt, Arzneien aus der Hofapotheke in Stuttgart kommen zu lassen, *„denn sie begehrrte in diser argen Weltt nit länger zu leben"*.

Bis in ihre Gemächer hörte Antonia die Schreie und das anhaltende Stöhnen ihrer Schwägerin Anna Catharina. Seit Wochen lag die Herzogin mit schweren Nierenkoliken und entsetzlichen Schmerzen darnieder. Die hinzugezogenen Ärzte machten dem Herzog keinerlei Hoffnungen mehr auf eine Genesung seiner Frau. Seit Jahren schon hatte sie unter furchtbaren Nierenkoliken gelitten. Aber so schlimm, wie es seit der Geburt des kleinen Carl Maximilian im September des vergangenen Jahres geworden war, hatten die Schmerzen die einst so lebensfrohe Fürstin noch nie geplagt. Der Tod ihrer beiden Kinder Dorothea Amalia und Carl Christoph innerhalb weniger Monate war ein Schlag gewesen, der die Gesundheit der Fürstin nachhaltig zerrüttet hatte, nie wieder wurde sie danach wieder die Alte. Der ganze Hof war wie versteinert, erst die Geburt einer kleinen Prinzessin im darauffolgenden Frühjahr hatte den Schmerz und die Erstarrung ein wenig lindern können. Eberhardine Catharina war das kleine Mädchen getauft worden, ein Name, mit dem die schwergeprüften Eltern ihr Zusammengehörigkeitsgefühl und ihre eheliche Liebe zueinander vor aller Welt dokumentiert hatten. Wenn Antonia an den schwierigen Beginn dieser Ehe zurückdachte, dann mußte sie dem Bruder recht geben: Mit Anna Catharina hatte er die Frau geheiratet, die ihn liebte und die auch er liebte, allen Schwierigkeiten und Schicksalsschlägen, die sich seitdem ereignet hatten, zum Trotz. Anderen war es nicht so gut gegangen.

Sie dachte an ihre Cousine Julia Felicitas. Wie hatte sie damals die schöne Cousine um die Reise zu den Verwandten ihrer Mutter in Norddeutschland beneidet. Wie glücklich war Julia Felicitas gewesen, der ewigen Sparerei und der Not der Exiljahre entfliehen zu können. Antonia erinnete sich lebhaft, wie überrascht nicht nur sie gewesen war, als die Nachricht von der Verlobung der Cousine mit Bischof Hans von Lübeck, Herzog von Schleswig-Holstein-Gottorf, in Stuttgart eingetroffen war. Wie damals vor unendlich langer Zeit, als Herzog Magnus die kleine Weiltingerin seiner bis dahin bevorzugten Antonella vorgezogen hatte, war Antonia einen winzigen Augenblick lang von Neid und Mißgunst geplagt worden. Jetzt hatte die Cousine einen Platz, an dem sie nach eigenem Gutdünken schalten und walten konnte, und einen Mann, der sie nicht so knapp mit Geld hielt wie der Bruder, der eine eigene große Familie zu versorgen hatte. Wie es aussah, bekam Julia Felicitas von Württemberg-Weiltingen einen Mann, der sich nichts aus ihrer ohnehin dürftigen Mitgift machte, der sie auf Händen trug und aufrichtig liebte. Die zierliche Württembergerin ließ sich die Aufmerksamkeiten ihres schwergewichtigen, von der Gicht in ihrer schwersten Form heimgesuchten, schwer leidenden, aber feingebildeten und vor allen Dingen wohlhabenden Bräutigams gerne gefallen. Hans von Lübeck kleidete seine dunkellockige Braut mit dem für norddeutsche Ohren so niedlichen schwäbischen Dialekt in die schönsten Roben. Er hatte lange darauf warten müssen, eine Braut sein eigen zu nennen, jetzt war ihm für sie nichts zu teuer. Auf der mit feinstem Damast bezogenen Tafel stand silbernes Eßgeschirr.

Alles, was sich die kapriziöse Braut wünschte, schaffte der Bischof umgehend an. Kaum zwei Monate nach der Verlobung fand im malerisch gelegenen Plöner Schloß die glanzvolle Hochzeit statt. Ausgerichtet wurde sie vom Onkel der Braut, Herzog Joachim Ernst von Plön und seiner Frau Dorothea von Schleswig-Holstein-Gottorf. Über die Eile, mit der der Bischof seine Eheschließung betrieben hatte, kursierten schon bald die unterschiedlichsten Gerüchte. Eberhard III. sah, nachdem er sich von der ersten Überraschung erholt hatte, sehr bald, daß er sich auf diese Weise um die zwar kleine, aber trotzdem nicht vorhandene Mitgift drücken konnte. Er gab gerne rückwirkend die Zustimmung zur Hochzeit seiner Cousine, die sein Mündel war, und gratulierte, indem er Gottes reichsten Segen und viele Kinder auf das Paar herabflehte.

Niemand hatte Julia Felicitas darauf vorbereitet, was sie nach der Hochzeitsfeier, alleingelassen mit ihrem Ehemann, erwartete. Sie ekelte sich vor diesem Mann, der so schwer gichtkrank war, *„daß er weder Hand noch Fuß rühren, keine Speisen und Getränke zum Munde bringen können, sondern durch die Pagen hat bedienet werden müssen …".* Immer wieder versi-

cherte der Bischof seiner Frau, daß „sie seiner hertzlichsten Zu-
neigung sicher sei ...". Davon konnte umgekehrt vom ersten
Tag der Ehe an keine Rede sein. Julia Felicitas beschimpfte
und verspottete ihren Mann, der gutmütige Bischof
schenkte ihr trotzdem die schönsten Pferde, ließ sie ausrei-
ten, wann sie wollte, und tat alles, um sie zu erfreuen. Daß er
dafür aber auch in ihr Schlafgemach wollte, vergalt ihm die
Angetraute mit heftigen Szenen vor dem gesamten Hofstaat.
Sie behauptete immer wieder, andere Männer mehr zu lieben
als ihn, sie wollte Ehebruch begehen und bedauerte, daß derjenige, mit dem sie es am liebsten hätte tun wollen, leider
schon gestorben sei. Kurz, die Zustände am Eutiner Hof
wurden immer untragbarer, je sanfter der Bischof sich be-
nahm. Er wartete sehnlichst auf eine Schwangerschaft und
hoffte, daß sich damit der Charakter seiner Frau bessern
würde. Als sie jedoch endlich schwanger war und ihren Zustand begriff, unternahm sie wilde Ritte, um das Kind zu
verlieren. Hans von Lübeck ließ sie bewachen und sperrte sie
die letzten Monate ganz in ihre Gemächer ein. War die
Schwangerschaft schon schwierig gewesen, so wurde diese
Geburt, wie auch alle folgenden, entsetzlich. Es dauerte Monate, bis sich die Herzogin von den Strapazen erholte, sie litt
an Depressionen und Anfällen von Schwermut. Wenn sie
ihren Mann sah, verspottete sie ihn. Machte er darauf eine
scharfe Erwiderung – schon flogen ihm Einrichtungsgegen-
stände und Tischgeräte um die Ohren, bevor seine Frau
türenknallend in ihre Gemächer enteilte, um die Türen ihres
Schlafzimmers vor ihm zu verschließen. Die Geburt seiner
Tochter Christiana Augusta Sabina nahm Hans von Lübeck
zum Anlaß, Eberhard III. an die Auszahlung der Heiratsgel-
der zu erinnern. Der württembergische Landesherr gratulierte ganz herzlich, bestätigte den Rechtsanspruch seines
angeheirateten Cousins auf die Mitgift und vertröstete im
übrigen auf später, da die Kassen des Landes leer seien. Zwei
weitere Kinder starben kurz nach der Geburt, die so sehnlichst erwartete Erstgeborene wurde im Alter von acht Jahren versehentlich von ihrer Hofmeisterin im Bade verbrüht
und starb jämmerlich an den Verbrennungen. Allein der
letztgeborene Sohn Johannes Augustus überlebte beide El-

tern. Er starb, geistig umnachtet und von Vormündern umsorgt, in Hamburg. Bei der Taufe dieses Kindes hatte sich die Herzogin im Schloß von Eutin so aufgeführt, daß ihrem Mann nichts übrig blieb, als die Scheidung einzureichen.

In Anwesenheit der hohen Taufgäste beschloß die Mutter des Säuglings auszureiten, obwohl es ihr der Ehemann aus Sorge um ihr Wohlergehen verboten hatte. Als der Bischof seine Frau, angelockt vom Lärm, im Marstall vom Pferd herunterholen wollte, schlug Julia Felicitas mit einem Säbel nach ihm. Bei dem anschließenden Handgemenge konnte er ihr die Waffe zwar entreißen, aber er öffnete dabei die Schließe ihres Gewandes; daraufhin entledigte sich die Herzogin auch noch der übrigen Kleidungsstücke und wälzte sich nackt auf dem Stallboden. Endlich konnte der Bischof seine Frau beruhigen und die Tobende in sein Arbeitszimmer bringen. Wieder und wieder hatte sie sich losgemacht und gedroht, ihren Mann ermorden zu lassen. Sie riß die Wandvertäfelungen in seinem Zimmer heraus und zerstörte den Fußboden. Das Leben im Schloß war zu einem einzigen Kampf ums Überleben geworden, von denen, die dabei zusehen mußten, mit Angst und Abscheu verfolgt.

Der Scheidungsprozeß hatte sich über fünf Jahre hingezogen. Gutachten und Gegengutachten von kirchlichen und bischöflichen Instanzen wechselten sich mit denen der juristischen und medizinischen Fakultäten mehrerer Universitäten ab. Beide Familien kämpften erbittert um die Absicherung des ihrer Familie zugehörigen Partners. Anna Sabina, die Mutter der Herzogin, bestand auf einer Behandlung der Tochter in Bernburg an der Saale, während ihr Schwiegersohn Lübeck vorgezogen hätte. Nach Lübeck aber wollte Julia Felicitas auf gar keinen Fall, sie befürchtete vielleicht zu Recht, ihr Ehemann wolle sie dort für immer einsperren lassen.

Als endlich die Scheidung ausgesprochen worden war, blieben Hans von Lübeck gerade noch zwei Jahre, mit seiner ihm morganatisch angetrauten Frau, der Magd Christiane Clüvers, glücklich und in Frieden zu leben. Dann starb er, und mit ihm wurde sein Traum begraben, das Bistum Lübeck als erbliches Lehen für seine Nachkommen zu erhalten. Sein einziges erbberechtigtes Kind verdämmerte sein Leben in Hamburg.

Julia Felicitas blieb im Bistum Lübeck. Auf dem Gut Mönchneversdorf lebte sie ruhig und sehr zurückgezogen. Manchmal, wenn es ihr gut ging, besuchte sie die Kirche im benachbarten Schönwalde am Bungsberg, scheu betrachtet von den Dorfbewohnern. Der Pfarrer hielt seine Predigt von der aus Eichenholz geschnitzten Kanzel herab, die der Bischof Hans von Lübeck und seine Gemahlin Julia Felicitas von Württemberg-Weiltingen einst als Kirchenpatrone dem Gotteshaus geschenkt hatten. Sie ruht auf einer viereckigen, wie ein dickes Schiffstau gewundenen Säule. Die vier Seitenteile unter den pilastergetragenen Bögen zieren die Wappen der Häuser Gottorf und Württemberg. Sie rahmen links und rechts Bilder der biblischen Motive der mütterlichen Liebe und der Treue ein.

Kaum jemals mehr wurde der Name Julia Felicitas am Hof in Stuttgart erwähnt. Es hatte den Anschein, als wäre sie schon tot, begraben in einem Ort namens Mönchneversdorf am anderen Ende der Welt.

Aus dem Schicksal der Cousine konnte Antonia Lehren ziehen, aber das Leben ihrer Schwester Sibylla ging ihr zu Herzen. Die feinsinnige, musikalische Schwester hatte lange gebraucht, um am Hof in Mömpelgard heimisch zu werden. Sie litt unter ihrem derben, launischen und vor allem der Trunksucht ergebenen Gemahl Leopold Friedrich. Seine Wutausbrüche und cholerischen Anfälle wechselten mit Krankheitsphasen, in denen er sich fast gänzlich passiv verhielt. Er bemühte sich um einen planvollen Wiederaufbau des Landes und unternahm erfolgreiche Versuche, Einwohner, die während des Krieges geflohen waren, wieder zurückzuholen und im Lande seßhaft zu machen. Im nächsten Augenblick vernichtete er alle diese Bemühungen durch seine Verschwendungssucht und seine maßlose Prachtentfaltung. Labil und unentschlossen war er Wachs in den Händen seiner langjährigen Geliebten Sabine Barthol. Alle ihre feingebildete Klugheit und ihr reiches Wissen halfen Sibylla nicht über die Untreue ihres Mannes und ihre Kinderlosigkeit hinweg. Da war es für sie im Augenblick nur ein schwacher Trost, daß sie ganz langsam und sehr vorsichtig den Kontakt mit Johann Jakob Froberger wieder aufgenommen hatte, der nun ein gefeierter, in ganz Europa bekannter Komponist geworden war.

Allmählich war Antonia zu der Überzeugung gekommen, daß die Ehelosigkeit, die sie im Gegensatz zu ihrer Schwester Anna Johanna immer als Makel empfunden hatte, auch ein Schutz vor den schlimmen Verletzungen des Lebens durch eine Heirat gewesen war. Wenn sie überlegte, dann hatte sie am schwersten an ihren Schulden zu tragen. Die allerdings würden ihr auch in Zukunft weder von ihrem Bruder noch von der Landschaft, die sie schon einmal darum gebeten hatte, abgenommen werden.

Wieder und wieder hörte Antonia die Schwägerin schreien und klagen. Leise kniete sie zum Gebet nieder, als der Hofmeister der Herzogin in ihr Zimmer trat. Sie sah ihn an und wußte, daß nun die Stunde des Abschieds gekommen war. Schweigend folgte ihm Antonia in das Gemach Anna Catharinas, in dem schon die ganze Familie versammelt war. Eberhard III. hielt seinen jüngsten Sohn im Arm, den neun Monate alten Prinzen Carl Maximilian, das vierzehnte Kind der Ehe. Die anderen acht lebenden Kinder knieten am Bett der Mutter: *„... Jhro Fürstliche Gnad verspührt, daß keine Besserung in disem Leben mehr zu hoffen, und mit deroselben nach Gottes willen es bald zu end lauffen möchte, Sie ihre neun Fürstliche Kinder allesampt zu sich erfordert, denenselben den letzten Mütterlichen Kuß gegeben, und den letzten Kindlichen von denen empfangen, auch die, wie J.F.Gn. vorher in dero Kranckheit zu verscheidenen mahlen gethan, zum Valete hertzlich und mit grosser Gemüths-Bewegung gesegnet, und angewünschet, daß Gott, die heilige Dreyfaltigkeit, in allen Gnaden ob ihnen halten an Seel und Leib Sie benedeyen, und an Weißheit, Alter und Gnade bey ihme und den Menschen zunemmen lassen wölle. Sonderlich aber dero Eltisten Herrn Sohn, Printz Johann-Friderichen, gantz hertzbrechend zugesprochen, und den ermahnet, sein Lebenlang Gott vor Augen zu haben, in dessen Gebotten gehorsamlich und geflissen zu wandeln, seinen Herrn Vattern jederzeit kindlich zu ehren, und ihme schuldiger massen zu gehorsamen, seine Fürstl. Ge-*

schwistrige brüderlich zu lieben, und mit allen Trewen zu meinen,
guter Information zu folgen, und in allem sich fromm, tugendhafft
und löblich zu erzeigen."

Der Jammer, den der Tod der Mutter in der Familie hervorrief, war unbeschreiblich. Aber auch von der Bevölkerung
wurde die Herzogin, die mit dem Ende der schrecklichen
Zeit ins Land gekommen war, ehrlich und aufrichtig betrauert. „Es ist an der Zeit, die Mutter heimzuholen", hatte Herzog Eberhard gesagt, während die Trauerfeierlichkeiten für
Herzogin Anna Catharina vorbereitet wurden. Und so geschah es. Der Sarg mit den sterblichen Überresten Herzogin
Barbara Sophias wurde von der Straßburger St. Thomaskirche
nach Stuttgart überführt und dort am 21. August 1655 in
der Gruft unter der Stiftskirche neben Herzog Johann Friedrich feierlich zur letzten Ruhe gebettet. Zwei Tage später
folgte der Sarg mit ihrer einst ungeliebten, aber schon lange
im Herzen der Bevölkerung aufgenommenen Schwiegertoch-
ter Anna Catharina. Der Rahmen der Beisetzungsfeierlichkei-
ten war vom Landhofmeister bis in die letzten Einzelheiten
generalstabsmäßig geplant worden. Um die Bürger an diesen
Tagen vor herumvagabundierenden Strauchdieben zu schützen, mußten die Stadttore geschlossen bleiben. Schwarzge-
kleidete Bürger hatten darauf zu achten, daß sich vor der Kirche bei der Ankunft der Särge kein Gedränge bildete und daß
die Straßen, durch die der Trauerzug seinen Weg nahm, sauber und gefegt waren.

Anläßlich der Überführung der Herzogin in die Heimat
stifteten die beiden Töchter Anna Johanna und Antonia
dem Andenken der Mutter in der Kirche ihres Witwensitzes Brackenheim zwei monumentale Epitaphien. Jede von
ihnen zeigte sechs Szenen aus dem Leben Christi. Die
pompösen Rahmen waren von örtlichen Schreinermeistern
geschnitzt und strahlten Wuchtigkeit und handwerkliches
Formgefühl aus. Antonia seufzte, wenn sie an ihre Schulden
dachte, die durch diese Bildwerke noch einmal ganz erheb-
lich vermehrt wurden. Aber es war im Sinne der Mutter,
dieser einst von ihr reich beschenkten Kirche, die während
des Krieges all ihres Schmuckes beraubt worden war, nun
wenigstens ein Andenken an die Frau zurückzugeben, die

den Ort während des Krieges mehr als einmal vor brutalster Plünderung bewahrt hatte.

10

Ausklang. Im Garten des Geistes

Als Johann Laurentius Schmidlin im Herbst 1649 als Diakon nach Sindelfingen beordert worden war, hatte der bis dahin einzige Pfarrer am Ort, Johann Jakob Cleß, vor Freude über die Entlastung dem Böblinger Dekan drei Reichstaler übersandt, *„umb willen er wegen widererlangung eines diaconi bemühet gewesen"*. Schmidlin, der später auch Pfarrer in Sindelfingen war, galt als tüchtig und geschickt. In vier Jahren gelang es ihm, zehn Personen – neun Katholiken und einen Calvinisten – von der „falschen Religion" zum Protestantismus übertreten zu lassen. Die neuen Gemeindemitglieder nahmen am Abendmahl teil, *„nach dem sie die päpstlichen Grewel verworfen und sich zu der wahren seligmachenden evangelischen Religion bekehrt hatten"*. Schmidlin, der aus einer nicht gerade mit irdischen Gütern gesegneten Pfarrfamilie stammte, lebte auch in Sindelfingen in dürftigen Verhältnissen. Die Stadt konnte weder ihm noch dem Pfarrer einen vollen Lohn zahlen. Er bekam zu den 14 Gulden, die ihm im Jahr ausgezahlt wurden, an Naturalien jährlich 10 Scheffel Dinkel, 100 Haupt Kraut, drei Klafter Holz, ferner Heu und Stroh. Dazu erhielt er ein Stück Wiese und das Recht, die Allmendweide zu benützen. Seine Wohnung war so schlecht, daß er sich kaum traute, seine Schülerin Prinzessin Antonia darin zu empfangen, wenn sie nach Sindelfingen kam, um ihn in der Martinskirche predigen zu hören.

Wäre es nicht so beschwerlich für Antonia gewesen, von Stuttgart nach Sindelfingen zu gelangen, wäre sie noch viel öfter gekommen. Sie hatte die Martinskirche mit ihren ungewöhnlichen Pfeilern liebgewonnen. Abseits von der übrigen Gemeinde lauschte sie der Predigt und fühlte sich in ihre Jugendjahre zurückversetzt, als sie in Böblingen immer wieder hatte hören müssen, daß die Sindelfinger nicht bereit wären, ihren Teil der Fron an der Schloßmauer zu übernehmen. Wie hatte sich der Vater über die Weigerung der Herren von Sindelfingen aufgeregt und wie scharf war er geworden, den Unwilligen Beine zu machen. Die Sindelfinger ihrerseits ließen auch nach den schweren Kriegsjahren an den Nachbarn in ihrer früheren Amtsstadt kein gutes Haar. Bei der Verteilung der vom Herzog festgesetzten Kosten bei Einquartierungen und allgemeinen Umlagen kam Böblingen nach Meinung der Sindelfinger stets besser weg, obwohl die Jahre der Not sogar zu einer vorübergehenden Wiedervereinigung der beiden Städte geführt hatte: eine Zeitlang amtete Johann Hagenlocher als gemeinsamer Vogt für beide Städte. Damit aber konnten sich die Sindelfinger überhaupt nicht abfinden. Bürgermeister, Gericht und Rat lagen dem Herzog mit der Eingabe in den Ohren, daß sie sich einen eigenen Vogt wünschten. Sie waren die Gemeinsamkeit mit der ungeliebten Schwesterstadt so leid, daß sie behaupteten, die herzoglichen Einkünfte hätten unter der häufigen Abwesenheit des Vogtes sehr zu leiden. Das mißfiel wiederum Eberhard III. Er handelte schnell und wunschgemäß: Johann Hagenlocher wurde alleiniger Vogt von Sindelfingen.

So schön die Martinskirche war, sie hatte in den Kriegsjahren schwere bauliche Schäden davongetragen. Noch vor dem Friedensschluß hatten die Sindelfinger begonnen, die undichten Dächer und den Kirchturm auszubessern. Jetzt gingen sie daran, auch das Innere wiederherzustellen und in Ordnung zu bringen. Kurz nach Schmidlins Amtsantritt wurde die Orgel von den Orgelmachern Michel Rudolf, Vater und Sohn, und dem Stuttgarter Hoforgelmacher Hans Georg Ehemann einer Generalüberholung unterzogen und das Orgelwerk wiederhergestellt. Um die Kirche auszuschmücken, wurde bei dem Hofmaler Georg Niclaus List ein Porträt des Landesherrn bestellt. Eine sehr schöne Arbeit, für die List 81 Gulden erhielt. Die Orgelmacher bezahlte die Stadt aus den ihr zustehenden Kontributionsgeldern. Die Lage der Maler und Bildhauer war in den vergangenen Jahrzehnten mehr als verzweifelt gewesen. Erst ganz allmählich besserte sich die Situation, und die

Auftraggeber, die bisher mehr Wert auf handwerkliches Können gelegt hatten, suchten zunehmend auch künstlerischen Schmuck. Bei der Auswahl der Künstler, die für die Martinskirche tätig wurden, spürte man das Zusammenwirken Schmidlins mit seiner herzoglichen Schülerin. Nicht von ungefähr wurde der von Antonia hochgeschätzte Hofmaler Johann Friedrich Gruber mit dem Bemalen der Orgel betraut.

Wenig mehr als ein Jahr nach dem Tode Herzogin Anna Catharinas wandelte Eberhard III. erneut auf Freiersfüßen. Seine Auserwählte war die sehr hübsche Maria Dorothea Sophia von Oettingen-Oettingen. Mit ihren siebzehn Jahren war die neue Herzogin zwei Jahre jünger als der in Tübingen studierende Erbprinz Johann Friedrich. Auch diesmal folgte der Herzog seinem Gefühl: *„Jhr aufgeraumtes Wesen, ihre Tugenden und angenehme Gesichtsbildung gefiel dem Herzog so wohl ..."* und sah wiederum darüber hinweg, daß seine nur aus gräflichem Hause stammende Gemahlin kaum als ebenbürtig gelten konnte. Wie immer brachte der Einzug einer neuen Herzogin im Stuttgarter Schloß Veränderungen mit sich. Von der jugendlichen Unbekümmertheit seiner Frau mitgerissen, merkte Eberhard III. nicht einmal, wie allmählich alles verschwand, was an ihre Vorgängerin Anna Catharina erinnerte. Immer noch trauerte Antonia um die Schwägerin, sie sah sofort jede Veränderung. Wie oft hatte sie dies alles schon ertragen! Die Frauen trugen das Leben weiter, starben, dann waren sie vergessen. Der Platz neben dem Gemahl in der Gruft war das einzige, was ihnen nach einem Leben voller Schwangerschaften blieb.

Antonias ältester Neffe, der Erbprinz Johann Friedrich, hatte seine Studien an der Landesuniversität beendet und begann seine große Kavalierstour, die ihn bis nach London führen sollte. Er ähnelte seinem Großvater, dessen Namen er trug, bis in die kleinsten Bewegungen. Antonia erinnerte sich noch gut an den Tag, an dem er in Straßburg das Licht der Welt erblickt hatte. Viel zu früh für alle, die rechnen konnten. Gott sei Dank war ihre Mutter damals schon tot gewesen, sonst hätte es eine üble Szene gegeben. Daran dachte keiner mehr, alle freuten sich über den hübschen jungen

Der Brautzug
Vorderansicht der „Lehrtafel der Prinzessin Antonia"

289

Mann, der voller Tatendrang in die Welt hinaus ziehen wollte. Wer erinnerte sich, außer Antonia, noch an die Mutter oder die Großmutter? Und doch waren sie es, die dem Haus Württemberg die Söhne geschenkt hatten. Söhne, die allein die Erbfolge sicherten. Vergessen war der Hochzeitszug der Mutter, oder vielleicht doch nicht? „Alles Vergängliche ist nur ein Gleichnis", so stand es in der Bibel. „Alles, was auf Erden ist, findet sich auch oben. Es gibt kein Ding unten, dessen Wurzel nicht oben ist", so lehrte es die Kabbala. Wie oft hatte sie sich einen noch längeren und prachtvolleren Hochzeitszug gewünscht, als ihn die Mutter gehabt hatte! Über den Bräutigam hatte sie damals nie nachgedacht. Heute kreisten ihre Gedanken oft um ihn. Bei ihren Studien der alten Schriften, oder auch wenn sie an ihre Cousine Julia Felicitas dachte, oder an Sibylla, die Schwester, die ihr so sehr fehlte. Oft, wenn sie der strahlend heiteren, jungen Schwägerin begegnete, kam ihr Hans Baldung Griens Gemälde „Die sieben Lebensalter des Weibes" in den Sinn. Wenn sie daran dachte, hätte sie Maria Dorothea Sophia am liebsten in den Arm genommen, um sie zu schützen vor dem, was in der Zukunft verborgen lag.

Auch von ihr, Antonia von Württemberg, sollte es ein Bild geben! Kein Portrait, sondern ihren Gedanken folgend müßte ein Maler das, was sie fühlte und dachte, mit der ewigen Wahrheit der Bibel und der tiefen Weisheit der Kabbala so in Einklang bringen, daß das Bild jedem Betrachter etwas zu sagen vermochte!

Sie hatte sich umgesehen unter den Stuttgarter Künstlern. Von der Bildung, der Aussagekraft seiner Werke und der Tiefe des Gemütes her gefiel ihr der Hofmaler Johann Friedrich Gruber am besten. Ihm traute sie die Ausführung ihres Lebenstraumes zu. Gruber lebte und arbeitete erst seit kurzer Zeit in der Landeshauptstadt, hatte aber bereits an der Neugestaltung der Lustgrotte und der Ausmalung der Wasserkunst mitgearbeitet. Der noch nicht ganz Vierzigjährige hatte einige Jahre in den Niederlanden gelebt, der Einfluß der holländischen Malerei auf sein Werk war unverkennbar. Gruber war vielseitig und bereit, sich außergewöhnlichen Aufgaben zu stellen. Stolz pries er seine Fähigkeiten: „... *wass*

angeht die Arbeidt von allerhandt Kunststückhen, dergleichen bey
kein Mahler in Teutschland zufinden, groß und klein Figuren,
Lantschafften, Perspektiven, In dieren, vogeln, fischen, Contrafe-
tisch nach dem Leben, in Kräudter undt bluemen ... früchten und
gewachsen ... Fassarbeit auff Stein, Holz Kupffer, Zin, stahl,
Eissen und bley zu vergulden, versilbern, verkupfern, versteinöhlen,
strohwerckh mit perlinmutter."

Diese Vielseitigkeit und Flexibilität des Künstlers war
auch Antonia aufgefallen. Dazu besaß Gruber eine unendliche Geduld, eine Eigenschaft, die für die künstlerische Zusammenarbeit mit der Prinzessin unerläßlich war. Denn
wenn es um die Malerei ging, war Antonia von unerbittlicher
Strenge und *„es mußte ein sehr guter mahler seyn, welchem sie kei-*
nen Fehler zeigen konnte".

Zusammen mit Johann Friedrich Gruber entwarf Antonia
das Äußere des von ihr und ihren Lehrern skizzierten Altar-
schreines. Zu ihrem fünfzigsten Geburtstag sollte das Werk
fertig sein. Ihr Vater war nicht einmal so alt geworden, ihre
Mutter hatte diesen Meilenstein um weniges überschritten.
Für die Prinzessin hatte dieser Geburtstag eine geradezu ma-
gische Bedeutung. Der Bilderschrein, der ihr vorschwebte
und für den sie zusammen mit ihren Lehrern Strölin und
Schmidlin bereits ein gewaltiges Gedankengebäude skizziert
und festgelegt hatte, sprengte schon von den angestrebten
räumlichen Dimensionen her alles, was Antonia als Mäzenin
bisher geschaffen hatte.

Die finanzielle Seite dieses ungeheuren Werkes überschritt
ihre Mittel beträchtlich. Aber hätte die Landschaft nicht ein
Vielfaches für die Hochzeit einer Prinzessin aus regierendem
Hause bezahlen müssen? Sie war eine Fürstentochter, deren
nicht ganz freiwilliger Verzicht auf eine Ehe dem Land in der
damals sehr bedrängten Lage eine große Sorge abgenommen
hatte. Trotzdem hatte die Landschaft ihre Bitten und Eingaben um Übernahme wenigstens eines Teiles ihrer Verbindlichkeiten immer wieder abschlägig beschieden. Dabei war
der Anlaß für ihre Schulden immer ihre Sorge um andere gewesen. Aber eigentlich war das jetzt auch gar nicht mehr
wichtig. Vor allem zählte das Werk, ihr ganz eigenes Vermächtnis.

Zuerst entstanden die beiden Flügel des äußeren Bildes, ein „Loblied auf den Gesalbten des Herrn und seine Braut". Liebevoll neigt sich der himmliche Bräutigam zu seiner vor ihm knienden Braut, um ihr die Krone des Lebens auf das wellige blonde Haar zu drücken: „Man führt sie in gestickten Kleidern zum König, und ihre Gespielen, die Jungfrauen, die ihr nachgehen, führt man zu dir. Man führt sie mit Freuden und Wonne, und sie gehen in des Königs Palast." So steht es im 45. Psalm. Sulamith, die Braut aus dem Hohenlied, ist angetan mit einem Kleid aus schimmernder Seide, der hermelingefütterte Purpurmantel wird vor der Brust mit einer Agraffe zusammengehalten, die deutlich sichtbar das Monogramm der Prinzessin trägt. Antonia, die Fürstentochter, führt dem himmlischen Bräutigam, zu dessen Füßen die Dornenkrone liegt, einen langen Zug von Frauen und Mädchen zu. Hinter der Prinzessin, wie sie in einen Purpurmantel gehüllt, knien ihre beiden Schwestern. Stattlich und ihrer selbst gewiß ist diese Prinzessin, deren frappierende Ähnlichkeit mit dem regierenden Herzog auf dem Bild ganz deutlich wird, viel stämmiger als ihre Schwestern: Anna Johanna als Sinnbild der Hoffnung und Sibylla als Verkörperung des Glaubens.

Nach dem ersten Entwurf des Brautzuges durch Johann Jakob Strölin sollten siebzig Frauen des Alten und Neuen Testamentes in zehn Gruppen der „Sulamith hailige Frauenzimmer" bilden: Prophetinnen, Königinnen, starke und schwache Frauen, bekannte und weniger bekannte sollten zusammen mit den Erzmüttern von der Erde durch die Wolken hinauf zum himmlischen Bräutigam ziehen. Als aber Johann Friedrich Gruber mit diesem starren Entwurf der zehn Gruppen konfrontiert wurde, weigerte er sich, das zu malen, denn so etwas könne niemals ein lebendiges Kunstwerk ergeben. Er ließ sich nicht von seiner Vision eines wirklichen Zuges abbringen. Als seine Eingaben nichts zu nützen schienen, drohte er damit, den Auftrag abzulehnen. Sollte doch derjenige, der sich so etwas ausgedacht hatte, das Bild auch malen, er als Künstler sähe sich dazu außerstande. Es war Antonia, die schließlich einen für alle gangbaren Weg fand: In einem zwanglosen Zug gehen lockere Gruppen und Grüppchen in fünf Reihen dem himmlischen Bräutigam entgegen. Über dem Geschehen, in weiße Wolken gehüllt, musizieren zehn dralle Putten fröhlich, auf einem von zwei Engeln gehaltenen Spruchband stehen Noten und Verse über das Geschehen:

Christus spricht:

„Auf Seele, vermähle dich ewig mit mir,
Nimm, Schöne, die Krone, die himmlische Zier.
Tod, Teufel und Höllenmacht hab' ich bezwungen,
Unendliche Freuden durch Leiden errungen."

Die „Braut" antwortet:

„Nur, wertester Jesu, du warst meine Lust,
Auch außer dir war mir kein' Freude bewußt.
Ich liebte dich herzlich im Glauben ohn' Sehen.
Für Hoffen steht offen in Himmel zu gehen."

Die Engel empfangen die Ankommenden:

„Willkommen, ihr Frommen, kommt alle zugleich
Zu leben und schweben im himmlischen Reich.
Helft preisen den dreimal hochheiligen Namen,
Das A und O; singt Halleluja mit Amen!"

Das A und O, der Name Jehovas, wurde mit großen farbigen Buchstaben auf blauem Grund im üppig ausgeschmückten Aufsatz über dem Bild angebracht. Darunter prangt auf Hebräisch über die ganze Front des Schreins das Wort aus Psalm 37, Vers 4: „Habe deine Lust an dem Herrn, der wird dir geben, was dein Herz wünschet." Auch unterhalb der beiden Flügeltüren wurden wiederum hebräische Buchstaben angebracht. Übersetzt ergeben sie Namen und Rang der Initiatorin des Bildes: „Antonia Prinzessin zu Württemberg und Teck".

Die hebräische Schrift kennt keine eigenen Ziffern. Jeder der 22 Konsonanten des Alphabetes bedeutet eine bestimmte Zahl, die sich aus seiner Stellung im Alphabet ergibt. Die Buchstabenwerte des Psalmverses ergeben die Zahl 2005, dieselbe Summe errechnet sich aber auch aus dem Namen und dem Titel der württembergischen Prinzessin. Antonia selbst hat diese Rechnung aufgestellt: Antonia ergibt 520, Prinzessin 505, zu Württemberg 472 und Teck 508 – macht summa summarum 2005. Die Übereinstimmung der beiden

Summen war für die Prinzessin und den Sinn ihres Lebens von höchster Bedeutung. Denn damit war sie im Einklang mit dem Psalmvers, und das gab ihr als tief gläubiger Protestantin die Gewißheit, daß der Herr ihr geben würde, wessen ihr Herz begehrte. Mit dieser Tafel hatte sie sich dieses vom Herrn kommende Geschenk selber gemacht.

Auf den Innenseiten der Flügeltüren sieht man auf der rechten Seite die Auffindung des Moses durch die Tochter des Pharao und ihre Dienerinnen. Noch liegt das Kind unter Schilf versteckt in seinem Körbchen, ängstlich von weitem beobachtet von seiner Schwester Mirjam. Unterhalb des Bildes steht der Name des Lehrers und Mentors Johann Jakob Strölin.

Im Gegensatz zur blendenden Helle auf dem Moses-Bild herrscht tiefe Nacht bei der Flucht der heiligen Familie nach Ägypten auf der linken Flügelseite. Joseph, die Laterne in der einen Hand, die Zimmermannssäge geschultert, führt Maria und den Jesusknaben, die auf einem Esel reiten, durch die finstere Nacht fort aus Israel. Auf Hebräisch ist am Fuße des Bildes ein Wort aus Psalm 31, Vers 20 vermerkt: „Wie groß ist deine Güte; die du verborgen hast für die, die dich fürchten, und erzeigest denen, die vor den Leuten auf dich trauen."

Stellte der Brautzug für Antonia die Erfüllung eines geheimen Traumes ihres Lebens dar, so war das zentrale Bild des Schreins der von dem Tempel im Hintergrund gekrönte Garten: Eine von den Kräften Gottes bestimmte Welt, in deren Mittelpunkt Christus steht. An der Eingangspforte des Gartens verharrt die Prinzessin mit dem Rücken zum Betrachter, in der rechten Hand hält sie das flammende Herz. Sie blickt auf Christus, den himmlischen Bräutigam, der umgeben von den zwölf Söhnen Jakobs den zentralen Platz im Garten einnimmt. Dort, wo im geliebten Garten der Großmutter der lebensspendende Brunnen seinen Platz hatte. Dieser Christus ähnelte dem Christus der Gregorsmesse, so wie es sich Antonia vor langer Zeit in Straßburg gewünscht hatte. So wie der Garten mit all seinen Einzelheiten das Neue Testament verkörperte, so versinnbildlichte der sich dahinter erhebende Tempel das Alte Testament. Darüber schwebt die Krone Jehovas. Auf den Wolken im Himmel loben Engelsgruppen den Herren, kämpfen apokalyptische Krieger miteinander.

Porträt der Prinzessin Antonia

In vielen Stunden der Einsamkeit hatte Antonia Gelegenheit, immer neue, in der Zahlen- und Symbolwelt der Kabbala verborgene Gedanken in ihre Lehrtafel einzubringen. Strölin in Münster wurde nicht müde, immer andere fromme Gedanken kunstvoll zu verschlüsseln, und dem Maler Gruber schließlich war seine Aufgabe so ans Herz gewachsen, daß er all die Blumen und Pflanzen, die Antonia so sehr liebte und die ihr von frühester Jugend an vertraut waren, auf den Beeten ihres Gartens wachsen und blühen ließ. Etwas ganz Besonderes war die große Agave, eine „Aloe americana", die gerade in dem Jahr, als Antonia mit der Arbeit an der Lehrtafel begonnen hatte, im Stuttgarter Lustgarten wie ein Weltwunder bestaunt wurde. Nicht weniger als 12 000 Blüten saßen auf dem dicken Schaft, der aus der Mitte der fast vierzigjährigen Pflanze herausgewachsen war. Auf dieses unglaubliche Blütenwunder wollte Antonia auch in ihrem Paradiesgarten nicht verzichten. Johann Laurentius Schmidlin widmete der Agave, die vier Jahrzehnte gebraucht hatte, um dieses Wunder hervorzubringen und damit zum Absterben bestimmt war, ein langes Gedicht. Schmidlin verglich das Werk der Göttin Flora mit dem der Prinzessin Antonia: Der Paradiesgarten der Fürstin würde in alle Ewigkeit bestehen, das der Göttin Flora hinsinken und verwelken, so wie alles Leben zum Sterben verurteilt war. Durch die Aufnahme in die Lehrtafel der Prinzessin aber würde auch die Agave in alle Ewigkeit blühen und leben!

Die Propheten und die Evangelisten bevölkern die Aufgänge zum Tempel, dessen Tore einladend weit offenstehen. Inmitten der Fülle der Einzelbilder und Motive hatten die Schöpfer der Tafel eines nicht aus den Augen verloren: Die Erkenntnis, daß Gott das Herz aller Dinge sei, stand stets im Mittelpunkt. Als er sich und seine Kunst beschrieb, hatte Johann Friedrich Gruber nicht übertrieben. Nicht nur Menschen, sondern auch Tiere und Pflanzen malte er lebensecht und mit nie erlahmendem Eifer. Jeder in ein bildnerisches Detail umgesetzte Gedanke war ein Kunstwerk für sich. Johann Jakob Strölin durfte die Vollendung des von ihm ersonnenen und konzipierten kabbalistisch-christlichen Kunstwerkes nicht mehr erleben. Ende Januar 1663, zwei Monate vor dem 50. Geburtstag der Prinzessin am 24. März, starb er in Münster bei Stuttgart an einer sehr „beschwerlichen Krankheit". Sein Freund Johann Laurentius Schmidlin hielt ihm die Grabrede.

Für das gemeinsame Werk schrieb Schmidlin eine Widmung, aus der die beiden folgenden Strophen stammen:

„Laß ab, der alten Wunderwerke mächt'gen Bau zu preisen!
Nicht mehr erglänzen siehst du ihre üpp'ge Pracht.
Sie sind dahin und ihre Herrlichkeit liegt nun in Trümmern. —
Doch in verborg'nem Glanz und immer sichtbar noch
Ragt hier das Abbild eines „Turmes" empor.
Viel höher noch als jene Bauten einer alten Welt,
Von Menschen einst emporgeführt zu ihrem eig'nen Ruhm.
Dies Ehrenmal von einer Jungfrau zarter Hand
Wird in den fernsten Jahrhunderten noch dauern.
Es überragt die höchsten Bauten der Vergangenheit
Und reicht empor bis zu den Wohnungen des Himmels. —
Du herrlich' Werk von einer Fürstin Hand
Verlachst den Ruhm der Wunderwerk' der Heiden,
Indem du gar das Wunder aller Wunder
Versuchst dem Menschenauge sichtbar darzustellen.

Bewundere, Beschauer, wie in einer „Nuß"
Dies Kunstwerk darstellt der Symbole Fülle
Von unseres Gottes Walten in der Welt!
Wie hier das Alte sich vermählt dem Neuen,
Im Untersten ist dargestallt das Höchste!
Bewundere die Harmonie von Gottes Schöpfung
Und sieh, wie Gottes Kraft, im Einklang mit sich selbst,
Stets wunderbarlich waltet in dem großen All.
Wie überall sich zeigt des Geistes Kraft
In einem Bild, ihrem Wesen gleichend."

Zum Geburtstag Antonias war auch ihre Schwester Sibylla aus Mömpelgard gekommen. Seit dem Tod ihres Mannes Herzog Leopold Friedrich lebte sie zurückgezogen auf ihrem Witwensitz Schloß Héricourt, umgeben von ihren wertvollen Musikinstrumenten und ihren Noten, noch immer waren die Werke

Johann Jakob Frobergers ihr kostbarster Besitz. Schweigend hatte Sibylla die „Pictura docens" – das lehrende Bild – betrachtet. Sie meinte immer, von der Fülle des Gesehenen müsse es ihr ganz schwindelig werden. Aber mit Antonias Hilfe und einem langen Sinngedicht Schmidlins fand sie sich schnell und sicher zurecht. Auch wenn sie immer wieder neue Details entdeckte, meinte sie, den großen Bogen des Gesehenen schon im Ansatz bei Johann Valentin Andreä gelernt zu haben.

Ein wenig irritierte Antonia, daß die Schwester, obwohl gerade erst angekommen, schon so bald wieder nach Mömpelgard zurückkehren wollte. Dort hatte sich endlich ein Musiklehrer für sie angekündigt, auf den sie schon lange gewartet habe. Antonia verstand und fragte nicht weiter. Es wäre auch zwecklos gewesen, Sibylla hätte ihr beim besten Willen nicht mehr sagen wollen.

Schon lange hätte Eberhard III. gerne für seine Familie und die immer zahlreicher nach Teinach drängenden Badegäste ein kleines Kirchlein direkt im Ort gehabt. Es war den Badenden nicht immer zuzumuten, das Gotteshaus in Zavelstein aufzusuchen, und auch die Zavelsteiner hätten ihr Kirchlein gerne für sich alleine gehabt. Außerdem fühlte sich seine junge Frau immer nicht so recht wohl in der Zavelsteiner Kirche. Sie ängstigte sich vor den Epitaphien der Kinder des Calwer Obervogtes Jakob Friedrich von Buwinghausen-Wallmerode, seit ihr zweiter Sohn tot auf die Welt gekommen war.

Vor etwas mehr als einem Jahr war in Teinach der Grundstein für eine einfache Kirche gelegt worden. Eigentlich hätte sie einen Turm erhalten sollen und ein schönes toskanisches Säulenportal, aber trotz mehrerer Spendenaufrufe und Sammelaktionen unter den Badegästen war das nötige Geld nicht zusammengekommen, und so hatte sich Eberhard doch für die schmucklose Rundbogentür und den hübschen kleinen Dachreiter anstelle des repräsentativeren Turms entscheiden müssen. Die Innenausstattung war dann aus Rücksicht auf den verwöhnten Geschmack des Stuttgarter Hofes doch etwas reichhaltiger ausgefallen als sonst üblich.

Bei der Grundsteinlegung der Teinacher Kirche war Antonia nicht dabei gewesen. Aber jetzt, ein Jahr später, konnte sie in der Zavelsteiner Kirche einem lang ersehnten glücklichen Ereignis beiwohnen. Jakob Friedrich von Buwinghausen-Wallmerode und seine vierte Frau Barbara von Reischach ließen ihr erstes Kind, die kleine Loy Christina, taufen. Taufpate war Eberhard III., der seinem Jugendfreund das Glück an der Seite einer jungen Frau, nachdem ihm drei Frauen gestorben waren, von Herzen gönnte.

Fast vier Jahrzehnte war es nun schon her, seit Antonia mit ihren Eltern auf dem Zavelstein gewesen war. Hier oben schien die Zeit stillgestanden zu sein, nichts hatte sich verändert, sogar der kleine Garten direkt an der Burgmauer sah noch aus wie damals. Einzig die Menschen hatten sich gewandelt, wie alt Jakob Friedrich geworden war! Der Kummer und die Sorge um seine Familie, die Not beim Wiederaufbau Calws und des geplünderten Klosters Hirsau hatte sich in seinem Gesicht eingegraben. Teinach hatte Antonia jetzt hübscher und blühender gefunden als damals, auch schienen viel mehr Gäste im Ort zu sein. Die Kirche machte Fortschritte, vielleicht konnte sie im nächsten Jahr schon eingeweiht werden.

Es kamen die Tage, an denen Antonia in ihren Stuttgarter Gemächern allein war mit der „Turris Antonia" und stumme Zwiesprache hielt mit denen, die nicht mehr da waren und doch in den Gedanken und Personen des Bilderschreines gegenwärtig blieben, wie Johann Valentin Andreä, ohne dessen Einfluß und tatkräftige Hilfe Antonia sich wie so viele andere verloren hätte in den Mühen des Alltags. Antonia hatte er helfen können, er selber aber war in Schwermut und Bitterkeit gestorben. Einzig der Gedanke an das zufriedene Glück ihrer Schwester Sibylla erfüllte Antonia mit großer Wärme. Seit einigen Jahren lebte und arbeitete Johann Jakob Froberger als Musiklehrer im Schloß Héricourt. Antonia benötigte nicht viel Phantasie, um sich die Szene vorzustellen, sie brauchte sich nur zurückzudenken in das Musikzimmer ihrer Mutter mit dem Clavichord, das der Vater ihr geschenkt hatte. Wieviel Geduld und Nachsicht hatte Froberger dem Kind Sibylla entgegengebracht, wie behutsam hatte er ihr die Griffe gezeigt. Sie erinnerte sich an den wilden Schmerz der Schwester, als Froberger zur weiteren Ausbildung nach Wien geschickt worden war. Aber immer hatte Sibylla gewußt, wo der Freund der Kinderjahre sich aufhielt: vier Lehrjahre an St. Peter in Rom bei Girolamo Frescobaldi, dessen Meisterschüler der Stuttgarter wurde, danach die Anstellung in der Kammermusik des Kaisers am Wiener Hof. Wie war Sibylla erschrocken, als sie vom Übertritt Froberges zum Katholizismus erfuhr.

Lange hatte er es in der Kaiserstadt nicht ausgehalten, durch ganz Europa hatte es den immer berühmter werdenden Komponisten getrieben, nirgends war er eine Bindung eingegangen, hatte er sich durch Verträge halten lassen. In den Niederlanden hatte er die Bekanntschaft mit dem Geheimsekretär Wilhelms von Oranien, Constantin Huygens, gemacht und in ihm einen aufrichtigen Freund und Bewunderer gefunden. Lebenslang sollte diese Verbindung anhalten. Kurz drauf spielte Froberger in Brüssel in der Hofkapelle des Generalgouverneurs Erzherzog Leopold Wilhelm. Wenig später feierte er Triumphe in Paris, vielbeklatscht und auch beneidet, einer seiner Kritiker fand es „ein bißchen viel Aufwand um einen deutschen Dickwanst".

Auf seinen Reisen wurde er ausgeplündert und all seiner Habe beraubt, das hinderte Froberger nicht, seine Abenteuer in humorvollen Kompositionen zu verarbeiten, die von vielen Zeitgenossen bewundert, häufig kopiert und nachgespielt wurden. Ein weiteres Mal bewarb er sich in Wien in der Hofkapelle; als Kaiser Ferdinand III. starb, entließ dessen Nachfolger Leopold I. den gesamten Hofstaat des Vorgängers. Wieder einmal stand Froberger vor dem Nichts, in England suchte er eine neue Anstellung, Piraten kaperten das Schiff, auf dem er reiste, all sein Gepäck ging verloren.

Müde und abgekämpft hatte er schließlich das Angebot Sibyllas von Württemberg angenommen, als Musiklehrer zu ihr ins Schloß Héricourt zu kommen, das fernab vom Getriebe lag. Das Leben war ruhig und zurückgezogen. Wie vor vier Jahrzehnten musizierten zwei Menschen gemeinsam, als hätten sie nie etwas anderes getan. Froberger spielte auf der Orgel der von Sibylla restaurierten Schloßkirche, und die Herzogin wurde nicht müde, „ihrem lieben, getreuen, ehrlichen Lehrmeister" das Leben so angenehm wie möglich zu gestalten.

Aber das Idyll von Schloß Héricourt endete plötzlich und viel zu früh. Am 7. Mai 1667 erlag der erst 51jährige Froberger einem Schlaganfall. Der Schmerz der Herzogin war ungeheuer. Als nach der Beerdigung noch ein Brief Constantin Huygens aus Den Haag eintraf, erlaubte sich die Herzogin ihn zu öffnen. Mit einfachen, bewegenden Worten beschrieb sie dem fernen Bewunderer Frobergers ihre Gefühle: *„Monsieur. Ich habe mich allezeit erfreuet, in tapfern Ingeniis und qualifizierten Personen in sonderheit welche Liebhaber der Edlen Music sein under welche zahl ich vornemlichen den Hern auch setze, weil er seine Zeit hirin wol zuzubringen weis und auch schöne Harmonias an den tag gibt ...“* Sie fuhr fort: *„Nuhn, der liebe Gott erwecke ihn mit freuden und gebe das wir einander im himlischen und Englischen Musen Chor wider antreffen megen. Hat mir noch den Tag vor seim Endt ein Goldstück gebracht, welches er verpitschirt und darauf geschrieben das man es nach seim Todt dem Pharher eifern solle wo er ihm ein Grab erwehlet und mich gebetten; solches ja fleisig zu iberliefern und ihme zu Bailliers in die Kirche zu begraben lassen.“* Sibyllas Trauer war groß, sie hatte Froberger endgültig verloren, als sie ihn kaum wiedergefunden hatte.

Ende März des Jahres 1671 reiste Antonia mit dem gesamten Hof nach Teinach. Mit dabei war auch die jüngste Tochter Eberhards III., die gerade erst vor einem Monat geborene Sophia Charlotte. Den ganzen Winter über war es Antonia nicht gut gegangen, jetzt setzte sie all ihre Hoffnungen auf das heilende Teinacher Wasser. Mit dem wärmeren Wetter würde auch die Gesundheit zurückkommen.

Endlich konnte Jakob Friedrich Buwinghausen ihr den wilden Safran zeigen, der sich wie ein Teppich auf den Wiesen Zavelsteins ausbreitete. Antonia hatte das Wunder, das sich ihren Augen bot, immer wieder voller Entzücken betrachtet. Die Spaziergänge hinauf nach Zavelstein strengten sie sehr an, aber sie fürchtete sich ein wenig davor, einen Esel auszuleihen, so wie es viele der anderen Badegäste taten, die sich in der Umgebung Teinachs umsehen wollten. Am liebsten hielt sie sich auf der Promenade auf, von dort konnte man den Zavelstein, auf dem die Fahne der Buwinghausens im Wind flatterte, am schönsten sehen.

Nachmittags lag die Prinzessin auf ihrem Ruhebett und trank einige Gläser des heilenden Wassers, danach schlief sie eine Weile, um dann hinüberzugehen zur Dreifaltigkeitskirche. Zwar jammerte der Bruder immer noch dem nicht gebauten Turm nach, aber Antonia gefiel der schlichte Dachreiter, sie fühlte sich wohl in diesem einfachen Gotteshaus mit seinen geraden Linien. Sie wußte, hierher gehörte die „Turris Antonia"! Fernab der Hektik der großen Stadt hätten die Badegäste und andere Gottesdienstbesucher Gelegenheit, das lehrende Bild zu studieren, es in frommer Andacht zu betrachten oder einfach das Kunstwerk in ihm zu bewundern. Bestimmt würde das ein weiterer Genuß für die Badegäste sein, die bisher nur das vergnügte *„Niedlich essen, niedlich trincken und beständig frölich seyn, trifft bei allen Brunnen-Curen zur Gesundheitsregel ein"* in ihrem Reisegepäck mit sich führten.

Wenn das heilende Wasser und die würzige Luft dem Körper guttaten, dann hielt die Kirche mit dem Bilderschrein ein wahres Labsal für die Seele bereit, eine Wohltat für das Gemüt und einen Anker, an dem der Betrachter gute und wahre Gedanken festmachen konnte. Wer ihn nur flüchtig ansah, für den würde der Schrein allerdings nur ein Kunstwerk unter vielen sein, ein bemerkenswertes Bild vielleicht, doch niemals würde er eines der in ihm verborgenen Geheimnisse entdecken. Aber für diejenigen, die den Schlüssel zum Hauptbild in Händen hielten und die durch die weit geöffneten Tore des Tempels gingen, für die wäre der Ausflug in die geistige Welt Gottes vielleicht der Beginn einer neuen Weltsicht.

Antonia hatte sich entschieden: das Tafelwerk, das so viele Jahre im Mittelpunkt ihres Denkens gestanden hatte, sollte seine endgültige Heimat in Teinach finden. Sie wußte, der Bruder würde sie hierin unterstützen. Eberhard III. fand nach seinem Selbstverständnis als Herrscher, daß die Teinacher Kirche viel zu schlicht ausgestattet war. So konnte die Turris Antonia nur eine Bereicherung sein und dem Gotteshaus ein höfisches Gepräge verleihen.

Es vergingen noch einmal zwei Jahre, bis der Bilderschrein im Chor der Teinacher Dreifaltigkeitskirche aufgestellt war.

Der mächtige Altar in seinem wuchtigen Barockrahmen füllte beinahe die gesamte Südseite des Chores aus.

Für Antonia war es der stolzeste Tag in ihrem Leben, als sie am 28. Mai 1673 in der festlich geschmückten Teinacher Kirche am Gottesdienst zur Einweihung der Turris Antonia teilnehmen konnte. Auf ihren Wunsch wurde die Predigt von Balthasar Raith gehalten, dem berühmten Professor für Altes Testament an der Universität Tübingen und Magister Domus des Stiftes. Als Lehrer Strölins gedachte Raith in seiner hymnischen Predigt auch derjenigen, die der Prinzessin eng verbunden gewesen waren und den großen Tag in der Teinacher Dreifaltigkeitskirche nicht mehr miterleben konnten.

Die Gedanken Antonias kreisten um Johann Valentin Andreä, der wie kein anderer ihren geistigen Werdegang gefördert und bestimmt hatte und der dem Teinacher Bad in gewisser Weise Gesundheit und Leben verdankte. In den undurchdringlichen Wäldern oberhalb des Ortes hatte er sich mit einigen Getreuen vor den Truppen des Mordbrenners Johann von Werth verborgen gehalten, wobei er von Antonias Jugendfreund Jakob Friedrich von Buwinghausen-Wallmerode versorgt wurde. Sie dachte auch an Johann Jakob Strölin, der nun schon zehn Jahre tot war und ohne dessen Vorarbeiten und Pläne sie die Tafel niemals hätte vollenden können. Verstohlen sah sie sich um, während Raith in seiner langen, geistreichen Predigt den Altarschrein nicht nur den Trinkgästen Teinachs ans Herz legte.

Ihr Bruder Eberhard war in den letzten Jahren sichtlich gealtert. Nach den stürmischen Jugendjahren hatte er sich zu einem Herrscher entwickelt, dem die Herzen der Menschen zuflogen, er genoß diese Liebe seiner Untertanen und versuchte sie durch betont landesfürstliches Auftreten noch zu steigern. Seine so viel jüngere Frau hatte sich dem bereits angepaßt und saß würdig inmitten der fürstlichen Kinderschar, in die der Tod schmerzliche Lücken gerissen hatte. Antonia dachte an Johann Friedrich, der – gerade 22 Jahre alt – auf seiner Kavalierstour in London an den Blattern gestorben war. Niemand hatte glauben wollen, daß er tot sei, erst als der Sarg von Rotterdam den Rhein und Neckar aufwärts auf einem Schiff in Stuttgart eintraf, hatte die Familie begriffen, daß der Erbprinz nicht mehr lebte. Jetzt gab es wieder einen kleinen Johann Friedrich, der Vierjährige saß gelangweilt und leicht schläfrig an der Seite seiner Kinderfrau nicht weit entfernt von Antonia.

Neuer Erbprinz Württembergs war Wilhelm Ludwig, der eigentlich für die geistliche Laufbahn bestimmt gewesen war. Wie sein ältester Bruder hatte auch er die Ritterakademie des Collegiums illustre in Tübingen durchlaufen und dann an der Universität studiert. Im vergangenen Jahr war er von seiner Kavalierstour, die er zusammen mit seinem jüngeren Bruder Friedrich Carl absolviert hatte, nach Stuttgart zurückgekehrt. Die beiden Brüder hatten mit ihren Hofmeistern ganz Westeuropa bereist und dann noch einen Abstecher nach Ostfriesland zu ihrer verwitweten Schwester Christine Charlotte gemacht. Von dort aus reisten sie weiter nach Dänemark und Schweden. Am Stockholmer Hof hatte sich Wilhelm Ludwig in die Landgräfin Magdalena Sibylla von Hessen-Darmstadt verliebt. Ende des Jahres sollte die Hochzeit des jungen Paares in Darmstadt stattfinden. Für den Einzug des jungvermählten Fürstenpaares in Stuttgart zu Beginn des nächsten Jahres bereitete der Landhofmeister schon umfangreiche Festlichkeiten vor.

Mit Gelassenheit und Freude sah Antonia den kommenden Festen und Feiern entgegen. Sie hatte ihr Werk vollendet und war glücklich, obwohl die Last ihrer Schulden so drückend war, daß sie wieder einmal die Landschaft um Übernahme ihrer Verbindlichkeiten gebeten hatte. Aber dazu waren die Abgeordneten auch diesmal nicht bereit. Wenigstens war mit Johann Laurentius Schmidlin einer ihrer Vertrauten Pfarrer an der Hospitalkirche in Stuttgart geworden. Er verehrte die am Hof zunehmend einsamer werdende Prinzessin aufrichtig. Seine huldigenden Gedichte waren Zeugnisse seiner Zartheit und innigen Zuneigung.

„Antonia
Recht O Aller Fürstinnen Sonne
Sulamitin Hochgebohren
Euch als Ewres Liebsten Wonne

„Die Lehrtafel der Prinzessin Antonia",
das Hauptbild

Eine Daube auserkoren,
Die Hebraer zierlich nennen
Und ein Gottes gab erkennen
Solchen Sions-Fürsten-Töchtern,
Die mit scharfen tauben augen
Stehen vor den Sions-Wächtern
Solche Zierd und Nahmen taugen
Die in reiner Einfalt glauben
Gleichen sie sich wohl den Tauben."

Ohne das Altarwerk erschienen Antonia ihre Gemächer im
Stuttgarter Schloß leer. Häufig besuchte sie die Gottesdienste
Schmidlins in der Hospitalkirche. Die Vertrautheit mit ihrem Lehrer tat ihr wohl, und dann rührte sie immer wieder
das Grabdenkmal für den alten Freund und Ratgeber ihres
Vaters, Benjamin von Buwinghausen-Wallmerode, der dort
seine letzte Ruhestätte gefunden hatte.

Noch immer führte Johann Laurentius Schmidlin einen an-
regenden und breitgefächerten Schriftwechsel mit Freunden
und Studienkollegen. Antonia fand besonders seine brieflichen
Kontakte mit Philipp Jakob Spener interessant, dessen Werk
„Pia desideria" oder „Herzliches Verlangen, nach gottgefälliger
Besserung der Wahren Ev. Kirchen" sie mit Interesse und großem Gewinn gelesen hatte. Neues und Weiterführendes hatte
sie darin entdeckt, auch Fragen waren aufgetaucht. Aber sie
war jetzt oft zu müde, um eine Antwort zu suchen.

Mit Jubel und großer Begeisterung hatten die Bürger Stuttgarts den Einzug des Erbprinzenpaares in der Landeshauptstadt gefeiert. Aber der jungen Magdalena Sibylla blieb kaum
genügend Zeit, sich in der neuen Umgebung einzuleben,
bereits wenige Monate später starb ihr Schwiegervater Eberhard III. an einem Schlaganfall, tief betrauert vom ganzen Land.
Schon sechs Wochen danach erblickte die erste Tochter des
frischgebackenen Herzogpaares, Eleonora Dorothea, das Licht
der Welt. Im Oktober brachte die Schwiegermutter der Herzogin ihr elftes Kind, den posthum geborenen Emmanuel
Eberhard zur Welt. Hektische Tage zwischen Trauer und
Freude im Stuttgarter Schloß, denen Antonia gerne ausgewichen wäre. Aber der beginnende Winter und ihr schlechter

Prinzessin Antonia auf dem Totenbett

Gesundheitszustand vereitelten eine geplante Fahrt nach Teinach.

Der Schmerz um den Bruder und die Sorge um die Zukunft ließ die drei Schwestern Antonia, Anna Johanna und Sibylla, die zur Beisetzung nach Stuttgart gekommen waren, wieder näher zusammenrücken, als sie es in den letzten Jahren gewesen waren. Wie einst bildeten sie einen Hort der Ruhe und des Friedens inmitten eines im Umbruch begriffenen Hofes. Antonia war wie stets bereit zu helfen und zu trösten und den Hilfsbedürftigen Unterstützung zu gewähren, obwohl ihre Lage, genau wie die Anna Johannas, ganz ungeklärt war. Der neue Herzog Wilhelm Ludwig hatte als Chef des Hauses für eine große Geschwisterschar, seine noch jugendliche Stiefmutter und seine eigene, im Wachsen begriffene Familie aufzukommen.

Als der neue Hof sich endlich eingerichtet hatte und sich seine Mutter Maria Dorothea Sophia auf ihrem Witwensitz Schloß Kirchheim unter Teck wohlzufühlen begann, starb der gerade erst dreißigjährige Herzog Wilhelm Ludwig. Sein Tod traf die Familie und das Land wie ein Blitz aus heiterem Himmel. Nach einem Ausritt nach Teinach und dem Gebrauch des Sauerbrunnens, dem er „nicht kurmäßig, sondern nur nach Lustbelieben" zugesprochen hatte, war er zwei Tage darauf in Schloß Hirsau gestorben. Sein einziger Sohn, der kleine Eberhard Ludwig, war erst neun Monate alt.

Um die Vormundschaft für den Erbprinzen entspann sich ein heftiger Kampf zwischen seiner Mutter und seinem Onkel Friedrich Carl, der erst fünf Monate später durch ein Machtwort des Kaisers entschieden werden konnte. Die tüchtige Magdalena Sibylla konnte es schwer verwinden, daß sie nur zur Mitvormünderin neben dem neuen Herzog-Administrator Friedrich Carl bestimmt worden war. Die Entscheidung des Kaisers bedeutete endlose Zwistigkeiten und Streitereien um die Erziehung der fürstlichen Kinder. Die vielen verschiedenen Höfe, die Kinderfrauen und Hofmeister, sie alle spannen Intrigen und bekriegten einander.

Antonia zog sich ganz auf sich selbst zurück. Im März 1679 starb Anna Johanna in Neuenstadt am Kocher. Sie hatte verfügt, daß sie auch dort beerdigt werden wollte. Das von Andreä gerühmte „Kleeblatt der drei württembergischen Grazien" war nun endgültig auseinandergerissen. Zu der Trauer um die Schwester kam die Sehnsucht Antonias nach dem schmerzlich vermißten Bilderschrein. Einmal noch nach Teinach fahren und den Brautzug sehen! Die Flügel öffnen und dem Christus inmitten des Gartens gegenüberstehen! Einmal noch!

Im Sommer reiste sie nach Liebenzell, es ging ihr gar nicht gut. Die Ärzte befürchteten, das Teinacher Wasser könnte ihr schaden. Also Liebenzell: *„Vor etlichen Wochen, als die lobseel. Princessin, fern von allem getümmel der Welt, in sich selbst gehen wolte, und einige schwachheit bey sich empfunden, Wozu theils des Zellern bades theils des Deinacher Sauer-Bronnens gebrauch, obschon disen der medicy missachten, Ihro selbsten in ihrem Zustand dienlich zuseyn schiene."*

Einmal noch ließ sie sich in die Dreifaltigkeitskirche tragen. Müde strich sie über den glänzenden Rahmen, vorsichtig öffnete ihr Hofmeister die Flügel. Da war er wieder, der Garten der Großmutter. Der Tempel Gottes hell erleuchtet und die Tore weit geöffnet. Alle Himmel standen offen. Sie würde kommen. Endlich. Ihr Herz aber würde für immer in Teinach bleiben, eingemauert hinter der Turris Antonia in der Dreifaltigkeitskirche. So hatte sie es sich gewünscht.

Am 1. Oktober 1679 starb Antonia von Württemberg in Liebenzell. Neun Tage später wurde sie nach Stuttgart überführt: *„... abends mit Fackheln in die Stadt gebracht worden, wurde gleich in die Stiftskirch getragen und im Chor, nicht in die Fürstliche Grufft Jhrer anstalt nach, beerdigt, in dem vor 20 Jahren schon verfertigten und im Gemach gestandenen sarch. Sie liegt gantz weiß angezogen darin, einen gründen Crantz auff und einen in der Hand habend, alles mit roth und grünen seidenen bändlein gezieret."*

Epilog

Noch in ihrem letzten Brief, drei Tage vor ihrem Tod in Liebenzell „mit entlehnter Hand" von Prinzessin Antonia an Herzog-Administrator Friedrich Carl geschrieben, bat „dero armen Baaß" ihn und die Landschaft um Mithilfe bei der Abtragung ihres Schuldenkontos von „namhafften von etlich tausendt gülden". Sie schrieb: „Jst Ewrer Liebden von Selbst bekhandt, in was schwerem Schuldenlast ich leider stecke ... vornehmlich in ansehung Sie durch den von mir erwöhlten vnd bißhero erhaltenen ledigen Stand das sonst schuldig geweßte Heurathgut erspart" und bat, „... daß nach meinem anstehenden todtfall, mein bißher genossenes Deputat noch ein paar Jährlin continuirt, vnd meine Creditores damit befriedigt werden möchten". Ein weiteres dringendes Anliegen war ihr die Versorgung ihrer treuen Kammermägde und Diener. Wünsche, denen der Herzog-Administrator nicht entsprochen hat.

Antonia von Württemberg war ein Musterbeispiel für die unterschiedliche Erziehung der Geschlechter auch in den höchstgestellten Familien, anders als dies Johann Valentin Andreä zur gleichen Zeit gefordert hatte. Die Prinzen durften auf ihren Kavalierstouren durch mehrere Länder ihren Horizont erweitern und Lebenserfahrungen sammeln. Die Prinzessinnen mußten zu Hause bleiben, auf einen Prinzen warten oder sich den für sie getroffenen Heiratsabsprachen fügen.

Antonia war bei ihrem Tode so arm, daß nicht einmal ihre von Hofprediger Christoph Wölfflin gehaltene Leichenpredigt gedruckt werden konnte. Doch hatte sie ihre Schulden nicht für sich gemacht, sondern um die im Dreißigjährigen Krieg geplünderten Kirchen des Landes wieder auszuschmücken und um mit ihren Aufträgen Künstlern Arbeit und Brot zu verschaffen. Es gehörte zu ihrem Selbstverständnis als Fürstentochter, „ihr geringes scherblin" zum Schmucke der Gotteshäuser beizutragen. So stattete sie beispielsweise die Kirchen von Calw, Herrenberg, Brackenheim und Weiler zum Stein mit von ihr gestifteten Kunstwerken aus.

Ihr bedeutendstes Vermächtnis, bei dem ihr Herz für immer begraben liegt, hinterließ sie jedoch mit der „Turris Antonia" in der kleinen Teinacher Dreifaltigkeitskirche. Darüber schrieb der große schwäbische Theosoph Friedrich Christoph Oetinger knapp hundert Jahre nach ihrem Tod:

„Diese Princeßin wird einmal auftreten gegen alle die, welche die Brunnen-Cur gebrauchen und an diesen Glantz der zehen Gestalten des Lebens-Wassers nicht dencken, viel weniger einen Glauben und eine Vestigkeit des Hertzens dadurch gewinnen mögen … Die gottseelige Princeßin Antonia wollte des Ihrige in einer himmlischen Absicht auch beytragen und sowol den Gästen als gantz Württemberg eine sichtbare Predigt halten."

Literaturliste

– Auszug –

Andreä, Johann Valentin: Christianopolis. Stuttgart 1975

Andreä, Johann Valentin: Leben, Werk und Wirkung eines universalen Geistes. Ausstellung zum 400. Geburtstag. Bad Liebenzell 1986

Barth, Christian Gottlob: Geschichte von Württemberg neu erzählt für den Bürger und Landmann. Reprint, Stuttgart 1986

Beck, Julius: Die Lehrtafel der Prinzessin Antonia von Württemberg in der Dreifaltigkeitskirche zu Teinach. Calw 1930

Betz, Otto: Licht vom unerschaffenen Lichte. Die kabbalistische Lehrtafel der Prinzessin Antonia in Bad Teinach. Metzingen 1996

Bilder protestantischer Frömmigkeit. Hrsg. vom Verein für christliche Kunst in der evangelischen Kirche Württembergs. Stuttgart 1976

Blos, Anna: Frauen in Schwaben. Stuttgart 1929

Borst, Otto: Stuttgart. Die Geschichte einer Stadt. Stuttgart/Aalen 1973

Bossert, Gustav: Die Hofkapelle unter Johann Friedrich 1608 bis 1628. In: Württembergische Vierteljahreshefte, Neue Folge XX, 1911

Brecht, Martin; Ehmer, Hermann: Südwestdeutsche Reformationsgeschichte. Stuttgart 1984

Decker-Hauff, Hansmartin: Frauen im Hause Württemberg. Leinfelden-Echterdingen 1997

Decker-Hauff, Hansmartin: Geschichte der Stadt Stuttgart, Band 1: Von der Frühzeit bis zur Reformation. Hrsg. von der Städt. Sparkasse und der Städt. Girokasse, Stuttgart 1966

Deines, Roland: Johann Valentin Andreä. Heft 13 der Schriftenreihe „Das Gäu – Geschichte, Persönlichkeiten, Wirtschaft", Volksbank Herrenberg e.G. 1986

Eisenmann, Alexander: Johann Jakob Froberger, in: Schwäbische Lebensbilder, Band 1. Stuttgart 1940

Elfgang, Alfons; Kluckert, Ehrenfried: Schickhardts Leonberger Pomeranzengarten und die Gartenbaukunst der Renaissance. Bierlingen 1988

Fleischhauer, Werner: Barock im Herzogtum Württemberg. Stuttgart 1981

Fleischhauer, Werner: Die Renaissance im Herzogtum Württemberg. Stuttgart 1971

Freytag, Gustav: Bilder aus der deutschen Vergangenheit, Band IV: Aus dem Jahrhundert des großen Krieges 1600 bis 1700. Leipzig, o. J.

Gleißner, Karl: Heimatbuch der Gemeinde Ehningen. Ehningen 1965

Gmelin, Hugo: Über die ersten Zeiten der Regierung des Herzogs Johann Friedrich von Württemberg. In: Württembergische Vierteljahreshefte für Landesgeschichte 4, 1895

Gradmann, Eugen: Schmucksachen einer württembergischen Prinzessin aus der Zeit des Dreißigjährigen Krieges. In: Mitteilungen des Württembergischen Kunstgewerbevereins, 1908/1909

Greiner, Karl: Bad Liebenzell. Ein kleines Geschichtsbild. Pforzheim 1981

Greiner, Karl: Bad Teinach und Zavelstein. Ein Geschichtsbild vom 13. bis zum 20. Jahrhundert. Pforzheim 1986

Greiner, Karl: Das Wildbad. Böblingen 1965

Greiner, Karl; Greiner, Siegfried: St. Candiduskirche in Kentheim. Pforzheim 1987

Grube, Walter: Der Stuttgarter Landtag 1457 bis 1957. Stuttgart 1957

Haas, Erwin: Die sieben württembergischen Landesfestungen. Reutlingen 1996

Hahn, Gernot von; Schönfels, Hans Kaspar von: Wunderbares Wasser. Von der heilsamen Kraft der Brunnen und Bäder. Aarau/Stuttgart 1980

Hanack, Ingrid: Die Tagebücher des Herzogs Johann Friedrich von Württemberg aus den Jahren 1615 bis 1617. Göppingen 1972

Harnischfeger, Ernst: Ein bisher unbeachtetes Geisteszentrum im Württemberg des 17. Jahrhunderts. In: Die Christengemeinhaft Nr. 52/1980

Harnischfeger, Ernst: Mystik im Barock. Stuttgart 1994

Hehl, Erhard; Schukraft, Harald: Renaissance in Baden-Württemberg. Leinfelden-Echterdingen 1996

Hermelink, Heinrich: Geschichte der evangelischen Kirche in Württemberg von der Reformation bis zur Gegenwart. Stuttgart/Tübingen 1949

Herzog Friedrich und seine Hof-Alchymisten. In: Württembergische Jahrbücher für vaterländische Geschichte, Geographie, Statistik und Topographie 1/1829

Hippel, Wolfgang von: Bevölkerung und Wirtschaft im Zeitalter des Dreißigjährigen Krieges. In: Zeitschrift für historische Forschung 5/1978

Hochzeit des Herzogs Johann Friedrich von Württemberg mit Barbara Sophia, Markgräfin zu Brandenburg, 5. bis 13. November 1609. In: Literaturbeilage zum Staatsanzeiger 1894

Hofacker, Hans-Georg: ,… sonderliche hohe Künste und vortreffliche Geheimnis' – Alchemie am Hof Herzog Friedrichs I. von Württemberg 1593 bis 1608. Herausgegeben vom Verein der Freunde des chemischen Institutes Dr. Flad e.V. im Oktober 1993, Stuttgart

Hoßbach, Wilhelm: Johann Valentin Andreä und sein Zeitalter. Berlin 1819

Huch, Ricarda: Bilder aus dem Dreißigjährigen Krieg. Frankfurt/Main 1955

Jensen, Jens: Die Ehescheidung des Bischofs Hans von Lübeck von Prinzessin Julia Felicitas von Württemberg-Weiltingen AD 1648 bis 1653. Frankfurt/Main 1984

Die Kabbala. Einführung in die jüdische Geheimlehre. Wiesbaden 1994

Kerler, Hermann: Festschrift zur 700-Jahr-Feier der Stadt Leonberg. Leonberg 1948

Kohlhaas, Wilhelm: Das war Stuttgart. Stuttgart 1977

Krauß, Rudolf: Schwäbische Literaturgeschichte in zwei Bänden. Kirchheim/Teck 1975

Kybalowa, Ludmilla: Das große Bilderlexikon der Mode. Prag 1966

Lahnstein, Peter: Württemberg anno dazumal. Stuttgart 1980

Lammert, Gottfried: Geschichte der Seuchen, Hungers- und Kriegsnoth zur Zeit des Dreißigjährigen Krieges.

Langer, Herbert: Der Dreißigjährige Krieg. Gütersloh 1982

Lebendiges Leonberg, Porträt einer Stadt. Stuttgart 1987

Leipner, Kurt: Stuttgart, Daten zur Geschichte. Stuttgart 1987

Leonberg. Eine altwürttembergische Stadt und ihre Gemeinden im Wandel der Geschichte. Stuttgart, o. J.

Liedel, Herbert; Schukraft, Harald: Gärten und Parks in Baden-Württemberg. Würzburg 1993

Lieske, Reinhard: Protestantische Frömmigkeit im Spiegel der kirchlichen Kunst des Herzogtums Württemberg. München 1973

Mayer, Karl: Aus Kirchheims Vergangenheit. Kirchheim 1980

Mehring, G.: Schädigungen durch den Krieg in Altwürttemberg. In: Württembergische Vierteljahreshefte für Landesgeschichte, 1910

Mehring, G.: Wirtschaftliche Schäden durch den Dreißigjährigen Krieg im Herzogtum Württemberg. In: Württembergische Vierteljahreshefte für Landesgeschichte 30, 1921

Meyer, Dr. Herbert: Georg Rudolf Weckherlin. Dichter, Diplomat. In: Schwäbische Lebensbilder, Band 6, Stuttgart 1957

Missenharter, Hermann: Herzöge, Bürger, Könige. Stuttgart, o. J.

Moltmann-Wendel, Elisabeth: Antonia von Württemberg. In: Gotteslehrerinnen. Hrsg. von L. Schrottrot und Johannes Thiele. Stuttgart 1989

Nestle, Eberhard: Etwas vom Teinach. In: Aus dem Schwarzwald. Blätter des württembergischen Schwarzwaldvereins, Jahrgang 1910, Nr. 6

Oechelhäuser, Adolf von: Philipp Hainhofers Bericht über die Stuttgarter Kindtaufe im Jahre 1616. In: Neue Heidelberger Jahrbücher I, 1891

Oetinger, Friedrich Christoph: Geistliche Lieder. Metzingen 1957

Oetinger, Friedrich Christoph: Die Lehrtafel der Prinzessin Antonia. 2 Bände. Berlin 1977

Pfaff, Karl: Geschichte der Stadt Stuttgart. 2 Bände. Weidlich Reprints, Frankfurt/Main 1981

Pfeiffer, Günter (Hrsg.): Der Kreis Calw. Stuttgart/Aalen 1976

Pictorius, D. Georgius: Badenfahrtbüchlein. Freiburg 1980

Raff, Gerhard: Hie gut Wirtemberg allewege I. Stuttgart 1988

Raff, Gerhard: Hie gut Wirtemberg allewege II. Degerloch 1993

Rapp, Regula: Musikstädte der Welt: Stuttgart. Laaber 1992

Reischach, Elisabeth Gräfin von: Die Zavelsteiner. Lebensbilder aus einer ernsten Zeit. Calw, Stuttgart 1907

Ritschl, Albrecht: Geschichte des Pietismus in der lutherischen Kirche des 17. und 18. Jahrhunderts. Bonn 1886

Sattler, Christian Friedrich: Historische Beschreibung des Herzogthums Württemberg. Stuttgart o. J.

Sauer, Paul: Geschichte der Stadt Stuttgart, Band 2. Stuttgart 1993

Schäfer, Gerhard: Johann Valentin Andreä. In: Der Landkreis Calw. Ein Jahrbuch. Calw 1984

Schäfer, Gerhard: Zu erbauen und zu erhalten das rechte Heil der Kirche. Stuttgart 1984

Schahl, Adolf: Heinrich Schickhardt, Leben und Werk. Böblingen 1958

Schahl, Adolf: Kunstbrevier Neckarschwaben. Stuttgart 1966

Scharfe, Martin: Evangelische Andachtsbilder. Stuttgart 1968

Schefold, Max: Der Schwarzwald in alten Ansichten und Schilderungen. Sigmaringen 1981

Schickhardt, Heinrich: Rayß in Italien. 1599 bis 1600 in dreierley Version. Herrenberg 1986

Schüz, Martin: Kabbalistische Lehrtafel in Bad Teinach. In: Baden-Württemberg 26, 1979/3

Schukraft, Harald: Die Grablegen des Hauses Württemberg. Stuttgart/Aalen 1989

Sittard, Josef: Zur Geschichte der Musik und des Theaters am Württembergischen Hofe. Stuttgart 1890

Staudenmeyer, Walter: Zur Geschichte des Färberstifts in Calw. In: Der Landkreis Calw. Ein Jahrbuch. Calw 1984

Steinächle im Besitz der Herzogin Antonia von Württemberg. In: Paul Sauer, Affalterbach 972 bis 1972. Weg und Schicksal einer Gemeinde in 1000 Jahren. 1972

Uhland, Robert (Hrsg.): 900 Jahre Haus Württemberg. Stuttgart 1984

Vehse, Carl Eduard: Die Höfe zu Württemberg. Leipzig und Weimar 1992

Voeller: Beschreibung der kabbalistischen Lehrtafel in der Dreifaltigkeitskirche zu Teinach. Calw 1902

Wagner, Rudolf von: Das Jagdwesen in Württemberg unter den Herzögen. Tübingen 1876

Wais, Gustav: Alt Stuttgarts Bauten im Bild. Stuttgart 1951

Weidle, Karl: Der Grundriß von Alt Stuttgart. 2 Bände. Stuttgart 1961

Weller, Karl; Weller, Arnold: Württembergische Geschichte im süddeutschen Raum. Stuttgart/Aalen 1972

Wunder, Bernd: Der Administrator Herzog Friedrich Karl von Württemberg-Winnental. In: Zeitschrift für Württembergische Landesgeschichte 30, 1971

Personenregister

Andreä, Johann Valentin
17.8.1586 Herrenberg
27.6.1654 Stuttgart
Protestantischer Theologe. Andreä stammte aus einer bedeutenden Pfarrerfamilie. Ab 1601 Studium in Tübingen, längere Auslandsreisen als Hofmeister, 1614 Diakon in Vaihingen/Enz. 1620 Stadtpfarrer und Dekan in Calw, 1639 Hofprediger in Stuttgart. 1650 Generalsuperintendent in Bebenhausen. 1654 Abt in Adelberg. Schrieb die ersten Schriften der Rosenkreuzer. Er bemühte sich um eine Darstellung echten christlichen Lebens. In seinem Buch „Christianopolis" beschrieb er die Utopie einer auf das christliche Leben ausgerichteten Stadt.

Besold, Christoph
1577 Tübingen
1638 Ingolstadt
Sohn eines Tübinger Stadtschreibers, von 1610 bis 1635 Professor an der Landesuniversität. Zu seinem Freundeskreis gehörten Melchior Nicolai, Pregitzer und Johann Valentin Andreä, der ihn sehr schätzte und seine reiche Bibliothek eifrig benutzte. Besold trat 1630 heimlich, 1635 offen zum Katholizismus über, danach Wechsel an die Universität Ingolstadt.

Bernhard, Herzog von Sachsen-Weimar
16.8.1604 Weimar
18.7.1639 Neuenburg am Rhein
Der elfte Sohn Herzog Johanns von Weimar schloß sich den protestantischen Truppen an. Er kämpfte bei Wiesloch und Wimpfen, trat dann in die Dienste König Gustav Adolfs. Er eroberte die Rheinlande und rettete die Schlacht bei Lützen nach dem Tode Gustav Adolfs. Bei Nördlingen von den Kaiserlichen geschlagen, knüpfte er Verhandlungen mit Frankreich. Bernhard von Weimar war der bedeutendste protestantische Heerführer im Dreißigjährigen Krieg.

Buwinghausen-Wallmerode, Benjamin von
1568
1635 Stuttgart

Württembergischer Hofrat ab 1595 und von 1625 bis 1627, Mitglied des Oberrates, verheiratet mit Ursula von Dachsberg (1611), 1621 Hochzeit mit Ursula von Concin. Bevorzugter Diplomat Herzog Johann Friedrichs in der Zeit der protestantischen Union. Wurde mit Zavelstein belehnt, das er später kaufte.

Elisabeth Stuart, Kurfürstin der Pfalz
19.8.1596 Falkland Castle
13.2.1662 London

Die Tochter Jakobs I. heiratete 1613 Friedrich V. von der Pfalz, ihr Vater hatte 1612 einen Bündnisvertrag mit der protestantischen Union geschlossen. Sie drängte ihren Mann zur Annahme der böhmischen Krone. Nach der Schlacht am Weißen Berg floh sie mit ihm ins niederländische Exil. Nach seinem Tod setzte sie sich für die Interessen ihres Sohnes Karl Ludwig als Erbe der Pfalz ein.

Ferdinand II.
9.7.1578 Graz
15.2.1637 Wien

Deutscher König, Römischer Kaiser, 1617 König von Böhmen. Als Kaiser brachte ihm seine uneingeschränkt der katholischen Kirche zugewandte Sympathie die Spaltung der Kurfürsten in zwei Gruppen ein. Die rücksichtslos durchgesetzte Gegenreformation führte zum böhmischen Aufstand und zum Dreißigjährigen Krieg.

Ferdinand III.
13.7.1608 Graz
2.4.1657 Wien

Deutscher König. Römischer Kaiser, 1625 König von Ungarn, 1627 von Böhmen. Übernahm nach der Ermordung Wallensteins den nominellen Oberbefehl über das kaiserliche Heer. Sieg über die Schweden mit Hilfe von Gallas und Piccolomini. Sieger der Schlacht bei Nördlingen. 1637 Nachfolger des Vaters als Kaiser. Bemühte sich um die Beendigung des Dreißigjährigen Krieges.

Friedrich V., Kurfürst von der Pfalz
26.8.1596 Amberg
29.11.1632 Mainz
Nach seiner Heirat mit Elisabeth Stuart übernahm Friedrich von der Pfalz 1614 die Regierung. Er nahm die Wahl zum König von Böhmen an und wurde am 4.11.1619 in Prag gekrönt. Nach der Schlacht am Weißen Berg für geächtet erklärt. Die Pfalz wurde erobert und besetzt, 1623 ihre Kurwürde auf Bayern übertragen, das auch die Oberpfalz erhielt.

Froberger, Johann Jakob
18.5.1616 Stuttgart
7.5.1667 Schloß Héricourt/Frankreich
Sohn des Hofkapellmeisters Basilius Froberger. Früh erkennbare musikalische Begabung. Ausbildung in Wien und bei Girolamo Frescobaldi in Rom. Reisen durch ganz Europa, Mitglied in Wien und Brüssel, zeitweise Dresden. Johann Sebastian Bach schätzte seine Werke. Galt neben Frescobaldi als der bedeutendste Organist seiner Zeit.

Gallas, Mathias, Graf von Campo, Herzog von Lucera
16.9.1584 Trient
25.4.1647 Wien
Kaiserlicher General. 1618 Eintritt in das Heer der Liga, 1632 Erhebung in den Reichsgrafenstand, Vertrauter Wallensteins, 1633 Generalleutnant. Nach der Ermordung Wallensteins erhielt Gallas zur Belohnung für seine Kaisertreue dessen Herrschaft Friedland in Nordböhmen. 1634 eroberte er Regensburg und war maßgeblich am Erfolg der Kaiserlichen bei Nördlingen beteiligt. Bekam vom Kaiser Leonberg geschenkt. Wegen seines Verschleißes an Truppen wurde Gallas ab 1638 mit dem Schimpfnamen „Heeresverderber" belegt.

Gruber, Johann Friedrich
1620
14.7.1681
   Nach Studienaufenthalten in den Niederlanden seit 1655 in Stuttgart als Hofmaler tätig. Maler der kabbalistischen Lehrtafel der Prinzessin Antonia. Malte 1662 und in den Folgejahren 24 Landschaften in den fürstlichen Zimmern des Stuttgarter Schlosses. Zeichenlehrer der fürstlichen Kinder. Zog 1673 aus Stuttgart weg, danach aber immer noch Aufträge vom Hof.

Gustav II. Adolf, König von Schweden
9.12.1594 Stockholm
16.11.1632 Lützen
   Nach der Belehnung Wallensteins mit Mecklenburg sah der schwedische König die Interessen seines Landes im Ostseeraum gefährdet. 1630 landete er an der Spitze eines Heeres auf Usedom. 1631 schlug er Tilly bei Breitenfeld, nach dessen Tod eroberte er Augsburg und München. 1632 fiel Gustav Adolf in der Schlacht bei Lützen.

Löffler, Jakob
25.7.1582 Löchgau
30.4.1638 Basel
   Studium an der Universität Tübingen, wurde von Herzog Friedrich I. gefördert. Von 1611 bis 1615 Vizekanzler in Mömpelgard, von 1615 bis 1625 Kanzler daselbst als Nachfolger seines Schwiegervaters, Vizekanzler in Stuttgart von 1625 bis 1633. Von Herzog Eberhard III. zum württembergischen Kanzler berufen. Ab 1633 ebenfalls schwedischer Vizekanzler auf Wunsch König Gustavs II. Adolf. Machte sich durch seine intelligente und effiziente Verhandlungsführung den Kaiser und seine Räte zu Feinden.

Schickhardt, Heinrich
5.2.1558 Herrenberg
14.1.1635 Stuttgart
   Sohn einer Herrenberger Schreiner- und Holzschnitzer-Familie. Herzoglicher Baumeister seit 1592, ab 1608 Landbau-

meister. Reiste mit Herzog Friedrich I. nach Italien. Erbauer Freudenstadts und Mömpelgards. Erweiterung der Zavelsteiner Burg zum Renaissance-Schloß, Schöpfer des Leonberger Pomeranzengartens. Baute, entwarf und erfand eine solche Vielzahl von Bauten und Gegenständen, daß es unmöglich ist, sie alle aufzuzählen. Erster deutscher Renaissance-Baumeister. Starb an den Verletzungen, die er sich zugezogen hatte, als er sein Herrenberger Haus nach der Schlacht bei Nördlingen gegen die Soldateska verteidigte.

Schmidlin, Johann Laurentius
1.3.1626 Nußdorf
1692
Studierte in Tübingen Philosophie und Theologie. Ab 1649 Diakon, später Pfarrer in Sindelfingen, ab 1666 Pfarrer an der Hospitalkirche in Stuttgart, ab 1672 Abt in Adelberg, ab 1678 Konsistorialrat. Seine Tochter Barbara Sofia wurde die Mutter des Theosophen Albrecht Bengel. Schmidlin ist der „Dichter", der literarisch Begabte unter den Lehrern der Prinzessin Antonia. Er schrieb ein langes Lehrgedicht über die Pictura docens – das lehrende Bild.

Spener, Philipp Jakob
13.1.1635 Rappoltsweiler/Elsaß
5.2.1705 Berlin
Nach dem Theologiestudium in Straßburg und ausgedehnten Reisen wurde Spener Prediger am Straßburger Münster, 1666 Pfarrer in Frankfurt, 1686 Oberhofprediger in Dresden, 1691 Propst und Pfarrer an St. Nicolai in Berlin. Er predigte ein tätiges Christentum, das individualistisch geprägt ist und sich im praktischen Handeln bewährt.

Strölin, Johann Jakob
1620 Stuttgart
Januar 1663 Münster bei Cannstatt
Studierte in Tübingen Mathematik und Theologie. Arbeitete fünf Jahre als Lehrer, ab 1650 erst Diakon, dann Pfarrer in Cannstatt, ab 1661 Pfarrer in Münster. Lehrer der Prinzessin in Hebräisch und Aramäisch, führte sie in die rabbinische

Schriftauslegung und in die Kabbala ein. Sein Lehrer, Professor Balthasar Raith, nannte ihn den „Urheber und Entwerfer" der Turris Antonia.

Tilly, Johann Tserclaes Graf von
Febr. 1559 Schloß Tilly/Brabant
30.4.1632 Ingolstadt
Heerführer. Wurde mit 61 Jahren (1620) Generallieutenant der katholischen Liga, schlug am 8.11.1620 Friedrich von der Pfalz am Weißen Berg bei Prag. Gewann am 6.5.1622 in Wimpfen gegen den Markgrafen Georg Friedrich von Baden-Durlach. Verlor 1631 gegen Gustav II. Adolf von Schweden die Schlacht bei Breitenfeld. Er starb an seinen schweren Verletzungen, die er beim Versuch, die Schweden am Übergang über den Lech zu hindern, erlitten hatte.

Varnbüler, Johann Konrad von
25.11.1595 Stuttgart
10.4.1657 Stuttgart
Unterhändler Eberhards III. bei den Friedensverhandlungen in Osnabrück. Konnte am 16. März 1648 seinem Herzog melden, daß das Herzogtum Württemberg vollständig wiederhergestellt werden würde. Der Herzog dankte ihm seine hervorragende Verhandlungsführung, indem er ihn mit dem Rittergut Hemmingen belehnte. Der Kaiser adelte den noch von Jakob Löffler geschulten Diplomaten und schenkte ihm eine goldene Kette.

Wallenstein, Albrecht Wenzeslaus Eusebius von
24.9.1583 Hermanitz/Böhmen
25.2.1634 Eger
Kaiserlicher Feldherr. Durch eine reiche Heirat Käufer großer Besitzungen in Mähren. Nach dem böhmischen Aufstand Übertritt zum Kaiser. 1625 Herzog von Friedland, 1628 General des Ozeanischen und baltischen Meeres, 1629 Herzog von Mecklenburg. Versuchte das Herzogtum Württemberg für sich zu erhalten. Nach dem Kurfürstentag von Regensburg Absetzung als kaiserlicher Feldherr. Nach dem Eintritt Schwedens in den Krieg und Tillys Niederlage bei

Breitenfeld 1632 Rückkehr als Oberbefehlshaber. Sein Zögern im Krieg und seine Verhandlungen mit den Sachsen förderten das Mißtrauen des Kaisers gegen ihn. Erneute Absetzung. Am 25.2.1634 wurde Wallenstein in Eger ermordet.

Werth, Johann Graf von
1594 Büttgen bei Neuß
16.9.1652 Benatek/Böhmen
Der Sohn einfacher Leute trat 1630 in das Heer der Liga ein. Nach dem Sieg der Kaiserlichen bei Nördlingen verwüstete er Calw und brannte und mordete, wo er hinkam. Er verhinderte den Fall der Festung Ehrenbreitstein und den Übergang Bernhards von Weimar über den Rhein. Kaiser Ferdinand verlieh ihm die Reichsgrafenwürde.

Zeittafel

1557   19. August. Friedrich I., Graf/Herzog von Württem-
        berg, Antonias Großvater väterlicherseits, im Schloß
        von Mömpelgard geboren.

1558   Heinrich Schickhardt, Architekt und Baumeister, in
        Herrenberg geboren, arbeitete zunächst als „Diener"
        Georg Beers mit am fürstlichen Lusthaus in Stutt-
        gart, am Collegium illustre in Tübingen und am
        Schloß in Hirsau. Seit 1592 herzoglicher Baumeister,
        seit 1608 württembergischer Landbaumeister.

1564   28. September. Sibylla, Herzogin von Württem-
        berg, Antonias Großmutter väterlicherseits, in Bern-
        burg an der Saale als Tochter des Fürsten Joachim
        Ernst von Anhalt und Gräfin Agnes von Barby gebo-
        ren.

1581   22. Mai. Vermählung Herzog Friedrichs I. mit Sibyl-
        la von Anhalt in Stuttgart.

1582   5. Mai. Johann Friedrich, Herzog von Württemberg,
        Antonias Vater, wird im Schloß zu Mömpelgard als
        ältester Sohn Friedrichs und Sibyllas geboren.

1583   Albrecht von Wallenstein, Herzog von Friedland,
        Feldherr Ferdinands II., geboren.

1584   15. September. Georg Rudolf Weckherlin, frühba-
        rocker Lyriker, in Stuttgart geboren.
        23. November. Barbara Sophia von Brandenburg,
        Antonias Mutter, als Tochter des Kurfürsten Joachim
        Friedrich in Berlin geboren.

1586   29. Januar. Ludwig Friedrich von Württemberg,
        Onkel Antonias, nach dem Tode ihres Vaters 1628
        Herzog-Administrator für den minderjährigen Eber-

hard III., im Schloß zu Mömpelgard geboren. Begründer der Linie Württemberg-Mömpelgard.
17. August. Johann Valentin Andreä in Herrenberg als 5. Kind des Spezialsuperintendenten (Dekan) Johannes Andreä und seiner Frau Maria geb. Moser geboren.

1588   3. Juni. Julius Friedrich, Onkel Antonias, Herzog-Administrator von 1631 bis 1633, in Mömpelgard im Schloß geboren. Begründer der Linie Württemberg-Weiltingen.

1590   6. Mai. Eva Christina, Herzogin von Württemberg, Tante Antonias, verheiratet mit Markgraf Johann Georg von Brandenburg, in Mömpelgard im Schloß geboren.

1593   7. März. Anna Sabina, Herzogin von Württemberg, Gemahlin Herzog Julius Friedrichs von Württemberg, Mutter von Antonias Cousine Julia Felicitas, im Sonderburger Schloß als Tochter Herzog Johanns von Schleswig-Holstein-Sonderburg geboren.

1594   2. Dezember. Magnus, Herzog von Württemberg, Onkel Antonias, im Schloß zu Kirchheim unter Teck geboren.

1597   15. März. Anna, Herzogin von Württemberg, jüngste Schwester Johann Friedrichs, in Stuttgart geboren. Blieb unvermählt. Beste Freundin von Antonias Mutter Barbara Sophia.

1600   Giordano Bruno als Ketzer verbrannt.

1601   Tycho Brahe, dänischer Astronom, gestorben.

1602   Johann Valentin Andreä beginnt sein Studium an der Universität Tübingen.

Vom Autor des heutigen Kalenderblattes ist das Buch erschienen: Konrad Eißler: *Gott schreibt höchstpersönlich*. Mit 14 Predigten durchs Kirchenjahr. 96 S., kart., DM 12,80 (Aussaat Verlag, Neukirchen-Vluyn). — In seiner zupackenden Art hat Konrad Eißler immer wieder Menschen eingeladen, Jesus nachzufolgen. Und er hat auch andere Prediger inspiriert und mit Ideen beschenkt. Aus seiner langen Predigttätigkeit an der Stuttgarter Stiftskirche wird hier erstmals eine kleine Auswahl veröffentlicht.

26. 9. 98 Neuk. Kal.

Persönlich gemeint

Winter 1946. Der große Krieg war Gott sei Dank vorbei. Trotzdem war noch viel Not im Land. Besonders die Hungersnot machte uns in der französischen Besatzungszone stark zu schaffen. Beim Frühstück hatte die Mutter Tränen in den Augen, weil sie ihren sechs Kindern nur ein paar Röstkartoffeln ohne Fett vorsetzen konnte. Wie groß war deshalb die Freude, als die ersten CARE-Pakete amerikanischer Christen eintrafen. Die drei großen K weckten Jubel: Kaffee, Kakao, Kaugummi. Und dabei lag eine deutsche Bibel, in der auf der ersten Seite gleichsam als Widmung Johannes 3, 16 abgedruckt war: „So hat Gott die Welt geliebt, daß er seinen eingeborenen Sohn gab, damit . . ." Statt dem nun folgenden Wort „alle" sollte man seinen eigenen Namen eintragen. Das habe ich schnell getan und dann weitergelesen: „. . . damit Konrad Eißler, der an ihn glaubt, nicht verlorengeht, sondern das ewige Leben hat." Jeder ist eingeladen, an dieser Stelle seinen Namen einzutragen. Die Bibel ist nicht irgendein Buch. Die Heilige Schrift ist nicht mit andern Schriften zu vergleichen. Gottes Wort meint es persönlich.

Lied: Erhalt uns, Herr, bei deinem Wort . . .   EG 193 GL 165 KG 343

Franz von Assisi, Nachfolger des armen Lebens
Jesu * 1182. — Innere Mission gegr. 1848.

26

SA 7.14   SU 19.12   MA 12.47   MU 22.09

Samstag/September

*Als der König die Worte des Gesetzes hörte, zerriß er seine
Kleider.*   *2 Chr 34, 19*

Das Buch des Herrn sorgte in Jerusalem für Aufregung.
Der Priester Hilkija fand es und hielt es für wichtig. Er
übergab es Schafan zu treuen Händen. Der Schreiber
Schafan las es und hielt es für richtig. Er trug es dem König
persönlich vor. Der König Josia hörte es und zerriß sein
Gewand. Warum? Warum war er bestürzt? Warum gab er
seiner Betroffenheit sichtbaren Ausdruck? Doch einfach
deshalb, weil er merkte: Dieses Wort *ruft* mich. Wohl ist es
alt, aber nicht von gestern. Und dieses Wort *richtet* mich.
Wohl ist es an Mose adressiert, aber meint auch Josia. Und
dieses Wort *rettet* mich. Umkehr und Heimkehr zum Vater
sind noch möglich.
Man kann das Buch des Herrn für wichtig und richtig halten wie viele andere Bücher auch, die man zur Hand
nimmt und wieder aus der Hand legt. Wer aber das Buch
der Bücher richtig hört, der wird die Hände falten und bitten: „Rufe mich! Richte mich, aber verdamme mich nicht!
Rette mich durch deine große Barmherzigkeit."   E-H

2 Chronik 34, 8 — 21   Lukas 6, 20 — 26

1603   Herzog Friedrich I. mit dem englischen Hosen-
       bandorden ausgezeichnet.

1607   Johann Valentin Andreä wird in Tübingen in einen
       Sittenskandal verwickelt und bricht sein Studium ab.
       Seine Mutter Maria Andreä von Herzogin Sibylla zur
       Hofapothekerin in Stuttgart ernannt.

1608   29. Januar. Herzog Friedrich I. stirbt überraschend im
       Alten Schloß in Stuttgart und wird am 26. Februar
       als erster in der neuen fürstlichen Gruft in der Stifts-
       kirche beigesetzt.

1609   6. November. Antonias Eltern, Johann Friedrich und
       Barbara Sophia von Württemberg, heiraten in Stuttgart.
       Ihre Hochzeit ist eines der glanzvollsten Feste der Zeit.
       Georg Rudolf Weckherlin Hofdichter und herzogli-
       cher Sekretär in Stuttgart.
       Die katholische „Liga" wird gegründet.

1610   16. Dezember. Heinrica (Henriette), älteste Schwe-
       ster Antonias, als erstes Kind von Herzog Johann
       Friedrich und Barbara Sophia in Stuttgart geboren.

1611   Gustav Adolf aus dem Hause Wasa wird König von
       Schweden.
       Architekt Heinrich Schickhardt läßt auf dem Kriegs-
       berg Steinkohle abbauen.

1612   15. März. Friedrich, Thronfolger und ältester Bruder
       Antonias, im Uracher Schloß geboren.
       12. Juni. Der erste Sohn des Herzogspaares stirbt im
       Alter von drei Monaten in Stuttgart.

1613   24. März. Antonia, Herzogin von Württemberg, in
       Stuttgart geboren und am 19. April in der Schloß-
       kapelle getauft.

Johann Valentin Andreä bewirbt sich um die Aufnahme in den Kirchendienst. Einladung ins Collegium illustre. Wiederaufnahme des Studiums.

1614   „Tagsatzung" der Union der evangelischen Fürsten in Stuttgart.
27. Januar. Anna Catharina, Wild- und Rheingräfin von Salm-Kyrburg, erste Gemahlin Herzog Eberhards III., in Lothringen im Schloß zu Finstingen geboren.
16. November. Sibylla von Württemberg stirbt auf ihrem Witwensitz Schloß Leonberg und wird am 15. Dezember in der Gruft der Stiftskirche in Stuttgart beigesetzt.
16. Dezember, Eberhard, Herzog von Württemberg, Bruder Antonias, im Alten Schloß in Stuttgart geboren.

1615   Galileo Galilei zum ersten Male wegen „Irrlehren" vor der Inquisition.
19. Dezember. Friedrich, Herzog von Württemberg, Bruder Antonias, im Alten Schloß in Stuttgart geboren. Begründer der Linie Württemberg-Neuenstadt.

1616   „Tagsatzung" der Union der evangelischen Fürsten in Stuttgart.
18. Mai. Johann Jakob Froberger in Stuttgart als Sohn des aus Halle in Sachsen stammenden Tenoristen der herzoglichen Kapelle, Basilius Froberger, geboren.

1617   15. Mai. Ulrich, Herzog von Württemberg, Bruder Antonias, im Alten Schloß in Stuttgart geboren.

1618   „Tagsatzung" der Union der evangelischen Fürsten in Stuttgart.
Beginn des Dreißigjährigen Krieges mit dem Aufstand der böhmischen Protestanten wegen der Verletzung des „Majestätsbriefes" Kaiser Rudolfs II. von

1609, „Prager Fenstersturz" der Vertreter des Kaisers. Böhmisch-pfälzischer Krieg bis 1623.

1619   13. März. Anna Johanna, Herzogin von Württemberg, Schwester Antonias und zweite der württembergischen Huldgöttinnen, in Stuttgart im Alten Schloß geboren.
Johannes Keplers „Harmonia Mundi" erschienen.
Mathias, römisch-deutscher Kaiser seit 1612, stirbt und Ferdinand II. wird römisch-deutscher Kaiser.
Die Böhmen wählen den protestantischen Kurfürsten Friedrich von der Pfalz zum König.
Johann Valentin Andreä: „Christianopolis", allegorische Dichtung aus dem mystischen Rosenkreuzer Kreis, erscheint.
Georg Rudolf Weckherlin: „Oden und Gesänge" erscheinen.
Jakob Böhme: „Von den drei Prinzipien des göttlichen Wesens" erscheint.
19. Dezember: Julia Felicitas, Tochter von Herzog Julius Friedrich von Württemberg-Weiltingen und seiner Frau Anna Sabina von Schleswig-Holstein-Sonderburg, eine Cousine Antonias, wird im Alten Schloß in Stuttgart geboren.

1620   12. März. Johann Valentin Andreä wird Superintendent (Dekan) in Calw.
Der Feldherr der katholischen „Liga", Tilly, besiegt die protestantische „Union" unter König Friedrich V. von Böhmen (Winterkönig) in der Schlacht am Weißen Berge.
Unterdrückung des Protestantismus in Böhmen.
4. Dezember. Sibylla von Württemberg, Antonias jüngste Schwester und dritte der drei württembergischen „Huldgöttinnen", geboren. Sie heiratet 1647 Herzog Leopold Friedrich von Württemberg-Mömpelgard.
Johann Jakob Strölin, Antonias Lehrer in Hebräisch und Aramäisch, geboren. Er unterwies die Prinzessin

auch in der rabbinischen Schriftauslegung und führte sie in die Lehre der Kabbala ein.

Johannes Kepler verteidigt seine Mutter in Leonberg gegen den Vorwurf der Hexerei.

Georg Rudolf Weckherlin geht als Unterstaatssekretär nach London, ab 1644 Parlamentssekretär für auswärtige Angelegenheiten.

1621   Stuttgart hat 9773 Einwohner, der Umfang der Stadt beträgt 4,5 Kilometer.
Tilly besetzt Heidelberg und die Pfalz.

1622   26. April. Herzog Magnus von Württemberg fällt in der Schlacht bei Wimpfen. Der heldenhafte Tod des schönen jungen Prinzen hat das Land lange bewegt.
24. Mai. Magnus wird in der Gruft der Stiftskirche beigesetzt.

1623   18. Februar. Heinrica von Württemberg stirbt im Alter von zwölf Jahren (geb. Dez. 1610).
4. September. Eberthal, Antonias jüngster Bruder, im Stuttgarter Alten Schloß geboren.
Jakob Böhme: „Von der Gnadenwahl – Mysterium magnum" – Mystische Deutung des 1. Buches Mosis.
Höhepunkt der Münzverschlechterung in Deutschland (Zeitalter der „Kipper und Wipper"). Ende der Münzprägung in Berg (seit 1621).
Wilhelm Schickhardt (1592 bis 1635), Neffe Heinrich Schickhardts, konstruiert eine Rechenmaschine für die vier Grundrechenarten.

1624   Martin Opitz: „Buch von der deutschen Poeterey" erschienen.
9. Januar. Antonias Bruder Eberthal stirbt im Alter von nur vier Monaten.
30. Mai. Leopold Friedrich, Herzog von Württemberg-Mömpelgard, geboren. Leopold ist ein Vetter

Antonias, im Jahre 1647 wird er ihre jüngste Schwester Sibylla heiraten.

1626   Johann Laurentius Schmidlin geboren. Ab 1649 Pfarrer in Sindelfingen. Schmidlin gilt als „Sekretär" Antonias und als derjenige, der den Gelehrtenkreis um die Prinzessin zusammenhält.

1627   Tilly und Wallenstein erobern Holstein.
Uraufführung der ersten deutschen Oper „Dafne" von Heinrich Schütz in Torgau. Der Text stammt von Martin Opitz.

1628   Johannes Kepler geht zu Wallenstein.
18. Juli. Antonias Vater, Herzog Johann Friedrich, stirbt im Alten Schloß und wird am 21. August mit einem prunkvollen Leichenbehängnis in der Stiftskirche beigesetzt.
Wallenstein wird Herzog von Mecklenburg.

1629   Heinrich Schütz komponiert „Symphoniae sacrae".
Christian Huygens, niederländischer Physiker und Mathematiker, Freund Frobergers, geboren.

1630   Johannes Kepler gestorben.
König Gustav Adolf von Schweden landet mit seiner Armee in Pommern.

1631   26. Januar. Ludwig Friedrich, Herzog-Administrator, stirbt in Mömpelgard im Schloß.

1632   Johann Tilly, kaiserlicher Feldherr, fällt in der Schlacht bei Rain am Lech im Kampf gegen die Schweden.
Wallenstein erneut zum kaiserlichen Feldherrn ernannt.
6. November. Gustav Adolf II. von Schweden fällt in der Schlacht bei Lützen gegen Wallenstein.
Graf von Horn wird schwedischer Oberbefehlshaber in Deutschland.

1633   28. August. Der schwäbische Kreis tagt in Stuttgart.

1634   25./26. Februar. Entlassung und Ermordung Albrechts von Wallenstein wegen seiner Verhandlungen mit der protestantischen Seite.
28. August. Die herzogliche Familie flieht nach Straßburg.
6. September. Bernhard von Weimar verliert als Heerführer der Schweden die Schlacht bei Nördlingen gegen die Kaiserlichen und damit Süddeutschland.
7. September. Herzog Eberhard III. folgt der Familie ins Exil.
10. September. Plünderung und Zerstörung Calws. Johann Valentin Andreä verliert seine Kunstsammlung und seine Manuskripte. Pest in Calw.
September. Kaiser Ferdinand II. zieht in Stuttgart ein. Vom 16. Oktober bis 14. November hält sich der Kaiser erneut in Stuttgart auf.
Von 1634 bis 1638 werden in Stuttgart 8810 Pesttote gezählt.

1635   13. Januar. Philipp Jakob Spener in Rappoltsweiler/ Elsaß geboren. Antonia holte sich oft bei ihm Rat, er begutachtete und las sowohl die Arbeiten Strölins als auch Schmidlins.
14. Januar. Heinrich Schickhardt stirbt in Stuttgart.
25. April. Julius Friedrich, Herzog-Administrator, stirbt im Straßburger Exil.

1636   13. Februar. Barbara Sophia von Württemberg stirbt im Straßburger Exil in der „Rühelischen Behausung auff S. Thomae Platz" und wird am 12. März 1636 in der Gruft der St.-Thomas-Kirche beigesetzt.

1637   Johann Valentin Andreä besucht Eberhard III. in Straßburg.
26. Februar. Eberhard III. heiratet gegen den Willen seiner Familie die nicht ganz ebenbürtige Anna

Catharina von Salm-Kyrburg im Straßburger „Bischoffs Hof".
Ferdinand II., römisch-deutscher Kaiser seit 1619, stirbt, sein Nachfolger wird Ferdinand III. (bis 1657).

1638   11. Oktober. Rückkehr der herzoglichen Familie nach Stuttgart.

1639   Johann Valentin Andreä wird Hofprediger und Konsistorialrat in Stuttgart.
        29. Dezember. Maria Dorothea Sophia, 2. Frau Herzog Eberhards III., als Tochter des Grafen Joachim Ernst von Oettingen-Oettingen im Alten Schloß in Oettingen geboren.

1640   7. Mai. Julia Felicitas heiratet im Schloß zu Plön Herzog Johann von Schleswig-Holstein-Gottorf, Bischof zu Lübeck (Bischof Hans).

1648   Ende des Dreißigjährigen Krieges. Die Bevölkerung in Deutschland ist von 17 Millionen im Jahre 1618 auf 8 Millionen gesunken. Krieg, Hunger und Seuchen haben in Mitteleuropa über 15 000 Dörfer ausgelöscht.
        2. November. Friedensfeier nach dem Dreißigjährigen Krieg in Stuttgart.
        Einführung der allgemeinen Schulpflicht in Württemberg.

1650   25. Oktober. Herzogin Anna stirbt in Ulm und wird am 5. November in der Gruft der Stiftskirche beigesetzt.

1651   Johann Valentin Andreä wird Generalsuperintendent.

1653   13. Februar. Georg Rudolf Weckherlin stirbt in London.

31. Oktober. Die Ehe von Julia Felicitas und Bischof Hans von Lübeck wird geschieden.

1654   Johann Valentin Andreä wird Abt und Prälat in Adelberg.
27. Juni. Johann Valentin Andreä stirbt in Stuttgart.

1655   27. Juni. Anna Catharina von Württemberg stirbt in Stuttgart und wird am 23. August in der Gruft der Stiftskirche beigesetzt.
21. August. Herzog Eberhard III. läßt seine Mutter Barbara Sophia in der Gruft der Stiftskirche in Stuttgart beisetzen.

1656   19. Juli. 2. Heirat Eberhards III. mit Maria Dorothea Sophia von Oettingen-Oettingen.

1659   „Annus erectionis". Der Entwurf der Lehrtafel Herzogin Antonias ist abgeschlossen.

1660   „Annus descriptionis". Johann Laurentius Schmidlin beginnt die Arbeit an seiner umfangreichen Beschreibung der Lehrtafel Antonias.

1661   Januar. Antonias Cousine Julia Felicitas stirbt im Herrenhaus von Mönchneversdorf bei Schönwalde am Bungsberg.

1663   Hofmaler Johann Friedrich Gruber vollendet die kabbalistische Lehrtafel Antonias zu ihrem 50. Geburtstag.
Johann Jakob Strölin stirbt als Pfarrer in Münster bei Stuttgart.

1666   Johann Laurentius Schmidlin wird Pfarrer an der Hospitalkirche in Stuttgart.

1667   Paul Gerhardt: „Geistliche Andacht" (Ev. Liederbuch, u. a. „Nun ruhen alle Wälder") erschienen.

7. Mai. Der Komponist Johann Jakob Froberger erliegt auf dem Witwensitz der Herzogin Sibylla, Schloß Héricourt, einem Schlaganfall.

1668 Ärztliches Gutachten über das Ende der Pestseuche in Köln. Die Krankheit hatte seit 1348 ganze Landstriche in Europa verwüstet und entvölkert.

1669 Der „Abenteuerliche Simplizissimus" von Grimmelshausen erscheint.

1673 März. Die kabbalistische Lehrtafel Antonias wird in der Dreifaltigkeitskirche in Teinach aufgestellt und am 28. Mai, dem Sonntag Trinitatis, in einem festlichen Gottesdienst der Öffentlichkeit vorgestellt. Die Einführungsrede von Balthasar Raith wird noch im selben Jahr in Tübingen gedruckt.

1674 2. Juli. Herzog Eberhard III. stirbt und wird am 21. Juli in der Gruft der Stiftskirche beigesetzt.

1675 Philipp Jakob Spener veröffentlicht seine Schrift „Pia desideria oder Herzliches Verlangen nach gottgefälliger Besserung der wahren evangelischen Kirchen", die zum Programm des deutschen Pietismus wurde und großes Aufsehen erregte.

1676 Paul Gerhardt gestorben.

1677 Johann Scheffler, genannt „Angelus Silesius", gestorben.

1679 5. März. Anna Johanna, Herzogin von Württemberg, stirbt in Neuenstadt am Kocher am „Schlagfluß". 1. Oktober. Herzogin Antonia stirbt bei einer Badereise in Liebenzell. Beigesetzt wird sie am 9. Oktober im Chor der Stuttgarter Stiftskirche. Am 6. Oktober wird ihr Herz ihrem letzten Willen gemäß in

Teinach in der Dreifaltigkeitskirche bei ihrer Lehrtafel „Turris Antonia" beigesetzt.
Sandrart: „Teutsche Academie der edlen Bau-, Bild-
und Malerey" – 1. deutsche Kunstgeschichte erscheint.

1682   Friedrich von Württemberg, Antonias Bruder, in
       Neuenstadt gestorben. Er hinterläßt seinen drei Söh-
       nen eine mehr als 20.000 Bände umfassende Biblio-
       thek, eine kostbare Kunstsammlung und eine wert-
       volle Münzsammlung.

1692   Johann Laurentius Schmidlin gestorben.

1705   5. Februar. Pilipp Jakob Spener in Berlin gestorben.

1707   21. Mai. Sibylla, Herzogin von Württemberg-Möm-
       pelgard, im Schloß in Stuttgart im Alter von 87 Jah-
       ren gestorben.

Verzeichnis der Abbildungen

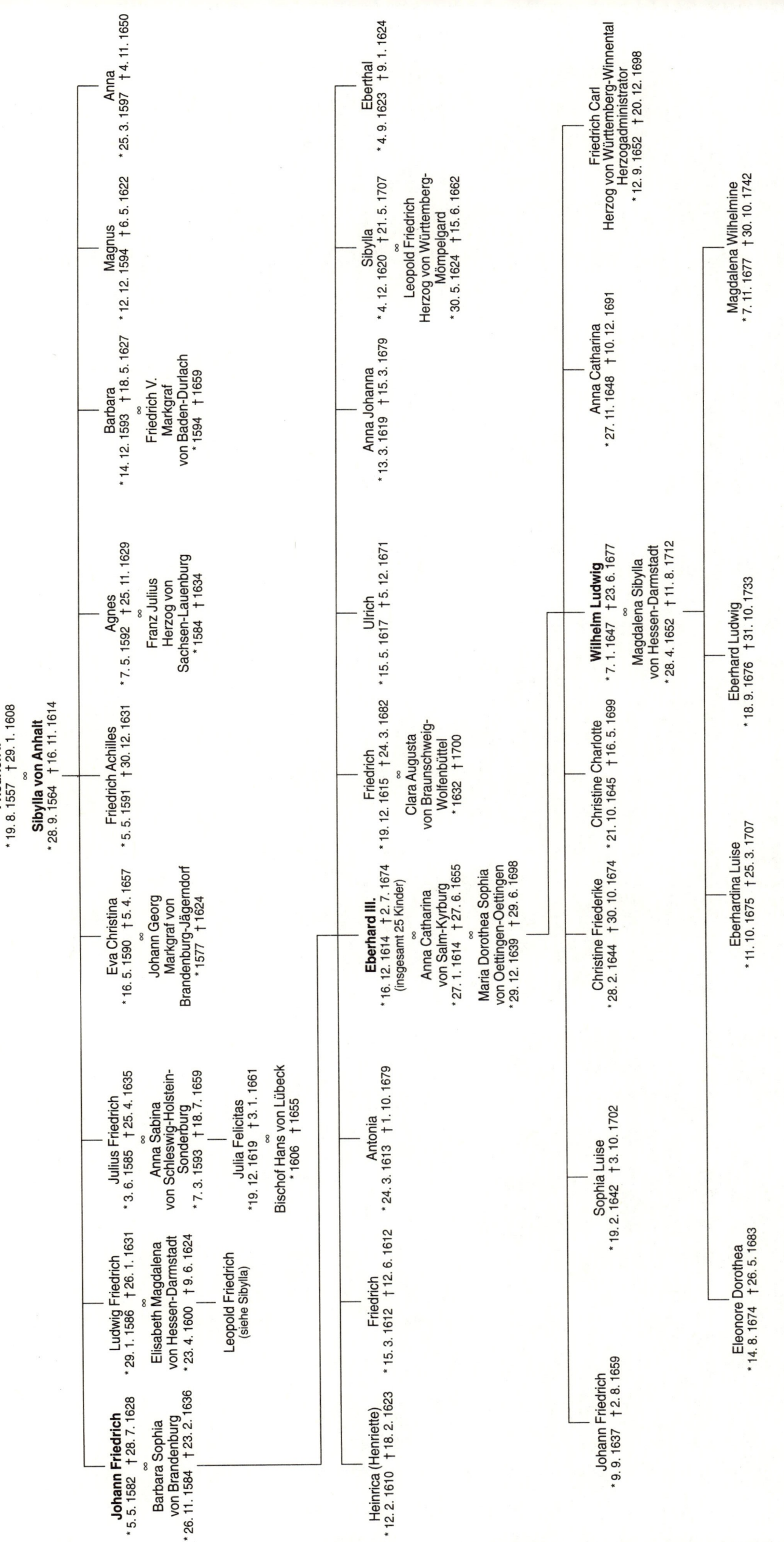

Saürbronne zu Dainach im Hertzo...

1. Das ober Dorff.   3. Wirthshauß.   5. Badtstüblein.
2. Das vnder Dorff.   4. Newbaw.   6. Waschhauß.